中国与印度尼西亚人文交流发展报告

(2021)

ANNUAL REPORT ON CHINA-INDONESIA PEOPLE-TO-PEOPLE

EXCHANGE DEVELOPMENT (2021)

华中师范大学中印尼人文交流研究中心

主　编 / 韦　红

副主编 / 刘明周　陈　菲

社会科学文献出版社
SOCIAL SCIENCES ACADEMIC PRESS (CHINA)

中国与印度尼西亚人文交流发展报告（2021）
编委会

主要编撰者简介

韦　红　1964 年 10 月生，华中师范大学政治与国际关系学院教授、博士生导师，华中师范大学中印尼人文交流研究中心主任，中国国际关系学会常务理事，中国东南亚研究会理事。主要研究方向为东南亚地区国际关系、当代东南亚问题。曾主持"总体国家安全观下的中国东南周边地区安全机制构建""中国参与国际体系变革进程""亚太地区救灾合作机制建设对策""东南亚城市化与乡村发展研究"等多项国家社科基金重大、重点课题。出版《东南亚五国民族问题研究》《地区主义视野下的中国—东盟合作研究》《东南亚国家城市化与乡村发展研究》《新加坡精神》等多部著作，主编《中国与印度尼西亚人文交流发展报告（2019）》《印度尼西亚国情报告》等。在《当代亚太》《国际问题研究》《现代国际关系》《东南亚研究》等刊物上发表论文 60 多篇。

刘明周　1980 年 6 月生，华中师范大学政治与国际关系学院暨中印尼人文交流研究中心副教授，硕士生导师。主要研究方向为英国殖民与外交、印尼政治与外交、海洋政治等。主持多项国家社科基金项目、教育部人文社科基金项目，参与多项国家社科基金重大项目、教育部重大攻关项目。出版专著《英帝国的终结》并翻译世界历史文库系列《大西洋史》，参与编著《中国与印度尼西亚人文交流发展报告（2019）》、《英帝国的衰落》、《英国通史》（第四卷）、《世界主要国家安全体制机制研究》、《印度尼西亚国情报告》等著作。在《世界历史》

《北京大学学报》等刊物上发表多篇文章。

陈　菲　1981年4月生，华中师范大学政治与国际关系学院副教授，硕士生导师，华中师范大学中印尼人文交流研究中心副主任。主要研究方向为国际关系理论、"一带一路"、大数据与国家安全研究、印尼政治与外交等。主持多项教育部人文社科基金项目，参与多项教育部重大攻关项目。参与著述《中国与印度尼西亚人文交流发展报告（2019）》《世界主要国家安全体制机制研究》《印度尼西亚国情报告》等。在《世界经济与政治》《国际观察》《国际展望》《欧洲研究》《西亚非洲》《拉丁美洲研究》等刊物上发表多篇文章。

目　录

Ⅲ 专题篇

Ⅳ　附　录

总 报 告

2020年中国与印度尼西亚人文交流概况
及未来合作建议

韦 红 童 雁*

摘 要: 2020年虽受疫情冲击，但中国和印度尼西亚的人文交流仍在持续，具体表现为：教育合作稳步推进，高校搭台助力交流；青年交流持续开展，交流形式有所创新；旅游合作层次丰富，对话交流共谋发展；文化交流异彩纷呈，中国文娱深入印尼；守望相助共克疫情，携手同行彰显担当。2020年两国人文交流的突出亮点在于互联网人文交流模式及两国官民的抗疫合作。为进一步推进"后疫情时期"人文交流，两国需进一步创新线上线下人文交流形式，切实加强企业人文交流，不断夯实两国关系健康发展的民意基础。

---

* 韦红，华中师范大学政治与国际关系学院教授，博士生导师，中印尼人文交流研究中心主任；童雁，华中师范大学政治与国际关系学院硕士研究生，中印尼人文交流研究中心助理。

关键词： 人文交流 中国 印尼 线上合作

2020 年是极不平凡的一年，人类面临前所未有的新冠肺炎疫情挑战。在此背景下，中国和印度尼西亚风雨同行，在患难中迎来了两国建交 70 周年盛事。一年来，在两国高层的引导下，双方人文交流各领域稳步推进，为落实两国元首共识、助推"一带一路"共建发挥了重要作用。

一 2020年中国与印度尼西亚人文交流合作成果

2020 年，中国和印尼两国继续深化人文交流，在教育、青年、旅游、文化和抗疫等多个领域成果突出。

（一）教育合作稳步推进，高校搭台助力交流

2020 年，中印尼两国围绕中文教育、职业教育和高校交流等持续深入开展交流与合作，其中高校发挥着不可替代的作用。

在中文教育领域，中印尼两国继续深入推进合作。2020 年 9 月，由南昌大学、南昌师范学院和印尼巴厘省第一学府乌达雅纳大学共建的乌达雅纳旅游孔子学院正式成立。该孔子学院立足印尼巴厘当地需求，在开设针对大学生及教职工的常规中文课程外，还积极将国际中文教育与巴厘岛旅游产业相结合，为当地海关、医院、旅游企业等各类单位员工提供定制中文培训课程。[①] 同月，印尼巴中校友会与首都师范大学联合举办印尼本土中文教师培

[①] 《驻登巴萨总领事苟皓东与乌达雅纳大学旅游孔子学院负责人视频连线》，中华人民共和国外交部网站，2020 年 6 月 5 日，http://new.fmprc.gov.cn/web/zwbd＿673032/gzhd＿673042/t1786109.shtml。《南昌大学乌达雅纳大学旅游孔子学院医院中文班开班》，南昌大学国际交流学院网站，2020 年 10 月 16 日，http://iec.ncu.edu.cn/xwdt0/xwdt/1c337937abeb4b6799229111efe6fb4f.htm。《南昌大学乌达雅纳大学旅游孔子学院海关中文班开班仪式顺利举行》，南昌大学国际交流学院网站，2020 年 10 月 16 日，http://iec.ncu.edu.cn/xwdt0/xwdt/dc8495a477974c76b04fa2bf7e590a5b.htm。

训，来自印尼23个城市和地区的500余名学员报名参加了此次培训。① 为更好地开展"后疫情时期"中文教育工作，印尼三一一大学（Universitas Sebelas Maret）孔子学院于2020年11月6日举办"后疫情时期"中文教育视频国际研讨会。与会代表就各自院校在疫情期间开展中文在线教学情况作了介绍和分享，并对"后疫情时期"在线中文教学的发展机遇和面临挑战进行了广泛的交流和探讨，对线上中文教学提出了建议。②

中方积极推动同印尼的职业教育合作，助力印尼人才培养。面对疫情阻碍，上海电力大学开展"网络版送教上门"，顺利为印尼美娜多电厂学员开展培训；③ 中国福州职业技术学院面向印尼师生开展电子商务技术培训。④ 2020年10月22日，黎明（印尼）海丝学院启动暨中国黎明职业大学与印尼雅加达华文教育协调机构（以下简称"雅协"）、巴布亚省政府三方合作培养职业技能人才项目签约仪式在线上举行。为巴布亚省培养职业技能人才是黎明（印尼）海丝学院启动后的首个项目，该项目将为印尼最为边远的巴布亚省培养100名熟练掌握中文和旅游管理技能的职业人才。此外，黎明（印尼）海丝学院印尼方院长蔡昌杰表示，一方面，学院将继续与印尼其他省份合作，为地方培养急需的学历教育技能人才；另一方面，学院还将与印尼地方政府和社会、中资企业、高校合作，开展"技术技能人才培训""中文+职业技能人才培养""师资培训""中国职业教育成果推介""职业技能大赛"等多个项目。⑤

① 《我校举办印度尼西亚2020年本土汉语师资线上培训班》，首都师范大学网站，2020年10月5日，https://www.cnu.edu.cn/jdxw/jdxw/178803.htm。

② 《印尼高校孔子学院举办"后疫情时期"中文教育国际研讨会》，中国新闻网，2020年11月6日，http://www.chinanews.com/cul/2020/11-06/9332441.shtml。

③ 《疫情时代我校实施"网络版送教上门"顺利完成印尼美娜多电厂国际培训项目》，上海电力大学新闻网，2020年8月25日，https://news.shiep.edu.cn/3c/77/c3154a212087/page.htm。

④ 《福州职业技术学院开展中印尼电子商务专业技术线上培训》，福州职业技术学院官网，2020年12月24日，http://www.fvti.cn/2020/1224/c141a133742/page.htm。

⑤ 《中印尼职业教育合作新进展 黎明（印尼）海丝学院启动》，中国新闻网，2020年10月22日，http://www.chinanews.com/gj/2020/10-22/9320134.shtml。

2020年，中印尼两国高校继续围绕学生互换、教师互访、科研合作和学术交流等事项，开展校际和院际两类不同层次的合作。在校际层次，2020年7月，对外经贸大学青岛研究院代表团访问印尼阿特玛加亚天主教大学（Atma Jaya University），双方就学生交流、暑期学校合作、商务汉语培训项目、双学位合作等议题交换了意见并达成初步共识，签署了合作谅解备忘录。① 在院际层次，合肥工业大学外国语学院与印尼哈桑努丁大学文化学院曾于2020年5月13日和10月20日两度举行线上会议，就加强双方在学科建设和人才培养方面的合作进行洽谈。② 2020年9月4日，福建三明学院经济与管理学院应邀参加合作院校印尼乌达雅纳大学经济与商业学院举办的线上国际论坛及签约仪式。此次活动中，两院签署了合作意向书，进一步扩大了合作专业的范围。③

高校在中印尼两国人文交流中发挥着重要的桥梁作用。两国高校定期或不定期地开展各类学术交流活动，为促进中印尼人文交流发展建言献策。2020年4月15日，清华大学举办"纪念中国—印尼建交70周年"线上交流座谈会，会议围绕中印尼两国关系发展、中印尼两国目前新冠肺炎疫情发展等情况作了交流。④ 9月23日，清华大学再次举办"中印尼繁荣70周年：清华大学东南亚中心云论坛"，印尼总统佐科·维多多向论坛发来了贺信。⑤ 除针对特殊事件的学术交流活动外，两国高校也积极探索相关活动的常态化

---

① 《对外经贸青岛研究院代表团访问印尼、日本、韩国高校》，对外经贸大学青岛研究院网站，2020年7月21日，https://www.bjgydx.com/6-8601.html。
② 《我院与印尼哈桑努丁文化学院举行"空中国际会议"》，合肥工业大学外国语学院网站，2020年5月15日，http://wgyxy.hfut.edu.cn/2020/0603/c3072a233885/pagem.psp。《我院与印度尼西亚哈桑努丁大学文化学院线上会晤》，合肥工业大学外国语学院网站，2020年10月24日，http://wgyxy.hfut.edu.cn/2020/1024/c3072a239614/pagem.htm。
③ 《经济与管理学院应邀出席印尼乌达雅纳大学经济与商业学院在线论坛并云签署合作意向书》，三明学院经济管理学院网站，2020年9月5日，https://glxy.fjsmu.edu.cn/2020/0911/c3639a100360/page.htm。
④ 《清华大学东南亚中心举办纪念中国—印尼建交70周年座谈交流会》，清华大学新闻网，2020年4月15日，https://news.tsinghua.edu.cn/info/1003/78071.htm。
⑤ 《清华大学举办中印尼繁荣70周年云论坛 印尼总统佐科致贺信》，清华大学新闻网，2020年9月24日，https://news.tsinghua.edu.cn/info/1002/82082.htm。

开展。2020年11月13日，由教育部中外人文交流中心主办、华中师范大学承办的"2020中印尼人文交流发展论坛"在线上举行。本届论坛首次采用中文—印尼语同传进行，主题为"疫情后时期中印尼职业教育合作"①。近年来，华中师范大学每年11月定期承办中印尼人文交流发展论坛，为两国专家学者提供交流平台。

（二）青年交流持续开展，交流形式有所创新

自中印尼人文交流机制建立以来，中国和印尼青年依托两国双边合作和东盟多边框架，交流日益频繁。然而，受疫情影响，2020年两国青年的互访、游学活动客观上难以成行。对此，中印尼两国积极探索各种形式的青年交流活动。

中国和印尼学校积极开展各类线上活动，促进两国青年交流。2020年7月，印尼三一一大学孔子学院和中国西华大学共同举办"云"夏令营。此次夏令营为期一周，西华大学的老师通过直播、录课、视频、讲座等多种形式，以及"学诗歌游成都""昆明云旅游"等特色活动，介绍中国的历史概况、传统节日和习俗、经济与科技、影视与流行音乐等，加深印尼师生对中国文化和合作交流项目的了解，促进两国文化的交流与合作。② 同年12月，由教育部中外语言交流合作中心主办、沈阳师范大学承办的2020年"汉语桥"团组交流活动印尼班在线上举行。在14天的研修活动中，来自印尼干冬圩公益华文补习学校、雅加达播种学校、弘华语言学习中心的76名学员，通过中文联盟网络直播平台在线学习中文实用口语，体验丰富多彩的中国中华文化课程。③

中国和印尼高校也分别依托各自校园资源，开展各类文化交流活动，以

---

① 《中印尼线上人文交流发展论坛展望创新人文合作促进民心互通》，中国日报网，2020年11月13日，https：//cn.chinadaily.com.cn/a/202011/13/WS5fae8198a3101e7ce972f845.html。

② 《中印尼高校合办"云"夏令营》，中国新闻网，2020年7月28日，http：//www.chinanews.com/gj/2020/07-28/9250554.shtml。

③ 《我校举行2020年"汉语桥"线上团组交流活动印尼班结业仪式》，沈阳师范大学网站，2020年12月30日，http：//www.synu.edu.cn/2020/1230/c2849a72690/pagem.htm。

促进本校乃至本国青年对对方国家的了解。2020 年 8~11 月，印尼泗水国立大学孔子学院与该校中文系联合主办第五届中国语言文化节，来自印尼 10 多所学校的 147 名学生参加了此次活动。[①] 10~11 月，中国合肥工业大学国际事务处和该校外国语学院联合举办"中印尼文化交流系列活动"，来自中国和印尼两国的多位外交官和学者通过线上线下等不同方式，为该校师生带来了多场讲座。[②]

中方积极组织各类比赛，加深印尼青年对中国的了解，促进两国人文交流。2020 年"文化中国·水立方杯"印尼赛区比赛以中文歌曲比赛的形式，吸引广大印尼青年学习中文，了解中国。[③] "新时代的中印尼故事"主题短视频大赛向印尼青年征集他们与中国的美好故事。参赛作品内容涉及文化、经济、历史、美食、风光等创意主题，涵盖纪录片、故事片、音乐片、绘画、动画等多种形式，充分展现了中印尼交流合作的悠久历史、广泛领域和深厚根基。[④] 除举办比赛外，两国也注重维护和加强参赛选手在赛后的联系与交流。2020 年 12 月 30 日，"汉语桥"俱乐部印尼雅加达站揭牌仪式以线上线下相结合的方式举行。"汉语桥"俱乐部由雅协发起并组织，旨在加强历届"汉语桥"比赛选手间的联系和交流，使其成为热爱中文和中国文化

---

① 《印尼高校办中国语言文化节献礼两国建交 70 年》，《国际日报》2020 年 11 月 6 日，https://guojiribao.com/shtml/gjrb/20201106/vA6.shtml。

② 《校长梁樑出席"中印尼文化交流系列活动"开幕式暨首场活动》，合肥工业大学外国语学院网站，2020 年 10 月 30 日，http://wgyxy.hfut.edu.cn/2020/1030/c3072a239893/page.htm。《2020 年中印尼文化友好交流系列活动学术报告第二场》，合肥工业大学外国语学院网站，2020 年 11 月 17 日，http://wgyxy.hfut.edu.cn/2020/1117/c6443a240738/page.htm。《2020 年中印尼文化友好交流系列活动学术报告第三场》，合肥工业大学外国语学院网站，2020 年 11 月 17 日，http://wgyxy.hfut.edu.cn/2020/1117/c6443a240739/page.htm。

③ 《2020 文化中国水立方杯印尼赛区总决赛圆满落幕，四位选手脱颖而出，代表印尼参与世界水立方杯比赛》，《商报》2020 年 9 月 7 日，http://www.shangbaoindonesia.com/read/2020/09/07/special-news-1599491096。

④ 《驻印度尼西亚大使肖千出席"新时代的中印尼故事"主题短视频大赛在线颁奖仪式》，中华人民共和国外交部网站，2020 年 11 月 3 日，http://new.fmprc.gov.cn/web/zwbd_673032/gzhd_673042/t1828905.shtml。

的印尼青年相互交流的重要平台。[①]

总之，中国和印尼借助网络技术，积极创新两国青年交流形式。通过结合线上与线下交流，中印尼青年克服空间阻隔，实现畅连畅通。在特殊时期，中国和印尼仍围绕相关领域积极探索，坚持开展各类文化交流和主题比赛活动，为两国青年交流增添了浓墨重彩的一笔。

（三）旅游合作层次丰富，对话交流共谋发展

近年来，在中国"一带一路"倡议与印尼"海洋高速公路"建设计划对接背景下，旅游合作逐渐成为两国人文交流的重要领域。但2020年受疫情影响，全球旅游业出现衰退。对此，中国和印尼积极开展各种形式的对话交流活动，探索两国"后疫情时期"旅游产业的合作发展。

两国持续在各层次开展旅游合作。在双边层次，中国和印尼政府加强交流，积极规划两国旅游合作。2020年8月31日，广东省广州市南沙区文化广电旅游体育局、南沙区外办与印尼巴厘岛旅游局共同召开视频会议，洽谈南沙区与巴厘岛友好交流及旅游合作。在本次视频会议中，南沙区文化广电旅游体育局与巴厘岛旅游局先后为对方介绍了友好城区推动情况及各自的旅游情况，并就《中华人民共和国广东省广州市南沙区文化广电旅游体育局与印度尼西亚巴厘岛旅游局文旅交流合作备忘录》的签订达成一致。[②] 12月26日，"一带一路"国家竹博汇印尼馆在广州南沙落成。南沙区文化广电旅游体育局与巴厘岛旅游局合作在印尼馆举办"奇妙巴厘岛·竹构"旅游图片展。[③] 在多边层次，依托东盟多边框架，中印尼两国也积极合作开展旅游从业人员培训工作。2020年12月16~17日，中国—东盟中心与印尼旅游部共同举办东盟（印尼）中文导游与从业能力建设研讨班，来自印尼全国各

---

① 《印尼首都雅加达成立"汉语桥"俱乐部》，中国新闻网，2020年12月31日，http：//www.chinanews.com/gj/2020/12-31/9375344.shtml。

② 《广州市南沙区与印度尼西亚巴厘岛洽谈交流合作》，广州市南沙区人民政府网站，2020年9月2日，http：//www.gzns.gov.cn/gznswglt/gkmlpt/content/6/6523/post_6523108.html#10939。

③ 《"一带一路"国家竹博汇印尼馆广州落成》，中华人民共和国国务院新闻办公室网站，2020年12月27日，http：//www.scio.gov.cn/31773/35507/35513/35521/Document/1695778/1695778.htm。

地近百名旅游从业者参与在线培训交流。本次培训涵盖中国传统文化、游客服务接待标准、旅游品牌塑造及目的地推广等内容，有利于提升印尼国内中文导游的职业素养。[1]

同时，中国和印尼也积极探索两国在"后疫情时期"的旅游合作。2020 年 6 月 5 日，印尼旅游部、巴厘省政府和巴厘旅游理事会联合举办"新常态下巴厘岛旅游业发展规划"网络研讨会。时任中国驻登巴萨总领事苟皓东先生应邀出席论坛，并为疫情后巴厘岛重新开放旅游业建言献策。[2]9 月 16 日，中国福建省与印尼中爪哇省等六个东盟友城文旅部门和企业开展"云交流"，共谋文旅合作发展。印尼中爪哇旅游协会代表辛吉·拉哈霍表示，该协会将与福建的合作伙伴对接了解福建旅游产品和资源，同时进一步向福建从业者学习如何应对疫情后的旅游市场变化。[3] 12 月 18 日，由印尼海事统筹部主办的印尼—中国旅游与投资论坛在印尼北苏门答腊省多巴湖以线上线下相结合的形式举办，来自两国的政府官员、业界专家和代表就"促进印尼与中国疫情后的旅游合作"进行了多方讨论。[4]

从上文看出，中国和印尼的旅游合作在 2020 年继续向前发展，两国既寻求在双边、多边框架中维系和发展现有合作，同时也积极探索新形势下深化旅游合作的路径，以期促进中印尼旅游合作的可持续发展。

（四）文化交流异彩纷呈，中国文娱深入印尼

在文化方面，中国和印尼两国在文艺巡演、书籍出版和影视等多个领域

---

① 《中国—东盟中心成功举办 2020 东盟（印尼）中文导游与从业能力建设研讨班》，中国—东盟中心网站，2020 年 12 月 16 日，http://www.asean-china-center.org/news/xwdt/2020-12/5713.html。

② 《苟皓东总领事出席"新常态下巴厘岛旅游业发展规划"网络研讨会》，中华人民共和国驻登巴萨总领事馆网站，2020 年 6 月 8 日，http://denpasar.china-consulate.org/chn/xwdt/t1786817.htm。

③ 《福建与东盟六友城"云交流"共谋文旅合作发展》，中国新闻网，2020 年 9 月 16 日，http://www.chinanews.com/cj/2020/09-16/9292756.shtml。

④ 《中国—印尼旅游与投资论坛在印尼多巴湖举行》，中华人民共和国文化和旅游部网站，2020 年 12 月 23 日，https://www.mct.gov.cn/whzx/whyw/202012/t20201223_919931.htm。

展开了丰富的交流与合作活动。与此同时，随着中国文化产业布局东南亚，越来越多的中国文娱作品开始走进印尼市场。

2020年，中印尼两国继续在文艺巡演领域加强合作。1月2日，首届BCS中印尼国际文化艺术交流暨颁奖盛典在印尼巴厘岛举行，中国和印尼两国青少年为本次活动带来了精彩演出。① 为庆祝中国与印尼建交70周年，由中国文化和旅游部、中国驻印尼大使馆主办，中国对外文化集团有限公司下属中国对外演出有限公司策划承办的"风雨同舟·守望相助——印尼国际艺术节中国专场"线上演出于2020年9月10~11日在北京进行录制。演出录像于10月1日在印尼国家电视台面向印尼全境播出，YouTube印尼政府频道同步播放。②

在书籍出版领域，两国交流与合作也在稳步推进。2020年9月28日，印尼国际书展于线上开幕，中国科技资料进出口总公司携一批中、英、印尼文版中国出版物亮相，该批出版物涵盖主题图书、中国传统文化和历史、人文社科、语言学习、少儿读物等多个类别。③ 除传统的图书出版外，中国和印尼两国也积极探索在网络文学和漫画出版等领域的合作。在网络文学方面，中国网络文学平台起点国际（Webnovel）、掌阅（iReader）等均已在印尼实现了产品本地化，越来越多的中国网络文学作品被翻译成印尼文，借由网络传入印尼。④ 在漫画出版领域，中国漫画作品《元尊》于2020年4月于印尼上线，并受到广大印尼读者的喜爱。⑤

在影视合作领域，以《外交风云》、《最美逆行者》和《三生三世枕上

---

① 《BCS中国与印尼文化艺术交流颁奖盛典盛大举行 巴厘岛旅游再掀热潮》，《千岛日报》2020年1月20日，https://www.qiandaoribao.com/2020/01/20/bcs中国与印尼文化艺术交流颁奖盛典盛大举行。

② 《印尼国际艺术节中国专场录制完成》，人民网，2020年9月16日，http://paper.people.com.cn/rmrbhwb/html/2020-09/16/content_2009240.htm。

③ 《中国精品图书亮相印度尼西亚"云书展"》，新华网，2020年9月29日，http://www.xinhuanet.com/world/2020-09/29/c_1126560127.htm。

④ 上海艾瑞市场咨询有限公司：《中国网络文学出海研究报告2020年》，《艾瑞咨询系列研究报告》2020年第8期。

⑤ 《〈元尊〉漫画印尼版、越南版相继上线，国漫优秀IP全球市场版图》，搜狐网，2020年4月24日，https://www.sohu.com/a/390797030_100109887。

书》为代表的多部中国影视剧被引入印尼。① 其中，《三生三世枕上书》在播出期间，曾位居印尼电视剧周播播放量第一，印尼媒体（Tribun News）围绕该剧拍摄背后的故事，称赞剧组拍摄前期在服饰、场景等方面所作的大量准备，并以此印证"中国剧集的高品质"。② 另外，中国视频门户网站积极拓宽印尼流媒体市场。继腾讯视频海外版（WeTV）落户印尼后，爱奇艺也于 2020 年 8 月实现在印尼的成功落地。③ 落户印尼后，中国视频平台也针对当地需求对产品进行了调整，以吸引更多的印尼用户。

（五）守望相助共克疫情，携手同行彰显担当

2020 年，新冠肺炎疫情的暴发给世界各国带来了前所未有的冲击。自疫情暴发以来，中印尼两国政府和人民互相激励，共同抗击疫情。中国和印尼在疫苗研发、抗疫经验分享和保障生产等方面切实加强合作，体现出守望相助的好邻居、好朋友、好伙伴精神。

1. 政府层面：积极沟通，互赠医疗物资

在政府层面，中国和印尼始终坚定地同对方站在一起，共同抗击新冠肺炎疫情。两国政府积极沟通，相互支援。

疫情暴发伊始，印尼总统佐科就曾通过电话，代表印尼政府和人民向中国政府和人民遭遇新冠肺炎疫情表示慰问。佐科强调："印尼作为中国的真诚伙伴，将始终坚定同中国人民站在一起，同中国人民共同努力尽快战胜疫情。"④ 2 月 12

---

① 《中国电视剧海外实力"圈粉"》，中国新闻网，2020 年 10 月 26 日，http://www.chinanews.com/cul/2020/10-26/9323229.shtml。《〈最美逆行者〉多国热播 海外网友共情点赞》，中国日报网，2020 年 9 月 22 日，https://bj.chinadaily.com.cn/a/202009/22/WS5f69aa2ca3101e7ce9725d91.html。《〈三生三世枕上书〉追剧潮席卷海外 东方唯美爱情引热议》，人民网，2020 年 3 月 12 日，http://media.people.com.cn/n1/2020/0312/c200167-31629237.html。

② 《〈三生三世枕上书〉追剧潮席卷海外 东方唯美爱情引热议》，人民网，2020 年 3 月 12 日，http://media.people.com.cn/n1/2020/0312/c200167-31629237.html。

③ 《中国与东南亚视频网站技术合作潜力巨大》，人民网，2021 年 1 月 8 日，http://paper.people.com.cn/rmrb/html/2021-01/08/nw.D110000renmrb_20210108_2-16.htm。

④ 《习近平同印尼总统佐科通电话》，求是网，2020 年 2 月 12 日，http://www.qstheory.cn/yaowen/2020-02/12/c_1125562467.htm。

日，印尼雅加达警方向中国杭州市公安局定向捐赠 10000 只口罩，这也是疫情发生后，杭州警方收到的首批外国警方援助物资。[①]

2020 年 3 月，随着疫情在印尼的蔓延，中国政府也开始紧急支援印尼。当月 26 日，中国政府援助印尼政府抗击新冠肺炎疫情的首批医疗物资顺利运抵印尼首都雅加达。[②] 此后，中国地方各级政府部门纷纷在友省、友市框架下，支援印尼各地抗疫：2020 年 4 月 29 日，中国海南省向印尼巴厘省捐赠 50000 只医用口罩；[③] 6 月 30 日，中国宁夏回族自治区向印尼西努沙登加拉省捐赠 30000 只一次性医用口罩；[④] 7 月 7 日，中国广东省广州市政府向印尼东爪哇省泗水市政府捐赠医用外科口罩；[⑤] 7 月 13 日，中国福建省南安市向印尼北苏门答腊省民礼市捐赠抗疫物资。[⑥]

2. 民间层面：相互支持，汇聚人间大爱

疫情发生以来，中国和印尼民众的心始终紧紧联系在一起。两国民众通过形式多样的活动，表达了对对方的支持。

2020 年初，武汉疫情牵动着印尼民众的心，2 月 8 日和 23 日，印尼巴厘岛两度举行"为中国祈福"活动，声援中国抗疫；[⑦] 2 月 21 日，印尼首都雅加达举办烛光集会为中国祈福，印尼民众通过文艺表演、现场募捐等方

---

① 《杭州警方获印尼雅加达警方赠 10000 只口罩》，中国新闻网，2020 年 2 月 12 日，http://www.chinanews.com/sh/2020/02-12/9089105.shtml。

② 《中国援助印尼抗击新冠肺炎疫情首批物资运抵雅加达》，人民网，2020 年 3 月 27 日，http://world.people.com.cn/n1/2020/0327/c1002-31649992.html。

③ 《印尼确诊新冠肺炎超万例 中国各地持续援助医疗物资》，人民网，2020 年 5 月 1 日，http://yn.people.com.cn/n2/2020/0501/c372459-33990433.html。

④ 《宁夏向印度尼西亚捐赠新冠肺炎防疫物资》，新华网，2020 年 7 月 1 日，http://www.nx.xinhuanet.com/newscenter/2020-07/01/c_1126183631.htm。

⑤ 《顾景奇总领事和莉斯玛市长出席广州市向泗水市捐赠抗疫物资交接仪式》，中华人民共和国驻泗水总领事馆网站，2020 年 7 月 8 日，http://surabaya.china-consulate.org/chn/lgxw/t1796409.htm。

⑥ 《邱薇薇总领事出席南安市向民礼市捐赠抗疫物资交接仪式》，中华人民共和国驻棉兰总领事馆网站，2020 年 7 月 13 日，http://medan.china-consulate.org/chn/zlgxw/t1797363.htm。

⑦ 《印尼巴厘岛"为中国祈福"》，人民网，2020 年 2 月 9 日，http://yn.people.com.cn/n2/2020/0209/c372459-33778386.html。《巴厘岛再度举办"为中国祈福"活动》，中华人民共和国驻登巴萨总领事馆网站，2020 年 2 月 24 日，http://denpasar.china-consulate.org/chn/xwdt/t1748720.htm。

式祝福中国;[1] 3 月 6 日，主题为"山川异域，风月同天——为中国武汉加油"的画展在印尼巴厘岛召开，巴厘岛 20 余名画家的 29 幅精美画作勾勒出中印尼友好交往历史和对中国抗疫的支持。[2]

中国民间也积极支持印尼抗疫。2020 年 3 月 19 日，马云公益基金会和阿里巴巴公益基金会宣布，向印尼捐赠口罩、检测试剂盒、防护服和防护面罩等医疗物资;[3] 4 月 29 日，一带一路国际合作发展（深圳）研究院向印尼捐赠 100 万只医用外科口罩。[4]

3. 卫生领域：疫苗合作，携手共克疫情

印尼是东南亚疫情较严重的国家，其国内确诊人数和死亡人数均居东南亚各国首位。对此，印尼政府将疫苗视为战胜疫情的重要希望，并早早选择中国作为疫苗合作伙伴。数月以来，中国和印尼的疫苗研发合作可圈可点，疫苗合作成为两国抗疫合作的亮点之一。

2020 年 8 月，印尼开始启动与中国的疫苗合作。中国科兴控股生物技术有限公司（简称"中国科兴生物"）研制的灭活疫苗携手印尼国营生物制药公司（Bio Farma），于当月 11 日在印尼当地正式启动三期临床试验。该项试验为期六个月，计划招募 1620 名印尼志愿者参与，印尼西爪哇省省长利德宛·卡米尔（Ridwan Kamil）也参与了本次试验。[5] 同月 20 日，在印尼外交部部长蕾特诺·马尔苏迪（Retno Marsudi）、国企部部长艾瑞克·托希尔（Erick Thohir）访华期间，印尼国营生物制药公司与中国科

---

[1] 《印尼民众举办烛光集会为中国祈福》，人民网，2020 年 2 月 22 日，http://world. people. com. cn/n1/2020/0222/c1002-31599596. html。

[2] 《印尼巴厘岛画家以精美画作支持中国抗"疫"》，中国侨网，2020 年 3 月 8 日，http://www. chinaqw. com/hdfw/2020/03-08/248219. shtml。

[3] 《马云公益基金会和阿里巴巴公益基金会将向东南亚捐赠物资抗击新冠肺炎疫情》，人民网，2020 年 3 月 22 日，http://world. people. com. cn/n1/2020/0319/c1002-31640213. html。

[4] 《深圳民间智库援印尼捐赠仪式在稳健医疗举行》，国际在线，2020 年 5 月 6 日，http://cj. cri. cn/n/20200506/42eb88f6-23c8-fcff-bf2f-46cef477d233. html。

[5] "West Java governor signs up for COVID-19 vaccine trials", *The Jakarta Post*, 13 August 2020, https://www. thejakartapost. com/paper/2020/08/12/west-java-governor-signs-up-for-covid-19-vaccine-trials. html。

兴生物签署了首批新冠疫苗交付协议。① 12 月 6 日，中国科兴生物首批 120 万剂新冠疫苗运抵印尼，印尼总统佐科向中国表示感激。② 12 月 31 日，印尼再次收到 180 万剂来自中国科兴生物的新冠疫苗。③ 随着中国科兴疫苗三期临床试验在印尼完成，印尼计划于 2021 年 1 月正式开始大规模分阶段为全民免费接种疫苗。④ 2021 年 1 月 13 日，印尼总统佐科接种了来自中国科兴生物的疫苗。⑤

4. 抗疫分享：加强对话，分享中国经验

作为最早防治新冠肺炎疫情的国家，中国在取得阶段性防疫成果的同时，也积极通过各种方式与印尼分享抗疫经验。

一方面，中国和印尼的医疗工作者积极开展交流活动。2020 年 5 月 12 日，来自中国首都医科大学附属北京朝阳医院、北京大学第三医院的护理专家和印尼 170 余位同行通过"云端"平台举行新冠肺炎护理策略分享交流会，分享抗疫经验。⑥ 8 月 17 日，中国驻泗水总领事馆与福建省外办成功合作举办"中国福建省与驻泗水总领事馆领区抗疫与防护经验交流会"。福建省立医院、福建省疾控中心和福州市孟超肝胆医院的专家学者，同泗水领区三所医院诊所的医生就新冠肺炎疫情防控和治疗等问题进行了深入的在线交流。⑦

---

① 《印中签署新冠疫苗合作备忘录 Sinovac 保证供应 4000 万剂疫苗原料》，《千岛日报》2020 年 8 月 22 日，https://www.qiandaoribao.com/2020/08/22/印中签署新冠疫苗合作备忘录-sinovac 保证供应 4000 万剂疫。

② 《印尼总统：已收到首批来自中国的 120 万剂新冠疫苗，十分感激》，环球网，2020 年 12 月 7 日，https://world.huanqiu.com/article/4108q3PB0Rz。

③ 《120 万剂之后，印尼再收到 180 万剂中国科兴公司新冠疫苗》，环球网，2020 年 12 月 31 日，https://world.huanqiu.com/article/41KHPS9VZE8。

④ 《中国疫苗在印尼完成三期临床试验》，《国际日报》2020 年 12 月 30 日，https://guojiribao.com/？p=9771。

⑤ 《综述：疫苗合作成为中国与印尼抗疫合作亮点》，新华网，2021 年 1 月 14 日，http://www.xinhuanet.com/world/2021-01/14/c_1126984164.htm。

⑥ 《中国援鄂护士与印尼同行"云端"分享抗疫经验》，人民网，2020 年 5 月 12 日，http://world.people.com.cn/n1/2020/0512/c1002-31706410.html。

⑦ 《驻泗水总领事馆与福建省外办成功合作举办"中国福建省与驻泗水总领事馆领区抗疫与防护经验交流会"》，中华人民共和国驻泗水总领事馆网站，2020 年 8 月 18 日，http://surabaya.china-consulate.org/chn/lgxw/t1809031.htm。

另一方面，中国各级党政部门也积极与印尼方面开展对话。2020 年 5 月 28 日，中共中央对外联络部、中国驻印尼使馆、福建省外办和印尼民族民主党共同举办"比邻共话——常态化疫情防控中的复工复产经验交流暨中印尼'一带一路'合作"网络视频会。此次会议旨在疫情防控常态化背景下，交流分享疫情防控、复工复产经验，共商"一带一路"合作。① 7 月 15 日，由中共中央对外联络部主办、中共云南省委党校承办的"比邻共话：中印尼常态化疫情防控和复工复产经验交流"线上活动开幕。本次活动通过"云交流"方式，落实两国元首重要共识，交流分享抗击疫情、加快经济社会恢复发展的经验做法，进一步深化中国与印尼的抗疫合作。②

5. 保障生产：中企逆行，勇担社会责任

在印尼疫情防控过程中，印尼中资企业表现突出，它们既捐资捐物抗疫，同时也积极投身印尼生产建设，其亮眼表现受到了印尼社会的高度肯定。

首先，疫情发生以来，中国平安、中国华电科工集团有限公司、中国银行雅加达分行和印尼格力电器等中资企业持续捐资捐物，以各种形式助力印尼抗疫。③ 其次，中资企业也积极投身印尼疫情防控，中建四局印尼分公司充分发挥"中建速度"优势，仅用 11 天就为印尼 3 所医院新建总计 696 平方米共 69 张床位的临时病房;④ 在为雅加达 3 家收治新冠肺炎患者定点医

---

① 《中印尼政党举行抗疫经验视频交流会》，新华网，2020 年 5 月 28 日，http：//www.xinhuanet.com/world/2020-05/28/c_1126046665.htm。

② 《中印尼"比邻共话"线上活动开幕》，云南省人民政府网站，2020 年 7 月 16 日，http：//www.yn.gov.cn/ztgg/yqfk/ynxd/202007/t20200716_207601.html。

③ 《中国平安驰援印尼首批抗疫物资今日顺利抵达》，新华网，2020 年 4 月 6 日，http：//www.xinhuanet.com/money/2020-04/06/c_1125818118.htm。《华电科工向印尼巴厘省捐赠紧急抗疫物资》，中国电力新闻网，2020 年 5 月 8 日，http：//www.cpnn.com.cn/zdyw/202005/t20200508_1205539.html。《中国银行雅加达分行捐款捐物助力印尼抗"疫"》，国际在线，2020 年 4 月 10 日，http：//news.cri.cn/20200410/ba4c6858-9ab2-241d-101a-d2f858f2bd79.html。《印尼"重启"后频现"办公室病例"中企捐设备助净化空气》，人民网，2020 年 8 月 4 日，http：//yn.people.com.cn/n2/2020/0804/c372459-34203889.html。

④ 《中建四局海外抗疫 11 天为 3 所印尼医院搭建临时病房》，中国新闻网，2020 年 4 月 5 日，http：//www.chinanews.com/gj/2020/04-05/9148176.shtml。

院紧急建造负压隔离病房的过程中，中国厦门绿冷机电工程印尼公司全体员工舍弃休息，争取"早一天将病房交付医院使用、早一日拯救患者生命"。①

更为重要的是，面临严重的新冠肺炎疫情，一批批中国"逆行者"克服艰难，奔赴印尼，投入两国共建"一带一路"项目的生产建设。2020年6月2日，中资雅石印尼投资有限公司投建的首台电炉顺利出铁，实现首条生产线投产；②9月5日，由中国上海中建海外公司承建的博菱科技印尼小家电产业园项目在印尼三宝垄肯德尔工业园区开工。③印尼疫情期间，中企"一手抓防疫，一手抓生产建设"，其在"保建设、保生产、保就业、保民生"方面的贡献受到印尼社会的高度肯定。作为印尼巴厘省规模最大的中印尼合资企业，中国华电科工印尼巴厘通用能源公司在严格做好疫情防控的同时，为巴厘岛提供了近60%的电力供应，以实际行动展现了中资企业的责任担当。④

二 进一步推动两国人文交流的建议

综上所述，2020年两国虽然深受疫情冲击，但人文交流仍在各领域持续稳定开展，其中突出亮点在于互联网人文交流模式及两国官民的抗疫合作。在后疫情时代，为进一步推动两国人文交流，需继续拓展人文交流领域，创新人文交流方式，夯实两国关系健康发展的民意基础。

（一）持续推动线上教育合作

面对严峻的疫情防控形势，"互联网+教育"的线上教育模式开始在中

---

① 《全球战疫：印尼抗"疫"战场上的中企情谊》，中国新闻网，2020年4月12日，http://www.chinaqw.com/jjkj/2020/04-12/253189.shtml。
② 《保生产保就业 印尼中企抗"疫"中投产》，中华人民共和国国务院新闻办公室，2020年6月22日，http://www.scio.gov.cn/31773/35507/35513/35521/Document/1682647/1682647.htm。
③ 《疫情中"逆行"中企印尼投建小家电产业园开工》，中国新闻网，2020年10月5日，https://backend.chinanews.com/gj/2020/10-05/9306880.shtml。
④ 《印尼巴厘岛中资企业二度捐赠抗疫物资》，中国新闻网，2020年11月14日，http://www.chinanews.com/gj/2020/11-14/9338297.shtml。

国和印尼大规模推广。线上教育虽是应急之举，但也给两国的教育合作带来了新的机遇。线上教育可以突破物理空间限制，更大规模更加便利地推动两国的教育合作。

未来中国和印尼可以依托网络，加强教育合作和人才培养，积极推动线上教育交流合作。第一，加强教育资源共享。疫情期间，中国以开放姿态分享在线教学的中国经验和成果，推出了一批具有中国自主知识产权的高校在线教学英文版平台。今后，中国可参考现有模式，进一步打造与印尼教育合作的双边或多边线上教育平台，从而更好地实现两国教育资源共享。第二，提升职业教育水平。印尼有一半人口没有超过 30 岁，且国内就业人口的受教育程度相对较低。[①] 近年来，印尼政府一直重视与中国在职业教育、技能培训等方面的合作。两国目前的合作形式包括：印尼派遣留学生赴华学习职业技能、中国职业院校在印尼设立分部以及中资企业为印尼职业高中学生提供实训场地等。但囿于时空限制，两国的职业教育合作覆盖的人群仍略显不足。线上教育的推出有利于促进中印尼职业教育的升级换代。中国和印尼可考虑线上线下相结合发展职业教育，通过"线上提供基础知识培训，线下进行实践操作教学"的方式，尽最大可能突破时空限制，让两国职业教育的合作成果惠及更多的印尼民众。第三，探索教育合作新模式。网络拓展了中国和印尼教育合作的沟通渠道。利用线上教育平台，中印尼两国高校可在师生交流、科研合作和学术创新等方面继续探索，增强合作深度，从而实现传统教育模式的转变。

（二）切实加强企业人文交流

印尼是中国资本海外投资的重要目的地之一。中资企业在印尼的生产和经营活动影响和塑造着印尼民众对中国的看法。近年来，印尼国内中资企业数量逐渐增多，其在促进印尼经济社会发展的同时，也在一定程度上引发了

---

① 李卓辉：《印尼疫情后开展职业教育的重要性和紧迫性》，《新报》2020 年 11 月 13 日，http：//www.harianbaru.com/xinbao/20201113/20201113-5.pdf。

印尼民众的疑虑与不满。其中，中资企业在印尼当地的某些不当经营行为是印尼社会对其产生负面看法的原因之一。例如，2018年，中资企业在印尼北苏门答腊省投资的一项大型水利工程就曾因影响到了濒危野生动物的生存而遭到当地民众的抵制。[①]

2020年，中资企业助力印尼抗击新冠肺炎疫情的亮眼表现，为其在印尼国内塑造良好的品牌形象创造了机遇。围绕抗疫合作，印尼的中资企业从捐款捐物，到援建病房，再到保障生产，表现可圈可点。中资企业在打好自身抗疫阻击战的同时，勇于承担社会责任，积极助力印尼当地生产生活。印尼主流媒体安塔拉通讯社曾对华为印尼分公司帮助印尼抗击新冠肺炎疫情的相关行动进行了报道，向印尼社会展示了中资企业的责任与担当。[②]

未来中资企业既要保持良好势头，在危难时期强化与印尼方的交流合作，也要积极探索"后疫情时期"继续深化中印尼人文交流的途径。中资企业在持续助推印尼经济发展的同时，也需将人文关怀作为企业的重要工作，在印尼当地力所能及地承担社会责任。同时，中资企业还需进一步加强同印尼主流媒体的合作，积极发掘和传播中印尼两国经济交流中的闪光点和感人故事。在确保信息真实性和权威性的前提下，利用正面舆论引导印尼民众对中资企业的正向认知，促进中国和印尼两国民心相通。

（三）拓展人文交流领域

目前两国人文交流主要集中在八大领域，即教育、科技、文化、卫生、媒体、体育、青年、旅游，为进一步推进两国全面战略伙伴关系的发展，有必要拓展人文交流新领域。如在妇女领域，尽管两国都非常重视妇女赋权问题，但两国至今尚未缔结正式的妇女交流合作关系，在现有的妇女交流合作

---

① "China-backed Dam in Indonesia Rainforest to Cut Through Home of World's Rarest Orangutan", *South China Morning Post*, 21 October 2018, https://www.scmp.com/news/asia/southeast-asia/article/2169513/china-backed-dam-indonesia-rainforest-cut-through-home.

② "Huawei Reflects on Commitment to Support Indonesia's COVID Fight", Antara News, 1 April 2021, https://en.antaranews.com/news/171454/huawei-reflects-on-commitment-to-support-indonesias-covid-fight.

中也存在诸多局限性。两国可以将妇女交流纳入中国—印尼副总理级人文交流机制框架，通过两国妇女的交流合作进一步推动民心相通。

为进一步加深两国人民的相互理解，消除各种因素所导致的对中国的刻板印象，两国的人文交流合作项目应与当地的社会发展目标相结合，从国家层面深入民间，在省级、市级、区级、社区级分别开展不同内容、满足不同需求的社会发展合作项目，尤其要注重民生项目的合作。在新冠肺炎疫情的背景下，印尼普通民众更加关注自身的经济及生活条件的改善，对直接惠及家庭生活的民生项目必将持认可和欢迎的态度，因此，可以将一些民生项目纳入人文交流与合作领域，如在扶贫、卫生健康、救灾、环保等领域加强交流与合作，构建更为广泛的知识共同体和利益共同体，要让普通民众实实在在地感受到两国合作交流的利好，树立对中国形象的正面认知。

（四）创新人文交流形式

突如其来的新冠肺炎疫情，导致线下的人文交流活动受到极大阻碍，对此，中国和印尼应探索新形势下的人文交流形式，促进两国人文交流常态化发展。

首先，借助互联网新技术，打造"线上人文交流之路"。在教育领域，中国和印尼可以依托网络，加强教育合作和人才培养，积极发挥线上教育在促进两国教育资源共享、提升职业教育水平和创新教育合作模式方面的作用。在青年领域，青年具有学习能力强、对互联网等新鲜事物接受程度高的特性。疫情期间，中国和印尼也曾开展"云"夏令营和网络比赛等青年活动并取得成功。如何利用青年群体的特性，在已有成功经验的基础上，更好地发挥网络在中印尼青年交流中的优势，值得双方思考。在旅游领域，利用AI和VR等互联网新技术进行浸入式情境体验，中国和印尼可以更好地将本国美景推介到对方国家。在文化交流领域，互联网本就是文化传播的重要渠道。未来，中国和印尼可考虑利用网络，开展更多两国间的文艺巡演、书画展览和影视展映等活动。在传媒领域，中印尼也可进一步在新闻内容发布方面加强合作，利用互联网，相互传播对方国家的新闻。此外，无论是针对人文交流的哪一特殊领域，互联网视频会议和线上论坛都是加强双方联系、促进合作的重要渠道。总之，中国和印尼可在已经趋于成熟的高校互访、青年游学、旅游推介、文艺巡演和媒体实地考察等交流方式的基础上，充分利用互联网技术，创新拓展两国人文交流模式，打造"线上人文交流之路"，以更好地应对突发事件对两国人文交流可能造成的不良影响。

其次，注重双向交流。由于两国发展水平差异较大，目前的人文交流更多是中国文化"走出去"，而印尼文化"引进来"显得不足。在未来的人文交流中，我们要更多地引进印尼文化，学习和理解印尼文化中的价值，使两国文化真正做到互鉴互赏。为此，我国可以多途径引进印尼的影视、音乐和艺术作品，增加对印尼优秀文学作品的翻译和出版；我国的博物馆、艺术馆可以同印尼合作，欢迎印尼文物珍品、艺术作品来华展出。中国高校可以派遣更多学生和教师前往印尼学习印尼语，加强对印尼及东南亚的社会、历史、文化等领域的研究，加深我国对印尼的了解。

最后，人文交流不能流于表面形式，要深耕细作。目前两国举办的人文交流活动虽然较多，但深度有限，更多的活动仍停留于"展示"。由于历史原因，两国人民间误解仍较深，因此，要尽可能地促进双方民众的深度接触交流，直面问题，坦诚交流。尤其是学者智库等精英，他们对两国关系比较敏感，对两国历史的了解比较全面，要加强两国学者和智库的交流，使其深入思想文化和价值理念层面，实现更深层次的理解。

总之，人文交流要想更好地促进两国民心相通，需不断开拓新领域，创新交流形式，深耕细作，坚持不懈，相信两国人文交流定能取得良好的效果。

分　报　告

"一带一路"背景下中国与印度尼西亚电子商务职业教育合作展望

刘丽丽　张立山　陆春阳*

摘　要： 本报告基于"一带一路"倡议取得的显著成果，介绍了中印尼在贸易领域的合作情况，发现中印尼双边贸易合作取得了巨大进展，但仍可进一步探索突破。在重点分析"电商谷"产教融合国际合作项目后，本报告提出展望：中印尼可在教育基础设施、培训、专业设置三方面加强电子商务职业教育合作，培养电子商务领域人才，推动中印尼双边关系迈上新台阶。

关键词： 一带一路　中印尼关系　电子商务　职业教育

---

*　刘丽丽、张立山均供职于华中师范大学国家数字化学习工程技术研究中心；陆春阳，隶属于全国电子商务职业教育教学指导委员会。

一 "一带一路"倡议的提出与影响

丝绸之路是起源于古代中国，连接亚、非、欧的古代陆上商业贸易路线，最初的作用是运输古代中国出产的丝绸、瓷器等商品，后来成为东方与西方在经济、政治、文化等诸多领域进行交流的主要道路。古有"丝绸之路"，而今有"一带一路"。随着中国国力的不断增强，中国在确保自身发展的同时，也促进其他国家共同发展，2013 年，国家主席习近平提出"一带一路"伟大倡议。"一带一路"是"丝绸之路经济带"和"21 世纪海上丝绸之路"的简称。"一带一路"倡议作为中国首倡、高层推动的国家战略，不仅对我国现代化建设和全面建成小康社会具有深远的战略意义，还是世界合作发展的理念和倡议。

2017 年，国家主席习近平在"一带一路"国际合作高峰论坛开幕式上指出，已有包括中国在内的 65 个国家加入"一带一路"，并通过政策对接取得了卓越成效，主要体现在设施、贸易、资金、民心四个方面。

设施联通方面，中国和相关国家一道推进雅万高铁、中老铁路等项目，建设瓜达尔港等港口，规划实施一大批互联互通项目。

贸易畅通方面，中国与"一带一路"共建国家大力推动贸易和投资便利化，不断改善营商环境。

资金融通方面，中国与"一带一路"参与国共同开展了多种形式的金融合作。

民心相通方面，"一带一路"参与国在科学、教育、文化、卫生、民间交往等各领域开展广泛合作，夯实民意基础。①

二 中国与印度尼西亚贸易情况

1. 贸易合作背景

2005 年 4 月 25 日，中国与印尼建立战略伙伴关系；2008 年，中印尼经

---

① 习近平：《携手推进"一带一路"建设》，《人民日报》2017 年 5 月 15 日。

贸合作区在印尼首都雅加达成立，以促进各领域合作。印尼地处东南亚，不仅是古代海上丝绸之路的重要枢纽，也是"21世纪海上丝绸之路"的首倡之地。作为东盟最大的国家，印尼国土、人口和经济总量均占到东盟十国的40%左右，在地区乃至全球经济中都占据重要分量，因此，作为"21世纪海上丝绸之路"沿线的重要国家，中国对印尼尤为重视。2013年10月3日，中印尼两国发表了《中印尼全面战略伙伴关系未来规划》。从2013年开始，中国对印尼直接投资存量逐年增加，详细投资情况如图1所示。长久以来，中印尼双边关系的问题之一是两国的贸易不均衡，"一带一路"倡议的提出以及全面战略伙伴关系的建立，为中印尼两国的贸易均衡提供了有效的解决办法。①

2015年3月，印尼佐科·维多多总统到北京对中国进行国事访问，同中国国家主席习近平就印尼建设"全球海洋支点"的构想与中国建立"21世纪海上丝绸之路"的倡议达成共识。2016年1月21日，中印尼合作项目"雅加达—万隆高速铁路项目"开工，中印尼全面合作的印尼雅加达至万隆高铁是印尼和东南亚地区的首条高铁。② 贸易的核心是交换，高铁的建成为货物交换提供了新的交通渠道，提升了出口商品与进口商品的交换比例。2016年11月15日，"一带一路"中国—印尼合作发展国际研讨会在海南省海口市举行。2018年10月，两国签署了推进"一带一路"和"全球海洋支点"建设的谅解备忘录，进一步推进了双边贸易合作，加强了电子商务等领域的交流合作。

2.双边贸易概况及进出口贸易商品结构

2015～2019年，中国对印尼的进口额和出口额以及贸易总额连年增长，③增长趋势如图2所示。其中，2016～2018年涨幅较大，这与中印尼开

---

① 米拉、施雪琴：《印尼对中国"一带一路"倡议的认知和反应述评》，《南洋问题研究》2016年第4期。

② 《印度尼西亚与"一带一路"的关系》，http：//history. mofcom. gov. cn/？ bandr＝ydnxyyydyldgx。

③ 中华人民共和国商务部网站，http：//www. mofcom. gov. cn。

图 1　2013~2018 年中印尼双边投资情况

展的一系列合作具有紧密联系，而近两年的涨幅则趋于平缓。

图 2　2015~2019 年中印尼双边货物贸易额

从进出口商品结构来看，2015 年，印尼对中国出口最多的商品为矿物燃料、动植物油、木浆等纤维状纤维素浆、木材及木制品、杂项化学产品（合计 99.7 亿美元，占对中国出口总额的 66.2%）。印尼自中国进口的商品主要有机械设备、机电产品、钢材、贱金属及制品、有机化学品（合计 176.2 亿美元，占自中国进口总额的 59.9%）。2016 年，印尼对中国出口最多的商品为矿物燃料、动植物油、木浆等纤维状纤维素浆、钢铁及制品、木材及木制品（合计 108.7 亿美元，占对中国出口总额的 64.7%）。印尼自中国进口的商品主要有机械设备、机电产品、钢材、塑料制品、有机化学品（合计 180.5 亿美元，占自中国进口总额的 58.6%）。2017 年，印尼对中国出口最多的商品为矿产品、动植物油、贱金属及制品、木浆等纤维状纤维素浆、化工产品（合计 173.2 亿美元，占对中国出口总额的 75.9%）。印尼自中国进口最多的商品为机电产品、贱金属及制品、化工产品、纺织品及原料和塑料橡胶（合计 284.3 亿美元，占自中国进口总额的 79.5%）。2018 年，印尼对中国出口的五大类商品为矿产品、动植物油、贱金属及制品、木浆等纤维状纤维素浆和化工产品（合计 220.5 亿美元，占对中国出口总额的 81.3%）。印尼自中国进口的五大类商品为机电产品、贱金属及制品、化工产品、纺织品及原料和塑料橡胶（合计 362.8 亿美元，占自中国进口总额的 80%）。2019 年，印尼对中国出口的三大类商品为矿产品、贱金属及制品和动植物油（合计 180.6 亿美元，占对中国出口总额的 64.8%）。印尼自中国进口的三大类商品为机电产品、贱金属及制品和化工产品（合计 293.7 亿美元，占自中国进口总额的 65.4%）。

可见，印尼对中国出口的主要货物为矿物燃料、动植物油、木浆等纤维状纤维素浆等轻工业产品，而从中国进口的主要货物为机电产品、贱金属及制品、化工产品等重工业产品。两国的双边贸易货物往来建立在两国国情之上，为长期稳定合作提供了有利条件。然而，2018 和 2019 年的双边货物进出口额增长趋于平缓，因此，中印尼应探索新的发展合作模式。

三 依托"电商谷"平台下国内分中心和海外基地的发展

近几年，随着广西跨境电商企业不断发展壮大以及与东盟"电商丝路"进程的推进，中国—东盟跨境电商主渠道已初步形成。据现有数据显示：中国与东盟的跨境电商业务正处于蓬勃发展新时期。跨境电商作为新兴学科、新兴产业，涉及多个学科领域，要求从业人员的知识面不仅要广泛而且要有较高的专业技能。[①] "电商谷"是全国电子商务职业教育教学指导委员会重点打造的产教融合国际合作项目，于2017年9月12日正式启动。该项目是以电子商务职业教育为核心，从国际合作的角度出发，探索行业、企业下的电子商务职业教育国际合作新模式，为东盟国家提供电子商务人才培养体系解决方案和电子商务产业区建设方案。"电商谷"的建设，主要由国内分中心和海外基地共同构成。

1. 国内分中心的"七大优势"

国内分中心是由国内学校或企业建设的，用于产教融合、国际培训、院外培训、创新展示与体验、国际学生实习与创业孵化、生产性实训、现代学徒制教学以及国际经验磋商的综合载体。国内分中心在近些年得到了很大的发展，源于其具有的"七大优势"。

在产教融合方面，依托"电商谷"项目构建的"行业+领先企业"产教融合生态，在校园中融入产业氛围，为项目建设学校提供全视角的产业圈接口，通过领先企业集聚和发展资源共享，形成产教融合的生态效应，根据学校情况，适时探索混合所有制创新。

在模式创新方面，依托"行业+领先企业"产教融合生态，引入适合项目建设学校的合作企业，帮助学校以新商科人才培养理念为基础，创新产教融合人才培养模式，逐步发展成公共实训基地，并形成辐射效应，打造人才培养高地。

在文化建设方面，"电商谷"总部将持续开发行业文化教学资源和区域国别认知教学资源，构建国际化的商业文化教学基地，为师生和学生社团提供跨文化交流与合作平台。

在技术创新方面，根据学校基础和专业群方向，定向引入企业和研发项目，开展技术协同创新。建立教学团队与企业研发团队的常态化合作机制，推动教学与科研互动和螺旋上升，形成一批学校与企业共享的专利、软件著

---

① 黄毅英：《基于"电商谷"的中国—东盟跨境电子商务专业建设方案的研究与实践》，《电子商务》2020年第7期。

作权，并实现成果转化。

在社会培训方面，"电商谷"总部将建设共享教学资源平台和企业兼职教师平台，为学校开展职业培训提供资源，同时，"电商谷"总部根据需求，将承接的各级各类培训分配到各分中心。

在教师发展方面，通过"电商谷"项目，"引进来""走出去"与"国内找"相结合，组织教师参与国际标准开发、国际课程开发和国际专业认证体系开发，提升教师专业建设能力和国际化能力，打造国际化教学创新团队。

在赛事训练方面，根据项目建设学校需求，统筹协调企业运营一线专家指导各类赛事的训练。

2. 海外基地的成立与发展——以泰国、柬埔寨、老挝、缅甸为例

每个分中心（或条件成熟的企业）至少对接一个海外基地。根据海外合作方的实际情况，在人才培养功能的基础上，可扩展海外平台运营中小型海外仓、中小型实体店等功能。海外基地合作方由国内分中心建设学校提出建议，经项目发展理事会综合评估后确定。

于 2017 年 9 月达成合作并启动建设的清迈基地，是"电商谷"项目建成的首个海外基地，位于泰国清迈远东大学。该基地由广西经贸职业技术学院负责教学支撑，北京博导前程信息技术股份有限公司负责海外基地建设投入，北京市商业学校也参与了部分建设工作。自 2019 年 1 月正式投入使用以来，已累计开展 400 余人次的培养培训活动，对清迈乃至泰北地区电子商务和数字经济的普及起到了积极的推动作用。中泰合作项目以泰方的实际情况和实际需求为出发点，秉持共商、共建、共享的原则，切实为泰方数字技能人才培养做出具体实效工作。该项目以"1+X"电子商务数据分析标准为载体，探索中泰合作培养适应未来数字经济发展的技术技能人才；以电子商务为基础，逐步扩展到物联网、人工智能、工业互联网等领域；以项目合作为契机，带动中泰双方学校在数字防疫抗疫、远程教学等方面的交流与合作，推动双方青年在创新创业方面的交流与合作，带动相关企业开展经贸合作。（见图 3）

"一带一路"的"电商谷"项目启动以来，除了泰国以外，还有柬埔寨、老挝、缅甸等国家加入。

柬埔寨金边基地落地在柬埔寨工业技术学院，教学由"电商谷"南京分中心（江苏经贸职业技术学院）对口支撑，海外建设部分由南京云开数据科技有限公司投入。金边基地根据柬埔寨的实际情况，第一阶段以信息技术应用普及为重点，成功举办了国家职业教育移动商务专业教学资源库在海外的应用推广活动。

2019年9月20日，第五届中国—东盟职教联展暨论坛上，海南职业技术学院与老挝巴巴萨职业技术学院达成了共建"一带一路"万象"电商谷"基地（简称"万象基地"）的合作意向。同年5月3日，双方在万象签署了正式协议。万象基地创新之处在于除规划了智能化教学区外，还规划建设一个新零售实体店，在面向社会服务的同时还可作为生产性实训基地。新零售实体店将由北京跨港通世贸国际贸易有限公司建设提供供应链解决方案。

2019年9月20日，第五届中国—东盟职教联展暨论坛期间，时任缅甸工业合作部工业合作司副司长秋明水先生提出建设"一带一路"仰光"电商谷"基地（简称"仰光基地"）的合作意向。同年11月14日，相关意向方在缅甸首都内比都举行会谈，规划了仰光基地建设的路线图。初步规划的仰光基地，除教学功能外，还同步规划了一个中型海外仓，用于服务中缅两国中小贸易主体。

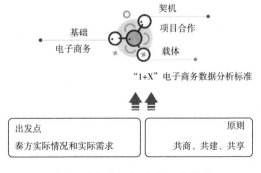

图3　"电商谷"中泰合作模式

"一带一路"各"电商谷"项目启动建设以来，始终坚持适合的合作理念，以"合作方立场"为行动基点，而不是代替合作方思考。陆续建成的泰国清迈、柬埔寨金边、老挝万象、缅甸仰光四个海外基地所处的产业基础差别大，设计适合不同国家的模式和方案是"电商谷"项目成功的关键。"一带一路"倡议的提出与推进既为欧亚经济合作带来了机遇，也为中国"丝绸之路经济带"沿线及"21世纪海上丝绸之路"沿线地区带来了发展机遇。

四　中国与印度尼西亚电子商务职业教育的合作展望

泰国清迈、柬埔寨金边、老挝万象、缅甸仰光四个海外基地的建设，为中印尼在电子商务职业教育发展方面提供了很好的参考价值。

在教育基础设施方面，可以结合印尼文化建设具有印尼特色的职业教育基地，在此基础上再发展电子商务教育。

在培训方面，可以通过组织项目培训的方式，加强印尼职业教育的发展。

在专业设置方面，可以将电子商务作为大学本科专业，给该行业注入新的活力。依托"电商谷"平台，不断加强两国之间的教育交流。

中印尼在电子商务职业教育合作上的发展是两国加速发展的催化剂，2020年10月22日，黎明（印尼）海丝学院启动，从而标志着中印尼两国职业教育合作又获得了新进展。2020年是中国国家主席习近平在印尼首次提出建设"21世纪海上丝绸之路"倡议七周年，也是中印尼建立全面战略伙伴关系七周年。七年来，随着"一带一路"倡议的不断推动、互联网和移动网络的不断渗透，预计印尼电子商务用户在2022年将增加到4400万，"一带一路"倡议将在印尼取得重大成效。全国电商行指委与广大合作院校以"电商谷"项目为载体，不断提升国际交流与合作能力，务实探索职业教育国际合作模式与方法，切实加强电子商务职业教育理论和方法论的研究能力，为职业教育国际交流合作作出了富有实效的努力。相信在"一带一路"浪潮下，在相互尊重、平等互利、对话合作原则的基础上，中印尼在电子商务职业教育领域的合作会开辟新的前景，进一步深化两国全面战略伙伴关系，推动双边关系迈上新台阶，进而更好地造福两国人民。

印度尼西亚汉语教学现状及发展趋势

陈 菲 刘 萍*

摘 要: 随着中国和印度尼西亚政治、经济、文化交流的不断深入,"汉语热"在印尼不断升温,两国在经贸、旅游和教育业等多领域积极合作,交流频繁。语言是最重要的交流工具,学习汉语有利于拉近中印尼人民的距离,因此汉语教学受到印尼官方和民间的高度重视,印尼政府将其纳入国民教育体系。目前,印尼国内的汉语教学呈现出良好的发展态势,教学机构愈发多样化,教学对象愈发多元化。汉语教学在印尼的良性发展得益于中印尼双边关系的进步与印尼各界的积极努力,并且反过来促进了中印尼间的人文交流与合作的进一步加深,有利于两国关系的长远健康发展。但教师资源不足和质量不佳等问题阻碍着印尼汉语教学的持续发展,印尼各界需共同努力,推动提升汉语教学质量。

关键词: 中印尼关系 人文交流 汉语教学

一 中印尼关系与汉语学习热潮

中印尼关系的不断升温使汉语在印尼越来越受重视,受中印尼双边经济贸易往来、旅游业以及教育业合作的综合影响,汉语不仅吸引了印尼民众的

---

* 陈菲,华中师范大学政治与国际关系学院副教授,硕士生导师,中印尼人文交流研究中心副主任;刘萍,华中师范大学政治与国际关系学院硕士研究生。

广泛关注，也激发了印尼人民的学习热情。在经济全球化的时代背景下，随着中国综合国力的增强，汉语在国际上越来越突显自身的重要性，已成为东南亚各国最受欢迎的第二语言。①

经济双边合作的蓬勃发展激发了印尼人学习汉语的热情。自中国提出"一带一路"倡议以来，中国在印尼的贸易和投资成倍增长。中国是印尼第二大外国直接投资来源国，也是其主要贸易伙伴之一。海关数据显示，2020年中印尼之间的贸易额达到785亿美元，印尼出口至中国市场的商品额大幅增加10.1%至374亿美元。② 随着中印尼之间经济合作与贸易往来越发频繁，越来越多的中国公司在印尼设立分公司，具备汉语能力的人才在求职中更受青睐，汉语成为印尼的热门专业。中印尼之间旅游交流越来越频繁，印尼的旅游从业者也早已认识到掌握汉语的重要性，学习汉语的需求与日俱增。此外，中印尼在教育业的合作也十分密切。2017年，中国和印尼签署了一项加强教育伙伴关系的协议。这是两国继2015年最终确定的奖学金协议以及2016年达成的相互承认学术高等教育资格的协议后，在"一带一路"框架下签署的第三项教育合作伙伴关系协议。③

印尼媒体对汉语的重视进一步促进了印尼国内的"汉语热"。华文报纸在传播汉语和中华文化的过程中发挥着重要作用。印尼《千岛日报》专设"华教"版面，致力于传播汉语和中华文化。④ 印尼《好报》设有"学园"一栏，专门普及汉语知识。⑤ 《国际日报》刊有大量华文教育的有关信息以及回顾华校历史的系列文章。⑥ 此外，将汉语作为关键词在印尼媒体网站上进行检索，信息量巨大。例如，在《罗盘报》官网上检索"Chinese"，可检

① 郑通涛等：《东南亚汉语教学年度报告之二》，《海外华文教育》2014年第2期。
② 《印尼获中国90亿大单！还定下6549亿出口目标，印度却失去中资青睐》，新浪财经，2021年4月6日，https：//cj. sina. com. cn/articles/view/2622472937/9c4fc2e902001j82r。
③ Muhammad Zulfikar Rakhmat，"China's Educational Expansion in Indonesia"，*The Diplomat*，15 February，2019，https：//thediplomat. com/2019/02/chinas-educational-expansion-in-indonesia。
④ https：//www. qiandaoribao. com/category/%e5%8d%8e%e6%95%99。
⑤ https：//haobaodaily. co. id/news/rubric/15/1/karya_ anak。
⑥ 宗世海、李静：《印尼华文教育的现状、问题及对策》，中国侨网，2005年5月10日，http：//www. chinaqw. com/news/2005/0919/68/86. shtml。

索到 1460000 条相关结果，最靠前的便是系列汉语教学课程。[1] 在《雅加达邮报》官网上检索"Chinese"，可检索到 63300 条相关结果，可见汉语已经越来越受到印尼社会和媒体的广泛关注。[2]

二　历史沿革

印尼的中文教育（又称"华文教育"）经历了曲折的发展过程，政府政策对印尼中文教育的发展有着关键的影响。印尼华人是推广汉语的主要力量。印尼中文教育的发展大体上可以分为以下三个阶段。

第一阶段为蓬勃发展期。印尼早期的中文教育即华文教育，主要面向印尼华裔，由印尼华侨创办教育机构，以汉语为母语进行教学，主要教授汉语语言和中华传统文化。"华文教育在印尼出现很早，早在明朝时期，华侨们为了让他们的子女能够继承中华文化，在印尼开创了第一家具有中华特色的华文学校'明诚书院'。印尼早期的华文教育大多属于民间创办，所有教师都来自中国，学习内容也与中国私塾大致相同，完全保留了中式教育方式及方法。"[3] 1901 年，印尼华侨创办了最早的新式华侨学校巴城中华会馆中华学校，这是印尼近代华文教育的开端，随后印尼的华文教育日渐繁荣。[4]

第二阶段为断层消亡期。1966 年，苏哈托推翻苏加诺政权，"苏哈托政府实行同化政策，下令取缔所有华校，打压华文报纸、华社，禁止使用华语和汉字，甚至强制华侨入印尼籍，禁止华人使用中文姓名，改用印尼名。在这期间，华人只能秘密地学习汉语。如果他们被发现在公共场合使用汉语，可能被警告甚至坐牢"。[5] 至此发展了半个多世纪并蓬勃一时的华文教育严

---

[1]　https：//search. kompas. com/search/? q＝Chinese&submit＝%E6%8F%90%E4%BA%A4.

[2]　https：//www. thejakartapost. com/search? q＝Chinese#gsc. tab＝0&gsc. q＝Chinese&gsc. page＝1.

[3]　张瑜：《印尼廖省地区汉语教学现状调查》，黑龙江大学硕士学位论文，2017，第 1 页。

[4]　宋阿丽：《印尼华文补习学校（班）华文教育现状调查研究》，北京师范大学硕士学位论文，2013，第 4 页。

[5]　Sim Tze Wei，"Is Chinese Language Alive or Dying in Indonesia?"，4 March 2020，*Think China*，https：//www. thinkchina. sg/chinese-language-alive-or-dying-indonesia.

重受挫,华文教育陷入了 30 多年的真空时期。"在华文教育缺失的 32 年里,印尼华人的华文水平产生了巨大的断层。没有足够的华文教师,没有丰富的华文书籍,许多年青一代的华裔忘掉了中文。"①

第三阶段为复兴发展期。20 世纪 90 年代,中印尼恢复邦交,印尼政府逐渐放宽对华人和华文的限制。1999 年印尼第三任总统哈比比发布第 4 号总统令,批准复办华文教育,标志着印尼华文教育得到了真正的解冻。② 进入 21 世纪以来,印尼中断了 30 多年的华文教育得以逐渐恢复和发展。第四任总统瓦希德上任后,颁布了第 6 号总统令进一步放宽了华文教育和华人政策。③ 第六任总统苏西洛在任期间,承诺将消除各种形式的种族主义,平等对待华人。④ 自此,中文教育在印尼社会迅速恢复和发展,并呈现出新的特点。新时期印尼的中文教育迎了来一个较好的发展时期,正沿着去政治化、多样化、本土化和国际化的良性轨道发展。

三 印尼汉语教学现状

新时期的中文教育将汉语作为外语工具而非母语进行教学,更重视语言学习而非文化滋养。受到政府官方和民间力量的大力支持,印尼汉语教学呈现蓬勃发展状态,汉语教学机构在印尼各群岛均有分布,但受地区经济发展水平和贸易、旅游需求量不同的影响,教学水平呈差异化分布格局。从"教"与"学"角度来看,印尼的汉语教学具有教学机构多样化和教学对象多元化的特点。

---

① 张瑜:《印尼廖省地区汉语教学现状调查》,黑龙江大学硕士学位论文,2017,第 1~2 页。
② 闫柯:《从印尼华文教育发展的历史及现状浅析其存在的问题及应对策略》,重庆师范大学硕士学位论文,2013,第 11 页。
③ 《瓦希德调整印尼华人政策》,人民网,2009 年 12 月 31 日,http://world.people.com.cn/GB/8212/178581/index.html。
④ 宗世海、刘文辉:《印尼华文教育政策的历史演变及其走向预测》,《暨南大学华文学院学报》2007 年第 3 期,第 6 页。

（一）汉语教学之"教"——多样化的汉语教学机构

印尼政府将汉语纳入了国民教育体系，规定普通小学和初中可以将汉语作为选修课纳入教育体系，高中阶段则分语文科、理工科和社会科，其中语文科可以选择汉语课程作为专业课，理工科和社会科可以把汉语作为选修课进行学习，但专业课和选修课的难度不同。大学阶段汉语教学分为专业汉语教学和非专业汉语教学，后者也被称为公共汉语教学。[①] 专业汉语教学主要面向中文系学生，公共汉语教学则主要面向全校学生，作为选修课开设，部分学校为表示对汉语的重视，也将其设为公共必修课。

从办学形式来看，印尼汉语教学主要包括学校教学、补习教学、短期班、冬（夏）令营等，形式灵活多样。其中，学校教学包括幼儿园、中小学及大学教学，具体到学校类型又分为国立学校教学、宗教学校教学和私立学校教学，私立学校包含华校、国际学校和新发展起来的三语学校（即以印尼语、英语和汉语三种语言授课的学校）。大学教学分为印尼本土大学教学和中印尼合作办学的学校教学。补习教学分为家庭补习和补习学校（班）教学，前者就是我们熟知的家教，后者主要是指印尼非官方的、非正规的汉语语言教学形式，其在印尼禁华时期发挥了重要的"留根"作用。补习学校（班）的办学手续比较简单，只需要到地方政府有关部门注册并申请执照即可办学。其一般由华人团体或私人创办，租用一个教学场地，以小班授课的形式进行教学，规模大小不一，经济上自负盈亏。[②] 从办学水平来看，中小学私立学校的教学资源更充足，教学水平更高，但学费昂贵，并非所有印尼人都负担得起。大学的汉语教学比幼儿园、中小学的汉语教学更普遍，且在师资资源和资金等方面得到中外合作办学和华侨的支持，教学效果也较好。从教学特色来看，最具印尼特色的汉语教学机构是伊斯兰教习经院，最

---

① 黄梦娜：《印尼玛中大学公共汉语教学现状调查研究》，厦门大学硕士学位论文，2017，第1页。

② 宋阿丽：《印尼华文补习学校（班）华文教育现状调查研究》，北京师范大学硕士学位论文，2013，第2页。

具时代特色的汉语教学机构是孔子学院。

习经院是伊斯兰教传统寄宿学校，分传统式习经院与现代式习经院两种。传统的印尼习经院将《古兰经》教育、宗教学习作为最重要的教学内容，以师带徒是其主要的教学形式。① 现代式习经院为满足当下印尼学生的多样化需求，开设了汉语课程，且大部分得到了印尼教育与文化部和宗教事务部的认证，有正式的毕业证书，能够享受同等学校的毕业生待遇。② 现代式习经院既为学生提供多样化的课程又能保留宗教知识与规定，很受印尼学生的欢迎。习经院的汉语教学也很有特点，如规定学生必须住在习经院宿舍，不准携带手机、电脑等电子产品，不依靠电子产品，查看词典也要一步一步地翻阅纸质版词典，学生也因此能更加努力地学习汉语。据了解，习经院不仅开设了汉语课程，还对这门课程特别重视。习经院的老师为了汉语课程的发展，组织了很多有关汉语学习的活动，如汉语演讲、汉语辩论以及汉语故事比赛等。

十几年来，印尼的孔子学院发展很快，截止到 2020 年底，印度尼西亚一共建立了八所孔子学院，分别是丹戎布拉大学孔子学院、阿拉扎大学孔子学院、玛琅国立大学孔子学院、玛拉拿达基督教大学孔子学院、泗水国立大学孔子学院、哈山努丁大学孔子学院、三一一大学孔子学院、乌达雅纳大学旅游孔子学院。③ "孔子学院与当地高校合作办学的模式对当地高校的汉语教学发展起着巨大的推动作用。"④ 国际汉语委员会办公室（简称"汉办"）向孔子学院输送了大量优秀汉语教师志愿者教授汉语，借助孔子学院的平台，中印尼间的交流合作得以加深。以早期运营的雅加达汉语教学中

---

① 文雯：《印尼阿拉扎大学汉语教学现状调查与分析》，兰州交通大学硕士学位论文，2020，第 12 页。
② 王晨：《印尼伊斯兰教习经院华文教育状况——基于马都拉岛安努启雅的个案分析》，浙江大学硕士学位论文，2019，第 11 页。
③ 中外语言交流合作中心网站，http://www.chinese.cn/page/#/pcpage/mainpage。
④ 文雯：《印尼阿拉扎大学汉语教学现状调查与分析》，兰州交通大学硕士学位论文，2020，第 1 页。

心孔子学院①为例，该机构开设了不同层次的儿童班、成人班、速成班、商务汉语班等，发展学员的听说读写综合能力，最大限度地满足不同学习者的需求。② 即使在疫情期间孔子学院的汉语教学也未中断。疫情中，孔子学院的每一位中国老师都不愿落下印尼学生的汉语学习。印尼学生学习汉语的热情也丝毫没有受到新冠肺炎疫情的影响。③ 印尼各孔子学院采取多种抗"疫"举措，保障了教学等各项工作的顺利进行。④

（二）汉语教学之"学"——多元化的汉语教学对象

印尼汉语教学还呈现出教学对象多元化的特点。教学对象多元化表现在，一方面汉语教学覆盖多年龄阶段的印尼学生；另一方面，汉语教学的族群差异越来越不明显，华裔和非华裔印尼人学习汉语的热情都在增强。

第一，多年龄阶段的印尼人都在积极学习汉语，但不同年龄群体学习汉语的特点有所不同。随着印尼国内对汉语重视程度的不断提高，学习汉语的人数越来越多，汉语教学低龄化的特点突显。⑤ 由于幼儿存在年龄小、认知水平低、学习动机不足等特性，幼儿的汉语教学课堂多采取沉浸式教学法，幼儿多在私立学校学习汉语，但学校数量较少且成体系的幼儿汉语教学在印尼汉语教学界还较为缺乏。青少年主要通过学校教育学习汉语，包括小学教育、初中教育、中专以及高中教育，由于汉语仅作为选修课开设，不与升学或高考挂钩，加之中小学生正处于活泼好动的年纪，不同学生对学习汉语的兴趣不同，注意力不集中或者态度不积极成为中小学汉语教学的主要问题。成人主要从大学和补习学校（班）学习汉语，成人学习汉语的积极性和目

---

① 该孔子学院系 2007 年建立，但在 2011 年已停办。

② 《雅加达汉语教学中心孔子学院开设中国文化体验中心》，国务院新闻办公室，2009 年 12 月 24 日，http://www.scio.gov.cn/ztk/wh/12/9/Document/759997/759997.htm。

③ 《全球战疫：印尼孔子学院"云端"汉语教学忙》，中国侨网，2020 年 4 月 3 日，http://www.chinaqw.com/hwjy/2020/04-03/252294.shtml。

④ 《印尼孔子学院抗"疫"保教学 中印尼师生共克时艰》，人民网，2020 年 6 月 16 日，http://world.people.com.cn/n1/2020/0616/c1002-31748796.html。

⑤ 张曼佳：《印度尼西亚幼儿汉语教学案例分析——以八华学校幼儿园为例》，吉林大学硕士学位论文，2020，第 1 页。

的性通常更强。大学生受中国留学奖学金（包括中国政府奖学金和孔子学院奖学金等）的吸引，希望学好汉语，拿到去中国留学的资格。许多步入社会的成人为提升就业竞争力，也通过补习班来学习汉语。

第二，汉语教学对象的族裔差异不断缩小。过去汉语教学对象以华裔为主，而如今非华裔印尼人学习汉语的热情也高涨起来。印尼新雅学院院长李伯巧指出，中文价值的提升致使非华裔也开始学习中文。雅加达汉语教学中心孔子学院院长菲利浦也指出，在该学院学习中文者三成是原住民。[①] 虽然印尼汉语教学对象中华裔学生占比最大，但由历史因素导致的语言环境缺失，华裔与非华裔学习汉语几乎是站在同一起跑线的，并不因为族裔的不同而导致汉语水平有异。实际上，一些汉语教师指出，近年来，非华裔在学习汉语方面比华裔更有热情。华裔印尼人通常更西化，许多人会拒绝使用汉语，而非华裔印尼人则由于其家庭教义和宗教信仰，西化程度更低，对汉语更为接纳。[②]

四　汉语教学中的问题与对策

尽管不同教学对象、不同教学机构的汉语教学具有不同特点，但总体而言，汉语教学也存在一些普遍的共性问题，这些问题大致存在于学生、教师以及外部条件三个层面。针对存在的这些问题，印尼社会各界需共同努力，只有团结政府、学校以及社会各界的力量，才能逐步克服印尼汉语教学中存在的难题和问题，进而促进印尼汉语教学朝向良性发展。

（一）问题

第一，汉语学习难度较大导致学生的学习动机不足或不持久。一方面，

---

① 《印尼华文教育事业浴火重生 将迎新一轮飞跃发展》，中国新闻网，2010 年 7 月 29 日，http：//www.chinanews.com/hwjy/2010/07-29/2434237.shtml。

② Sim Tze Wei，"Is Chinese Language Alive or Dying in Indonesia?"，4 March 2020，*Think China*，https：//www.thinkchina.sg/chinese-language-alive-or-dying-indonesia.

因为汉语和印尼语有着截然不同的构成方式，印尼语是表音文字，而汉语属于表意文字，学习汉语对印尼学生难度较大。[1] 在印尼，汉语是一门外语课，以印尼语为母语的学生在学习汉语过程中知识迁移能力不强。在汉语教学课堂上，学生通常也只用印尼语交流，汉语的通用性不强导致学生学习动机不足。幼儿和中小学阶段有汉语课程的学校较少，且即使有也仅将汉语作为选修课开设，这些学校学费较高，因此在幼儿和中小学阶段打下良好汉语基础的学生较少。进入大学，虽然学习汉语的机会增多，成本更低，但多数学生由于缺乏基础，汉语学习难度较大，学生的学习动机受到打击。此外，因为印尼生活节奏较慢，汉语课仅是部分学校有选择性开设的语言学科，也不和升学或高考挂钩，因此印尼学生的汉语学习还存在纪律松散、态度散漫的问题。

第二，教师资源较为缺乏且质量不佳，这是目前印尼汉语教学存在的最主要问题。一方面，本土的汉语教师缺乏。受薪资的影响，汉语专业的毕业生更倾向于去中国公司工作而非从事教学。中国企业的高薪待遇争夺人才是印尼华文教师缺乏的原因之一。"目前至少有 1000 家中国企业凭借中国的'一带一路'倡议在印尼落地，毕业生在中国公司的月薪为 900 万~1000 万印尼盾（即 4000~4500 元人民币），是其他职业的两倍。尽管国家为印尼学生赴华留学提供奖学金，条件是他们回国后必须教授汉语。但教育界人士透露，许多学生没有履行合同，而是选择加入中国公司。"[2] 另一方面，外来教师年轻化，教学经验不足，且缺乏稳定性。来自中国大陆的教师一般是中国国家汉办派出的汉语教师志愿者，他们的任期一般为一年，最长的可延期至三年。[3] 而且来自不同地区的外来汉语老师的教学差异也较大，有时简体、繁体两种字体同时教学，造成学生学习混乱。同时，本土教师的汉语水

---

① 吴佳琦：《印度尼西亚中学生汉语课堂管理案例分析——以雅加达八华学校为例》，吉林大学硕士学位论文，2019，第 16 页。

② Sim Tze Wei, "Is Chinese language alive or dying in Indonesia?", 4 March 2020, *Think China*, https：//www.thinkchina.sg/chinese-language-alive-or-dying-indonesia.

③ 文雯：《印尼阿拉扎大学汉语教学现状调查与分析》，兰州交通大学硕士学位论文，2020，第 11 页。

平仍有待提升，而外来教师通常又缺乏专业化的教学培训，本土和外来教师的质量都有待提升。

第三，印尼汉语教学的发展还面临一些外部的不利条件。一方面，缺乏统一的教学标准和规范化、本土化的教材。目前，印尼国内没有统一的汉语教学教材，不同学校教材不同，同一学校的教材也不固定，容易带来教学混乱。已有的汉语教学教材多为外来教材，来自世界各个国家和地区（包括新加坡、中国大陆和中国台湾等），不同版本的教材侧重点不同。外来教材未能结合印尼本土学生的学习习惯和语言特点，因此趣味性不高，实用性不强。另一方面，受政府政策的影响，引入外来教师的成本较高，而许多学校难以承担高成本的汉语教师费用。印尼华文教育联合总会主席威利·贝利安（Willy Berlian）称："在某一时刻，每年有 300~400 名来自中国的教师进入印尼，但当局对人数过多表示警惕，并决定收紧学生人数。外语教师的门槛也有所提高，规定教师必须年满 25 岁且具有至少两年的教学经验才能有资格任职，学校还必须支付聘请新老师的签证费，许多学校负担不起这笔费用。"①

（二）对策

为了进一步促进印尼汉语教学的发展，需印尼各界共同努力。第一，印尼政府可以制定更有利于汉语教学的教育政策和语言政策，结合印尼学生的学习特点制定统一的标准化、本土化的汉语教材。通过集中组织开展教学培训，培养本土化的高质量汉语教师。第二，印尼国内的各汉语教学机构也需尽早统一汉字学习体系，避免学生学习时字体混乱，也要积极鼓励老教师开展多媒体教学。第三，企业和个人可以在资金、资源等方面加大对汉语教学的支持力度，促进汉语教师薪资待遇和社会地位的提高，吸引并留住高质量的汉语教师人才。同时，汉语爱好者也可以充分利用网络

---

① Sim Tze Wei, "Is Chinese Language Alive or Dying in Indonesia?", 4 March 2020, *Think China*, https：//www.thinkchina.sg/chinese-language-alive-or-dying-indonesia.

教学资源（如网络孔子学院、世界汉语教学学会等）学习汉语，尤其是家长可以充分利用网络资源学习汉语，为学生培养有利的家庭语言环境。总之，汉语教学的发展离不开印尼社会各界的支持。正如印尼华文教育联合总会主席贝利安所说："商业和教育部门要团结起来，以批判性的思维和开放的心态，系统地培养汉语人才，这些年轻人具有影响印尼传统政治精英的能力。要逐步提高汉语的地位以便非华裔印尼人也可以与汉语和中华文化有更多的接触，从而在华人社区与非华人社区之间建立更好的相互了解机制。"①

五　汉语教学的发展趋势

当印尼政府刚解除华文禁令时，印尼人便开始争相学习汉语。私立学校开始开设汉语课程，汉语补习班如雨后春笋般涌现，各种汉语教学机构迅速发展。据2010年《亚洲周刊》报道，印尼恢复华文学校时，仅雅加达就有200多个华文教学中心。② 近年来，印尼的汉语教学受到中印尼官方和民间力量的大力支持，呈现出蓬勃发展的趋势，在发展质量和发展速度上都迈向了新水平。从长远看，印尼汉语教学的发展对于印尼自身的社会稳定、经济发展和文化繁荣都将起到重要作用，因此将继续受到印尼各界力量的大力支持，具有良好的发展趋势。

第一，在中印尼两国政府和教育部的合作交流与共同努力下，印尼汉语教学加速向前发展。近年来，中印尼之间加强了正规教育伙伴关系，加强了师生交流，以鼓励中印尼的学生和老师学习彼此的语言和文化。③ 一方面，印尼政府和教育与文化部积极营造汉语学习的良好社会氛围。"从2000年开始，

---

① Sim Tze Wei, "Is Chinese Language Alive or Dying in Indonesia?", 4 March 2020, *Think China*, https：//www. thinkchina. sg/chinese-language-alive-or-dying-indonesia.

② Muhammad Zulfikar Rakhmat, "China's Educational Expansion in Indonesia", *The Diplomat*, 15 February 2019, https：//thediplomat. com/2019/02/chinas-educational-expansion-in-indonesia.

③ Muhammad Zulfikar Rakhmat, "China's Educational Expansion in Indonesia", *The Diplomat*, 15 February 2019, https：//thediplomat. com/2019/02/chinas-educational-expansion-in-indonesia.

印尼教育与文化部就把华文教育纳入校外教育司管辖之下，使华文教育走上合法化和规范化的道路。印尼教育与文化部校外教育司还在全国一些中小学开设华文课程，批准一些大学开设汉学系和中文系。"① 另一方面，中国政府也大力鼓励印尼国内的汉语学习。这一努力可以追溯到中印尼关系开始之初。在印尼首次解除华文禁令时，中国侨务办公室和中国国家汉办就向印尼派遣了汉语教师。2005 年 12 月，印尼教育与文化部与中国教育部和国家汉办官员商讨有关华文教育、汉语教学的合作事宜，包括相互承认学历、教师培训、教材编写和互派学生等。② 中国政府还通过提供奖学金鼓励印尼人加强汉语学习。自 "一带一路" 倡议提出以来，这种努力有所增加。例如，2017 年，印尼学生获得了 215 笔奖学金，是 2015 年的 11 倍。③ 在政策和资金支持下，汉语教学加速发展态势明显。

第二，在印尼国内非官方力量的大力支持与推动下，印尼汉语教学进一步向更高水平发展。2004 年，印尼成立华文教育机构，该机构是在印尼政府的允许下成立的非官方性质的华文（汉语）教育促进组织，在印尼 18 个省份设有分支机构，其辐射范围基本覆盖印尼全国。④ 华文教育协调机构与国侨办、汉办合作多年，在印尼教育与文化部与中国的汉语推广官方机构之间起到了桥梁作用，有力地促进了印尼汉语教学的发展。即使在疫情期间，印尼国内各非官方机构也开展汉语相关文化活动、汉语教学研讨会等活动，致力于进一步提升印尼人的汉语水平。2021 年 3 月，为提高学生学习汉语的积极性，训练学生的口语表达能力，从而激发形成语言环境，印尼华文教育联合总会积极组织各省华教机构发动学生参加由中国华文教育基金会主办

---

① 温北炎：《试析印尼华文教育的几个问题》，《暨南大学华文学院学报》2002 年第 2 期，第 3 页。
② 宗世海、刘文辉：《印尼华文教育政策的历史演变及其走向预测》，《暨南大学华文学院学报》2007 年第 3 期，第 6 页。
③ Muhammad Zulfikar Rakhmat, "China's Educational Expansion in Indonesia", *The Diplomat*, 15 February, 2019, https://thediplomat.com/2019/02/chinas-educational-expansion-in-indonesia.
④ 《与政府合作 努力满足印尼国民华文教育需求》，中国华文教育网，2011 年 1 月 10 日，http://www.hwjyw.com/info/content/2011/01/10/14067.shtml。

的第四届全球华语朗诵大赛。① 2021 年 3 月 24 日，印尼三语学校协会开展华文教育标准、大纲、教材和教学专题线上研讨会，为促进汉语教学的发展共谋对策。② 在印尼非官方力量的积极努力下，印尼全国的汉语教学水平提升态势明显。

从长远来看，汉语教学的发展有利于印尼社会稳定，因此汉语将在印尼社会继续受到官方和民间的高度支持与重视。正如印尼华文教育联合总会主席贝利安所说："推广华文（汉语）不仅仅是印尼华人的事，它是每一个印尼人的事。我们应该让更多群体接触中华文化，让他们了解印尼华人，接受印尼华人也是印尼人。（这样的话）如果将来有人煽动反华情绪，他们就不会回应。"③ 汉语教学的良性发展促进了印尼国内的社会稳定、经济发展以及文化繁荣，中印尼两国之间的人文交流也伴随着汉语学习的深入发展而得以强化，中印尼人民之间的沟通与理解也得以加深，从而促进了中印尼双边友好关系的长远可持续发展。基于此，汉语教学在印尼将继续保持良性发展。

---

① 《印尼华文教育联合总会组织各省华教机构推动学生参加第四届全球华语朗诵大赛》，《千岛日报》2021 年 3 月 31 日，https：//www.qiandaoribao.com/2021/03/31/% e5% 8d% b0% e5%b0%bc%e5%8d%8e%e6%96%87%e6%95%99%e8%82%b2%e8%81%94%e5%90%88% e6%80%bb%e4%bc%9a%e7%bb%84%e7%bb%87%e5%90%84%e7%9c%81%e5%8d%8e% e6%95%99%e6%9c%ba%e6%9e%84%e6%8e%a8%e5%8a%a8%e5%ad%a6%e7%94%9f。

② 《为印尼华文教育献计献策 印尼三语学校协会华文教育标准、大纲、教材、教学专题研讨会》，《千岛日报》2021 年 3 月 24 日，https：//www.qiandaoribao.com/2021/03/24/%e4%b8%ba%e5%8d%b0%e5%b0%bc%e5%8d%8e%e6%96%87%e6%95%99%e8%82%b2%e7%8c%ae%e8%ae%a1%e7%8c%ae%e7%ad%96－%e5%8d%b0%e5%b0%bc%e4%b8%89%e8%af%ad%e5%ad%a6%e6%a0%a1%e5%8d%8f%e4%bc%9a%e5%8d%8e%e6%96%87%e6%95%99。

③ Sim Tze Wei, "Is Chinese Language Alive or Dying in Indonesia?", 4 March 2020, *Think China*, https：//www.thinkchina.sg/chinese-language-alive-or-dying-indonesia.

中国与印度尼西亚2020年的卫生合作

刘明周　刘乙男　李　珍*

摘　要： 当今世界正经历百年未有之大变局与全球疫情之大考验。在严峻的考验面前，中印尼两国政府与人民同舟共济、共克时艰。在中国抗击疫情的关键时刻，印尼政府和社会各界紧急提供医疗物资驰援中国，并在道义上声援中国。当疫情在印尼肆虐时，中国对印尼投桃报李。两国的疫情合作既体现在中央政府层面，也体现在地方政府层面，还体现在企业与其他各种社会组织方面。两国的抗疫合作也表现出三个特点：疫苗合作成为中印尼卫生合作的亮点；两国的抗疫合作在多边与双边方面都取得了突出成效；两国的抗疫合作注重卫生合作的机制建设。但抗击疫情的过程也突显了影响两国进一步合作的因素：在体系层次上，两极格局的初步呈现使印尼在中美之间采取了对冲战略，印尼与中国的合作存在一定的限度；在单元层次上，印尼社会中仍存在相当程度的对华不信任氛围，在美日的煽动下，这种不信任有长期延续的趋势。就整体而言，中印尼卫生合作中机遇与挑战并存，但机遇大于挑战。

关键词： 卫生合作　健康丝绸之路　命运共同体

---

* 刘明周，华中师范大学政治与国际关系学院副教授，硕士生导师，中印尼人文交流研究中心成员；刘乙男、李珍，华中师范大学政治与国际关系学院硕士生，中印尼人文交流研究中心助理。

当前，新冠肺炎疫情与百年未有之大变局叠加震荡，世界命运面临一系列重大挑战。作为全球最大的发展中国家和新兴经济体之一，中国和印尼正在通过共担责任、积极作为促进国际社会团结合作，为不确定的世界增加确定性。[1] 在突如其来的新冠肺炎疫情面前，中印尼在困难中相互帮助、相互扶持，体现了同舟共济、守望相助的深情厚谊。习近平主席与佐科总统三次通话，就中印尼抗疫合作达成重要共识，引领两国携手抗疫。[2] 在二十国集团领导人应对新冠肺炎特别峰会上，中印尼两国元首均呼吁加强疫苗研发合作，两国政府也承诺全力支持双方企业开展疫苗合作，两国的合作已经走在地区国家前列，为疫苗在两国和全球的可及性和可负担性作出了贡献。抗击疫情与疫苗合作也主导了这一年度两国的卫生合作。

一 中国与印度尼西亚卫生合作进展

当新冠肺炎疫情在中国发生后，印尼政府和社会各界以各种方式支持中国抗击疫情。在抗击疫情的关键时刻，印尼政府和社会各界紧急提供医疗物资驰援中国。针对其他国家对中国疫情污名化的举动，印尼为中国抗击疫情的努力慷慨直言，反对将中国作为疫情暴发源头的替罪羊。[3] 病魔无国界，新冠肺炎疫情也很快在印尼蔓延。2020年3月2日，印尼总统佐科在独立宫正式宣布发现了首例新冠肺炎病人，印尼从此拉开了抗击疫情的序幕，转眼之间就是一年。在这一年中，印尼实行了多次的社区隔离政策，每天按时公布确诊病例、死亡人数和治愈人数等，从未间断。持续恶化的疫情对印尼民众、医务人员和其他各阶层人士都造成重大的伤害，对印尼的经济社会发展也产生了极其不利的影响。

---

① 《中印尼携手同行，疫后书写新篇章》，澎湃新闻，2020年8月21日，https://www.thepaper.cn/newsDetail_forward_8824863。

② 《习近平同印尼总统佐科通电话》，中华人民共和国外交部官网，2020年9月1日，https://www.fmprc.gov.cn/web/wjdt_674879/gjldrhd_674881/t1810899.shtml。

③ "Wrong to Use China as Scapegoat for Covid-19", *The Jakarta Globe*, 17 July 2020, https://jakartaglobe.id/opinion/wrong-to-use-china-as-scapegoat-for-covid19。

在狂暴的疫情面前，中印尼两国同舟共济、共克时艰。习近平主席同佐科总统三次通话并在建交日互致贺电，[①] 中国国务委员兼外长王毅同印尼总统特使、海事统筹部部长卢胡特在云南腾冲举行会谈，王毅外长在海南保亭接待印尼外长蕾特诺、国企部部长艾瑞克，[②] 中国国务委员兼国防部部长魏凤和访问印尼。由于两国政府高层保持了密切沟通，两国就抗疫合作、经贸合作、区域合作以及共同关心的国际问题等深入交换了意见，达成广泛共识。

当前，新冠肺炎疫情正在印尼蔓延，截至2021年3月11日，印尼当天新增新冠肺炎确诊病例5144例，累计确诊病例达1403722例，累计死亡38049例。[③] 为支援印尼抗击疫情，中国政府多次向印尼提供医疗物资，地方政府、民间团体也纷纷行动起来向印尼提供支持。两国企业成功开展新冠疫苗Ⅲ期临床试验，积极推进疫苗采购、研发和联合生产合作。印尼目前已批准紧急使用中印尼企业合作研发的疫苗，该疫苗正在全国范围内进行接种。[④] 两国抗疫合作进入新阶段。整体而言，两国在这一年度的疫情合作主要包括以下三种形式。

（一）政府间疫情交流合作

疫情发生以来，习近平主席同佐科总统三次通话，就抗疫和发展合作进行战略沟通。2021年1月11~16日，王毅外长访问了缅甸、文莱、印尼、菲律宾，其中，访问印尼的目的是助力落实两国元首共识，确定深化合作路径。王毅外长在接受媒体采访时表示中印尼双方致力于树立新兴大国及南南

---

① 《习近平同印度尼西亚总统佐科就中印尼建交70周年互致贺电》，中华人民共和国外交部官网，2020年4月13日，https://www.fmprc.gov.cn/web/wjdt_674879/gjldrhd_674881/t1769215.shtml。

② 《中国同印度尼西亚的关系》，中华人民共和国外交部官网，2020年9月，https://www.fmprc.gov.cn/web/gjhdq_676201/gj_676203/yz_676205/1206_677244/sbgx_677248。

③ 《3月11日印尼新冠病毒最新动态》，《千岛日报》2021年3月11日，https://guojiribao.com/? p=20944。

④ 《印尼给予中国科兴新冠疫苗紧急使用许可》，新华社，2021年1月11日，https://baijiahao.baidu.com/s? id=1688602996662162771&wfr=spider&for=pc。

合作的"三个典范"。一是开展疫苗合作的典范。两国率先合作推进新冠疫苗Ⅲ期临床试验，印尼成为全球首批接种中国新冠疫苗的国家之一。中国将鼓励双方企业强强联手，开展疫苗采购、生产及技术合作，助力印尼成为地区疫苗生产中心，让更多发展中国家和伊斯兰国家用得上、用得起优质疫苗，为构建人类卫生共同体贡献中印尼力量。二是共建"一带一路"的典范。习近平主席正是在印尼首度提出建设"21世纪海上丝绸之路"重要倡议，两国"一带一路"合作成效显著，在疫情中显示出强劲韧性和巨大潜力。中国将重点建设好雅万高铁、"区域综合经济走廊"、"两国双园"等重大项目，培育5G、人工智能、大数据、云计算等新增长点，持续扩大印尼优质产品对华出口和中方对印尼投资，切实提升两国民众的获得感。双方还将探讨建立更紧密的全面经济合作伙伴关系，助力两国各自的长远发展。三是维护多边主义的典范。《区域全面经济伙伴关系协定》（RCEP）是多边主义和自由贸易的胜利，中印尼双方都表示要推动RCEP尽快生效，释放全球最大自贸区红利，加快区域经济一体化步伐，推动构建开放型世界经济。双方已经签署了网络安全合作协议，为推动地区和国际社会构建网络安全规则作出积极努力。中方将全力支持印尼2022年主办二十国集团峰会，共同推进全球治理与合作，共同促进世界和平与发展。[1]

2020年5月4日，肖千大使同印尼伊斯兰教士联合会（简称"伊联"）总主席赛义德举行斋月视频通话暨医疗生活物资捐赠活动。肖千大使介绍了中国有关疫情防控举措及近期国内疫情形势的积极变化，表示中方坚定支持印尼的抗疫努力，对伊联为印尼抗击新冠肺炎疫情作出的重要贡献表示赞赏。赛义德代表伊联感谢肖千大使在疫情期间继续以灵活方式同伊联举行斋月交流活动，高度赞赏中国驻印尼使馆连续多年坚持开展共同开斋和慈善捐助活动的善举，积极评价伊联同使馆各领域交流合作取得的积极成果。赛义德祝贺中国政府和人民赢得抗击新冠肺炎疫情重大胜

---

[1] 《合力推进周边团结抗疫、发展合作新篇章——王毅国务委员兼外长接受媒体采访》，中国新闻网，2021年1月17日，https://www.chinanews.com/gn/2021/01-17/9389672.shtml。

利，表示伊联愿积极学习借鉴中国抗击疫情的成功经验，力争早日战胜疫情。赛义德代表伊联和中国驻印尼使馆向伊联贫困会员赠送包含大米、白糖、食用油等生活必需品在内的斋月爱心包裹，并现场见证了使馆向伊联捐赠的抗疫医疗物资交接，如医用口罩、防护服、检测试剂等。伊联还于同一天在雅加达、西爪哇等地同步举行慈善捐赠活动，向当地民众发放中国使馆提供的斋月爱心包裹。①

2020年6月1~3日，中国政府援助印尼抗击新冠肺炎疫情第二批医疗物资陆续运抵雅加达。5日下午，中印尼双方在印尼国家救灾署举行物资交接仪式，肖千大使和印尼国家救灾署秘书长哈尔曼沙出席活动，印尼外交部东亚司司长孙浩，中国驻印尼使馆经济商务公参王立平等参加。② 肖千大使表示，新冠肺炎疫情暴发以来，中印尼两国齐心协力，守望相助，在中国疫情防控最艰难的时刻，印尼政府和社会各界向中方表达了宝贵声援。中方也始终关注印尼疫情发展，为印尼抗击疫情提供坚定支持。中国政府、地方省市和企业等已向印尼方提供了价值1000多万美元的援助物资。此次中国政府再向印尼捐赠10万份核酸检测试剂、130万只医用外科口罩、7万只医用防护口罩和7万件医用防护服，希望上述物资能够帮助印尼方早日渡过抗疫难关。哈尔曼沙代表印尼政府和人民感谢中国的援助，表示印尼疫情形势依旧严峻，中国在第一时间伸出宝贵援手，对印尼政府和人民意义重大。哈尔曼沙认为抗疫合作体现了两国深远流长的友好关系，相信两国政府和人民将继续团结一致，互帮互助，早日战胜疫情。

11月27日，中国驻印尼棉兰总领事馆向巴淡市政府捐赠生活物资，巴淡市代市长夏姆苏尔出席交接仪式。11月30日，中国驻棉兰总领事馆向北苏门答腊省警察厅捐赠500箱米、油、糖等生活物资，用于援助受新冠肺炎

---

① 《肖千大使同印尼伊斯兰教士联合会总主席赛义德举行斋月视频通话暨医疗生活物资捐赠活动》，中华人民共和国驻印尼大使馆官网，2020年5月5日，http://id.china-embassy.org/chn/sgsd/t1776247.htm。

② 《肖千大使出席中国政府援助印尼抗疫物资交接仪式》，中华人民共和国驻印尼大使馆官网，2020年6月10日，http://id.chineseembassy.org/chn/ztbd/xxxdddd/t1787511.htm。

疫情影响的当地贫困家庭。① 中国驻棉兰总领事邱薇薇表示，面对疫情，中印尼两国同舟共济，积极加强抗击疫情和复苏经济合作。总领事馆此次向巴淡市捐赠了基础生活物资，希望能与当地民众共同抗疫。12月10日，中国驻棉兰总领事馆通过邦加勿里洞省政府向当地民众捐赠500箱抗疫和基础生活物资，包括大米、糖、油及口罩等。② 邱薇薇总领事在致邦加勿里洞省省长艾扎尔迪的信函中表示，总领事馆此次向邦加勿里洞省捐赠物资，希望对有需要的民众有所帮助，为当地抗疫工作贡献力量。艾扎尔迪对总领事馆提供的物资援助和对当地抗疫工作的支持表示感谢。

2021年1月29日，中印尼卫生部门研讨会以视频形式举办。中国国家卫健委主任马晓伟与印度尼西亚新任卫生部部长布迪·贾那第·萨迪肯（Budi Gunadi Sadikin）共同出席研讨会。③ 马晓伟主任祝贺布迪部长履新，并应询介绍了中方抗击新冠肺炎疫情的最新经验，他表示，依法防治、政府牵头、多部门协调、群防群控、关口前移、科学精准防控是中国成功抗击新冠肺炎疫情的重要经验。他还提议，双方应进一步加强在传染病防控等领域的卫生合作。布迪部长赞赏中方新冠肺炎疫情防控取得成功，希望继续强化疫情防控经验交流与协作，共同维护卫生安全。双方专家也在研讨会上交流了本国新冠肺炎医疗服务资源调动和部署、疫情防控策略和疫苗接种等有关情况和经验。

中印尼两国立法机构在合作抗疫方面也保持着战略沟通。印尼国会议长普安·马哈拉妮（Puan Maharani）2020年12月10日通过视频与中国全国人大常委会委员长栗战书会晤时说，新冠肺炎疫情是全球性危机，不能只靠

---

① 《中国驻棉兰总领馆持续捐助印尼抗"疫"》，中国新闻网，2020年11月30日，http：//www.chinanews.com/hr/2020/11-30/9351095.shtml。

② 《中国驻棉兰总领事馆向邦加勿里洞省捐赠物资》，《千岛日报》2020年12月11日，https：//www.qiandaoribao.com/2020/12/11/%e4%b8%ad%e5%9b%bd%e9%a9%bb%e6%a3%89%e5%85%b0%e6%80%bb%e9%a2%86%e4%ba%8b%e9%a6%86%e5%90%91%e9%82%a6%e5%8a%a0%e5%8b%bf%e9%87%8c%e6%b4%9e%e7%9c%81%e6%8d%90%e8%b5%a0%e7%89%a9%e8%b5%84。

③ 《马晓伟主任线上出席中印尼卫生研讨会》，中国人口文化促进会官网，2021年2月3日，http：//www.cnpca.cn/1547.html。

一个国家处理，通过国际合作找出共同的解决方案尤为重要。印尼已通过各种国际论坛建立国际合作，印尼国会愿加强同中国全国人大的交流合作，为促进两国关系深入发展作出贡献。对于印尼与中国在抗疫上建立的合作，普安表示满意，并邀请中国各相关方与印尼在保健品、药品等领域继续合作。普安也希望印中两国联合研制的新冠疫苗项目能够如期完成。① 会谈中，栗战书委员长希望继续高举团结抗疫大旗，反对将疫情政治化、污名化，共同推动构建人类卫生共同体；运用法治方式防控疫情、推动经济；在涉及彼此核心利益和重大关切问题上坚定相互支持，保持在各国议会联盟等多边机制下的良好协调配合；共同维护多边主义，携手构建更为紧密的中国—东盟命运共同体、人类命运共同体。②

（二）两国地方政府进行疫情物资援助

随着两国卫生关系的快速发展，两国地方交流也日趋活跃。印尼新冠肺炎疫情发生以来，中国不少地方政府在做好自身疫情防控的基础上，积极筹集医疗及防控物资，支持印尼抗击疫情。据初步统计，北京、上海、福建、重庆、海南、广州等省市地方政府已经或正在筹备向印尼捐赠2.6万只N95口罩、19.7万只医用防护口罩、1500件防护服、3万双医用手套以及数百件额温枪、血氧仪等医疗物资。其中，上海赠予雅加达特区政府、福建赠予印尼政府及中爪哇省政府的物资已分别于4月3日和13日运抵雅加达。③

2020年4月29日，中国海南省向巴厘省赠送的5万只一次性医用口

---

① 《国会邀中国继续与我国合作抗疫》，《千岛日报》2020年12月11日，https://www.qiandaoribao. com/2020/12/11/% e5% 9b% bd% e4% bc% 9a% e9% 82% 80% e4% b8% ad% e5% 9b% bd% e7% bb% a7% e7% bb% ad% e4% b8% 8e% e6% 88% 91% e5% 9b% bd% e5% 90% 88% e4% bd% 9c% e6% 8a% 97% e7% 96% ab。

② 《栗战书同印尼国会议长普安举行会谈》，中华人民共和国驻印尼大使馆官网，2020年12月11日，http://id. china-embassy. org/chn/zgyyn/t1839475. htm。

③ 《中国地方政府积极支持印尼抗击新冠肺炎疫情》，中华人民共和国驻印尼大使馆官网，2020年4月14日，http://id. chineseembassy. org/chn/ztbd/xxxdddd/t1769566. htm。

罩抵达巴厘省首府登巴萨市，以助力巴厘省抗击新冠肺炎疫情。① 海南省 2011 年与巴厘省建立了友好省份关系，自此之后，两省在人文、旅游和媒体等领域的交流合作日趋频繁。疫情发生以来，巴厘省政府和人民多次为中国祈福，对中国抗击疫情表示慰问和支持。海南省政府也投桃报李，在印尼与巴厘省遭受严峻疫情的冲击时，及时向对方提供力所能及的帮助。

6 月 30 日下午，中国宁夏向其印尼国际友城西努沙登加拉省（简称"西努省"）捐赠的 3 万只一次性医用口罩从银川装车启运。② 宁夏与西努省自 2017 年 9 月正式建立国际友城关系以来，两地始终保持密切联系和友好交往。新冠肺炎疫情发生以来，西努省一直关注宁夏疫情发展，对宁夏抗击疫情给予了有力支持。在宁夏疫情形势稳定向好之时，西努省疫情防控形势日益严峻并面临口罩等防疫物资紧缺问题。宁夏对国际友城遭遇的困难感同身受，积极筹措防疫物资向西努省提供力所能及的帮助，支持友城早日战胜疫情。

8 月 13 日，中国河南省政府联合牧原集团向印度尼西亚西努沙登加拉省捐赠的 5 万只医用外科口罩运抵西努省首府马塔兰市。该批物资通过当地政府分发给医疗机构，助力一线医务人员抗击新冠肺炎疫情。近年来，河南省和西努省交往密切，双方在农业、畜牧业、旅游、清真肉食品加工等领域有着广阔的合作前景，"疫情发生以来，河南与西努省在经受严峻考验的同时，风雨同舟、并肩战斗。双方外事及卫生部门保持着密切联系，相互借鉴和分享抗疫经验。相信经过疫情的考验，河南省同西努省的友谊将得到进一步巩固，未来交往合作将迈上新的台阶"。③

---

① 《海南省援助抗疫物资抵达巴厘省》，中国驻登巴萨总领事馆官网，2020 年 4 月 29 日，http：//denpasar. china-consulate. org/chn/yhjl/t1774657. htm。

② 《宁夏向印度尼西亚国际友城西努省捐赠医用物资》，央广网，2020 年 7 月 1 日，http：//news. cnr. cn/native/city/20200701/t20200701_ 525150756. shtml。

③ 《河南向印尼友好省州捐赠抗疫物资》，河南日报网，2020 年 8 月 13 日，https：//www. henandaily. cn/content/2020/0813/247817. html。

（三）企业与社会组织开展抗疫相关活动

中印尼是守望相助的友好邻邦，新冠肺炎疫情发生以来，两国企业与社会的互相援助也非常明显。印尼疫情暴发以来，中国企业在统筹生产和防控疫情的同时，积极履行社会责任，筹集医疗及防控物资，回馈印尼当地社会，展现了中国企业强烈的社会责任感，增进了两国人民守望相助的友好情谊。[①]

从3月2日印尼首次发现确诊病例后，印尼中资企业就迅速行动，以各种不同的方式积极助力当地防控，表现了中企的责任担当。中国港湾印尼公司最早发起"向印尼民众送防疫知识"的行动，帮助当地缺乏口罩和防疫知识的民众。在东加里曼丹省巴厘巴板市，北京城建集团第一时间向当地捐赠了一批防疫医疗物资和英文版防疫手册，成为当地第一家捐赠抗疫的企业。巴厘巴板市市长里佐对此表示高度赞扬，并表示希望在印尼新首都建设中继续看到更多中资企业的身影。印尼双狮管业总经理白先迪带着员工向印尼多家单位送去一批批消毒液，向印尼朋友介绍中国防抗病毒的有效做法和经验，手把手教他们如何消毒。

在苏拉威西岛肯达里市，中资企业印尼德龙镍业有限公司携手自己的股东"中国一重"集团和厦门象屿集团，向该公司所属工业园区周边3镇5000户居民和公司1.2万名印尼籍员工捐赠大米、方便面等生活物资；同时宣布以最快速度采购、捐赠170万只医用口罩、80万双医用手套、1.5万只N95医用口罩、1.2万个试剂检测盒、6000套医用防护服等医疗物资，捐赠金额超过1000万元人民币。3月，厦门航空等中国航空公司包机同印尼军方C-130大力神运输机从中国运载近百吨防控疫情急用医疗物资抵达印尼，其中很大一部分物资由印尼中资企业从中国采购捐赠。[②] 2020年3月

---

① 《中国企业积极支持印尼抗击新冠肺炎疫情》，中华人民共和国驻印尼大使馆官网，2020年4月27日，http：//id.china-embassy.org/chn/sgsd/t1773793.htm。

② 《全球战疫：中企助力印尼抗"疫"》，中国新闻网，2020年3月28日，https：//baijiahao.baidu.com/s？id=1662387928593111884&wfr=spider&for=pc。

27 日，亚洲浆纸公司金光纸业（中国）投资有限公司与印尼中国商会（Inacham）联手采购并向印尼运送了重达 40 吨的 N95 口罩、手术口罩和消毒湿巾。而在此前不久，金光公司已经联合印尼工商会（Kadin）的其他商业团体向印尼政府的新冠肺炎工作组捐赠了个人防护设备、呼吸机和快速检测包。① 5 月 11 日，中国钢铁企业 Rockcheck 荣程集团和当地企业 Rajawali Corpora 向当地捐赠了超过 100 万只外科口罩和手套。②

作为印尼中国商会总会主席单位的中国银行雅加达分行在 4 月 9 日向印尼国家抗灾署捐款 3 亿印尼盾，6 月 6 日，携手印尼 Adharata 关怀基金会向雅加达困难民众捐赠价值 1.5 亿印尼盾的 1000 个爱心抗疫包，向印尼民众传递中企爱心和战胜疫情的信心。8 月，该行再次捐赠了 2 万只医用口罩、2 万双橡胶手套、1000 副护目镜和 1000 件隔离衣等防疫物资。除捐款捐物外，该行在实现业务可持续办理的同时，尽一切可能为客户提供便利，自 1 月 30 日以来对印尼境内汇入中国国内用于捐赠，从外地汇入印尼用于购买抗疫救灾物资等的汇款手续费全部减免，从而积极助力中印尼两国合作抗疫。③

中印尼的政党组织也参与了双边的疫情合作。2020 年 5 月 28 日，印尼民族民主党中央委员会国际关系部与中国共产党的代表和专家举行了主题为"印尼—中国抗击新冠大流行的经验交流"在线研讨会。民族民主党党委会主席马丁·玛努隆（Martin Manurung）在研讨会上说，每个国家都为应对疫情采取了各种措施，印尼多地实施了大规模社会限制措施，全国 4 个省和 24 个市区已经实施了大规模限制措施。马丁希望这次研讨会将加强印尼与

---

① "APP Sinar Mas China Donates 40 Tons of Medical Supplies to Indonesia", *The Jakarta Globe*, 2020 March 2020, https://jakartaglobe.id/business/app-sinar-mas-china-donates-40-tons-of-medical-supplies-to-indonesia.

② "China's Rockcheck Group, Rajawali Corpora Assist Health Workers on Coronavirus Frontline", *The Jakarta Globe*, 11 May 2020, https://jakartaglobe.id/business/chinas-rockcheck-group-rajawali-corpora-assist-health-workers-on-coronavirus-frontline.

③ 《印尼确诊新冠超 13.5 万例 中企持续捐助抗疫》，东方网，2020 年 8 月 14 日，http://news.eastday.com/eastday/13news/auto/news/world/20200814/u7ai9445539.html。

中国的国际合作，"我希望在这次讨论中，双方可以像两国祖先一样一起分享克服困难的经验"。来自中国共产党的代表徐敏在研讨会上表示，中国一直是开放、透明的，并不断加强与世界卫生组织和国际社会的合作。中国希望与包括印尼在内的国家分享抗击疫情的经验。[1]

其他社会组织在疫情合作中也有很多出彩的地方。2020年4月28日，印尼侨胞（中国）联合总会总主席、印尼爱心慈善基金会总主席钟家燕将凝聚数百名中国友人和印尼华侨华人爱心的一箱箱防疫物资送到印尼多家抗疫机构和医院，为正处于关键时刻的印尼抗"疫"雪中送炭。据钟家燕介绍，她为印尼抗"疫"奉献爱心的倡议得到了包括中国北京市海外联谊会、广东梅州市侨联、广东清远侨商投资企业协会等在内的110多个中国单位和友人的响应支持，"出于信任，中印尼两国友人共捐款100多万元人民币"。[2]

中印尼专家医疗团队也就疫情防控和疫苗合作等议题进行深入沟通协作。2020年4月22日下午，在中国国家卫健委、印尼国有企业部支持下，来自北京大学第一医院、复旦大学附属中山医院的知名专家与印尼总统医疗团队、国家石油公司医疗集团、陆军总医院等50余名知名医院专家举办新冠肺炎医疗专家远程视频会。[3] 5月8日上午，双方进行第二次医疗专家远程视频会。印尼驻华大使周浩黎感谢中方组织此次视频会，感谢疫情发生以来中国政府和人民向印尼提供的支持和帮助。中国国家卫健委国际合作司副司长聂建刚介绍了中国抗击新冠肺炎疫情的主要经验，表示愿与印尼方加强信息共享和技术合作，进一步提升两国的抗疫合作水平。两国专家在会议中围绕基因组测序、疫苗研发、康复病人血浆治疗、气道程序、抗病毒药物临

---

[1] 《民族民主党和中共就新冠肺炎疫情进行交流》，《千岛日报》2020年5月29日，https：//www. qiandaoribao.com/2020/05/29/%e6%b0%91%e6%97%8f%e6%b0%91%e4%b8%bb%e5%85%9a%e5%92%8c%e4%b8%ad%e5%85%b1%e5%b0%b1%e6%96%b0%e5%86%a0%e8%82%ba%e7%82%8e%e7%96%ab%e6%83%85%e8%bf%9b%e8%a1%8c%e4%ba%a4%e6%b5%81.

[2] 《印尼华侨领袖钟家燕持续助力中印尼两国合作抗"疫"》，全球华人领袖联盟官网，2020年4月29日，http：//www. gcegca.com/global/indonesia/61019.html。

[3] 《中印尼成功举行新冠肺炎医疗专家远程视频会》，中华人民共和国驻印尼大使馆官网，2020年04月22日，http：//id. chineseembassy.org/chn/ztbd/xxxdddd/t1772790.htm。

床疗效、合并基础疾病的新冠肺炎患者治疗、医院管理等技术问题展开了务实、深入、热烈的讨论，中方专家耐心地解答了印尼专家的提问。印尼与会人员表示，中方专家提供的信息和经验对印尼同行很有借鉴意义。6月8日，在南亚东南亚医学教育与医疗卫生联盟的推动下，昆明医科大学、上海交通大学医学院、孟加拉国国父医科大学、印度尼西亚加札马达大学等7个国家13所高校和医疗机构的100余位医学专家分别在昆明、上海等9地视频连线，在线分享学习中国在疫情防控和患者救治方面的成功经验和做法，共同交流疫情防控经验，加强新冠肺炎疫情防控合作。[①]

二 中国与印度尼西亚卫生合作特点分析

在新冠肺炎疫情肆虐之下，中国与印度尼西亚的卫生合作在合作内容、合作主体、合作方式等方面展现了新的特点，对构建人类卫生共同体，分享中国方案、中国经验具有重要意义。

（一）疫苗合作成为中国与印度尼西亚抗疫合作的亮点

印度尼西亚是东南亚地区新冠肺炎疫情发展较严重的国家，虽然政府推出各种防疫措施，但单日新增病例数依然居高不下。印尼政府把疫苗视为战胜疫情的重要希望，并早早选择中国作为疫苗合作伙伴。2020年以来，两国疫苗研发合作进度和成果远超预期，已成为两国抗疫合作的亮点之一。

1.政治层面为两国疫苗合作注入定力

2020年10月9日，中国国务委员兼外长王毅在中国云南省同印尼总统特使、对华合作牵头人、海事统筹部部长卢胡特举行会谈时表示，疫苗合作是当前两国抗疫合作的重点，既为两国关系开辟了新内涵，也为双方合作注入了新动力。中方愿同印尼方全面推进疫苗研发、生产和使用合作，支持两

---

① 《中外七国百余位医学专家远程连线 加强新冠肺炎疫情防控合作》，云南网，2020年6月9日，http：//edu.yunnan.cn/system/2020/06/09/030706939.shtml。

国对口部门和医疗机构深化交流,为疫苗在地区乃至世界的可及性和可负担性共同作出贡献。卢胡特积极回应,肯定了中国长期以来对印尼发展的支持,并希望同中方重点加强疫苗和卫生合作,发挥两国"快捷通道"的作用,促进两国医疗机构和医护人员的交流。[1]

早在2020年10月15日,印尼食品药品监督管理局(BPOM)的一个专家小组就出发前往中国,检查了三个新冠肺炎疫苗工厂的生产过程。其药品注册总监露西亚·里兹卡·安达卢西亚(Lucia Rizka Andalusia)表示,该小组将参观科兴疫苗的生产地点,以确保它的质量,以及是否可按预期用途生产并符合良好的生产规范。[2] 印尼政府已确保从12月下旬开始为印尼人供应1.43亿剂来自中国的科兴疫苗,其中优先送达属于重点人口的包括医务人员和执法人员在内的340万人。

印度尼西亚总统佐科于2021年1月13日上午在雅加达总统府接种了中国科兴公司的克尔来福新冠疫苗,佐科也成为印尼国内接种新冠疫苗的第一人。佐科通过电视直播展示了自己接种疫苗的过程,总统医疗团队成员对着直播镜头展示了疫苗包装盒,随后在佐科的左臂上注射了新冠疫苗。[3] 当天,印尼部分内阁部长、国民军司令和国家警察总局局长也接种了克尔来福新冠疫苗。这表明了两国高度的政治互信,也打造了务实合作的新亮点。

随着2021年1月13日印尼实施大规模疫苗接种计划以来,目前近400万印尼人已接种新冠疫苗。印尼国家新冠肺炎疫情防控新闻发言人维古3月4日在雅加达通报,"政府确认目前在印尼使用的新冠疫苗对B117变异新冠病毒有效",[4] "不要担心该变异病毒对疫苗功效的影响"。他呼吁民众对该国发现的感染变异病毒病例不必太过担心。这至少表明中国国药生产的科兴

---

① 田原:《中国产新冠疫苗成印尼抗疫复苏强心剂》,《世界知识》2021年第1期。

② "Indonesian Team in China for Covid-19 Vaccine Safety Audit", *The Jakarta Globe*, 16 October 2020, https://jakartaglobe.id/news/indonesian-team-in-china-for-covid19-vaccine-safety-audit.

③ 《印尼总统佐科接种中国新冠疫苗》,人民网,2021年1月13日,http://world.people.com.cn/n1/2021/0113/c1002-31998769.html。

④ 《印尼官方称目前使用的新冠疫苗对变异病毒有效》,中国新闻网,2021年3月5日,http://www.chinanews.com/gj/2021/03-05/9424742.shtml。

新冠疫苗得到了印尼政府和民众的信赖，将为两国开展更深层次的疫苗合作奠定坚实的基础。

2.采购中国疫苗开展大规模接种计划

习近平主席多次强调，新冠病毒是人类的共同敌人，团结合作是战胜疫情最有力的武器。尽管中国国内需求快速增加，但中方愿继续支持中印尼两国企业开展疫苗生产和采购合作，共同促进疫苗在发展中国家的可及性和可负担性，推动构建人类卫生共同体。随着印尼食药监管总局完成对中国疫苗的核验和安全性检测，印尼开始分批多次采购中国疫苗来助推国内抗疫成效。

2020年12月6日，印尼政府宣布收到来自中国科兴公司研发的120万剂新冠疫苗；12月31日，印尼又收到中国科兴公司第二批180万剂疫苗。2021年3月2日，从中国北京发货的1000万剂新冠疫苗原料抵达苏加诺—哈达国际机场货运站，随即被运往万隆的生物制药公司（Bio Farma）进行加工生产。印尼卫生部副部长丹德·萨克诺·哈布沃诺（Dante Saksono Harbuwono）在机场迎接时说，这批1000万剂新冠疫苗原料是第五批运抵印尼的科兴新冠疫苗，第一批和第二批分别为120万剂和180万剂即用疫苗，第三批和第四批分别是1500万剂和1000万剂疫苗原料。其中疫苗原料将进一步由生物制药公司加工生产。至此，印尼从中国科兴生物公司采购的1.85亿剂预计疫苗总量中，印尼已收到3800万剂。[①] 印尼生物制药公司的发言人班邦·赫里扬托（Bambang Heriyanto）表示，该机构正在开始向印尼全国34个省份和地区的卫生机构分发来自中国科兴公司的新冠疫苗。

印尼总统佐科在总统府打了国内第一针新冠疫苗，并出席新冠疫苗接种系列邮票发行仪式，将接种中国科兴疫苗的画面印在了邮票上，以增强民众对新冠疫苗有效性的信任。当前，疫苗合作正逐渐成为中国与印尼不断巩固政治互信、持续深化互利合作的一大亮点。

---

① 《1000万剂来自中国疫苗原料再运抵我国》，《千岛日报》2021年3月3日，https://www.qiandaoribao.com/2021/03/03/1000%e4%b8%87%e5%89%82%e6%9d%a5%e8%87%aa%e4%b8%ad%e5%9b%bd%e7%96%ab%e8%8b%97%e5%8e%9f%e6%96%99%e5%86%8d%e8%bf%90%e6%8a%b5%e6%88%91%e5%9b%bd

3.助推印尼建设东南亚疫苗生产中心

为了更好保障印尼2亿多人口的疫苗需求，中国安徽智飞公司正与印尼PT BCHT公司探讨进行疫苗三期临床试验合作，中国国药集团也通过阿联酋G42公司与印尼开展疫苗合作。此外，双方继续推进疫苗研发、采购和生产合作，共同将印尼打造成为区域疫苗生产中心，从而不仅满足印尼本国人民需要，而且服务该地区和广大发展中国家的需求。①

为共同抗击疫情，强化两国维护地区公共卫生安全的责任，中印尼双方进行各领域的战略沟通与协作，将中国的抗疫经验和疫苗生产研发计划更多更有益地惠及东南亚国家。印尼外交部部长蕾特诺·马尔苏迪与国企部部长艾瑞克·托希尔2020年8月20日在中国三亚进行访问期间，见证了印尼国有企业生物制药公司与中国科兴控股生物技术有限公司签署的供应新冠病毒疫苗的合作备忘录。蕾特诺当日主持线上发布会时说，生物制药公司与中国科兴公司共签署两项合作备忘录，其一是散装新冠疫苗采购与供应初步协议，中国科兴公司将自2020年11月至2021年3月供应4000万剂疫苗原料；其二是中国科兴公司将从2021年3月至12月优先向生物制药公司供应疫苗原料，这是双方相当长的合作项目。②艾瑞克在声明中说，这是生物制药公司与中国科兴公司互利双赢的合作。生物制药公司将从中获取技术转让，在等候印尼国产"红白"疫苗出世前，印尼依然需要与外国合作研制疫苗，从而于2021年初开始大规模疫苗接种，加速实现人民康复、经济复苏的目标。除了与中国科兴公司合作外，生物制药公司还分别与中国国药集团和康希诺等中国制药公司探索疫苗合作。③

---

① 《中印尼两国务实合作逆势向前成果丰硕》，中国—印尼经贸合作网，2021年2月5日，http：//www.cic.mofcom.gov.cn/article/doublecooperation/202102/423068.html.

② 《中印尼签署新冠疫苗合作备忘录 Sinovac保证供应4000万剂疫苗原料》，《千岛日报》2020年8月22日，https://www.qiandaoribao.com/2020/08/22/%e5%8d%b0%e4%b8%ad%e7%ad%be%e7%bd%b2%e6%96%b0%e5%86%a0%e7%96%ab%e8%8b%97%e5%90%88%e4%bd%9c%e5%a4%87%e5%bf%98%e5%bd%95-sinovac%e4%bf%9d%e8%af%81%e4%be%9b%e5%ba%944000%e4%b8%87%e5%89%82%e7%96%ab.

③ "Indonesia Cooperates with China to Produces COVID - 19 Vaccine", *The Insider Stories*, 21 Aagust 2020, https：//theinsiderstories.com/morning-briefing-indonesia-cooperates-with-china-to-produces- covid-19-vaccine.

印尼和中国的疫苗合作不仅存在于简单采购层面，中方还向印尼转移疫苗研发生产等上游技术，致力于提高印尼的新冠疫苗生产能力。中国国务委员兼外长王毅2月5日同印尼对华合作牵头人、海事统筹部部长卢胡特通电话时表示，中方高度重视印尼疫苗需求，支持印尼建设东南亚疫苗生产中心。中国愿继续与印尼深化疫苗合作，为印尼国内抗疫提供助力。① 卢胡特表示，印尼政府和人民感谢中方及时提供疫苗支持，希望继续学习借鉴中国疫情防控经验，同中方推进抗疫合作。印尼期待中方扩大对印尼投资，愿同中方贸易、海上、体育等领域加强交流合作，加快共建"一带一路"等重大项目，并不断取得新进展。

（二）双边与多边卫生合作双轨并行

在疫情之下，中国与印度尼西亚的卫生合作依赖于双边与多边卫生合作的双轨并行，一方面是中国与印尼的直接卫生合作，依据实际国情精准对接；另一方面则依托多边合作平台，通过多边方式合作抗疫。

在中印尼双边卫生合作方面，两国高层交往密切，对中印尼卫生合作给予高度赞扬与肯定。从2020年3月至2021年3月，中国与印尼之间的高级别交流超过20次。疫情期间，习近平主席与印尼总统佐科通话三次，国务委员兼外长王毅多次同印尼对华合作牵头人、海事统筹部部长卢胡特及外长蕾特诺进行线上对话，就推进新冠疫苗研发和抗疫合作、"快捷通道"安排、确保供应链畅通、推进数字化经济等议题进行协商沟通。此外，疫情后一些"线下"的外交会晤突显了中国同印尼关系的重要性，展示了双方致力于携手战胜疫情、共同重振经济的明确、积极信号。② 例如，2020年8月印尼外长蕾特诺与国企部部长艾瑞克访华。③ 2020年10月，国务委员兼外

① 《王毅：中国支持印尼建设东南亚疫苗生产中心》，联合早报网，2021年2月6日，http://m.uzaobao.com/shiju/20210206/86142.html。
② 《王毅：线下外交实现"复工复产"》，中华人民共和国外交部官网，2020年8月20日，https://www.fmprc.gov.cn/web/wjbz_673089/zyhd_673091/t1807893.shtml。
③ 《王毅同印尼外长蕾特诺举行会谈》，中华人民共和国外交部官网，2020年8月20日，https://www.fmprc.gov.cn/web/wjbz_673089/zyhd_673091/t1807891.shtml。

长王毅在云南腾冲同印度尼西亚总统特使、对华合作牵头人、海事统筹部部长卢胡特举行会谈。① 2021年1月13日，印尼总统佐科在雅加达会见到访的中国国务委员兼外长王毅。②

新冠肺炎疫情暴露出世界存在的深刻裂痕与脆弱性，世界需要以更紧密的全球合作来回应时代课题，多边主义是现实而正确的选择。王毅外长2021年的首次东南亚之行也再次重申坚持多边主义道路，坚持以东盟为中心的区域架构。③ 在中印尼多边抗疫合作与对话方面，高频率、高级别、多部门、多层级是其主要特征。④ 疫情期间，中国与印尼共同参与多个多边对话机制携手抗疫。例如，2020年4月14日召开的东盟与中日韩（10+3）抗击新冠肺炎疫情领导人特别会议是东亚地区参会国家最多、级别最高的抗疫多边地区对话。李克强总理在会上就"10+3"抗击疫情合作提出倡议，希望各方全力加强防控合作，提升公共卫生水平；密切各国协调配合，遏制疫情蔓延；中方愿继续通过无偿援助和商业渠道向东盟国家提供力所能及的帮助；建议建立"10+3"应急医疗物资储备中心；支持世卫组织发挥领导作用，共同维护地区和全球公共卫生安全；发挥《清迈倡议》多边化等机制作用，支持多边金融机构保持市场流动性充裕。⑤ 印尼总统佐科在会上敦促东盟国家团结、协同和合作，共同抗击新冠肺炎，还建议东盟通过联合追踪和疫情调查，应对边境地区的疫情大流行。佐科总统也欢迎东盟与日本、韩国和中国合作设立东盟新冠肺炎应急基金以应对紧急情况，强调必须把合作

---

① 《王毅同印尼总统特使卢胡特举行会谈》，中华人民共和国外交部官网，2020年10月9日，https：//www.fmprc.gov.cn/web/wjbz_ 673089/zyhd_ 673091/t1822898.shtml。

② 《印尼总统佐科会见王毅》，中华人民共和国外交部官网，2021年1月13日，https：//www.fmprc.gov.cn/web/wjbz_ 673089/zyhd_ 673091/t1846198.shtml。

③ 罗圣荣：《"东盟中心地位"符合地区利益》，《世界知识》2020年第22期。

④ 张洁：《中国与东南亚的公共卫生治理合作——以新冠肺炎疫情治理为例》，《东南亚研究》2020年第5期。

⑤ 《李克强出席东盟与中日韩抗击新冠肺炎疫情领导人特别会议》，中华人民共和国外交部官网，2020年4月15日，https：//www.fmprc.gov.cn/web/wjdt_ 674879/gjldrhd_ 674881/t1769808.shtml。

的重点放在加强与《清迈倡议》和其他机制的合作机制上。① 会议最终通过了《东盟与中日韩抗击新冠肺炎疫情领导人特别会议联合声明》。2020 年 5 月 29 日，驻东盟使团和中国—东盟关系协调国菲律宾常驻东盟使团共同举办中国—东盟关系雅加达论坛 2020 年首场活动，该活动由印尼外交政策协会（FPCI）承办，主题是"中国—东盟抗疫合作和共同构建人类命运共同体"。邓锡军大使发表主旨讲话，认为本次雅加达论坛聚焦中国—东盟抗疫合作和构建人类命运共同体正当其时，对本地区回顾合作成果、总结成功经验、探讨开展更深入合作、共同引领地区走出危机的路径具有重要现实意义。中国和东盟在共同战"疫"中展现出双方血脉相亲、手足情深，谱写了携手构建人类命运共同体的新篇章。印尼东盟事务高官何塞高度赞赏中国对东盟抗疫的有力支持和持续投入，表示东盟—中国抗疫合作表现可圈可点，双方在联防联控、政策协调、共同维护医疗物资和粮食供应链安全上均发挥了强有力的作用。

表 1 展示了中印尼参与的主要多边抗疫会议，突显了双方十分重视多边合作。

表 1　2020~2021 年中国与印尼参与的主要多边抗疫会议

时间	会议名称
2020 年 3 月 26 日	二十国集团领导人应对新冠肺炎特别峰会
2020 年 3 月 31 日	中国—东盟新冠肺炎疫情防控视频会议
2020 年 4 月 7 日	东盟—中日韩新冠肺炎问题卫生部部长视频会议
2020 年 4 月 14 日	东盟与中日韩（10+3）抗击新冠肺炎疫情领导人特别会议
2020 年 6 月 18 日	"一带一路"国际合作高级别视频会议
2020 年 7 月 1 日	第 26 次中国—东盟高官磋商
2020 年 7 月 20 日	东盟与中日韩（10+3）高官会

---

① "President Urges ASEAN Synergy and Collaboration for COVID – 19 Measures, MINISTRY OF FOREIGN AFFAIRS OF THE REPUBLIC OF INDONESIA", 14 Apirl 2020, https://kemlu. go. id/portal/en/read/1197/view/presiden-dorong-sinergi-dan-kolaborasi-antar-negara-asean-untuk-tangani-covid-19。

续表

时间	会议名称
2020 年 7 月 21 日	东盟地区论坛高官会
2020 年 9 月 3 日	二十国集团外长视频会议
2020 年 9 月 9 日	中国—东盟（10+1）外长视频会
2020 年 9 月 9 日	第 21 届东盟与中日韩（10+3）外长会
2020 年 9 月 9 日	第 10 届东亚峰会外长会
2020 年 9 月 12 日	第 27 届东盟地区论坛视频外长会
2020 年 9 月 26 日	减贫与南南合作高级别视频会议
2020 年 11 月 12 日	第 23 次中国—东盟（10+1）领导人会议
2020 年 11 月 14 日	第 23 次东盟与中日韩（10+3）领导人会议
2020 年 11 月 14 日	第 15 届东亚峰会
2020 年 11 月 20 日	亚太经合组织第 27 次领导人非正式会议
2020 年 11 月 21 日	二十国集团领导人第 15 次峰会第一阶段会议
2020 年 11 月 24 日	第 3 届中国—东盟卫生合作论坛
2020 年 11 月 27 日	第 17 届中国—东盟博览会和中国—东盟商务与投资峰会
2020 年 12 月 10 日	第 18 届东亚论坛
2020 年 12 月 18 日	2020 年度"一带一路"国际合作高峰论坛咨询委员会会议
2021 年 2 月 17 日	联合国安理会新冠疫苗问题部长级公开会

依托于多边方式的卫生合作对中印尼间双边卫生合作的开展具有协调与引领作用，同时也有助于实现合作共赢，这种卫生合作模式在抗击疫情中发挥了巨大的作用。

中国与印尼的抗疫卫生合作说明，依靠双边与多边卫生合作双轨并行符合东南亚多元性与统一性的地区特征，有利于提升中国与印尼卫生合作的灵活性与有效性。[①] 正如习近平主席在中印尼建交 70 周年同印度尼西亚总统佐科致贺电时强调的，中国和印尼在双边、地区和多边层面拥有广泛的共同

---

① 张云：《新冠肺炎疫情下全球治理的区域转向与中国的战略选项》，《当代亚太》2020 年第 3 期，第 141 页。

利益，合作潜力巨大。①

（三）注重公共卫生合作的机制建设

在中国与东南亚国家开展非传统安全领域合作的初期，公共卫生治理机制建设并未得到重视。在"一带一路"建设初期，中国也并没有明确提出建立机制的要求，而是主要依照发展优先的导向来引导国际合作项目推进。但实践证明，机制建设是不可或缺的。2003 年非典型肺炎疫情暴发后，中国与东南亚国家开始建立了一系列有关公共卫生治理的合作机制。② 2019 年年底暴发的新冠肺炎疫情表明，重大疫情有可能对相关"一带一路"国家的产业链、供应链造成损害，再次突显出公共卫生合作机制建设的重要性，也再次对我国提出了建立"一带一路"公共卫生国际合作机制这一紧迫而重大的命题。③

2020 年 4 月 14 日，在东盟与中日韩（10+3）抗击新冠肺炎疫情领导人特别会议中，李克强总理倡议建立"10+3"应急医疗物资储备中心，推进地区防控机制化，印尼总统佐科也强调必须把合作的重点放在加强与《清迈倡议》和其他机制的合作机制上，建议共同设立东盟新冠肺炎应急基金以应对紧急情况。会议所通过的联合声明也提出了公共卫生合作机制建设方面的共识与计划，包括：加强本地区针对大流行疾病及其他传染病的早期预警机制建设；根据各国风险评估、东盟地区新冠肺炎国际传播风险定期评估报告、10+3 卫生发展高官会关于政策和战略事项的共识，以及东盟公共卫生应急行动中心网络的技术指导，支持采取与各国及地区疫情严重性及其进一步发展相适应的联合、协调、强有力的应对措施；考虑建立 10+3 重要医

---

① 《习近平同印度尼西亚总统佐科就中印尼建交 70 周年互致贺电》，中华人民共和国外交部官网，2020 年 4 月 13 日，https://www.fmprc.gov.cn/web/wjdt_ 674879/gjldrhd_ 674881/t1769 215. shtml。

② 张洁：《中国与东南亚的公共卫生治理合作——以新冠肺炎疫情治理为例》，《东南亚研究》2020 年第 5 期。

③ 曹红辉：《尽快建立"一带一路"公共卫生国际合作机制》，《国际融资》2020 年第 5 期，第 22 页。

疗物资储备中心，确保快速满足紧急需求；发挥东盟公共卫生应急行动中心网络和东盟生物离散虚拟中心等机制的作用，提升区域预防、监测和应对公共卫生威胁的能力；探讨设立应对公共卫生突发事件的特别基金。① 《"一带一路"国际合作高级别视频会议联合声明》也鼓励各国在双边、区域、国际等层面建立疫情联防联控机制。②

新冠肺炎疫情暴发后，王毅外长在讲话中多次要求同周边国家密切沟通，探讨建立区域公共卫生应急联络机制，加快突发公共卫生事件应急响应速度。③ 强调中国将继续积极探索与各国加强防控疫情国际合作，推进"一带一路"卫生合作，共建"健康丝绸之路"，为筑牢全球抗疫防线贡献力量。④ 王毅外长就二十国集团会议提出主张，认为世卫组织应发挥协调作用，推动全球疫苗与免疫联盟、流行病防范创新联盟等机制形成合力。⑤

在中印尼政府的强力推动下，中国与印尼积极开展政策对接，创新合作机制。2020年8月20日，中国正式宣布与印尼正式建立人员往来"快捷通道"，双方约定在保障疫情防控措施的前提下便利人员往来，维护两国间的产业链和供应链畅通，助力彼此经济复苏。中方在未来将继续同印尼优化"快捷通道"和"绿色通道"合作机制，进一步提升国际大通道的运输效率和质量。

机制化建设有助于确保中印尼卫生合作的可预期性、稳定性与可持续

---

① 《东盟与中日韩抗击新冠肺炎疫情领导人特别会议联合声明》，中华人民共和国外交部官网，2020年4月15日，https：//www.fmprc.gov.cn/web/wjb_673085/zzjg_673183/yzs_673193/xwlb_673195/t1769820.shtml。

② 《"一带一路"国际合作高级别视频会议联合声明》，中华人民共和国外交部官网，2020年6月19日，https：//www.fmprc.gov.cn/web/wjbz_673089/zyhd_673091/t1790078.shtml。

③ 《王毅：以习近平外交思想为指引 在全球抗疫合作中推动构建人类命运共同体》，中华人民共和国外交部官网，2020年4月16日，https：//www.fmprc.gov.cn/web/wjbz_673089/zyhd_673091/t1770235.shtml。

④ 《王毅：2020年中国外交聚焦五大任务》，中华人民共和国外交部官网，2020年5月24日，https：//www.fmprc.gov.cn/web/wjbz_673089/zyhd_673091/t1782152.shtml。

⑤ 《王毅：二十国集团应合作建立抗疫"防火墙"》，中华人民共和国外交部官网，2020年9月4日，https：//www.fmprc.gov.cn/web/wjbz_673089/zyhd_673091/t1812024.shtml。

性，也有助于两国卫生治理能力的提升。对于中国来说，参与、推动卫生合作机制的建设，既展现了中印尼的务实合作、利益交融，有利于中印尼携手打造更为紧密的命运共同体，也是大国利用制度建设，扩大自身影响力与话语权的重要途径，还展现了中国参与区域治理合作的自信与主动性，以及为区域治理提供更多公共产品的大国责任意识。[①]

三 限制中国与印度尼西亚卫生合作的因素

2020 年是新中国历史上极不平凡的一年，也是中印尼关系史上具有特殊意义的一年，因为这是中国印尼建交 70 周年。两国政府和人民在疫情面前和衷共济、互施援手，充分彰显"命运相连、休戚与共"的传统友谊。两国企业积极推进疫苗采购、联合生产和技术转移合作，助力抗击疫情，社会各界也都为抗击疫情作出了独特的贡献。但疫情也突显了中印尼卫生合作中的一些深层阻碍因素。这主要可以从体系层次、单元层次、决策者层次三个方面进行分析。

（一）体系层次

根据肯尼思·沃尔兹（Kenneth Waltz）的看法，国际体系层次的权力分配将极大地制约国家的政策选择，影响国家之间的关系。[②] 阎学通教授在《历史的惯性》一书中，认为国际格局正在从冷战后的"一超"局面向两极格局转变。[③] 在最新出版的《大国领导力》一书中，阎学通教授进一步推进了这一看法。[④] 在中印尼的卫生合作中，国际格局的这种变动也正在深刻影响两国的关系。2017 年特朗普政府上台后，美国公开将中国认定为"战略

---

① 张洁：《中国与东南亚的公共卫生治理合作——以新冠肺炎疫情治理为例》，《东南亚研究》2020 年第 5 期。
② 〔美〕肯尼思·沃尔兹：《国际政治理论》，信强译，上海人民出版社，2003。
③ 阎学通：《历史的惯性》，中信出版社，2013。
④ 阎学通：《大国领导力》，中信出版社，2020，第 97~121、236~241 页。

竞争对手"，① 挑起中美贸易摩擦，推出"印太战略"遏制中国，并在涉及中国主权和内政的问题上采取挑衅立场，中美战略竞争的态势全面突显。

中美两国矛盾随着疫情发展而激化，印尼等东南亚国家与中美之间就公共卫生问题而进行的交流也被政治化，多边合作变得更为复杂。例如，在东盟—美国召开的特别外长会议上，美国国务卿蓬佩奥专门提出南海问题以及中国在湄公河上修建大坝的议题，以渲染"中国威胁论"。② 而后双方发表的联合声明也微妙地未提及支持世界卫生组织在抗击疫情中发挥作用，与"10+3"领导人宣言形成了对比。面对疫情，美国自顾不暇，无法在疫情初期为东南亚提供实质性援助，却不放弃在地区层面加大对华遏制的"努力"。外交上，美国渲染"中国病毒"，对中国进行污名化，进而要求东南亚各国对此"选边站"；军事上，美国指责中国趁疫情之机在南海问题上采取"霸凌"行为，借此怂恿相关国家与中国对抗；地区合作上，美国邀请越南、韩国等国参加"美日印澳四边安全对话"，借共商抗疫合作之名，行扩大对华包围之实。③ 虽然目前还无法评估美国因素对东盟开展国际卫生合作的具体影响，但可以预见的是，未来美国的卫生援助将进一步与东盟在政治安全领域的态度和立场挂钩。④

在很多情况下，亚太国家不确定中美两国谁将成为亚太地区的主导力量，也不确定大国的复杂意图。体系层面的持续不确定性迫使亚太国家采取同时追求"收益最大化"和"风险应急"的对冲战略。⑤ 同时，东亚地区国家多数经济上靠中国、安全上靠美国，在中美之间实行两面下注策略或对冲战略。对印尼来说，它有着地区大国的抱负，不希望大国竞争恶化地区安

---

① The White House, *The National Security Strategy of the United States of America*, December 2017, https://www.whitehouse.gov/wp-content/uploads/2017/12/NSS-Final-12-18-2017-0905-2.pdf.

② Center for Strategic & International Studies, "Southeast Asia Covid-19 Tracker", https://www.csis.org/programs/southeast-asia-program/southeast-asia-covid-19-tracker-0#ASEAN.

③ 张洁：《中国与东南亚的公共卫生治理合作——以新冠肺炎疫情治理为例》，《东南亚研究》2020年第5期。

④ 汤蓓、梁潇：《东盟公共卫生合作的制度化路径与特点》，《南洋问题研究》2020年第4期。

⑤ 曹玮：《选边还是对冲——中美战略竞争背景下的亚太国家选择》，《世界经济与政治》2021年第2期。

全局势，因而在与中美两国都开展安全合作的同时也保持一定的限度，避免在安全方面过于依赖中美任何一方。

目前，中国是印尼的头号贸易伙伴；而美国与印尼是全面伙伴关系，两国安全合作也非常密切。印尼与中美两国的共同利益基本相当，这也意味着印尼基本具备了在中美之间实施较为稳定的对冲战略的可能性，可以在中美之间左右逢源。① 在实际中，中国与印尼正在团结抗疫和领航经济复苏中不断加强合作。印尼海事统筹部部长卢胡特与中国外交部部长王毅于2020年10月进行会谈，讨论两国在这场大流行中可能开展的合作，主要成果之一是决定让印尼成为中国新冠肺炎疫苗在东南亚地区的销售中心。在印尼学者看来，这种合作对双方都有好处。一方面，中国将在拥有2.7亿人口的印度尼西亚优先推进新冠肺炎疫苗，同时确保中国疫苗进入东南亚市场。另一方面，印尼作为东南亚新冠肺炎病例最多的国家，不仅可以优先获得疫苗，还可以获得经济利益。这项协议标志着中印尼两国之间的伙伴关系更加牢固。

但同时，印尼学者也担忧印尼与中国的密切关系可能会影响印尼与美国的关系。② 沈大伟教授就依据与中美关系的紧密程度将东盟十国划分成六类，印尼被分为第六类"局外者"，即与中美都保持一定距离。③ 在中美竞争态势加剧的背景下，中印尼围绕领土领海主权问题的争端正在升温，传统安全危机有可能会加剧，斗争与合作将长期存在。尽管中印尼在东盟"10+1"框架下，针对地区公共卫生安全进行多边对话与磋商，但由于中国与印尼在公共卫生安全上仍然存在着诸如地区认同感缺失的问题，大多数合作还只停留在论坛、发表宣言及对话等软制度层面，进而造成公共卫生安全合作的机制化进程发展迟缓。

---

① 凌胜利、梁玄凌：《"9·11"事件后美国与印度尼西亚安全合作探析》，《东南亚纵横》2016年第4期。

② "Growing Ties between Indonesia and China May Hurt US-Indonesia Relationship", *The Conversation*, 26 Ocotober 2020, https://theconversation.com/amp/growing-ties-between-indonesia-and-china-may-hurt-us-indonesia-relationship-148532.

③ David Shambaugh, "U.S.-China Rivalry in Southeast Asia: Power Shift or Competitive Coexistence?", *International Security*, 4, 2018, pp.85-127.

中国与印尼应将传统安全问题与当前的公共卫生合作"分而治之",不应因与部分东南亚国家的海上摩擦而偏废整个地区的抗疫合作。同时,我国应坚决维护国家核心利益不被侵犯的底线,并为之作好必要的战略准备。①

(二)单元层次

根据新古典现实主义的观点,单元层次并不是结构现实主义所设想的那样铁板一块,而是容易在各个方面深刻影响国家的政策选择。② 首先,印尼国内的反华情绪被视作阻挠中印尼在卫生领域进一步合作的重要因素。自1960年代中期以来,印尼国内的反华情绪一直存在,新冠肺炎疫情的暴发使这一情况更加恶化。许多印尼人在社交媒体上用"中国病毒"来指代新冠肺炎,一些人甚至呼吁人们远离中国公民或印尼华人工作和生活的地方。美日在制造印尼对中国的错误认知方面是煽动者。③ 美国国内的反华势力,出于一己私利和政治偏见,对中国进行不择手段的造谣抹黑,毫无理智地打压制裁,甚至挑动意识形态对立,企图把世界推入"新冷战"的深渊,日本则跟在美国后面摇旗呐喊。这导致印尼的普通民众对中国常存误解。例如,印尼民众对中国疫苗有较大的抵触情绪。国际智库战略与国际研究中心(CSIS)最新的一份调查显示,印尼首都雅加达42.5%的受访者表示强烈或基本不信任中国新冠疫苗的有效性,40%的受访者表示不愿接种中国疫苗,在文化中心日惹,这两个数字分别为29.5%和27.5%。④ 许多受访者反对接种疫苗是出于认为中国疫苗的质量、有效性和安全性尚待验证,以及出于对疫苗副作用和是否符合清真认证的担忧。此外,印尼出于平衡中国影响的需

---

① 张洁:《中国与东南亚的公共卫生治理合作——以新冠肺炎疫情治理为例》,《东南亚研究》2020年第5期。

② 〔加〕诺林·里普斯曼、〔美〕杰弗里·托利弗、〔美〕斯蒂芬·洛贝尔:《新古典现实主义的国际政治理论》,上海人民出版社,2017。

③ 〔印尼〕阿迪亚·埃杜亚尔德·耶里米亚:《印度尼西亚对于中国崛起的认知》,《南洋问题研究》2021年第1期。

④ 《印尼40%民众不愿接种疫苗》,东方日报网,2021年2月22日,https://www.orientaldaily.com.my/news/international/2021/02/22/394137。

要，也向英国购买阿斯利康疫苗，并在国内开展接种计划。虽然从目前来看中国与印尼在各项合作中发展势头较好，但调查数据表明双方政治互信度并不高，这很容易干扰双方的公共卫生合作。

首先，近期，少数西方国家精心炮制涉疆谎言，目的是误导国际社会，遏制中国发展，破坏中国同包括印尼在内的伊斯兰国家的友好关系，阻遏中国乃至广大发展中国家的壮大进步。一些印尼媒体援引、转载部分西方媒体涉疆不实报道，误导印尼公众。① 在某一时期，在某些特殊的地区，印尼舆论环境对中国非常不利，对华友好的社会民意基础不足。印尼是一个民主国家，对于民主国家而言，选民的态度对国家的对外战略选择有着重要影响，即国内观众成本。作为民主国家，印尼政府是选举产生的，选民的诉求是国内政治的重要因素，对国家的对外战略选择的影响不容忽视。② 在西方媒体煽动下的印尼中国认知是印尼应对中国快速发展的最重要基础之一。卫生领域属于"低政治"领域，但仍然受制于国内外的政治外交环境。③

其次，印尼对两国公共卫生安全合作中涉及的主权问题较为敏感。在全球化进程中，公共卫生安全是全球问题，是主权疆域无法完全应付的，正所谓病魔无国界。因此，它对参与合作的各国之间的信任度和彼此之间关系发展的深入程度有较高的要求。中国和印尼的主权争端悬而未决，另外，中国与印尼社会制度迥异，在国家战略目标与地区事务主导权等问题上常常意见相左。由于印尼在疫情信息通报，疾病控制、治疗和研究以及出入境管理方面未能建立规范和长效的交流、磋商与协调机制，致使许多传染性和扩散性很强的流行性疾病泛滥，催生了各方被动应对的潜在风险。④ 因此，在公共

---

① 《中国驻印尼使馆发言人就印尼媒体涉疆报道发表谈话》，中华人民共和国驻印尼大使馆官网，2021 年 4 月 5 日，http://new.fmprc.gov.cn/ce/ceindo/chn/sgsd/t1866844.htm。
② 凌胜利：《二元格局：左右逢源还是左右为难？——东南亚六国对中美亚太主导权竞争的回应（2012~2017）》，《国际政治科学》2018 年第 4 期。
③ 马勇、蔡雨欣：《中缅公共卫生安全合作：现状、挑战及前景》，《南亚东南亚研究》2021 年第 1 期，第 1~12、150 页。
④ 《加快推进中国—东盟公共卫生安全合作》，中国社会科学网，2020 年 3 月 8 日，http://ex.cssn.cn/index/skpl/202003/t20200308_ 5098243.shtml。

卫生安全合作中，中国与印尼如何在平衡与协调主权的同时促进合作，是亟待解决的重要问题。①

最后，印尼国内经济总体水平落后，对公共卫生安全投入的财力与精力有限。印尼近年来经济社会发展取得不俗的成就，但印尼内部贫富差距问题严重，这导致贫困地区的生活发展水平难以实质性提升，特别是公共卫生水平，再加上印尼地理上岛屿林立的限制，在疫情的冲击下，偏远地区的民众难以享受到政府的卫生治理投入，间接导致中印尼卫生合作仅在有限的地区开展。数据显示，2016~2020年，中国财政卫生支出从13159亿元增长到17545亿元，年均增长7.5%，比同期全国财政支出增幅高出0.4个百分点；占全国财政支出的比重由7%提高到7.1%。2016~2019年，全国卫生总费用从4.6万亿元增长到6.5万亿元（2019年为预计数），年均增长12.2%。②与此相反，印尼公共卫生投入低，医疗保险覆盖率较低，对外来的卫生援助较为依赖。由此导致的结果是，印尼的疫情报告、疾病监测时效性差，卫生信息网络覆盖面小，医疗救治系统信息不灵，卫生执法监督信息系统建设难以适应卫生执法监督工作的需要，缺乏统一的公共卫生信息平台，从而导致信息整合能力弱等。③这无疑也制约了印尼应对疫情的效度，影响了中印尼卫生合作取得更大的成效。

（三）决策者层次

在决策者层次上，佐科政府的第二个任期刚刚展开不久，其认知仍会在未来三年影响中印尼关系。由于佐科强调经济与社会发展，中国在这一点上对印尼有重要意义，因而我们可以期待未来三年中印尼的卫生合作不太可能受到太大影响。但在佐科政府任期届满后，其后继执政者的意向与认知也必

---

① 李英利、王玉主：《人类命运共同体背景下中国—东盟公共卫生安全合作建设刍探》，《广西大学学报》（哲学社会科学版）2020年第5期。

② 《"十三五"财政卫生健康支出年增7.5%》，中国政府网，2020年11月8日，http://www.gov.cn/xinwen/2020-11/08/content_ 5558741.htm。

③ 罗圣荣、马晚晨：《公共卫生合作与中国—东盟命运共同体构建》，《国际展望》2020年第4期。

定对中印尼的未来卫生合作产生重要的影响。

四　结语

2020 年是中国印尼建交 70 周年，也是两国团结抗击疫情最困难的一年，2021 年是中国"十四五"规划开局之年，中国将开启全面建设社会主义现代化国家新征程，印尼也在为实现其"2045 年宏伟目标"而不懈奋斗。两国发展和两国关系站在新的历史起点上。随着全球抗击疫情进入新常态，中印尼卫生合作也面临新机遇。双方应以中国—东盟抗疫合作为平台，加强东盟框架下的疫情长效合作机制建设，助推印尼建设东南亚疫苗生产研发中心；疫情卫生交流是中印尼人文交流机制的重要组成部分，双方应深化现有人文交流机制下的战略协调，打造中印尼卫生共同体；中印尼应共同建设应急医疗物资储备库和公共卫生应急联络机制，联合培养公共卫生领域人才，加强基础卫生能力建设，提升应对未来公共卫生危机水平，携手构建中印尼"健康丝绸之路"。

中国和印尼都是世界上重要的发展中大国和重要新兴经济体，两国合作不仅仅是双边事务，也具有战略意义和世界影响。习近平主席曾言："中国和印尼关系的发展，如同美丽的梭罗河一样，越过重重山峦奔流向海，走过了很不平凡的历程。"当前比较融洽的中印尼关系来之不易，如果考虑到中印尼长达 22 年的断交经历，我们更应该珍惜当前的双边关系。我们期待，中印尼将继续以携手抗疫为契机，保持高层交往势头，深化发展战略对接，不断释放合作潜能，共同谱写梭罗河畔的友谊赞歌。①

---

① 肖千大使在《人民日报》发表署名文章《梭罗河畔的友谊赞歌》，中华人民共和国驻印尼大使馆官网，2020 年 12 月 22 日，http：//id.china-embassy.org/chn/sgsd/t1841819.htm。

中国与印度尼西亚体育交流合作的
历史发展与现状

陈　菲　王佳宁*

摘　要：　中印尼建交以来，双方体育活动逐渐深入发展，主要体现在
两个方面：一方面，两国在新兴力量运动会、亚运会、奥运
会这些大型国际赛事上国家间的合作与交流；另一方面，两
国在其他层面的交流，包括个体、机构、东盟这三个层面。
新冠肺炎疫情期间，双方的体育交流活动都受到了巨大的冲
击，许多体育活动被迫停摆，体育交流也随之转变方式。随
着新冠肺炎疫情逐渐缓解，双方未来的体育交流有望回暖。

关键词：　中印尼　体育交流　双边关系

一　前言

随着现代社会的发展，体育逐渐与国家外交活动相结合。中美"乒乓
外交"的出现，显示着体育交流对推动国家外交关系的重要性。许利平认
为体育交流属于人文交流的现代路径之一。① 此外，还有学者认为体育外交
已成为我国公共外交的新路径。②

---

　*　陈菲，华中师范大学政治与国际关系学院副教授，硕士生导师，中印尼人文交流研究中心
副主任；王佳宁，华中师范大学政治与国际关系学院硕士生，中印尼人文交流研究中心
助理。
　①　许利平：《中国与周边国家的人文交流：路径与机制》，《新视野》2014年第5期，第120页。
　②　黄莉：《中国体育步入公共外交的新时代》，《运动》2012年第11期，第1页。

诚然，体育交流并非国家间外交活动的主要内容和路径，但在现代社会中，它对国家间的友好关系发挥着重要作用。相较于传统的外交手段，体育交流被赋予了更多意义。有学者认为，体育交流作为外交的手段之一，不仅有利于塑造国家形象，还可以营造良好的国际环境。[1] 同时，体育外交也被视为表达政治态度、提升国家形象、引导舆论导向、解决国际冲突的辅助工具。[2]

体育交流作为国家间外交的现代途径之一，受到多重因素的影响。这些因素包括国家内部政策、两国关系的改变、国际环境的变化等。例如，我国对大湄公河次区域国家的体育交流就受制于我国对周边国家的整体外交方针政策。[3] 体育在中国对外交往中发挥了重要的作用。北京奥运会的成功举办不仅显示了中国国家实力的增强，更为中国提供了向全世界展示自己的机会。中国作为体育强国，十分重视同其他国家，尤其是与周边国家开展丰富的体育交流活动。

中印尼建交以来，双方在体育交流方面不断发展。中国和印尼都是拥有优势体育项目的国家。其中，中国的国球是乒乓球，印尼的国球是羽毛球。在涉及双方的体育交流活动中，体育赛事、运动团体之间的交流与访问等都是体育交流的重要表现形式。对双方体育交流的总结，既可以观察体育在国家关系中的作用，也可以以历史为范本，总结经验，为今后更好的体育交流提供借鉴。

笔者通过梳理中印尼两国多年体育交流中具有代表性的事例，来论证体育交流活动是推进双方关系的重要途径之一。中印尼两国的体育交流主要体现在双方在大型国际体育赛事和地方民间体育交流上的良好合作，后者包括个体、机构、东盟三个层面。此外，笔者还将简要描述新冠肺炎疫情对中印

---

① 温显娟：《公共外交的有效途径：体育外交》，《理论与现代化》2015 年第 1 期，第 70 页。

② 郝雅烨子：《体育外交在解决国际争端中的辅助作用研究》，《北京体育大学学报》2015 年第 7 期。

③ 徐超、苏本磊：《我国与大湄公河次区域国家体育交流研究》，《体育文化导刊》2015 年第 7 期，第 37 页。

尼体育交流活动的冲击及中印尼体育交流的发展状况。

二 中国与印度尼西亚在大型体育赛事上的合作与交流

中印尼在大型国际体育赛事上的合作交流主要指两国在新兴力量运动会、亚运会和奥运会上的合作与交流。

1. 1963年在印尼雅加达举办的新兴力量运动会

1950年代，因国际奥委会允许台湾地区以"中华民国"的名义参与其中，中国政府为了避免"两个中国"的存在和维护国家主权，在1958年正式退出国际奥委会。1949年，亚洲运动联合会成立，并于1952年吸收台湾当局为正式成员。[1] 中国政府多次抗议无果，遂断绝了与亚洲运动联合会的联系。在印尼于1962年获得第4届亚运会的主办权后，中国积极与印尼交涉。基于与中国的友好关系，印尼政府没有为台湾地区的运动员发放签证。[2] 此举被国际奥委会认为违反了运动规则，1963年2月，国际奥委会执行委员会以5∶1通过了"无限期"暂停印尼奥林匹克委员会的决定。[3] 此后，国际奥委会提出，若是印尼为其行为道歉，可以恢复其回归东京赛场的资格，但印尼拒绝为此道歉。[4]

在此背景下，印尼宣布退出国际奥委会，并准备开始筹办新兴力量运动会。中国政府对印尼的决定表示支持，并积极参与新兴力量运动会的筹备与

---

[1] 张小欣：《新兴力量运动会的缘起与中国和印尼的关系》，《当代中国史研究》2014年第2期，第83页。

[2] Olympic Council of Asia, "Jakarta 1962", https：//ocasia.org/games/104-jakarta-1962.html.

[3] Russell Field, "The Olympic Movement's Response to the Challenge of Emerging Nationalism in Sport：An Historical Reconsideration of GANEFO", https：//library.olympic.org/Default/doc/SYRACUSE/40898/the-olympic-movement-s-response-to-the-challenge-of-emerging-nationalism-in-sport-an-historical-reco？_lg＝en-GB.

[4] "Indonesia Won't Apologize to Get Entry into Olympics", *The New York Times*, 27 April 1964, https：//www.nytimes.com/1964/04/27/archives/indonesia-wont-apologize-to-get-entry-into-olympics.html.

举办。[1] 首先，在运动会筹办之前，贺龙、陈毅、周恩来等中国国家领导人向印尼政府官员表达了他们的支持和对运动会的欢迎；贺龙出席了筹备委员会成立大会，并当选为筹备委员会主席。其次，中国选拔出228名运动员，组成了14个代表队参与比赛；还派出了192人的艺术团。最后，中国为印尼提供了体育设施器材和开幕式用品，并派出"光华号"轮船搭载来自朝鲜和越南的体育代表团。

这次新兴力量运动会不仅体现了中印尼双方反帝反殖民的斗争和共同愿景，还展现了两国间的深厚友谊，更增强了发展中国家在国际社会的声音。

2. 中印尼在亚运会上的合作

亚运会是亚洲地区一大体育盛事，也是亚洲国家增强彼此关系的平台。如果2022年杭州亚运会成功举办，那么中印尼两国就分别承办了三次和两次亚运会。其中，中国承办了1990年的第11届北京亚运会、2010年的第16届广州亚运会，并将于2022年举办第19届杭州亚运会；印尼承办了1963年的第4届雅加达亚运会和2018年的第18届雅加达亚运会。

中印尼两国都积极派出运动员代表团参与彼此举办的亚运会。印尼派出297名运动员参加了第16届广州亚运会，并参与其中23个项目。[2] 中国派出845名运动员参加了第18届雅加达亚运会，并在运动会中取得良好的成绩。[3] 在雅加达亚运会的闭幕式上，中国杭州作为下一届亚运会举办城市参加接旗仪式，并在闭幕式上呈现"杭州时间"文艺演出。此外，企业家马云、运动员孙杨、歌手易烊千玺、舞蹈家殷硕等参与了主题演出《向往》，展示了中国人民、杭州人民对亚运会的期待，以及对亚洲运动健儿和观众的欢迎。[4]

---

① 张小欣：《新兴力量运动会的缘起与中国和印尼的关系》，《当代中国史研究》2014年第2期。

② 赵金川：《印尼希望加强与中国的体育交流 期待亚运会创造佳绩》，光明网，2010年10月11日，http://topics.gmw.cn/2010-10/11/content_ 1300554. htm。

③ 《2018年雅加达亚运会中国体育代表团名单公示》，人民网，2018年7月26日，http://sports. people. com. cn/n1/2018/0726/c22155-30171301. html。

④ 《徐立毅出席雅加达亚运会闭幕式并接旗》，杭州市人民政府网站，2018年9月3日，http://www. hangzhou. gov. cn/art/2018/9/3/art_ 812261_ 20906725. html。

除了派遣运动员参赛，中国企业也踊跃赞助印尼亚运会，成为其官方合作伙伴。中国服装品牌361°、广州市迪士普音响科技有限公司、广东新能源企业纽恩泰公司是2018年雅加达亚运会的官方合作伙伴。①

3. 中印尼在奥运会上的合作

1970年代，随着中国恢复在联合国的合法席位，中国奥委会开始与国际奥委会交涉，希望国际奥委会承认并坚持"一个中国"的原则。经过多轮协商讨论，1979年10月25日，国际奥委会执委会通过了《名古屋决议》，新中国在国际奥委会的合法权利问题得到解决。②

在中国获得2008年奥运会举办权后，印尼也积极到访中国学习交流申奥经验。2007年，印尼青年与体育部部长阿迪亚克萨·达乌特博士和印尼体委及奥委会主席丽塔·苏博沃女士，③ 以及印尼体育代表团先后到访中国奥委会，④ 除了交流北京奥运会相关事宜外，双方也在寻求更多领域的合作。此外，印尼还是北京奥运会火炬境外传递的第14棒，这是奥运圣火首次在印尼境内传递。⑤ 印尼政府十分重视奥运圣火的传递，印尼民众对此十分期待和欢迎。2008年4月22日14时，圣火抵达印尼，参与传递圣火的80名火炬手囊括了印尼当时最著名的运动员。在圣火传递途中，印尼民众夹道欢呼，手持中印尼两国国旗和北京奥运会会旗。通过资格赛的选拔，印

---

① 《热爱无国界 361°宣布成为2018年雅加达亚运会官方合作伙伴》，搜狐体育网，2017年6月15日，https：//www.sohu.com/a/149026532_770845；《迪士普签约成为第18届亚运会官方支持合作伙伴》，搜狐网，2018年7月9日，https：//www.sohu.com/a/240060676_104973；《印尼雅加达亚运会签约中国合作伙伴》，新华网，2017年10月28日，http：//www.xinhuanet.com/sports/2017-10/28/c_1121869262.htm。

② 李相如、宋雪莹：《关于新中国体育外交的回顾与研究》，《体育科学》2003年第1期，第29页。

③ 《于再清在京会见印尼青体部长和奥委会主席》，中国奥委会官方网站，2007年4月13日，http：//www.olympic.cn/china/friendship/2007/0413/26474.html。

④ 《印尼体育代表团拜会中国奥委会 希望加强合作》，中国奥委会官方网站，2007年6月26日，http：//www.olympic.cn/china/friendship/2007/0626/26443.html。

⑤ 叶平凡、赵金川：《北京奥运会火炬境外传递第14站22日在雅加达举行》，中央政府门户网站，2008年4月22日，http：//www.gov.cn/govweb/jrzg/2008-04/22/content_951193.htm。

尼最终派出 24 名运动员参加北京奥运会，参与 7 个项目的比赛。[①]

如今，成功申办并举办奥运会是一个国家综合实力得到国际社会认可的标志之一，此举也有利于提高国家形象。作为东南亚地区的大国，印尼同样渴望成功申办奥运会。早在 2018 年，据印尼《国际日报》报道，佐科总统表示印尼将申办 2032 年奥运会。[②] 2019 年 2 月，印尼正式向国际奥委会提供申请材料。[③] 据 *Sports Business* 报道，中国政府将支持印尼申办 2032 年奥运会，并将为其提供技术支持以及为印尼运动员提供培训和训练设施。[④]

三　中国与印度尼西亚其他层面主导的体育交流活动

除开国家层面在国际体育赛事上的合作与交流，中印尼在其他层面也有着许多体育交流活动。这主要体现在三个方面：一是个体运动员或教练员之间的体育交流；二是学校、体育协会等机构之间的体育交流；三是依托东盟与印尼间接展开的体育交流。

个体运动员或教练员参与的体育交流主要表现为个体前往对方国家促成的交流与合作。

1950 年代，印尼华侨王文教、陈福寿、黄世明和施宁安随印尼华侨青年体育观摩团到中国参加比赛后，决意回到中国，为中国羽毛球队效力。[⑤]作为印尼羽毛球国家队队员的他们，经过多重努力回到中国，带动了新中国

---

① 《印尼祝愿北京奥运会成功》，中国日报网，2008 年 8 月 8 日，http://www. chinadaily. com. cn/hqzx/2008−08/08/content_ 6918249. htm。

② 《佐科・维多多：印尼将申办 2032 年夏季奥运会》，《国际日报》2018 年 9 月 1 日，http：//eguojiribao. com/2823。

③ 《印尼雅加达正式申办 2032 年奥运会》，《环球时报》2019 年 2 月 19 日，https：//baijiahao. baidu. com/s? id=1625890458303557976&wfr=spider&for=pc 。

④ Kelvin Tan, " Indonesia Gets China's Backing for 2032 Olympics Bid ", *Sports Business*, 18 November 2019, https://www.sportbusiness. com/news/indonesia-gets-chinas-backing-for-2032-olympics-bid/.

⑤ 《陈福寿——用羽毛球报效祖国》，搜狐新闻网，2020 年 6 月 24 日，https://www.sohu. com/a/403800261_ 120667109。

羽毛球的发展。其中，在王文教的带领下，中国羽毛球队从实力较弱发展成
为获得 56 个单打世界冠军和 9 个团体冠军。①

来自中国江苏省的张跃宁曾赴印尼任职，担任印尼武术套路队主教练长
达七年。被誉为印尼"武术女王"的郭丽娟（Lindswell Kwok）也接受过张
跃宁的指导，曾多次在世界级比赛中获得金牌。② 亚奥理事会终身名誉副主
席魏纪中曾多次应邀前往印尼对印尼城市设施进行技术评估。2014 年，魏
纪中应邀前往印尼评估申办 2019 年亚运会的可能性。③

2019 年 7 月，印尼羽毛球功勋运动员罗西安娜、两次全英公开赛男子
双打和两届汤姆斯杯团体赛冠军张鑫源参与印尼中国商会总会主办的"三
一杯"羽毛球赛，为比赛助阵并开赛。④ 印尼中国商会总会举办的羽毛球赛
参与者多是在印尼的中企员工，羽毛球是印尼的国球，羽毛球赛的举行亦有
利于加强民众之间的交往。

在学校、体育协会等之间的体育交流活动中，我国知名体育院校与印尼
学校或体育协会都有较多的合作，以代表团访问、签订合作协议和举办学术
会议的等多种形式展开。

中国与印尼的羽毛球协会、龙狮协会等多个体育协会之间交流活动密
切。为提高中国羽毛球运动员水平，促进羽毛球强队之间的交流，中国羽
毛球协会决定于 2002 年举办"世界羽毛球五强团体对抗赛"，邀请 2000
年汤姆斯杯赛前五名印尼、丹麦、马来西亚和韩国的羽毛球队参加。印尼
羽毛球队接受邀请，迎战中国羽毛球队。⑤ 2009 年，中国龙狮运动协会协

① 《王文教：归国当无悔 羽球开路人》，中国新闻网，2020 年 1 月 11 日，https：//baijiahao. baidu. com/s？id＝1655420136371539259&wfr＝spider&for＝pc。
② "Indonesian Wushu champion thanks Chinese coach"，*China Daily*，31 August，2018，https：//www. chinadaily. com. cn/a/201808/31/WS5b88d635a310add14f388e46. html .
③ 《魏纪中赴印尼考察评估接办亚运可能性》，中央政府门户网站，2014 年 5 月 11 日，http：//www. gov. cn/govweb/xinwen/2014-05/11/content_ 2677494. htm。
④ 《印尼中资企业员工兴"羽毛球热"》，中国新闻网，2019 年 7 月 13 日，https：//baijiahao. baidu. com/s？id＝1638944698807845812&wfr＝spider&for＝pc。
⑤ 《印尼羽毛球男队接受中国队挑战 将于 6 月来华》，搜狐体育网，2002 年 1 月 22 日，http：//2012. sohu. com/26/15/sports_ news164001526. shtml。

办"文化中国—全球华人中华才艺（龙狮大赛）"，印尼侨团赴华参赛。[1]

此外，中印尼双方体育院校与体育团队都有合作。以北京体育大学为例，它作为我国体育院校的代表与印尼体育团队开展了不少交流活动。2004年，印尼泗水武术协会主席翁钰祥到访北京体育大学商谈合作相关事宜。[2]2008年，印尼泗水大学到访北京体育大学，并签订了交流合作协议。[3]2013年，印尼雅加达特区体育代表团到访北京体育大学，双方探讨了运动训练、体育教学科研等方面的事宜，并讨论了今后派雅加达运动员来北京体育大学训练的可能。[4]2015年，印尼教育大学代表团到访北京体育大学，双方就专业设置、就业去向、留学生招收等项目进行交谈。[5]同时，其他学校与印尼体育协会也有过相关合作。2015年，广西体育高等专科学校的书记、校长与印尼龙狮总会主席签署了合作框架协议，合作涉及龙狮队伍人才培养、龙狮运动与文化交流、龙狮图书资料和体育发展信息交流等多个方面。[6]2019年，广西电力职业技术学院应印尼全国龙狮总会的邀请前往印尼参加狮王争霸赛，并访问印尼全国龙狮总会。[7]

同时，学术会议也是拉近双方关系的途径之一。2013年，第19届世界体育法大会在巴厘岛举办，此会由印尼体育法学会与世界体育法学大会联合

① 《印尼侨团赴广州参加"全球华人中华才艺龙狮赛"》，中国新闻网，2009年12月10日，https：//www.chinanews.com/hr/hr-st-yz/news/2009/12-10/2010643.shtml。
② 《印尼武术人士来我校商谈合作》，北京体育大学网站，2007年6月13日，https：//www.bsu.edu.cn/xyyw/ef07fdabdc6244fb9a781429ddbbd11f.htm。
③ 《印尼代表团访问我校》，北京体育大学网站，2008年10月21日，https：//www.bsu.edu.cn/xyyw/d63cb7b3dd704c5da5ec06ebd68e5756.htm。
④ 《印尼雅加达特区代表团来我校访问》，北京体育大学网站，2013年12月19日，https：//www.bsu.edu.cn/xyyw/9232d73a5c2c4c13b7a4ecd49400ac02.htm。
⑤ 《印尼教育大学代表团访问我校》，北京体育大学网站，2015年10月28日，https：//www.bsu.edu.cn/xyyw/0297fd938f9c492bb6ea82d2cecac6dc.htm。
⑥ 《我校与印尼龙狮总会签署合作框架协议》，广西体育高等专科学校国际交流办公室网站，2015年9月8日，http：//gjb.gxtznn.com/info/1240/1489.htm。
⑦ 《我院龙狮队出访印尼参加东盟狮王争霸赛喜获佳绩》，广西电力职业技术学院网站，2019年11月21日，https：//www.gxdlxy.edu/ggjc/info/1036/2142.htm。

举办，许多中国院校的老师应邀出席，包括西安体育学院的郭春玲①，浙江财经大学的唐勇②等。

在依托东盟平台间接与印尼展开体育交流方面，2015 年 3 月 28 日，中国国家发展改革委员会、外交部、商务部联合发布《推动共建丝绸之路经济带和 21 世纪海上丝绸之路的愿景与行动》，其中特别提到"积极开展体育交流活动，支持沿线国家申办重大国际体育赛事"。③ 在东南亚地区，中国主要依托东盟这个平台，与印尼展开丰富多彩的体育活动交流。如今，"中国—东盟"主题体育赛事已经成规模。2019 年，在广西开展的中国—东盟系列邀请赛项目众多，包括在南宁市举办的中国—东盟羽毛球混合团体邀请赛、中国—东盟棋牌国际邀请赛、中国—东盟城市足球邀请赛、中国—东盟国际自行车挑战赛、中国—东盟山地马拉松赛、中国—东盟（南宁）国际龙舟邀请赛、中国—东盟卡丁车赛车邀请赛、中国—东盟拳王赛，在桂林市举办的中国—东盟体育旅游活力月，在北海市举办的"一带一路"国际帆船赛，还有在钦州举办的中国—东盟国际体育舞蹈公开赛等多项赛事。④

因地缘优势，广西在与东盟国家的体育交流活动中发挥着重要的作用。广西通过举办赛事活动、加强体育人才交流与合作，不断打造自身"东盟赛事区域中心"的身份。2018 年，广西除了举（承）办了中国—东盟系列邀请赛外，共接待来自东盟国家 19 批次 168 人次的运动员培训。⑤

在这些中国—东盟系列邀请赛中，印尼都有参与，并取得了不错的成

① 《郭春玲教授参加世界体育法大会》，西安体育学院网站，2013 年 11 月 7 日，http：//www.xaipe.edu.cn/info/1081/15922.htm。
② 《我校法学院教师唐勇参加第十九届世界体育法大会并作主题报告》，2013 年 11 月 7 日，https：//www.zufe.edu.cn/info/1154/15880.htm。
③ 《推动共建丝绸之路经济带和 21 世纪海上丝绸之路的愿景与行动》，中国国家发展和改革委员会网站，2015 年 3 月 28 日，https：//www.ndrc.gov.cn/xwdt/xwfb/201503/t20150328_956036.html。
④ 《广西与东盟国家体育交流"全面开花"》，广西壮族自治区人民政府门户网站，2019 年 12 月 15 日，http：//www.gxzf.gov.cn/gxyw/20191215-784179.shtml。
⑤ 《广西打造东盟赛事区域中心 国际体育活动"好戏连台"》，中国新闻网，2019 年 5 月 19 日，https：//baijiahao.baidu.com/s？id=1633945025052702441&wfr=spider&for=pc。

绩。2018 年，印尼获得中国—东盟羽毛球混合团体邀请赛的冠军。[①] 2019
年，印尼车手在中国—东盟汽车拉力赛上获巾帼奖，[②] 印尼队在中国—东盟
（南宁）国际龙舟赛上夺冠。[③]

四 中国与印度尼西亚体育交流活动的现状与展望

2019 年 12 月底，新冠肺炎疫情暴发后，许多国家都在收紧出入境管理。因
为体育活动的性质与疫情的防控管理有冲突，体育交流因此受到很大冲击。在
疫情期间，包括东京奥运会、卡塔尔世界杯亚洲区预选赛、国际篮联三人篮球
亚洲杯、世界沙排巡回赛等多项体育赛事被迫推迟或取消。[④] 在疫情逐渐好转的
情况下，照常举行的体育赛事也多是采取无观众的比赛形式。2020 年 8 月，
美国网球协会宣布将如期举行美国网球公开赛，采取空场无观众形式。[⑤]

在此背景下，中印尼之间的体育交流也受到了冲击，许多原定赛事都被
迫暂停或取消。其中，2020 年中国—东盟拉力赛因疫情暂停，[⑥] 印尼也放弃
举办羽毛球亚洲公开赛。[⑦]

---

① 《2018 年中国—东盟城市羽毛球混合团体邀请赛决出名次 奥运冠军领衔的印尼队成功卫
冕》，搜狐新闻网，2018 年 10 月 29 日，https：//www.sohu.com/a/271921914_ 100008859。
② 《中国—东盟国际汽车拉力赛成绩出炉 印尼车手获巾帼奖》，中国新闻网，2019 年 9 月 25
日，https：//baijiahao.baidu.com/s？id=1645656928946005409&wfr=spider&for=pc。
③ 《62 支队伍挥桨 中国—东盟（南宁）国际龙舟赛印尼队夺冠》，中国新闻网，2019 年 6 月
7 日，https：//baijiahao.baidu.com/s？id=1635668888472256060&wfr=spider&for=pc。
④ 《疫情下全球体育赛事推迟及取消信息一览》，中华全国体育总会网站，2020 年 3 月 26 日，
http：//www.sport.org.cn/jdxw/2020/0326/313175.html。
⑤ Jessica Golden, "The U.S. Open Tennis Tournament Will Go On, but no Fans Are Allowed",
CNBC, 16 June 2020, https：//www.cnbc.com/2020/06/16/the-us-open-tennis-tournament-will-
go-on-but-no-fans-are-allowed.html .
⑥ 《中国—东盟拉力赛因疫情暂停举办》，广西壮族自治区人民政府门户网站，2020 年 10 月 1
日，http：//www.gxzf.gov.cn/gxydm/whjl_ 29790/t6511437.shtml。
⑦ 《中国印尼两国不承办亚洲公开赛 印尼羽协秘书长称今年羽联赛事恐全取消》，《千岛日
报》2020 年 9 月 15 日，https：//www.qiandaoribao.com/2020/09/15/% e4% b8% ad% e5%
9b% bd% e5%8d% b0% e5% b0% bc% e4% b8% a4% e5% 9b% bd% e4% b8% 8d% e6% 89% bf% e5%
8a% 9e% e4% ba% 9a% e6% b4% b2% e5% 85% ac% e5% bc% 80% e8% b5% 9b~% e5% 8d% b0% e5%
b0% bc% e7% be% bd% e5% 8d% 8f% e7% a7% 98% e4% b9% a6% e9% 95% bf% e7% a7% b0。

此外，也有出现运动员因新冠肺炎而无法参加比赛的情况。2020 年 2 月，为保护运动员和教练员的健康，中国男子网球队退出戴维斯杯世界一组的附加赛。① 2020 年 12 月，因泰国疫情再度暴发，中国羽毛球队宣布退出泰国三站比赛。② 2021 年 1 月，印尼羽毛球名将苏卡穆约因确诊新冠肺炎无缘泰国赛。③ 2021 年 3 月，因同航班有人确诊新冠肺炎，印尼全队被迫退出全英羽毛球赛。④ 2021 年 4 月，世界摩托车大奖赛印尼站宣布大奖赛因新冠肺炎疫情不得不推迟到 2022 年 3 月之后举办。⑤

疫情期间的体育活动也因此从线下比赛转换成了其他方式，主要是在线上举行比赛。2020 年 4 月，中国国家射击队已经开展了第二次"云端"比赛，国家射击队与北京、山东、河南、陕西四支地方队开展了视频对抗，观众也可以通过线上直播的方式观看。⑥ 2020 年 7 月，印尼三部门合办龙狮线上比赛，吸引全印尼 34 个团队参加比赛。⑦ 2020 年 10 月，印尼中国商会举办"线上象棋赛"。⑧

虽然疫情期间体育赛事受到影响，但中国和印尼的体育也有了新的发展

---

① 《中国男网因疫情错过戴杯 中国女网比赛也被迫推迟》，央视网，2020 年 2 月 19 日，http：//sports. cctv. com/2020/02/19/ARTIH9tWfivQ9Kms8JRr40nM200219. shtml。

② 《中国羽毛球队：因疫情原因决定退出明年 1 月泰国三站比赛》，《中国青年报》2020 年 12 月 29 日，https：//baijiahao. baidu. com/s？id=1687412528834601684&wfr=spider&for=pc。

③ 《印尼羽球名将苏卡穆约感染新冠病毒 无缘泰国赛》，中国新闻网，2021 年 1 月 4 日，http：//www. chinanews. com/ty/2021/01-04/9378619. shtml。

④ 《同航班有人感染新冠肺炎 印尼全队退出全英羽毛球赛》，中国新闻网，2021 年 3 月 18 日，http：//www. chinanews. com/gj/2021/03-18/9435585. shtml。

⑤ Agence France-Presse，"Inaugural Indonesian MotoGP Delayed until 2022"，*the Jakarta Post*，10 April 2021，https：//www. thejakartapost. com/news/2021/04/10/inaugural-indonesian-motogp-delayed-until-2022. html.

⑥ 《国家射击队再办视频对抗赛 在线"玩心跳"》，新华社，2020 年 4 月 2 日，https：//baijiahao. baidu. com/s？id=1662870799904045356&wfr=spider&for=pc 。

⑦ 《印尼全国龙狮总会、青年与体育部长、印尼休闲运动总会合作举办龙狮线上比赛》，《千岛日报》2020 年 7 月 24 日，https：//www. qiandaoribao. com/2020/07/24/%e5%8d%b0%e5%b0%bc%e5%85%a8%e5%9b%bd%e9%be%99%e7%8b%ae%e6%80%bb%e4%bc%9a%e3%80%81%e9%9d%92%e5%b9%b4%e4%b8%8e%e4%bd%93%e8%82%b2%e9%83%a8%e9%95%bf%e3%80%81%e5%8d%b0%e5%b0%bc%e4%bc%91%e9%97%b2%e8%bf%90。

⑧ 《印尼中国商会举办"线上象棋赛"》，《东方体育日报》2020 年 10 月 4 日，http：//www. dfsports. com. cn/jjzgu/qpu/88379. html。

动向。中国在控制住疫情之后，开始恢复 2022 年杭州亚运会的筹备工作。杭州亚运会的场馆建设、吉祥物发布等工作只是受到疫情的短暂影响，2020 年 2 月，亚运会重点项目开始复工。① 2020 年 8 月，印尼青年与体育部通过决议，正式将电竞运动纳入官方体育竞赛范围。② 此前，在 2018 年的雅加达亚运会中，就有《英雄联盟》、《王者荣耀》（国际版）、《皇室战争》、《实况足球》、《炉石传说》和《星际争霸 2》这六款游戏亮相。③

随着疫情状况的好转，体育赛事的举办也逐渐被提上日程。2020 年 12 月，国际篮联官方宣布 2021 年篮球亚洲杯将落户印度尼西亚。此前，印尼曾于 1993 年承办过亚洲篮球锦标赛。④ 亚预赛的赛程因为疫情一改再改，最终取消主客场制，改为赛会制。

总体而言，在疫情期间，体育交流虽然受到较大影响，但是其形式也随着环境发生改变。但由于体育赛事的性质与疫情防控管理的冲突，中印尼双方的体育线上活动只是有限度地开展。相信随着疫情的好转，中印尼两国的体育交流也会逐渐步入正轨。

---

① 《杭州亚运会倒计时两周年：克服疫情影响 筹办稳步推进》，中国新闻网，2020 年 9 月 10 日，https：//baijiahao. baidu. com/s？id = 1677444075435102419&wfr = spider&for = pc。

② Moch. Fiqih Prawira Adjie, "Game on! Esports Officially Becomes a Sport in Indonesia", *The Jakarta Post*, 29 August 2020, https：//www. thejakartapost. com/news/2020/08/29/game-on-esports-officially-becomes-a-sport-in-indonesia. html.

③ 《亚电体联公布 2018 雅加达亚运会电子体育表演项目预选赛结果》，环球网，2018 年 6 月 22 日，https：//sports. huanqiu. com/article/9CaKrnK9HvU。

④ 《2021 年男篮亚洲杯落户印尼 明年 8 月份进行》，中国新闻网，2020 年 12 月 19 日，http：//www. chinanews. com/ty/2020/12-19/9366203. shtml。

中国与印度尼西亚媒体交流报告

张　弦　昂格才让*

摘　要： 随着"一带一路"倡议的全面推进，基于双方的现实需求以及既存的良好合作基础，中国与印度尼西亚的媒体交流迅速发展。两国媒体交流能够有效地促进相互认知，提升民心相通，消除认知误解，增强互信合作。虽然由于新冠肺炎疫情肆虐，两国媒体交流在整个2020年受到不小的冲击，但影响总体可控，仍然取得了许多积极成果，具体体现在媒体论坛的举办、影视剧的合作制映、新媒体交流迅速发展、地方媒体往来频繁等方面。为进一步推动两国媒体交流，双方应完善合作机制的顶层设计，建立多层次的媒体交流渠道，生产更多有吸引力的媒体内容，并注重促进新媒体发展。展望未来，中印尼两国的媒体交流前景光明，大有可为。

关键词： 中印尼关系　媒体交流　新媒体　合作机制

一　前言

新闻媒体是信息传播的主要载体和重要的跨文化交流平台。中国与印度尼西亚的媒体交流促进了双方在国情民情、生活习俗、思维和价值观等各方

---

* 张弦，华中师范大学政治与国际关系学院副教授；昂格才让，华中师范大学政治与国际关系学院研究生。

面的相互理解，因而在推进中印尼两国关系发展上始终发挥着不可替代的作用。[1]与此同时，新闻媒体日益频繁的跨国交流，也是消除文化差异所带来误解的最有效途径。[2] 对印尼的媒体交流有效传播了中华文化，展示了中国丰富的文化传统和绚烂的人文风情，显著提升了中国在海外的能见度。

中印尼媒体交流持续发展，双方合作不断迈上新台阶。当前，双方以中印尼全面战略伙伴关系为指引，大力推动深度交流和密切合作，形成了多层面、多渠道和多样化的良好局面。双方媒体交流亮点与挑战并存，其中的问题主要体现在媒体文化语言差异、机制性协调不强、合作层次亟待深化、新媒体开发不够等方面。因此，针对上述问题进一步加强双边合作是新时期两国媒体交流的重要方向，不仅有利于打造丰富多元的国际传播格局，也有利于推动新时代两国关系发展，促进构建人类命运共同体。

二 中国与印度尼西亚媒体交流取得积极成果

近年来，媒体交流已成为促进中印尼两国关系健康发展的引擎动力。回首过去一年，虽然新冠肺炎疫情肆虐在很大程度上限制了两国人员交往进而阻碍了媒体交流，然而中印尼媒体交流并没有因此中断，仍取得了许多积极成果。

（一）媒体交流促进影视文化传播

中国和印度尼西亚通过媒体平台合作推广影视节目，促进两国影视文化交流。2021 年 2 月 17 日，为纪念中国与印尼建交 70 周年，中国驻印尼大使馆和南洋桥媒体公司与印尼媒体 Vidio 和 Nusantara 电视平台合作举办中国在线放映节，共同播出中国和印尼的优秀影视作品。[3]印尼民众通过该平台可

① 《中国—东盟媒体合作进入新发展阶段》，《中国报道》2020 年第 8 期。
② 虞雪：《跨文化交流视野下中国与东盟的媒体合作》，《传媒论坛》2019 年第 8 期。
③ "70 Tahun Hubungan Diplomatik Indonesia-Tiongkok Disemarakkan Chinese Online Screening Festival", *Antara News*, 17 February 2021, https：//www.antaranews.com/berita/2004197/70-tahun-hubungan-diplomatik-indonesia-tiongkok-disemarakkan-chinese-online-screening-festival.

观看中国在线放映节中放映的丰富作品，包括《寻找西藏人》《乡村的变迁》《丝绸之路上的歌声》《西藏的魅力》等纪录片，以及印尼与中国演员合作演出的浪漫电影《无尽的爱》以及电视剧《飞向天空》。中国影视作品在印尼电视平台的播出，为印尼民众增强对中国文化的认识提供了直接渠道。此外，首届"中国—东盟电视周"活动在第16届中国—东盟博览会中举办。印尼国家电视台积极通过东博会等平台与中国媒体开展合作，推动中印尼媒体融合。台长荷尔米·雅贺亚表示："通过中国—东盟电视周这一平台，印尼国家电视台可以在中国推广自己的电视节目和作品……现在通过东博会，我了解到了很多中国传媒企业，他们渴望与我们开展业务上的交流合作。我们愿意推动这一愿景的实现。"① 2020年1月，印尼国家电视台举办"中国电视剧专场"开播仪式，播出《广西故事》、《潇贺古道》、《人间三月天》和《方舟·东黑冠长臂猿》等四部中国电视剧。② 2021年2月，八集大型政论专题片《摆脱贫困》在中国中央广播电视总台综合频道播出，印尼电视媒体随后对该片进行了转播和报道，向印尼人民呈现以习近平同志为核心的中共中央带领中国各族人民精准扶贫、精准脱贫和全面建成小康社会的恢宏历史进程。③除纪录片和专题片外，中国大陆的一些优秀电视剧也在印尼播出，如第30届中国电视金鹰奖最佳电视剧《外交风云》发行至印尼等国家，④越来越多的中国电视剧走向海外。印尼国家电视台还对中国体育赛事进行了转播，如中国羽毛球公开赛等。中国影视、体育赛事等在印尼传媒平台的播出，有利于展现中国的文化底蕴，增进彼此之间的了解，拉近两

① 《印尼国家电视台台长荷尔米·雅贺亚：愿意推动中印尼媒体合作》，中央广电总台国际在线，2019年9月22日，http：//www.caexpo.org/html/2019/trends_0922/237763.html。
② 《印尼国家电视台TVRI开播中国电视片与电视剧》，《和平日报》2020年1月24日，http：//www.hepingribao.com/home/2020/01/24/%E5%8D%B0%E5%B0%BC%E5%9B%BD%E5%AE%B6%E7%94%B5%E8%A7%86%E5%8F%B0tvri%E5%BC%80%E6%92%AD-%E4%B8%AD%E5%9B%BD%E7%94%B5%E8%A7%86%E7%89%87%E4%B8%8E%E7%94%B5%E8%A7%86%E5%B1%80。
③ 《大型政论专题片〈摆脱贫困〉海外热播》，央视网，2021年2月24日，https：//news.cctv.com/2021/02/24/ARTI3ivcmR6B3jdOkZ2Jvs8u210224.shtml。
④ 《中国电视剧海外实力"圈粉"》，环球网，2020年10月26日，https：//china.huanqiu.com/article/40RfOJzBAV2。

国人民之间的距离。

除了影视作品，相关晚会演出的转映播放也是中印尼媒体平台的热门合作领域。2020 年 9 月 10 日，"风雨同舟·守望相助——印尼国际艺术节中国专场"线上演出在北京成功录制，并于 2020 年 10 月 1 日在印尼国家电视台面向印尼全境播出，YouTube 印尼政府频道同步播放，[1]这让印尼人民享受到异国的文化大餐，是中国文化"走出去"的一次成功尝试。2021 年春节联欢晚会在全球 170 多个国家和地区播出，全面覆盖"一带一路"共建国家的主流媒体和重点人群。其中，印尼国家电视台上线了春晚的印尼语一小时精编版，印尼美都电视台播出春晚特别节目《CMG 春节联欢晚会带来家的感觉》，让印尼人民和印尼华侨共同感受中国的传统节日气氛。[2]媒体传播可以有效扩大文化交流的影响力，以当地民众喜闻乐见的方式分别将"中国故事"和"印尼故事"介绍给两国人民。从中国的角度讲，可以更好地向印尼民众介绍中国的社会、经济和文化发展状况。

（二）媒体交流消除误解、增进互信

近年来，新疆问题被一些别有用心的西方媒体和反华政客拿来大肆炒作，在国际社会上引起轩然大波，引起了部分国外民众对此问题的误解。为澄清反华势力别有用心的造谣污蔑，2021 年 3 月 18 日，在北京举行了涉疆问题新闻发布会。印度尼西亚记者就穆斯林封斋一事进行提问，喀什地区莎车县伊斯兰教协会会长哈提甫阿布都外力·阿布力米提向印尼记者分享了斋月期间的亲身经历，并邀请印尼媒体在斋月期间到新疆进行采访，实地了解各族穆斯林如何过斋月，明了宗教信仰自由和信教群众的合法权利在新疆得到依法保护的真实情况。[3]

---

① 《印尼国际艺术节中国专场录制完成》，人民网，2020 年 9 月 16 日，http：//ydyl. people. com. cn/n1/2020/0916/c411837-31863277. html。

② 《境外媒体高度关注中国春晚 海外影响力持续提升》，央视新闻客户端，2021 年 2 月 14 日，http：//m. news. cctv. com/2021/02/13/ARTIIeywc1QaFXM15IuRHeYa210213. shtml。

③ 《新疆斋月如何过 当地宗教人士邀印尼记者来走走看看》，中国新闻网，2021 年 3 月 19 日，http：//www. chinanews. com/gn/2021/03-18/9435209. shtml。

　　印度尼西亚作为世界上穆斯林数量最多的国家，对新疆问题有着天然的关注。部分印尼媒体适时开展相关报道，观点客观平衡，减少了印尼受众对新疆问题的错误认知，同时增进了对中国各方面情况的了解。2020年12月28日，印尼当地收听率排名第一的新闻广播电台"艾尔辛达电台"在黄金时段的《中国视点》栏目中播出了有关新疆问题的特别节目。节目组邀请在中国留学的印尼学生介绍自身的中国经验，尤其是对新疆问题的由来以及中国政府的涉疆政策进行了详细讨论。最后，该节目呼吁印尼社会应重塑对新疆问题的正确认知。节目的播出在印尼社会激起热烈反响，收到了很好的效果。① 此外，印尼媒体还加强了对中国重大政治事件的关注和报道。2021年3月，印尼国际日报网在首页开设中国两会专题，实时发布和转载相关稿件，其实体报纸则每天在"中国新闻"版面刊发报道中国两会的最新消息。②

　　过去一段时期，中印尼媒体同行还加强了互访，印尼媒体全面客观地开展涉华报道。印尼巴厘省、西努省和东努省记者协会以及巴厘邮报媒体集团共10名资深记者赴北京和江西两地考察交流，对沿途城乡各方面的见闻进行了大量采访报道，并与中方多家媒体达成合作共识。截止到2019年9月5日，记者们已在印尼国家电台、安塔拉通讯社、巴厘电视台、龙目之声、《古邦邮报》等印尼媒体平台上发布50余篇访华报道，并在个人社交媒体账户上发布了大量图文信息；③ 印度尼西亚《雷达日报》、《论坛日报》、《苏岛快报》和《巨港兴报》的记者组成代表团到访云南省，并与当地中华文化促进会开展交流。印尼记者们观看了文艺演出，参观了剪纸、脸谱、古

----

① 《印尼社会应重塑对新疆的认知——印尼电台新疆专题节目引受众热议》，《千岛日报》2020年1月2日，http://cistudy.ccnu.edu.cn/info/1122/8525.htm。
② 《海外华文媒体聚焦两会"云报道"传递中国声音》，华夏经纬网，2021年3月11日，http://www.huaxia.com/xw/rmdjwz/2021/03/6645267.html。
③ 《"不相识 不相亲"——印尼三省媒体团赴华考察采访》，中华人民共和国驻登巴萨总领事馆网站，2019年9月5日，http://denpasar.china-consulate.org/chn/yhjl/t1694843.htm。

琴、微雕、刺绣等传统技艺，加深了对中国传统文化的了解；①陕西广播电视台副台长师小农率"丝绸之路万里行·魅力东盟"媒体团一行到访印尼，在雅加达与在印尼创业发展的部分央企、陕企陕商代表进行了座谈，展望了中印尼携手发展共赢的美好蓝图，他表示："我们希望能听到你们在印尼经历的故事，'丝绸之路万里行'也就是为了讲好陕西的故事，传播中国的声音，你们每一个人的故事都值得我们来讲述，让更多的人知道"；② 2020 年 1 月 11 日，由中国国务院侨办和新闻办主办，中国新闻社承办的"感知中国·'一带一路'沿线国家媒体长三角行"媒体采访团走进江苏，多名印尼媒体记者随团进行了详细采访和考察调研。印尼记者实地感知了中国社会经济和科技的飞速发展和巨大魅力，并把他们的感受传递给广大印尼受众。③

（三）举办媒体智库论坛凝聚共识

举办媒体智库论坛有助于两国媒体深入合作，对双方感兴趣的话题和未来发展方向进行探讨，对两国媒体交流发挥指导作用。2020 年 6 月 9 日，由中国外文局联合中国—东盟中心、科技日报社主办，中国报道社、当代中国与世界研究院共同承办的"中国—东盟媒体智库云论坛"成功举行。本次论坛的主题为"中国—东盟数字经济合作新亮点"，印尼驻华大使周浩黎等驻华使节以及数十名专家学者参加了论坛。印尼安塔拉通讯社驻北京分社社长伊乐凡在论坛中分享了印尼普通警察自发制作歌曲为中国抗"疫"加油的小故事，传递了中国和印度尼西亚共度时艰的精神。④ 此次云论坛对推

---

① 《印尼记者代表团到云南省中华文化促进会进行人文交流》，央广网，2019 年 7 月 8 日，http://www.cnr.cn/yn/dny/20190708/t20190708_524683797.shtml。
② 《2019 丝路万里行 媒体团走进印度尼西亚 与中省企业驻印代表座谈》，陕西卫视网站，2019 年 12 月 29 日，https://cj.sina.com.cn/articles/view/2514821917/95e5231d01900o2pl。
③ 《"一带一路"沿线国家媒体探访江苏》，《国际日报》2020 年 1 月 12 日，http://www.guojiribao.com/shtml/gjrb/20200111/1514233.shtml。
④ 《中国—东盟媒体智库云论坛成功举办》，中国—东盟中心网站，2020 年 6 月 9 日，http://www.asean-china-center.org/news/xwdt/2020-06/4964.html。

进中国—东盟和中印尼之间的数字经济合作和数字信息共享具有特殊意义，为构建新的交流平台和凝聚共识发挥了积极作用；2020 年 10 月 23 日，"2020 中国—东盟媒体合作论坛"以线上形式举办。该论坛由中国外文局和中国—东盟中心主办，来自中国、印尼等东盟国家的近 60 位新闻官员、媒体代表和专家学者围绕"守望相助、合作共赢：助力中国—东盟战略伙伴关系提质升级"这一主题进行了探讨交流。①印尼是东盟创始国和区域最大国家，中印尼媒体交流是中国—东盟合作关系的重要组成部分。论坛上，来自中印尼双方的专家学者建议双方探索数字经济、社交媒体等新的合作方式，共同应对未来的挑战。2020 年 11 月 13 日，由中国教育部中外人文交流中心主办、华中师范大学承办的"2020 中印尼人文交流发展论坛"成功在线举办。来自中印尼两国的政府代表、智库专家、媒体代表等共 40 余人参与了研讨。②人文交流发展论坛致力于促进中印尼两国间的人文交流和务实合作，双方媒体代表参与其中，通过充分交流，推动了两国媒体的深入合作。

三 新媒体互动蓬勃发展

近年来，快速发展的新媒体正在掀起一场全新的媒体革命，新媒体成为对外传播和信息交流的重要阵地，传统的媒体格局和舆论生态正在发生颠覆性的变化。新媒体借助其独特的优势，在信息传播和舆论引导方面发挥着日益显著的作用，影响力不容小觑。③过去一年，中国和印度尼西亚在新媒体领域的交流互动蓬勃发展。

---

① 《2020 中国—东盟媒体合作论坛线上举行》，新华社，2020 年 10 月 23 日，http：//www.gov.cn/xinwen/2020-10/23/content_ 5553775. htm。

② 《2020 中印尼人文交流发展论坛在线成功举办》，教育部中外人文交流中心网站，2020 年 11 月 20 日。

③ 郑保卫、叶俊：《中外媒体交流与合作：现状、问题及对策》，《西南民族大学学报》（人文社会科学版）2015 年第 9 期。

（一）短视频应用大行其道

利用短视频这种形式传播信息越来越成为媒体传播的主要形式之一，尤其是在"快阅读"的背景下，短视频合作无疑是中印尼媒体交流中的一个重要发展方向，其能够讲好中印尼故事，起到"促进民心相通"的作用。为庆祝中印尼建交70周年，中国驻印尼使馆与印尼外交政策协会于2020年9~11月联合举办以"新时代的中印尼故事"为主题的短视频大赛。本次短视频大赛得到印尼民众特别是青年人的踊跃参与，征集到400余件作品，内容包含文化、经济、历史、美食等各种主题，涵盖纪录片、故事片、音乐片、绘画、动画等多种形式，作品包罗万象、精彩纷呈。来自印尼各地的创作者用独具一格的视角与精彩灵动的镜头，讲述了他们与中国之间发生的美好故事，充分展现了中印尼交流合作的悠久历史、广泛领域和深厚根基;[1]2020年7月3日，"我们的视界"首届中国—东盟友好合作主题短视频大赛正式启动。大赛主要面向中国与东盟国家的青年群体、短视频创作者、网络博主，要求围绕战"疫"生活、中国—东盟务实合作和人文交流、我最喜爱的城市等主题，征集纪录片、脱口秀等各种产品形态的多语种短视频作品。本次大赛云启动仪式通过印尼美都电视台在印尼全国进行直播，激起广大印尼观众的强烈兴趣。[2]

随着互联网技术的不断发展，近几年在海外爆火的中国 TikTok 软件也红到了印尼。以 TikTok 为代表的中国短视频软件与印尼伙伴开展了深度合作。TikTok 在中国被称为"抖音"，是一款制作和共享短视频的应用程序，目前被印尼旅游部确认为"Wonderful Indonesia"项目的品牌合作伙伴，以促进印度尼西亚的旅游产业发展。除此之外，TikTok 还与印尼信息与通信部开展合作，在 2019 年大选后为全国用户提供标签为"#ayobersatu"（让我们团结）

---

① 《肖千大使出席"新时代的中印尼故事"主题短视频大赛在线颁奖仪式》，中华人民共和国驻印尼大使馆网站，2020 年 11 月 4 日，http://cistudy.ccnu.edu.cn/info/1122/10325.htm。
② 《"我们的视界"首届中国—东盟友好合作主题短视频大赛正式启动》，人民网，2020 年 7 月 4 日，http://world.people.com.cn/n1/2020/0704/c1002-31771013.html。

的贴纸，以促进民族团结。① 此外，TikTok 也受到广大印尼民众的喜爱。据有关数据统计，印尼用户在 TikTok 上的日均使用时间达到 29 分钟，观看视频数量达到 100 多个。最受本地用户喜欢的视频主题集中在喜剧、美食和旅游等方面。尤其值一提的是，2021 年 3 月 9 日，TikTok 在全球的首场电商直播选在印尼开播。首次直播耗时一个半小时，高峰期时观众突破 1 万人次，在结束时仍有上千观众留在直播间中进行持续互动，取得了很好的传播效果。②

（二）中国互联网公司进军印尼新媒体市场

以百度、阿里巴巴、腾讯为代表的中国互联网公司近年来发展势头迅猛，它们不仅在中国国内发展良好，而且都开始尝试向海外进军，并陆续投资印尼的媒体业务。中国电子商务巨头阿里巴巴集团旗下的 UC Web 公司宣布加大投资印尼市场，计划未来两年内投资 4000 亿卢比，投资的重点是 We-Media 计划。We-Media 是为推动博客等独立贡献者的个性化和创作独特内容而进行的一种尝试。通过招募印尼数百名媒体作家为 UC News 平台撰稿，从而为 UC News 平台创建了独特的媒体架构，并为该平台构建了本地内容生态系，更为印度尼西亚的作家和媒体从业者打开了更多的机会大门。③阿里巴巴的 We-Media 计划迈出了中国互联网公司旗下媒体平台走向世界的第一步。不仅如此，阿里巴巴集团还在印尼开设了自己的第三个云数据中心，力图扩大阿里巴巴在印尼在线媒体、视频游戏等市场的影响力，④ 为

---

① "TikTok Plans to Cash in on Advertising Business in Indonesia", *The Jakarta Post*, 4 October, 2019, https://www.thejakartapost.com/news/2019/10/04/tiktok-plans-to-cash-in-on-advertising-business-in-indonesia.html.

② 《TikTok 直播电商低调首秀，支付遭印尼用户吐槽》，志象网，2021 年 3 月 9 日，https://chuhaipost.com/202103/14200.html。

③ "Alibaba's UCWeb to Invest in Content Development in Indonesia", *The Jakarta Post*, 20 March 2017, https://www.thejakartapost.com/news/2017/03/20/alibabas-ucweb-to-invest-in-content-development-in-indonesia.html.

④ "China's Alibaba to Open Third Cloud Center in Indonesia Next Year", *The Jakarta Post*, 3 July 2020, https://www.thejakartapost.com/news/2020/07/03/chinas-alibaba-to-open-third-cloud-center-in-indonesia-next-year.html.

阿里巴巴进军印尼新媒体市场奠定了坚实的基础。

除阿里巴巴外，腾讯公司在印尼也开展了部分新媒体业务，如推出了JOOX 音乐流媒体 App。目前，该音乐媒体 App 已是印尼排名第二的音乐应用软件。2020 年，腾讯公司在印尼进一步推出 WeTV，准备制作更多的印尼本地内容，开拓印尼新媒体市场。此外，腾讯游戏也正计划进入印尼市场。腾讯还在印尼设立数据中心，以更好地服务于新媒体领域。腾讯云国际资深副总裁杨宝树表示，"对许多业务而言，2020 年是艰难的一年，但云市场却增长强劲"。[①]综上所述，中国互联网巨头在印尼开拓新媒体市场，不仅有利于国内公司在海外的发展，也有利于中国声音在印尼的国际传播，提升了中国的软实力。

四　2020年中国与印度尼西亚媒体的交流特点

2020 年，对中国与世界来说都是不平凡的一年，中印尼两国在各层面的交往也受到了很大的限制。尽管如此，双方的媒体交流与合作仍然取得了不小的成效。具体说来，过去一年中印尼媒体交流表现出如下几个特点。

（一）媒体交流受疫情冲击但影响可控

过去一年，由于疫情导致两国人员、航班往来受阻，中印尼媒体交流合作受到一定程度的影响，以往定期举办的媒体交流项目有的延期举行，有的被迫中断。但总的来看，疫情对中印尼媒体交流的影响是短期、暂时、可控的。中印尼双方共同努力，在疫情进入"新常态"下通过多种方式继续推进两国媒体之间的交流合作，如举办了以战"疫"生活为主题的短视频大赛；举办了 2020"中国—东盟媒体合作论坛"，围绕"守望相助、合作共赢"的主题进行了探讨等。可以说，疫情虽然阻隔了中印尼媒体的线下交

---

① 《腾讯印尼首个数据中心投入使用，开始全球扩张》，新浪科技网，2021 年 4 月 12 日，https：//www.ithome.com/0/545/472.htm。

流和人员来往，但同时为媒体交流合作创造了新的主题，开辟了新的渠道。

（二）聚焦影视交流和新媒体传播

2020 年正值中国与印尼建交 70 周年，印尼主流媒体、电视平台加大了与中国合作伙伴的交流力度，放映了多部中国影视作品，提升了中印尼影视协同合作的理想效果。影视作品承载着一国的特色文化，通过影视剧的相互交流，可以展现良好而积极的国家形象，两国民众也能够更好地了解对方国家的文化，加强相互之间的心灵契合。此外，在互联网迅速发展的时代背景下，新媒体传播一时蔚为主流。各大主流媒体都建立了新媒体传播平台，加大对外传播力度。中印尼两国在新媒体方面的交流合作取得新的成果。抖音短视频在印尼产生了不容小觑的影响力，阿里巴巴与腾讯等互联网巨头也与印尼伙伴进行了深度合作，不仅扩大了中国公司在海外新媒体市场中的份额，同时还在印尼广泛传播了中国声音。

（三）媒体交流助力国家形象宣传

印尼是"21 世纪海上丝绸之路"上的重要节点国家，中印尼两国建立了全面战略伙伴关系。审视两国媒体交流的内容，除一般信息传播外，两国都重视通过媒体交流展现国家形象、传递国家声音。譬如，与中方合作的印尼媒体 Vidio 和 Nusantara 电视平台，其放映的中国影片中大多为与西藏相关的影片。中方选择该类影片在印尼电视平台播放，与西藏问题被某些西方国家别有用心的扭曲和污蔑不无关系。通过播放此类影片，有利于向印尼人民展现一个真实的西藏；又如，政论专题片《摆脱贫困》在印尼电视台的转播，则是向印尼观众和全世界介绍中国在脱贫问题上作出的努力和取得的成就，有利于印尼观众理解中国政府的治国理政之道；还有，过去一年部分西方媒体和反华政客集中炒作新疆的人权问题，此时在中印尼媒体交流中突出对新疆真实情况的客观介绍，就有了重要的现实意义。

（四）地方媒体交流取得积极成效

过去一两年，中印尼两国的媒体交流不再仅仅局限于国家媒体层面，地方各级媒体的交流成为新时期两国媒体交流的重要特点。下沉到地方层面的媒体交流，能够更好地展现两国各地区人民的真实生活状况，并分享彼此的思维方式和价值观念。譬如，印尼巴厘省、西努省和东努省记者协会赴北京和江西进行媒体交流；印尼记者代表团前往云南省采风，体验当地文化等。下沉到地方的媒体交流能让印尼媒体记者直观感受中国经济社会的飞速发展，有利于对中国进行全面深入、理性客观的报道。反之亦然，中国的地方媒体走进印尼实地采访也能收获同样的效果。

五　中国与印度尼西亚媒体的交流发展建议

习近平主席多次强调"惟以心相交，方成其长远"。[①] 中印尼媒体交流以心传心，发挥着沟通民心的桥梁纽带作用，推动了中印尼全面战略伙伴关系的发展。不过应该承认，当前中印尼媒体交流仍有一些不足之处，亟待改进。总体看来，可以在如下几个方面进一步促进两国媒体交流。

（一）完善媒体交流的统筹协调机制

在中印尼媒体交流与合作中，政府部门尤其是中央政府需要加强媒体交流与合作的顶层设计，制订中长期计划，统筹规划各行为主体的交流与合作行为。同时，政府作为主导者，需要统筹协调好各部门、各媒体以及中央与地方、官方与民间等各种形式的交流与合作，有目的、有针对性地实施整体性交流与合作战略。对照此标准，我们可以看到，目前的中印尼媒体交流与合作虽然呈现主体多元化的趋势，却缺乏核心和重点，缺乏强有力的主导者和推动者。同时，在推动媒体交流与合作时，双方缺乏从国家政治和外交整

---

① 赵萍：《从中俄人文合作实践浅谈对外媒体交流》，《现代视听》2019 年第 2 期。

体战略上的有效顶层设计，进而影响到双边媒体交流与合作的实际效果。[①]

（二）加强媒体交流的广度和内容深度

中印尼媒体交流的方式，目前主要停留在举办媒体交流会、相互供稿、共同制作节目等较浅的层次上，而真正具有价值的渠道合作与资本合作则少之又少，因而合作缺乏实质性的内容。此外，中印尼民间媒体交流不够充分，两国民众相互了解的渠道依旧十分狭窄。与此同时，两国媒体交流内容的吸引力也需要进一步提高。譬如，印尼媒体平台播放的中国影片与中国大陆热播的影视剧基本不同步，时效性不足；在印尼媒体播放的中方作品依然存在较强的外宣感，娱乐性和吸引力不够，很难真正吸引民众尤其是年轻受众去了解中国，这也使得此类宣传的效果大打折扣。

考察中印尼媒体交流与合作的效果，不仅要看形式、渠道的"多少"，更要看交流与合作的"深浅"。只有深层次的交流与合作增多，才能真正在提升国际话语权上起到作用、取得效果。具体可以通过互换媒体从业人员、参与在地制作、积极建设中印尼区域"融媒体平台"、建立起中印尼媒体全方位合作长效机制和重大活动与重大事件的报道协商机制，广泛开展媒体节目策划、联合采访等系列活动，延展媒体的合作领域和形式。除此之外，两国还可继续加强地方媒体间交流，如通过中印尼友好城市推动双边媒体的深度合作、互设记者站或办事机构、联合出资建设友媒平台等。两国地方媒体需要以互联网思维开拓新的合作领域，有效利用两国媒介资源，把握时代契机、顺势而为，从多维度、多层面寻求双边的交流合作。

（三）促进在新媒体领域的对外传播

随着互联网科技的不断发展，新媒体已成为人们主要的信息获取和交流沟通工具。新媒体领域越来越超越传统媒体成为舆论的主战场，也成为国家

---

① 郑保卫、叶俊：《中外媒体交流与合作：现状、问题及对策》，《西南民族大学学报》（人文社会科学版）2015 年第 9 期。

对外宣传的重要阵地。因此，加强双方在新媒体领域的投资合作不仅潜力巨大，也能更好地服务彼此的国家利益。要进一步重视新媒体的作用，借助新媒体的优势来提升中国媒体的传播力和影响力。在此背景下，我们要推动传统媒体与新媒体的融合发展，用更新的技术、更多的渠道、更有效的手段来促进中印尼媒体的交流与合作，构建有助于推动世界和平、发展与合作的国际传播新秩序。

虽然我国各大主流媒体都建立了新媒体传播平台，对印尼传播也取得了一定的成果，但在不少方面仍需改进。要改善传播主体形象，提升国际传播的效果，这些新媒体平台需要根据受众反馈作出相应的调整，不能只是"新瓶装旧酒"，把电视、报纸的内容作简单的"网络版"改良。目前看来，我国报纸、广播、电视、通讯社等传统媒体的海外拓展已取得一定效果，但与新媒体之间缺乏高效的协同机制，难以形成更大的合力。因此，未来在中印尼两国媒体交流中，需要紧紧抓住新媒体提供的平台和机遇，努力提高我国的对外传播能力，收获更好的传播效果。

（四）重视发挥媒体释疑增信的作用

如前所述，印尼作为世界上穆斯林人口最多的伊斯兰国家，其社会对新疆等问题的认知受到别有用心的西方媒体和反华政客的影响。虽然所谓的"新疆人权问题"明显是编造的谎言，但在西方全方位的抹黑下，中国的国家形象仍然受到一定伤害。过去一年，尽管不少印尼媒体对新疆问题进行了一些客观报道，起到了释疑解惑的作用，但印尼民众仍然缺乏对中国社会真实状况的深入了解。因此，两国媒体未来应该围绕"敏感问题"进行更多的交流合作，以减少误解、促进互信，提升印尼民众对中国的理解和认知。中国应继续加大在印尼传统媒体和新媒体平台上传播中国声音，讲好中国故事。同时，通过"走出去"和"请进来"，加强两国媒体相关人士的交流互访，以发挥媒体交流增信释疑的作用。

（五）突出受众导向，提高内容吸引力

虽然近年来已经取得长足进步，但两国的媒体交流仍处于起步阶段。双边媒体交流合作仍然易受政治制度、文化习俗、宗教信仰的不同乃至一时一地发生的事件等多方面的影响，具有不少漏洞和不足。尤其突出的问题是，目前中印尼媒体交流的内容对于两国民众尤其是对年轻人吸引力不强。两国媒体交流应更多地展现中印尼青年人的生活方式和价值偏好，将两国的年轻人作为传播和交流的重点对象，打造更多年轻人喜闻乐见的娱乐、潮流、街头艺术和体育文化内容，而并非仅停留在传统的政治、经济、文化和影视剧创作等层面的媒体交流。此外，除了官方媒体外，非官方和民间的媒体也应该在媒体交流和公共外交中发挥独特作用。要鼓励更多的印尼记者进行涉华报道，让中国故事"走出去"，用印尼国家受众易于接受的方式进行传播。中印尼两国的媒体合作还应从更长远的眼光进行定位，完善两国媒体交流与合作的政策保障体系，同时重视开展跨国智库的媒体交流。

六　结语

中国与印度尼西亚同为地区大国更是友好邻邦，双边关系具有广阔的发展前景。自 2013 年习近平主席访问印尼以来，两国全面战略伙伴关系发展到了新的高度，为双方的媒体交流合作奠定了良好基础。2020 年，中印尼媒体交流在多方面展开，包括在印尼媒体平台播放影视节目、印尼媒体报道热点议题增信释疑、两国媒体同行共商交流合作、中国互联网巨头进军印尼新媒体市场等。这些充分说明两国间的媒体交流合作成果丰富，呈现出良好的发展势头。为促进中印尼媒体交流更好发展，就需要两国官方与民间社会共同努力，进一步建立多层次的媒体交流渠道，并生产更多有吸引力的媒体内容。此外，要从顶层设计上完善两国媒体交流的统筹协调机制、加强中印尼地方媒体交流、注重新媒体领域的内容传播，以促进两国之间的民心相通为目标，推动中印尼两国关系更快更好地发展。

中国与印度尼西亚妇女赋权交流合作的现状与展望

潘 玥*

摘 要： 妇女交流合作一直是中外人文交流对话机制和中国—东盟全方位合作的重要内容。近年来，习近平主席与佐科总统都非常重视妇女赋权问题，但中国与印尼至今尚未缔结正式的妇女交流合作关系，现有的交流合作也存在一定的问题，如主体上以官方交流为主，民间和商业交流较少；内容上以慈善公益和打击犯罪为主，鲜少触及妇女经济、教育培训和医疗卫生等关键领域；形式上以临时性的活动展示为主，缺少常态化的双边合作机制。因此，如果两国正式签署双边合作备忘录，把妇女交流纳入中国—印尼副总理级人文交流机制框架，采取"官方机构搭台，民间机构唱戏"的方式，开拓印尼女性消费市场，对进一步推动中印尼的人文交流和民心相通工作显得尤为重要。在中国和印尼的共同努力下，两国妇女赋权方面的交流与合作将突破桎梏，开拓创新，取得更大的发展和进步。

关键词： 中国 印尼 妇女赋权 交流合作

2019 年印度尼西亚总统与国会大选，印尼媒体将大部分的焦点集中在佐科·维多多总统击败了伊斯兰保守派对手普拉博沃·苏比安托（Prabowo

---

* 潘玥，暨南大学国际关系学院/华侨华人研究院、印尼研究中心副研究员。

Subianto），进而赢得连任上，但还有另一件事值得关注：在此次国会大选中，女性国会议员的比例从 2014 年的 17.3% 上升至 20.35%，在 575 位国会议员中占了 117 位。[①] 此外，这次选举还诞生了印尼国会的首位女议长，前总统梅加瓦蒂之女普安·马哈拉妮（Puan Maharani）被任命为印尼国会2019~2024 年的议长。

自就职以来，佐科总统就非常重视妇女赋权问题，在内阁中选任了更多女部长，更多女性在印尼军中获得提拔，印尼还实行"妇女弹性工时制"，以增大劳动力市场活力，并更好地保障女性工作者权益。在二十国集团峰会第三届会议上，佐科总统就明确提出了与受教育机会和妇女赋权有关的问题。他认为，女性在经济、政治、社会生活中的作用和潜力远远被低估，在数字化和全球化引发的各种趋势的时代，女性可以比男性更优越，天生细心、情感丰富、善于沟通，这一点使她们在"互联网+"时代的用户沟通上更加具有优势。这也有利于提高妇女参与商业、经济和政治的程度，从而促进国家经济的增长并提升竞争力。[②]

一 问题的提出

近年来，除了国内的妇女赋权建设，印尼也不断开展国际领域的妇女交流合作，其中，合作对象以发达国家为主，发展中国家为辅。如在 2016 年5 月与澳大利亚签订《性别平等和打击对女性的暴力犯罪的合作协议》，[③]

[①] Dandy Bayu Bramasta, "Jumlah Anggota DPR Perempuan Meningkat, Diimbangi dengan Kualitas?", *Kompas*, 3 October. 2019, https://www.kompas.com/tren/read/2019/10/03/1604 00165/jumlah-anggota-dpr-perempuan-meningkat-diimbangi-dengan-kualitas-? page=all.

[②] "Pemberdayaan Perempuan Jadi Isu yang Diangkat Presiden Jokowi di Sesi III KTT G20", *Deutsche Welle*, 29 June 2019, https://www.dw.com/id/pemberdayaan-perempuan-jadi-isu-yang-diangkat-presiden-jokowi-di-sesi-iii-ktt-g20/a-49412433.

[③] Mico Desrianto, "Australia-Indonesia Jalin Kerjasama Pemberdayaan Perempuan", *Okezone*, 2 March 2016, https://news.okezone.com/read/2016/03/02/542/1325774/australia-indonesia-jalin-kerjasama-pemberdayaan-perempuan.

同年 7 月与斐济缔结正式的妇女赋权和儿童保护合作关系,① 2018 年 7 月与伊朗签订《妇女赋权和儿童保护的合作备忘录》,② 2019 年 6 月在印尼—菲律宾建交 70 周年之际加强两国妇女赋权方面的合作,③ 2020 年 5 月与荷兰加强妇女、和平与安全方面的合作,2020 年 10 月正式与韩国缔结关于妇女赋权的合作关系。④

而在"一带一路"倡议下,早在 2014 年,中华全国妇女联合会便将妇女交流分别纳入中欧、中法高级别人文交流对话机制中,促进性别平等与维护妇女权利正式被写入中欧、中法高级别人文交流对话机制会议公报,使中国与欧洲国家妇女交流层次和渠道得以拓展。⑤ 近年来,中华全国妇女联合会积极响应"一带一路"倡议,加强顶层设计、悉心谋划布局,通过推动中外妇女人文交流机制建设、开展高层互访、举办能力建设研修班和专题论坛、组织对口交流及小额物资援助等多种形式,拓展性别平等和妇女发展领域交流合作,促进共建国家妇女"民心相通",用"她力量"充实和丰富"一带一路"合作倡议的人文内涵。

相比之下,中国与印尼至今尚未缔结正式的妇女交流合作关系,妇女交流合作也未被纳入中印尼人文交流机制建设中,这显然与中印尼在"一带

---

① "Indonesia dan Fiji Sepakat Kerjasama Bidang Pemberdayaan Perempuan dan Perlindungan Anak", *Kementerian Pemberdayaan Perempuan dan Perlindungan Anak RI*, 19 July 2016, https://www.kemenpppa.go.id/index.php/page/read/29/1192/indonesia-dan-fiji-sepakat-kerjasama-bidang-pemberdayaan-perempuan-dan-perlindungan-anak.

② "RI-Iran Sepakati MoU Pemberdayaan Perempuan dan Perlindungan Anak", *Medcom*, 30 July 2018, https://www.medcom.id/internasional/dunia/3NOnRqzK-ri-iran-sepakati-mou-pemberdayaan-perempuan-dan-perlindungan-anak.

③ "70 Tahun Kerjasama Indonesia-Filipina: Perkuat Bidang Ekonomi, Pendidikan, Pemberdayaan Perempuan dan Perlindungan Anak", *Kementerian Pemberdayaan Perempuan dan Perlindungan Anak RI*, 19 June 2019, https://www.kemenpppa.go.id/index.php/page/read/29/2160/70-tahun-kerjasama-indonesia-filipina-perkuat-bidang-ekonomi-pendidikan-pemberdayaan-perempuan-dan-perlindungan-anak.

④ Fitriani Aulia Rizka, "Kerjasama Pemberdayaan Perempuan Indonesia-Korea", *Tagar*, 18 October 2020, https://www.tagar.id/kerjasama-pemberdayaan-perempuan-indonesiakorea.

⑤ 《全国妇联与"一带一路"国家妇女交流合作 传承丝路友谊》,中国网,2017 年 4 月 25 日,http://news.china.com.cn/2017-04/25/content_ 40685722.htm。

"一路"倡议下合作领域更加全面和民心相通日益提高的大趋势背道而驰。因此，厘清中国与印尼妇女交流合作的现状与存在的问题，继而展望两国妇女赋权的交流与合作，把妇女交流纳入中国—印尼副总理级人文交流机制框架，对进一步推动中印尼的人文交流和民心相通工作显得尤为重要。

二 现状与问题

中国与印尼在妇女赋权方面的交流合作历史悠久，但也存在一定的问题，如官方借助中国—东盟的多边平台交流合作多，但民间和商业交流较少；内容上以慈善公益和打击犯罪为主，鲜少触及妇女经济、教育培训和医疗卫生等关键领域；形式上以临时性的活动展示为主，缺少常态化的双边合作机制。

（一）主体：官方交流为主，民间交流较少

一直以来，中国与印尼在妇女赋权方面的交流合作，一直以官方半官方牵头为主，通过双边或东盟的平台进行合作，非官方的机构与民间的参与较少。其中，最活跃的主体是中国驻印尼使馆、驻印尼代表处和中国驻东盟使团。

多年来，中国驻印尼使馆积极参与印尼慈善事业，每年都举办"三八"国际妇女节慈善义卖活动，也积极参加雅加达国际妇女俱乐部（WIC）举办的慈善义卖，每次义卖所得的全部善款都通过雅加达国际妇女俱乐部捐赠给印尼儿童、残障人士等弱势群体。雅加达国际妇女俱乐部作为非营利性机构，致力于推动印尼的社会福利和教育事业发展，促进各国妇女的相互了解与友谊，其成员来自印尼企业界和各国驻印尼使团。使馆还结合女性主题在主场外交活动中嵌入文化元素，策划举办摄影展、手工艺展、文艺表演等，积极推介优秀中华传统文化，传播先进性别文化和家庭文化，不断提高我国文化"软实力"的国际传播力和影响力。2019 年 12 月 11 日，由雅加达国际妇女俱乐部举办的第 52 届慈善义卖活动在印尼首都雅加达会议中心举行。

中国驻印尼使馆妇女小组上演了一场"旗袍秀"，为该场慈善活动增添亮丽色彩。[1] 此外，中国驻印尼使馆妇女小组还经常深入雅加达的远郊访贫问苦，捐赠药品、食品和干净旧衣物，组织义诊，积极参与印尼的公益事业。中国驻东盟使团每年都会在印尼首都雅加达邀请东盟秘书处及多个国家驻东盟的大使夫妇、女外交官，欢庆中国传统元宵佳节，纪念即将到来的"三八"国际妇女节——这已成为使团的常态化活动。[2]

"东盟妇女协会"为女性外交官和男性外交官的夫人们组织了很多丰富多彩的活动，为促进各国驻东盟和印尼外交机构间的沟通交流，推动各国外交人员的相互了解发挥了重要作用。中国使团的许多妇女活动借助东盟妇女协会的多边平台，致力于推动中国—东盟妇女交流合作，共同促进妇女事业发展，全力支持中国使团妇女小组参与和支持东盟妇女协会的工作，为中国—东盟人文交流添砖加瓦。

而在 2020 年新冠肺炎疫情全球暴发和印尼新冠肺炎疫情日益严峻的背景下，两国的交流合作也包括对两国滞留的妇女儿童的保护、关怀与帮助。2020 年 3 月 31 日，印尼政府宣布进入国家公共卫生紧急状态，禁止外国人入境或在印尼转机。这使得许多携家带口度假的中国游客滞留在巴厘岛上，其中包括孕妇。在中国驻登巴萨领事馆领事保护部和巴厘岛当地妇女儿童组织的协调下，中国孕妇的孕检和日常生活所需得到最大程度的保障。2020 年 8 月 20 日，世界城地组织亚太区地方政府妇女常务委员会会议由广州市和亚太区以视频连线形式共同召开。其间，世界城地组织亚太区主席、印尼泗水市市长特丽·丽斯玛哈里尼（Tri Rismaharini）指出："在疫情的背景下，我们更应重视女性医务工作者、女教师和中小型企业女性企业家的交流和分享。疫情对她们的生活和工作造成了冲击，更多的经验推广和交流有助

---

① 《中国驻印尼女外交官的"旗袍秀"》，中国侨网，2019 年 12 月 12 日，https：//www.chinaqw.com/m/zhwh/2019-12-12/239581.shtml。

② 《中国驻东盟使团邀多国大使夫妇及女外交官欢庆元宵节和妇女节》，中国新闻网，2018 年 3 月 3 日，https：//www.chinanews.com/hr/2018/03-03/8458628.shtml。

于女性群体在新常态中充分发挥作用、应对挑战。"① 这为两国在疫情背景下的妇女儿童保护与合作提供了新的方向。

相对而言，中国较少拥有类似雅加达国际妇女俱乐部的大型非官方机构。在对印尼方面的非官方机构对接中，我国主要以带有半官方性质的中华全国妇女联合会（1995 年被调整为非政府组织）为主。早在 1950 年代，中华全国妇女联合会就与印尼妇女儿童部建立了密切合作关系。1954 年 9 月 27 日，中国人民外交学会和中华全国民主妇联设宴招待印尼访华代表团与印尼妇女代表团。② 近年来，在中印尼和中国—东盟框架下，中华全国妇女联合会与印尼妇女作用和儿童保护部加强妇女儿童领域交流，共同促进妇女儿童事业发展。2014 年 5 月 22 日，国务院妇女儿童工作委员会副主任、中华全国妇女联合会副主席、书记处第一书记宋秀岩会见了来华参加亚太经济合作组织妇女与经济论坛的印尼妇女作用和儿童保护部部长琳达·阿古姆·古默拉尔（Linda Agum Gumelar）。宋秀岩高度评价中印尼两国关系及两国妇女交流，介绍了中国政府促进性别平等事业发展的成就和中华全国妇女联合会为促进妇女发展所做的主要工作。古默拉尔希望能借此机会与中华全国妇女联合会加强合作，促进两国妇女的友好交流。③

（二）领域：慈善防控为主，教育经济较少

在交流合作的领域方面，中国与印尼现有的妇女交流合作领域不够全面，除了上述的慈善公益外，主要还体现在两国打击针对妇女的犯罪活动方面。2019 年印尼移民工会（SBMI）西加里曼丹代表处声称，该地区存在以跨国婚姻为幌子，实则将印尼女性贩卖到中国的情况，并称至少有数十人成

---

① 《世界城地组织亚太区地方政府妇女常务委员会会议在线召开》，广州市人民政府外事办公室网站，2020 年 8 月 21 日，http://www.gzfao.gov.cn/dtxx/wsdt/content/post_145096.html。

② 《中国和印尼民间交往源远流长》，中国网，2012 年 3 月 26 日，http://guoqing.china.com.cn/2012-03/26/content_24988430.htm。

③ 《宋秀岩会见印尼妇女作用和儿童保护部部长》，中华全国妇女联合会网站，2014 年 5 月 23 日，http://www.women.org.cn/art/2014/5/23/art_245_103663.html。

为非法婚姻中介的受害者，事件立即引起了印尼社会的热议。① 中国驻印尼大使馆迅速作出回应，提醒在印尼或即将前往印尼的中国公民提高防范意识，远离非法涉外婚姻中介，避免自身合法权益受损。② 然而，2020年1月初，印尼媒体又大肆宣扬政府从中国"解救"40名印尼新娘。③ 2019年7月30日，印尼外交部部长雷特诺在东盟部长级会议间隙，与中国外长王毅举行双边会晤，重点议程包括中印尼如何共同解决在华合约新娘的问题。印尼方面要求中方从人口贩卖的角度审视此问题。④ 这是中印尼部长首次将在华的印尼新娘作为重要议题。

虽然在华的印尼新娘属于"新"问题，但已引起两国政府与社会的关注，并涉及人口贩卖与合法婚骗等违法犯罪行为，属于非传统安全重点打击的领域。为避免影响中印尼的双边关系与"一带一路"倡议的顺利推进，避免出现更严重的外交事故，中印尼双方的外交部与警方已加强合作，形成联动机制，希望尽快形成两国婚姻信息互通机制及查询制度，共同扩建自由婚姻领域，促进跨国婚姻的和谐稳定。⑤ 此外，两国警方还在打击卖淫、人口贩卖、女性非法居留、非法就业等问题上展开了多次联合整治行动。

当下，中国和印尼关于妇女赋权方面的交流合作领域过于单一，鲜少触及经济、教育培训和卫生保健等关键问题。促进印尼女性自我意识的觉醒则是一个更为长期的解决方案，这需要中国与印尼加强妇女教育培训方面的交流与合作。现在，中国与印尼关于妇女教育培训方面的项目较少，内容和形

① "Perdagangan Manusia: Perempuan Indonesia 'Dikirim ke China' dengan Modus Perjodohan", BBC Indonesia, 24 June 2019, https://www.bbc.com/indonesia/indonesia-48737921.
② 《提醒中国公民远离非法涉外婚姻中介》，平安印尼行网站，2019年6月26日，https://mp.weixin.qq.com/s/GqsT2P_knDbomsNh17BWvQ。
③ Abraham Utama, "Pengantin Pesanan China: Pengakuan Para Perempuan Indonesia yang Masih 'Terperangkap' di China", BBC Indonesia, 23 Januay 2020, https://www.bbc.com/indonesia/indonesia-51218024.
④ Sugiharta Yunanto, "Nah, Menlu Retno Bahas Korban Kawin Kontrak dengan Menlu Tiongkok", *Moeslim Choice*, 31 July 2019, http://www.moeslimchoice.com/read/2019/07/31/24662/nah-menlu-retno-bahas-korban-kawin-kontrak-dengan-menlu-tiongkok.
⑤ 潘玥：《在华的印尼新娘：商品化婚姻、人口贩卖与骗婚》，《南亚东南亚研究》2020年第2期，第55页。

式单一，主要以短期的中文培训和中国传统文化展示为主，并不能很好地达到提升印尼女性职业技能的效果。2015 年 7 月 6~16 日，中华全国妇女联合会与柬埔寨、印尼、老挝、马来西亚、缅甸、越南等国一行 12 人举办"社会性别意识主流化与社会管理能力建设"培训班。① 2019 年 11 月，由国家商务部主办、中华女子学院承办的为期 15 天的"2019 年发展中国家女官员领导能力建设研修班"顺利开班，来自包括印尼在内的 17 个国家的 45 名女官员参加。② 虽然这样的培训研修受到印尼妇女的欢迎，拓展了她们的视野，使她们了解了中国发展成就和快速发展的原因，但受邀人数少，培训和参观的时间短，她们很难把在中国学到的先进经验带回印尼实践。

（三）形式：活动展示为主，常态机制较少

在合作交流的形式方面，中国与印尼主要以活动展示为主，双边的常态化、机制化建设不足。如在 2018 年印尼国家儿童节期间，抖音海外版 TikTok 携手印尼妇女作用和儿童保护部发起在线挑战活动，旨在提升印尼社会对青少年教育的重视。7 月 20~25 日活动期间，TikTok 用户创作的相关短视频超过 1.24 万个，总观看量超过 1000 万次。③

而常态化、机制化的合作交流形式，主要依托于中国—东盟的多边平台，如中国—东盟女企业家论坛、中国—东盟妇女培训中心等。妇女交流合作一直是中国—东盟全方位合作的重要内容，双方共同创建了中国—东盟女企业家论坛，该论坛始建于 2009 年，以"凝聚女性力量，促进合作共赢"为主题，旨在服务"一带一路"建设，促进中国与东盟睦邻友好合作，搭

---

① 《东盟六国"社会性别意识主流化与社会管理能力建设"培训班》，全国妇联与"一带一路"国家妇女交流合作网，2017 年 5 月 4 日，http://m.womenofchina.cn/womenofchina/html1/special/belt/1705/510-1.htm。
② 《2019 年发展中国家女官员领导能力建设研修班顺利开班》，中华女子学院继续教育学院培训中心网站，2019 年 11 月 8 日，http://www.cwu.edu.cn/jxjyxy/zxzx/2c490f96f51743f1b54c69b71f32fb48.htm。
③ 《抖音携手印尼妇女儿童权益保护部助力青少年教育》，中国经济网，2018 年 7 月 31 日，http://www.ce.cn/xwzx/gnsz/gdxw/201807/31/t20180731_29898579.shtml。

建各国女企业家沟通交流、凝聚智慧、展现风采、创业创新的平台，助推共赢发展。中国—东盟的女企业家们分享女性创业创新的信息、经验和体会，展示女性创业创新风采，宣传推介各地良好的创业投资环境。2017 年的会上还签署了《中国—东盟妇女创业创新基地框架合作协议》。[①]

而中国建立的"中国—东盟妇女培训中心"，则是中国依托中国—东盟多边合作平台促进中国与东盟妇女交流合作的又一例证。2007 年，在东盟各方的大力支持下，中华全国妇女联合会在广西设立了中国—东盟妇女培训中心，秘书处设在广西妇联。这些年来，广西妇联积极开展与东盟国家妇女组织的交流与合作，先后有老挝、缅甸、柬埔寨、越南等东盟国家的 140 多名妇女干部、女企业家前来广西进行培训交流。2019 年底，项目定位目标为"妇女活动阵地，儿童成长乐园，中国—东盟妇儿交流平台"的广西妇女儿童活动中心项目即将建成，建成后其将进一步提升妇女儿童素养，开展中国—东盟妇儿交流合作，为中国—东盟妇女儿童提供展示、训练、活动、体验、发展与交流的空间。[②] 由此，中国与印尼暂时还未建立健全关于妇女赋权方面的常态化合作机制，缺乏机制与平台开展实质性的合作项目，帮助印尼妇女实现更好就业，为她们提升自我潜能、平等参与发展发挥了中国先进且可借鉴的作用。

综上，中国与印尼妇女赋权方面的交流合作仍面临一定的挑战，亟待从合作的主体、内容和形式上得到全面的优化与提升。

三 设想与展望

虽然中国与印尼的妇女交流合作存在一定的困境，但在佐科总统和习近

---

① 《2017 中国—东盟女企业家创业创新论坛在钦州举办》，中国经济网，2017 年 9 月 14 日，http：//intl. ce. cn/specials/zxgjzh/201709/14/t20170914_ 25975094. shtml。

② 《为妇女儿童提供展示交流空间 广西加快构建中国—东盟妇儿交流平台》，国务院妇女儿童工作委员会网站，2019 年 12 月 9 日，http：//www. nwccw. gov. cn/2019－12/09/content_ 276591. htm。

平主席都主张推动全球妇女事业发展与合作的背景下，展望未来，中国与印尼在妇女赋权方面的合作交流前景可期。

（一）签署双边合作备忘录，把妇女交流纳入中国—印尼副总理级人文交流机制框架

自苏加诺时期起，中国与印尼的妇女组织就保持友好的关系，友谊传统持续巩固，但是为了长远的妇女赋权交流合作，两国官方层面应建立更加系统化的合作关系，签署正式的合作备忘录，把妇女交流纳入中国—印尼副总理级人文交流机制框架，以确保在双边层面建立具可操作性的合作计划，确保同时采纳和推行两国首脑在频繁的会晤和意见交流时提出的政策。近年来，中华全国妇女联合会积极响应"一带一路"倡议，加强顶层设计、悉心谋划布局，把妇女外交纳入国家外交大局去谋划和部署，积极推动将中外妇女交流纳入国家人文交流机制框架，成功创立了中欧、中法和中阿妇女对外交流品牌，[①] 丰富和发展了国家交流机制的人文内容，为构筑稳定均衡的国家关系框架提供了"女性助力"。可见，把妇女交流纳入中国—印尼副总理级人文交流机制框架具有较强的可行性。

在中国—印尼副总理级人文交流机制框架下，两国继续有效利用中国—东盟合作平台，加强妇女能力建设，提高妇女综合素质；有效利用中国—东盟妇女培训中心，有计划地针对印尼妇女组织各类培训；在自愿和平等协商的基础上，逐步在印尼建立妇女培训中心。同时，在日常工作中，两国需要继续落实合作备忘录中达成的共识，通过举办专题研讨、女企业家交流，以及在减灾、反对针对妇女的暴力、妇女参与经济等共同关注的领域加强对话，开展全方位、宽领域、多层次的合作项目，不断完善和加强中国和印尼妇女交流与合作机制。如 2011 年 6 月 14~16 日，"东盟国家妇女在小型企业发展中的能力建设"研讨会在印尼西努沙登加拉省龙目岛举行。来自印

---

① 《全国妇联与"一带一路"国家妇女交流合作 传承丝路友谊》，中国网，2017 年 4 月 25 日，http://news.china.com.cn/2017-04/25/content_ 40685722.htm。

尼各省和东盟国家的女官员、女企业家代表及东盟国家驻印尼使馆官员等100多人与会。印尼妇女作用和儿童保护部部长琳达、印尼合作社与中小企业部部长哈桑出席，中国驻印尼大使章启月、中国女企业家协会副会长龙江文等应邀出席。[①]

当前，新冠肺炎疫情仍在全球蔓延，尤其是印尼疫情在东南亚中最为严重，这给印尼的生产生活、就业民生带来了严重冲击，妇女面临更大的挑战。2020年，习近平主席在联合国大会纪念北京世界妇女大会25周年高级别会议上提出四点中国主张："帮助妇女摆脱疫情影响"、"让性别平等落到实处"、"推动妇女走在时代前列"和"加强全球妇女事业合作"。[②] 这为中印尼妇女赋权方面的交流合作指明了大方向，两国都应重视疫情中和疫情后妇女权益的保护，把应对疫情、复工复产与妇女权益保护紧密结合起来，呼吁各国关注疫情中的妇女权益问题，在消除暴力、歧视、贫困等老问题上加大投入，在弥合性别数字鸿沟等新挑战上有所作为，特别强调保障妇女权益必须上升为国家意志，提出"丰富性别平等工具箱"的建议。

在具体的合作方式上，除了效仿澳大利亚、韩国等国的资金援助外，中国在减少贫困、增加就业、改善民生、教育培训等方面经验丰富，可与印尼开展务实合作，推动共同发展。2015～2020年，中国帮助发展中国家实施100个"快乐校园工程"和100个"妇幼健康工程"，邀请3万名妇女来华培训，在当地培训10万名女性职业技术人员。在13个国家建立中外妇女培训（交流）中心，向共建"一带一路"国家提供小额物资援助，帮助当地妇女改善生产生活条件，加强能力建设。2015年以来，中华全国妇女联合会为98个国家培训了2000多名妇女骨干。[③] 而在中国的印尼新娘和非法印

---

① 《印尼举办"东盟国家妇女在小型企业发展中的能力建设"研讨会》，中华人民共和国外交部网站，2011年6月20日，https：//www.fmprc.gov.cn/web/gjhdq_676201/gjhdqzz_681964/lhg_682518/zwbd_682538/t832115.shtml。

② 《习近平主席四点主张推动全球妇女事业发展与合作》，人民网，2020年10月2日，http：//theory.people.com.cn/n1/2020/1002/c40531-31882583.html。

③ 《九、妇女参与国际交流与合作日益广泛》，国务院新闻办公室网站，2019年9月19日，http：//www.scio.gov.cn/ztk/dtzt/39912/41772/41792/Document/1664908/1664908.htm。

尼女佣等问题上，两国官方层面可进行更系统全面的顶层设计，如相关执法和管理部门信息数据共享，继而进一步规范跨国婚姻和打击潜在的违法犯罪。

（二）官方机构搭台，民间机构唱戏

民间合作有其优势，自由度更高，更了解实际情况，可有效缓解项目设计与受助者需求不匹配、资金援助的条件性强等问题，两国妇女赋权的交流合作模式要逐渐从"官方唱戏、民间看戏"转变成"官方搭台、民间唱戏"。

在国际上的性别平等领域中，最活跃的非政府组织主要还是来自发达国家。当然，实现性别平等和社会公正的目标受到人们的普遍关注和认可，不论是来自发达国家还是发展中国家。但是，印尼作为发展中国家，其妇女非政府组织的建设与发展非常前沿，各种各样的非政府组织，其立场、议题、视角、策略也都不一样。当前，印尼各类妇女组织已达近百个，具有广泛的代表性，在解决教育、卫生和打击人口贩卖等跨领域问题中发挥着积极作用。其中，中国方面常常主动与地方性华人妇女组织合作，如 2017 年 7 月成立的印尼三宝垄华人妇女基金会。该基金会由多年热心于妇女公益活动的三宝垄市 11 位福建省福清籍姐妹联合发起，是在当地政府申请注册成立的公益性社团组织，其宗旨为传承中华妇女美德、弘扬敦睦友谊精神、关注弱势群体、促进族群和谐。该基金会主席陈秀珍表示，将发挥女性特有的美丽温暖力量，为华人姐妹提供一个交流联谊的平台，让生活更加丰富多彩，变得更有意义。时任中国驻印尼泗水副总领事彭怿牧也希望三宝垄华人妇女基金会继续传承互帮互助、相互尊重的郑和精神，进一步为三宝垄的社会合作与族群和睦作出贡献。①

除了地方性华人妇女组织外，中国的妇女组织更应与印尼的伊斯兰妇女组织合作，尤其是穆罕默迪亚和伊斯兰教士联合会附属的妇女组织，即穆罕

---

① 《印尼三宝垄成立华人妇女基金会传承中华妇女美德》，中国新闻网，2017 年 7 月 30 日，http：//www.xinhuanet.com//world/2017-07/30/c_ 129667220. htm。

默迪亚妇女组织阿伊莎（Aisyiyah）和青年妇女组织纳西亚杜尔阿伊莎（Nasyiatul Aisyiyah），以及伊斯兰教士联合会妇女组织穆斯利马（Muslimat）和青年妇女组织法达亚特（Fatayat）。印尼近90%的人口信奉伊斯兰教，两大伊斯兰妇女组织可依托宗教优势向女性宣传先进思想，在保障女性和儿童权益、争取性别平等的同时，在提高女性政治参与方面也有着重要影响力。① 在此方面，印尼的地方性华人妇女基金会就做得很好，常常与印尼伊斯兰妇女组织开展合作，扩大影响力。2020年5月，为帮助当地低收入居民渡过新冠肺炎疫情的难关，泗水华裔联谊会与东爪哇伊联妇女组织（Muslimat NUJatiim）在泗水再次联合开展抗疫献爱心活动，向贫困民众捐赠了第二批日常生活物资，体现了东爪哇社会的团结，当民众面对严重的疫情灾害时，当地各妇女组织携手合作，一起克服疫情难关。②

在疫情的背景下，民间的交流合作更有成效，中印尼女性在抗疫中表现突出。如在印尼打拼创业十多年的罗小颖介绍中国特别是武汉抗"疫"经验、传递信心，筹集资金采购、运送急需医疗物资。她利用长期从事中印尼两国贸易和物流的业务优势，或自筹资金采购捐赠，或帮助印尼有关部门和企业、印尼中资企业、华侨华人从中国采购、运送急需的医疗等抗疫物资，至今已送达近200万个医用口罩及大批防护服、护目镜、测温枪、消毒棉、抗病毒药品等物资。③

在世界经济论坛发布的《2020年全球性别差距报告》中，印尼的性别平等排名为第85位（共153个国家参与调研），印尼女性在教育、健康、就业和政治参与等方面均面临着不平等待遇。其中，经济问题几乎是困扰所有印尼弱势女性的最核心问题。根据《2020年全球性别差距报告》，印尼妇女就业的比例较低（54%），男女收入分配存在显著差异，印尼女性的收入

---

① 潘玥、李富玉：《印度尼西亚伊斯兰女性的政治参与——以印尼两大伊斯兰妇女组织为例》，《南亚东南亚研究》2020年第5期，第67页。
② 《泗水华裔联谊会与东爪哇伊联妇女组织再次联合》，《千岛日报》2020年5月20日。
③ 《全球战疫：中企女老板投身中国武汉和印尼两地抗疫》，中国新闻网，2020年4月7日，https://m.chinanews.com/wap/detail/undefined/zw/9150035.shtml。

仅为男性的一半。① 在印尼家庭中，财政大权常常由男性掌握，妇女很难取得独立的经济地位。即便女性想从事一些小本生意也无法获得银行等传统金融机构的贷款认可。小微贷款是这些女性寻求资金、改变家庭经济条件和命运的唯一选择。她们更加珍惜这个机会，能够与借贷机构积极合作。事实证明，印尼女性的贷款违约率可以说微乎其微。现在印尼当地出现了一些专注服务印尼贫困妇女的小微贷款平台，如 Mekar 和 Komida 等。② 而中国的小微贷款平台建设和监管经验丰富，日后可在该领域与印尼的妇女组织和小微贷款平台开展更丰富和深远的合作。中国和印尼现在也有一些民间组织正致力于为弱势女性提供权利意识教育及维权支持，以帮助提升女性自己正确认知并解决问题的思维和能力。

另外，可借鉴"她爱科技"全球女性创业大赛和丝绸之路女性创新设计大赛的经验，开展中国—印尼或中国—东盟女性创业创新大赛，进一步丰富中印尼妇女交流合作的内容与形式。其中，"她爱科技（She Loves Tech）"全球女性创业大赛是在北京市妇联的指导下，由北京市妇女国际交流中心、励媖中国（Lean In China）和女人科技文化（北京）有限公司等联合发起，是现今世界上规模最大的女性科技创业大赛，旨在展示科技领域的最新趋势、创业动态、创新机会并关注其为女性带来的机遇。2019 年，大赛会聚了包括中国、孟加拉国、法国、德国、瑞典、拉脱维亚、印度、印度尼西亚、以色列、尼泊尔、巴基斯坦、菲律宾、马来西亚、新加坡、泰国、美国等涵盖"一带一路"上的 20 个国家和地区的国际创业团队。③ 用科技赋权女性，让女性引领未来。女性在全球科技领域具有巨大的发展潜力，提高女性在科技行业的影响力是十分必要的，这不仅是对经济发展趋势的助力，更为推动社会进步、女性成长发展拓宽了新的领域。与此同时，大赛将

---

① "Global Gender Gap Report 2020", World Economic Forum, 16 December 2019, pp. 11, 31, https://cn.weforum.org/reports/gender-gap-2020-report-100-years-pay-equality.

② 《Mekar：专注服务印尼贫困妇女的小微贷款平台》，未央网，2020 年 4 月 26 日，https://www.weiyangx.com/344917.html。

③ 《2019 年"她爱科技"全球创业大赛总决赛成功举办》，国务院妇女儿童工作委员会网站，2019 年 9 月 24 日，http://www.nwccw.gov.cn/2019-09/24/content_271555.htm。

中国的科技成就展示给世界，展示中国作为创新中心的在全球科技发展进程中的重要地位，并让女性、科技、创业成为国家之间交流与合作的桥梁。

（三）中国电商开拓印尼女性消费市场

目前，印尼是东南亚最大的零售市场。在疫情背景下，印尼社会的消费方式发生改变，线上购物比例增加。而与此同时，印尼女性的购买力与日俱增，已成为推动消费市场增长的主要力量，并为中国电商缔造了不少商机，特别是经营服装、时尚配饰和美妆个护产品的零售商。中国的电子商务发展位于全球前列，正好可以发挥电子商务和电子支付的技术与平台优势，开拓印尼女性的消费市场。

近年来，越来越多的印尼女性担任中高级管理职位。世界经济论坛的《2020年全球性别差距报告》指出，印尼妇女担任高级职务和领导职务的比例，从2007年的20%升至2020年的55%，是世界上六个主要由妇女担任此类职务的国家之一。[1] 在25~40岁的职业女性中，她们购买力较强，消费意愿强烈，是中国电商主要的目标客户群。其中，服饰、美妆个护和保健是最主要的产品类别。

作为世界上穆斯林人口最多的国家，印尼对遵循强调女性谦虚的宗教规定的服装需求很大。现代印尼的时装市场主要以西方及穆斯林服装风格为主，都市女性更广泛接触国际文化，并日益紧贴最新的时装趋势。25岁或以上的印尼女性，受到外国名人影响，喜欢欧美时装风格；较为年轻的印尼女性，则受到日韩明星偶像的影响，追随日本和韩国的时装潮流。[2] 在此方

---

① "Global Gender Gap Report 2020", World Economic Forum, 16 December 2019, p.31, https://cn.weforum.org/reports/gender-gap-2020-report-100-years-pay-equality.

② 《开拓印尼女性消费市场：具潜力产品与营销策略》，香港贸发局网站，2014年3月7日，https://hkmb.hktdc.com/sc/1X09WODN/%E7%BB%8F%E8%B4%B8%E7%A0%94%E7%A9%B6/%E5%BC%80%E6%8B%93%E5%8D%B0%E5%B0%BC%E5%A5%B3%E6%80%A7%E6%B6%88%E8%B4%B9%E5%B8%82%E5%9C%BA~%E5%85%B7%E6%BD%9C%E5%8A%9B%E4%BA%A7%E5%93%81%E4%B8%8E%E8%90%A5%E9%94%80%E7%AD%96%E7%95%A5。

面，中国服饰电商贴近潮流，具有价格和平台优势，大有可为。

此外，中国电商平台和商家还可以利用印尼现有成熟的时装周、艺术节等平台，展示自己的产品、才华和创造力，如每年一度的雅加达时装周（JFW）。雅加达时装周由雅加达市政府、时装业主要合作伙伴和 *Femina Group* 合办。雅加达时装周以其长期的盛名和影响力，旨在将印尼时装业带入世界时装市场，将雅加达转变为该地区和世界的主要时尚中心，将印尼的时尚产业转型为价值近 1000 亿美元的穆斯林时尚领域的全球领导者。雅加达时装周的影响力和影响范围已经得到了时尚界专业人士——如记者、采购员、摄影师、造型师，甚至是国际模特——的认可，使这个一年一度的活动更受欢迎。时装周也有很多外国合作伙伴参与，碰撞出灵感的火花。①

而在美妆个护方面，得益于人口年轻化和人均收入增长，印尼市场对美妆个护的产品需求旺盛，尤其是穆斯林认证化妆品。根据东南亚电商平台 Shopee 的数据显示，从全品类来看，化妆品及个人需求品占据印尼热销产品的第三位；而在女性的购物清单中，化妆品及个人需求品则是购物第二大需求。据英富曼美容展全球数据统计，预计未来三年，印尼化妆品市场将以 11.9% 的增幅快速发展。② 同时，印尼的美妆个护市场的参与者不仅仅是女性，男性产品线也明显增长，如洗面奶、保湿霜以及抗衰老产品，已经让各大品牌越发关注男性产品市场宣传的策略，不断淡化只有女性才能护肤的刻板印象。印尼男性美妆市场不仅仅局限在外用品，医美和仪器类美容产品/线下门店，也通过借助男性美妆博主进行市场宣传。由此可见，印尼的化妆品产业及市场在未来拥有极大的发展空间。

中国电商早已在此布局，并已取得一定的销售业绩。2021 年 3 月 9 日，TikTok 在全球的首场直播电商在印尼揭开神秘面纱。这场直播针对女性用户，选择的商品都是备受女性用户喜欢的美妆个护品类，包括彩妆、护肤品

---

① 谢艳、钟玉岚：《雅加达时装周》，2019 年 11 月 6 日，http：//www.asean-china-center.org/festivals/festival/2019-11/9.html。

② 《走进全球第四人口大国，发现印尼化妆品新机遇》，中国美容博览会网站，2019 年 7 月 17 日，https：//www.cbebaiwen.com/news/nid/100039.html。

及美妆蛋等化妆工具。两位印尼网红主播首先会自己试用产品，然后在镜头前展示使用效果，随后举起手机，教用户如何购买。直播间中，不断有用户加入观看，虽然支付流程让人费解，但这场耗时近 1.5 小时的直播首秀，在高峰时期有超过 1 万名观众观看。① 在未来，继续优化直播内容与支付流程，将是线上电商平台的必由之路。此外，社交、内容、电商、O2O、订阅模式，都是不可或缺的环节，中国美妆电商平台应通过增加产品的供应量和种类建立平台和用户之间的黏性；社区电商的建设，让消费者主动分享传播以及贡献自己的偏好数据，背后的数据和算法是商业变现的核心助推，便于商家更加了解消费者，进行线上线下导流。

由此，在中印尼如何开展妇女交流合作方面，两国官方首先应做好顶层设计与沟通工作，正式签署双边的合作备忘录，把妇女交流纳入中国—印尼副总理级人文交流机制框架中。其次，在具体的项目实施上，应采取"官方机构搭台，民间机构唱戏"的方式，更好地推动两国在妇女赋权方面的务实合作与交流。最后，开拓印尼女性消费市场是一个非常"接地气"的合作方向，不仅可以让中国电商走进印尼女性，也可以让更多印尼女性小微创业者利用中国电商平台，创造经济价值，实现自我发展。

四　结论

当前，中国与印尼双边合作进入了历史上最好的阶段，中国和印尼70年的友好合作关系为加深妇女领域的友好交流与合作打下了坚实的基石，两国在其他领域的合作为妇女赋权树立了良好的典范。2021 年 1 月 13 日，国务委员兼外长王毅在雅加达同印尼外长蕾特诺举行会谈，印尼希望双方在反恐、维护妇女权利、和平与安全、全球数据安全等方面加强合作。② 两国将

---

① 《TikTok 直播电商低调首秀，支付遭印尼用户吐槽》，界面新闻，2021 年 3 月 10 日，https://www.jiemian.com/article/5784907.html。

② 《王毅同印尼外长蕾特诺举行会谈》，中华人民共和国外交部网站，2021 年 1 月 14 日，https://www.fmprc.gov.cn/web/wjdt_674879/gjldrhd_674881/t1846357.shtml。

进一步将性别问题纳入中国与印尼在政治、经贸、安全、社会文化以及民间交往等各个领域的交流与合作中，包括各项活动和培训。借助互联网等各种手段，加强中国与印尼有关妇女问题的信息交流，实现成果和资源共享；加强在国际和地区事务，特别是在有关妇女问题上的沟通与立场上的协调。

在未来，两国把服务"一带一路"倡议、落实习近平主席在全球妇女峰会上的承诺以及佐科总统对妇女赋权的高度重视结合起来，力求在促进两国妇女共商、共建、共享中发挥更大作用，为实现民心相通作出更大贡献。通过把妇女交流纳入中国—印尼副总理级人文交流机制框架，推动中国与印尼在妇女人文交流机制建设、不断拓展性别平等和妇女发展领域的交流合作，增进两国女性的友好往来，不断促进世界妇女运动发展，为地区乃至全球性别平等事业作出更大贡献。在中国和印尼的共同努力下，两国妇女赋权方面的交流与合作将突破桎梏，开拓创新，取得更大的发展和进步。

专　题　篇

从接触交流到互信共情：对中国与印度尼西亚人文交流的社会心理学思考

韦　红　马赟菲*

摘　要： 自中国同印尼建立副总理级人文交流机制以来，两国开展了大量的人文交流活动。这些活动虽然在促进相互了解、加强文明互鉴方面起了较大作用，但与民心相通的目标仍有较大距离。本报告引入社会心理学的群际接触理论来分析这一问题。该理论认为，简单的接触不一定能够改善群际关系，只有在最优接触条件下，接触才能实现互信共情。目前中印尼间的人文交流中最优接触条件不足，具体包括：人文交流的不平衡性导致平等性难以体现；两国身份差异大；印尼内部利益分化致使两国合作关系建立难；缺少权威和制度支持；深度良性的接触经历不够。为此，我国对印尼人文交流需注

---

* 韦红：华中师范大学中印尼人文交流研究中心主任、教授、博士生导师；马赟菲，华中师范大学中印尼人文交流研究中心助理。

意塑造平等地位，实现双方对等交流；弱化差异身份，发掘人类身份下的共同点；深化民间合作，构建广泛利益共同体；加强与地方权威的接触交流，争取地方权威支持；加强长期深入且多元的接触，培育群际友谊。

关键词： 人文交流　中国　印度尼西亚　互信共情

一　问题的提出及研究现状

1.问题的提出

在我国当前的外交布局中，人文交流既是驱动中国与周边国家关系的"三驾马车"之一，也是我国对外互联互通的重要机制。中国希望通过人文交流加强与周边国家的相互理解，建立起对彼此差异的尊重及对各自文明的鉴赏，促进民心相通，夯实亚洲互联互通的社会根基，推动与周边国家友好合作关系的发展。

2013年，中国与印度尼西亚建立了全面战略伙伴关系，印尼成为中国在东南亚地区的首个战略伙伴。2015年，中国与印尼建立的副总理级人文交流机制成为中国与发展中国家建立的首个高级别人文交流机制。中国相信该机制"将有助于推动两国人文领域交流合作，促进两国人民心灵相通、文明互鉴，为两国全面战略伙伴关系发展夯实民意基础"。① 此后，两国在文化、教育、旅游、体育、科技等领域的人文交流日益密切，两国人民从接触交流中开始了解对方、认识对方，一部分印尼人开始改变对中国的刻板印象和偏见。② 尽管人文交流取得了一系列重要成果，但是在促进两国民心相

---

① 《推动中印尼人文领域交流合作》，中国网，2019年11月25日，http://news.china.com.cn/2015-05/27/content_35676763.htm。
② 印尼自1960年代中期至1980年代末与中国处于断交状态。苏哈托政府长期的反共、反华宣传使得大部分印尼人对共产党领导下的中国怀有误解和偏见。

通方面与预期目标仍有一定的距离。在笔者看来，所谓民心相通，就是要做到两国人民间的相互理解，相互信任，产生共情，[1] 共创人类命运共同体。可是在印尼，与互信共情目标相差甚远。根据皮尤研究中心"2019 全球态度调查"，印尼民众对中国的好感度由 2002 年的 73% 下降到 2019 年的 36%，2018 年年内就下降了 17 个百分点。[2] 对印尼四家主流媒体《印度尼西亚共和国日报》《爪哇邮报》《雅加达邮报》《罗盘报》的话语分析也显示，"中国威胁"是这些媒体报道中常见的主题之一，在报道中频繁出现类似中国移民工人抢夺印尼人的工作机会、中国对印尼的贸易结构将摧毁印尼本土企业、中国的毒品网络将印尼视为毒品市场的天堂这样的内容。[3] 虽然印尼人对中国的负面认知是由多种因素导致的，但有一点可以证明，人文交流在促进民心相通方面还未能发挥其应有的作用。

那么，人文交流的密切接触为什么没能带来两国人民互信共情的提升？什么样的人文交流和接触才能真正促进民心相通，从而带动两国关系的健康友好发展？影响人文交流预期效果的关键变量是什么？这是本报告要阐明的关键问题。

2. 研究现状

目前涉及中印尼人文交流的研究主要集中在以下几个方面。

一是对两国人文交流的成果进行梳理和展望。如许利平、梁敏和、骆永

---

[1] 共情是指站在对方群体的角度，理解对方的认知、情绪的过程。共情是群际交往的最高状态，它强调交互群体之间的相似性，甚至可能会重建群体身份，模糊"我们"和"他们"的边界，并产生了一种利他的动机，在一个更大的范畴下界定群际关系。参见：Thomas F. Pettigrew, "Intergroup Contact Theory", *Annual Review of Psychology* 1, 1998, pp. 72 - 73; John F. Dovidio et al., "Intergroup Contact：The Past, Present, and the Future", *Group Processes & Intergroup Relations* 1, 2003, p. 10; 何晓丽，谢荣慧：《群体共情对群际关系的影响：基于社会冲突解决的视角》，《心理科学》2018 年第 1 期，第 174 页。

[2] "People around the Global are Divided in Their Opinions of China", Pew Research Center, 2019, https：//www. pewresearch. org/fact-tank/2019/12/05/people-around-the-globe-are-divided-in-their-opinions-of-china.

[3] Rizki Hegia Sampurna, "Is China a Threat to Indonesia：A Discourse Analysis of Major Indonesian Newspapers' Coverage on the China Issue", *JISPO* 2, 2019, http：//journal. uinsgd. ac. id/index. php/jispo/article/view/4317/3444.

坤、陈戎轩几位学者总结了中国与印尼人文交流在机制建设、文化合作、教育合作、旅游合作、体育合作、科技合作等领域取得的成果，并对两国人文交流前景进行了展望。① 还有学者以小见大，研究两国在特色文化上的交流，如冯立军简述了清代中国同印尼的中医药交流，② 孔远志指出了中国陶瓷对印尼文化和宗教的深刻影响。③

二是对中国式人文交流的局限性及面临的挑战进行分析。如庄礼伟曾指出中国式"人文交流"由于过于侧重文化交流，由政府出钱出面单向式地对外输出和展示中国文化，忽略了人民的主体性和人民之间的交往，并不能达到"民心相通"的目的。④ 陆建人、蔡琦、刘宝存、傅淳华则指出中国的人文交流机制存在官方主导且民间参与不足，交流项目的广度与深度不足，交流活动缺少监督与反馈，国际传播能力弱等问题。⑤ 邢丽菊、杨荣国、张新平从客观因素出发，指出若干问题，如意识形态与社会制度不同、经济发展不平衡、文化宗教差异、西方国家操纵国际传媒对中国与"一带一路"共建国家进行人文交流提出挑战等。⑥

三是对印尼对中国认知的研究。有大量学者在中国—东盟关系以及"一带一路"倡议的大背景下探讨印尼对中国的认知问题。学者们认为历史原因潜在地影响着印尼对中国的认知，当下印尼政府对两国合作态度积极，但部分利益团体、知识精英和学者抱有负面态度，担忧中国对印尼的影响力

---

① 许利平：《新时期中国与印尼的人文交流及前景》，《东南亚研究》2015 年第 6 期；梁敏和：《中国—印尼关系 60 年回顾与展望》，载李一平、刘稚主编《东南亚地区研究学术研讨会论文集》，厦门大学出版社，2011；骆永坤、陈戎轩：《中国与印度尼西亚人文交流：历史、现状与前景》，《亚非研究》2018 年第 1 期。

② 冯立军：《略述清代中国与印尼的中医药交流》，《南洋问题研究》2010 年第 1 期。

③ 孔远志：《从印尼的中国陶瓷看中印（尼）文化交流》，《东南亚》1990 年第 3 期。

④ 庄礼伟：《"中国式"人文交流能否有效实现"民心相通"？》，《东南亚研究》2017 年第 6 期。

⑤ 陆建人、蔡琦：《中国—东盟人文交流：成功、问题与建议》，《创新》2019 年第 2 期；刘宝存、傅淳华：《"一带一路"倡议下的中外人文交流机制——现状、问题与出路》，《大学教育科学》2018 年第 5 期。

⑥ 邢丽菊：《推进"一带一路"人文交流：困难与应对》，《国际问题研究》2016 年第 6 期；杨荣国、张新平：《"一带一路"人文交流：战略内涵、现实挑战与实践路径》，《甘肃社会科学》2018 年第 6 期。

扩大可能会对印尼主权造成威胁并激化社会矛盾。[①] 针对印尼对中国的负面认识，学者们提出了应对之策。

通过对已有研究的梳理，可以发现学者们对中印尼的人文交流研究仍主要从政治、经济、历史文化的视角对两国人文交流成果及不足进行探讨，而对人文交流何以未能发挥预期作用、如何改变印尼对中国的负面认知等问题缺乏社会心理学层面的分析。社会心理学主要研究个体和群体在社会相互作用中的心理和行为发生及变化的规律，其中如何在社会互动中改善不同群体间的关系是其关注的重要内容。而人文交流恰恰是一种社会性活动，致密而复杂的社会交往网络可以促进国民间的了解。[②] 因此，社会心理学的理论方法对人文交流的分析具有适应性。本报告尝试将社会心理学中的接触理论引入中印尼人文交流的研究之中，从心理层面探究两国人文交流接触未能改变印尼民众对中国刻板印象的原因，并在此基础上提出对策，促使两国民众从交流接触达成互信共情，为我国开展人文交流提供新思路。

二 群际接触与认识和关系的改变：基于社会心理学的接触理论分析框架

群际关系是社会心理学关注的重要议题，对另一个群体的刻板印象、敌对情绪乃至冲突都是恶性群际关系的表现。对于如何改善群际关系，西方社会心理学发展出多种理论体系，群际接触理论即为其中之一。

接触理论基于社会心理学"良性的重复体验可以增加积极情感"的基

---

① 王永辉：《印尼对"一带一路"倡议的负面认知与我国的应对》，《国际论坛》2018年第4期；潘玥、常小竹：《印尼对"一带一路"的认知、反应及中国的应对建议》，《现代国际关系》2017年第5期；米拉、施雪琴：《印尼对中国"一带一路"倡议的认知和反应评述》，《南洋问题研究》2016年第4期。

② 俞沂暄：《人文交流与新时代中国对外关系发展——兼与文化外交的比较分析》，《外交评论》2019年第5期，第45、48页。

本原则，① 提出与外群体接触可以导致对外群体更加积极的态度。群际接触一方面包括不同群体成员之间的直接接触；另一方面，在直接接触因时间、空间阻隔而难以实现或在不同群体因长期分离而缺乏直接接触动机的情况下，间接接触也可以起到改善群际关系的作用。比如，扩展接触假说（Extended Contact Hypothesis）提出，基于"朋友的朋友就是我的朋友"的认知逻辑，个体通过知晓内群体成员与外群体成员之间有密切的、积极的关系可以减少对外群体的消极态度；② 想象接触假说（Imagined Contact Hypothesis）提出，诸如"换位思考"和"从观察者视角看待事件"等在心理上模拟与外群体成员进行社会互动的想象接触，可以改善对外群体的内隐态度；③ 替代接触（Vicarious Contact Hypothesis）假说提出，通过观察内群体成员成功地参与跨群体接触，可以改善个体对外群体的态度，增加个体参与直接跨群体接触的意愿；④ 准社会接触假说（Parasocial Contact Hypothesis）提出，大众媒体可以为观众提供与表演者之间类似真实的亲密联系，形成与他者的准社会接触，成为改善群际关系的媒介。⑤

大量的实证研究证明了接触理论的可靠性，佩蒂格鲁（Pettigrew）和特罗普（Tropp）通过对515项相关研究中的713个独立样本进行元分析，发现其中95%的研究报告证实了群体间接触能够减少群体间的偏见；⑥ 针对学

① R. B. Zajonc, "Mere Exposure: A Gateway to the Subliminal", *Current Directions in Psychological Science* 6, 2001, p. 224.

② S. C. Wright, A. Aron, T. McLaughlin-Volpe et al., "The Extended Contact Effect: Knowledge of Cross-group Friendships and Prejudice", *Journal of Personality and Social Psychology* 1, 1997.

③ R. J. Crisp, S. Husnu, "Attributional Processes Underlying Imagined Contact Effects", *Group Processes&Intergroup Relations* 2, 2011, pp. 275-287.

④ A. Mazziotta, A. Mummendey, S. C. Wright, "Vicarious Intergroup Contact Effects: Applying Social-Cognitive Theory to Intergroup Contact Research", *Group Processes & Intergroup Relations* 2, 2011, pp. 255-274.

⑤ Schiappa Edward, B. Gregg Peter, E. Hewes Dean, "The Parasocial Contact Hypothesis", *Communication Monographs* 1, 2005, pp. 92-115.

⑥ Thomas F. Pettigrew and Linda R. Tropp, "A Meta-Analytic Test of Intergroup Contact Theory", *Journal of Personality and Social Psychology* 5, 2006, p. 766.

校、民族、种族的接触的实验也表明接触在改善群际关系中的作用具有普遍性。① 近年来，社会心理学学者们也围绕间接接触的实践效果开展了一系列横向与纵向的实验，其结果表明，间接接触在改善跨国关系、② 长期冲突的群体间关系、③ 受污名化群体形象④以及不同群体之间形成新关系⑤上都具有实践意义上的有效性。正如布拉姆菲尔德在其著作中谈到的那样，"如果来自不同种族和文化的人们能够自由而真诚地交往，那些紧张与困难、偏见与困惑，都会消失；如果人们不能彼此交往而是相互隔离，那么偏见和冲突就会像疾病一样疯狂生长"。⑥

在接触理论看来，接触之所以能改善群际关系，关键在于接触能加深不同群体间的相互了解和友谊，能够缓解焦虑、威胁等负面情绪，从而达到减少偏见、增进信任的目标。具体来说，接触交流可以产生以下变化：首先，丰富的新信息可以摧毁原有的简单、刻板思维，并建立新的认知；⑦ 其次，增加对外群体的了解可以降低行为体在交往过程中的不确定性和不适感；再

① Rupert Brown et al., "Intergroup Contact and Intergroup Attitudes: A Longitude Study", *European Journal of Social Psychology* 4, 2007, pp. 692-703; Walter G. Stephan and David Rosenfield, "Effects of Desegregation on Racial Attitudes", *Journal of Personality and Social Psychology* 8, 1978, pp. 795-804; Susan McKay and Jeffery Pittam, "Determinants of Anglo-Australian Stereotype of the Vietnamese in Australia", *Australian Journal of Psychology* 1, 1993, pp. 17-23.
② A. Eller, D. Abrams, "'Gringos' in Mexico: Cross-sectional and Longitudinal Effects of Language School-promoted Contact on Intergroup Bias", *Group Processes&Intergroup Relations* 6, 2003, pp. 55-75.
③ N. Tausch, N. Hewstone, "Intergroup Contact", in J. F. Dovidio, M. Hewstone, P. Glick et al. eds., *Handbook of Prejudice, Sterotyping, and Discrimination*, London: Sage, 2010, pp. 544-560.
④ Sharp Melanie, Voci Alberto and Hewstone Miles, "Individual Difference Variables as Moderators of the effect of Extended Cross-group Friendship on Prejudice: Testing the Effects of Pubulic Self-consciousness and Social Comparison", *Group Processes & Intergroup Relations* 2, 2011, pp. 207-211.
⑤ K. Dhont, A. Van Hiel, "We Must not be Enemies: Interracial Contact and the Reduction of Prejudice Among Authoritarians", *Personality and Individual Differences* 46, 2009, pp. 172-177.
⑥ T. Bramfield, "Minority Problems in the Public Schools", New York: Harper & Brothers, 1946, p. 245, 转引自郝亚明《西方群际接触理论研究及启示》，《民族研究》2015 年第 3 期，第 14 页。
⑦ Gareth S. Gardiner, "Complexity Training and Prejudice Reduction", *Journal of Applied Social Psychology* 4, 1972, pp. 326-342.

次，增加对外认知可以增强行为体的跨文化理解能力，使行为体能够对群际关系进行重新审视。① 佩蒂格鲁通过元分析，验证了认知、情绪作为中介变量与偏见之间的强相关性，② 指出群际接触通过了解外群体、改变行为、产生情感联系三个相互关联的过程，最终能够产生共情，③ 即通过群际接触尤其是较亲密的接触，形成跨族友谊，最终使人们对对方群体的关注点感同身受，产生跨群的同理心，最后模糊群体身份边界，重建更大的群体身份。

然而，通过接触来改变认知和负面情绪从而达到改善群体间的关系并非是无前提条件的。在总结群际接触实践与理论的基础上，社会心理学家们提出最优接触假说，认为群体之间的简单交流沟通并不足以改善群体间的关系，需在接触过程中创造一些条件来实现改善群际关系的预期目标。美国心理学家奥尔波特（Allport）及其他社会心理学家提出以下最优接触条件。

一是群体在接触情境中的平等地位。群体地位差异对强势群体和弱势群体的行为反应都有影响。地位相对高的群体可能会歧视地位低的群体，比如发达国家到发展中国家旅游时有时会表现得傲慢无礼、居高临下。④ 地位较低的群体对风险更加敏感，外群体的强势行为可能会引发焦虑甚至恐惧，进而造成对外群体的偏见。⑤ 在这种情况下，弱势群体对强势群体的态度很难发生积极的变化：对地位差异的焦虑影响着弱势群体对强势群体的认知模式，弱势群体会更加关注强势群体的冒犯行为而忽略其积极行为，外群体行为的威胁被夸大，对外群体动机的归因也被极端消极化。⑥ 因此，接触群体在接触的情境中保持平等地位至关重要，位于其他最优接触条件之首。⑦

① G. W. Allport, *The Nature of Prejudice*, Combridge：Addison Wesley, 1954, p. 537.
② Thomas F. Pettigrew and Linda R. Tropp, "How does Intergroup Contact Reduce Prejudice? Meta-Analytic Test of Three Mediators", *European Journal of Social Psychology* 6, 2008, pp. 922−934.
③ Thomas F. Pettigrew, "Intergroup Contact Theory", pp. 70−73.
④ Walter G. Stephan and Cookie White Stephan, "Intergroup Anxiety", *Journal of Social Issues* 3, 1985, p. 166.
⑤ Omar Shahabudin McDoom, "The Psychology of Threat in Intergroup Conflict：Emotion, Rationality, and Opportunity in Rwandan Genocide", *International Security* 2, 2012, p. 122.
⑥ Walter G. Stephan and Cookie White Stephan, "Intergroup Anxiety", p. 168.
⑦ G. W. Allport, *The Nature of Prejudice*, p. 537.

二是接触过程中群体身份的适当表征。社会认同和自我分类理论表明，人们在与他人进行接触时，会对其作出"内群成员"或是"外群成员"的划分，这样的分类影响着对他人的认知与情感：人们倾向于给予内群成员积极的评价，了解和保留更多内群成员的详细信息，认为内群成员的人格是独特的；而将外群成员看作同质的、与自己不同的存在。① 而种族、民族、政治制度、文化传统等客观因素是群体身份形成的基础，不平等的地位、维持差异的制度规范、长期累积而形成的历史和习惯会加剧群体认同的分化。② 这样的分化往往导致偏见和隔阂，成为阻碍群际交往的重要因素。因此，在接触的开始阶段，如何适当表征群体身份至关重要。在社会心理学的认知理论看来，弱化群体身份差异，强调共同群体认同感，是减少群际焦虑和冲突、推动群际深度接触的重要途径。在最初的群际焦虑得到缓解，进而建立跨群友谊的基础上，明确的群体身份有利于增加人们对更普遍的外群体的欣赏和喜爱，促进积极情绪的扩散。③

三是不同群体基于共同利益之上的合作性关系。当两个群体为了一个零和的目标而竞争时，担心失败的焦虑感会引发群体间的敌对情绪，并随着时间的推移形成对对方的刻板印象和负面态度；与之相反，相互依赖的合作关系降低了失去的焦虑感，有助于产生对外群体更有利的态度。④ 竞争性关系还可能激发群体间威胁。史蒂芬（Stephan）的威胁整合模型提出，威胁可以用来解释对外群体的消极态度。⑤ 当一个群体担忧本群体的资源、政治和经济权威遭到侵害，本群体的文化、规范、价值观受到破坏时，群体成员就

---

① John F. Dovidio et al., "Intergroup Contact: The Past, Present, and the Future", p. 11.

② Jaclyn Rodriguez and Patricia Gurin, "The Relationships of Intergroup Contact to Social Identity and Political Consciousness", *Hispanic Journal of Behavioral Sciences*, 3, 1990, p. 237.

③ John F. Dovidio et al., "Intergroup Contact: The Past, Present, and the Future", p. 13.

④ Muzafer Sherif et al., *Intergroup Conflict and Cooperation: The Robbers Cave Experiment*, CT: Wesleyan University Press, 1988, p. 208; Walter G. Stephan and Cookie White Stephan, "Intergroup Anxiety", p. 164.

⑤ Stephan M. Croucher, "Integrated Threat Theory", in Jake Harwood and Howard Giles eds., *Oxford Conmmunication Encyclopaedias*, Oxford: Oxford University Press, 2017, pp. 1–15.

会强化对本群体的偏袒和对外群体的贬损，以维护群体的安全或自尊。① 而在合作性关系中，共同的利益吸引不同群体成员自发的参与合作并互相帮助，双方成员在共同制订计划、作出决定、进行沟通的过程中又不断地扩大着共同的领域，② 潜移默化地培养着双方的默契和信任。

四是权威和制度的支持，即官方、法律、道德规范、社会传统对群际接触予以支持和鼓励。奥尔波特的最优接触假说认为，制度、法律、习俗的支持对于群际关系的改善至为重要，其影响力来自于能够对公众产生影响的权威性。社会认知理论指出，人们通过观察他者来获得态度、价值观、情感倾向和行为方式。在各种信息来源中，认识上的权威被认为是人们元认知信念的来源，深刻地影响着人们态度和意见的形成。③ 认识上的权威通常包括权威人物、法律规则、习俗传统和媒体等受到人们信任的信息提供者。④ 权威塑造、影响着群体对外群体的印象。鼓励对外交往的权威会积极传递外群体的正面信息，能够改变群体成员对外群体的负面评价以及群体成员对外群体的刻板印象；⑤ 反对与外群交往的权威会通过提供外群体的负面信息、强调群体间的差异和竞争等方式增强群体成员对外交往的焦虑感，潜在地强化对外群体的负面印象。权威对外群体的态度影响着群内对外交往的气氛，权威表示出积极友好态度时，潜在地创造了一个鼓励交往的、有说服力的环境，能够提升内群体成员在对外交往时的安全感；反之，权威的消极态度会使群体成员担忧与外群体交往的行为是否会受到惩罚或与社会规范格格不入。成本收益理论还指出，权威可以通过调整交往成本和实施奖惩措施来直接地影响群体成员对外交往的动机。如果权威积极地奖励接触行为，群体成员就会

---

① Omar Shahabudin McDoom, "The Psychology of Threat in Intergroup Conflict: Emotion, Rationality, and Opportunity in Rwandan Genocide", p. 122.

② Muzafer Sherif et al., *Intergroup Conflict and Cooperation: The Robbers Cave Experiment*, pp. 208–212.

③ A. W. Kruglanski et al., "Says Who: Epistemic Authority Effects in Social Judgment", in Mark P. Zanna eds., *Advances in Experimental Social Psychology*, New York: Academic Press, 2005, p. 387.

④ A. W. Kruglanski et al., "Says Who: Epistemic Authority Effects in Social Judgment", pp. 353–356.

⑤ Angel Gomez and Carmen Huici, "Vicarious Intergroup Contact and the Role of Authorities in Prejudice Reduction", *The Spanish Journal of Psychology* 1, 2008, p. 111.

更愿意主动同外群体交往；如果权威反对接触，并且权威被认为是公正客观的，那么不仅群际交往会减少，对外群体的偏见和敌意也会增加。[1]

五是过往接触的良好经历及群体间的深度持续接触。已有的态度和经历会影响人们对群际接触的态度以及接触的效果。[2] 以往同外群体不愉快的接触体验会削弱人们再次接触的意愿，假如新的接触不能够改变其对外群体的负面印象，那么这样的接触反而会恶化二者间的关系。高质量的接触，尤其是群际友谊的建立，能够克服群体间的认知障碍，产生跨群的同理心并通过泛化效应将对外群体的好感扩散至其社交网络。而要取得良好的接触经历和效果，熟练掌握外群体的语言至为重要。熟练掌握外群体的语言可以减少对外群体认知上的障碍，避免由表达和理解偏差造成的偏见；了解对方的语言还可以增加对对方的理解和相互的信任感，缩短双方的文化心理距离。[3] 接触的时间与接触的深度同样也影响到接触质量的高低。研究表明，消除误解、产生信任是一个长期的、渐进的过程，群际友谊的产生需要长期的、充分的接触，而非短暂的、单次的接触。[4] 此外，涉及冲突与争议的交流接触，能够增强群体间的相互理解和包容。相反，表面的交流对于改善群际关系并不具有实质性的作用。[5]

总之，从社会心理学视角来看，简单接触不一定能够改善群际关系以及实现互信共情目标。只有在上述最优接触条件下，接触交流才能达到预期效果。如果严重违背以上最优接触条件，则群际接触极有可能强化群体偏见并引发群际关系紧张。这一假说受到了实证研究的支持。佩蒂格鲁和特罗普通

① J. Allen Willians, Jr., "Reduction of Tension through Intergroup Contact: A social Psychology Interpretation", *The Pacific Sociological Review* 2, 1964, pp. 83-84.

② Thomas F. Pettigrew, "Intergroup Contact Theory", pp. 77-78.

③ Bram Lancee and Jaap Dronkers, "Ethnic, Religious and Economic Diversity in Dutch Neighborhoods: Explaining Quality of Contact with Neighbours, Trust in the Neighbourhood and Inter-ethnic", *Journal of Ethnic & Migration Studies* 4, 2011, p. 602.

④ Thomas F. Pettigrew, "Genaeralization Intergroup Contact Effects on Prejudice", *Personality and Social Psychology Bulletin* 2, 1997, pp. 173-174.

⑤ Ulrike Niens and Ed Carins, "Conflict, Contact and Education in Northern Ireland", *Theory into Practice* 4, 2005, pp. 341-342.

过回归分析，验证了奥尔波特最优条件与减少偏见、增强接触效果之间的高相关性；[1] 斯科菲尔德（Schofeild）比较了同一批学生在不同接触环境中种族接触表现的差异，发现在奥尔波特最优接触情境中学生会更主动地进行跨种族交往，当最优条件被取消后，学生间的种族关系又退回到原有的隔离状态。此外，研究还表明，在缺乏最优条件的情况下进行接触可能会造成负面影响，例如黑人工人进入伦敦公共交通的安排不当导致了白人工人的敌意。[2] 因此，要想从接触交流走向互信共情，必须要创造最优接触条件，化不利因素为有利因素，这样才能达到理想的预期效果。

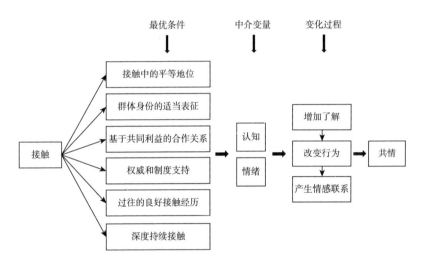

图 1　接触理论的群际接触模型

三　中国与印度尼西亚人文交流与印度尼西亚对中国的认知

2013 年，习近平主席在印尼首次向世界发出共建 "21 世纪海上丝绸之

---

① Thomas F. Pettigrew and Linda R. Tropp, "A Meta-Analytic Test of Intergroup Contact Theory", *Journal of Personality and Social Psychology* 5, 2006, p. 761.

② Thomas F. Pettigrew, "Intergroup Contact Theory", p. 68.

路"的倡议，提出中国与印尼关系应坚持心心相印，促进青年、智库、议会、非政府组织、社会团体的友好交流，夯实双方关系的社会土壤。① 此后，两国人文交流蓬勃开展。在制度建设领域，两国建立起副总理级人文交流机制；在人文交流领域，双方签署了覆盖教育、科技、卫生、文化、旅游、体育、青年、媒体八个领域的系列合作协议。两国在旅游、教育、文化领域的交流合作尤为突出。中国赴印尼旅游人数大幅增加，2018 年共有1994159 人次中国游客到印尼旅游，超过新加坡、澳大利亚这两大印尼传统客源国，成为印尼第二大客源国。② 在教育领域，在中国留学的印尼学生数量不断增加，2018 年约有 15000 名印尼学生在华学习，成为中国第七大留学生来源地，此外中国还有 11 所大学开设印尼语专业，每年招收 20 名新生，这些学生也普遍愿意前往印尼继续学习深造。③ 在文化领域，两国开展了丰富的文化交流活动，比如中国民族歌舞表演、少林武术、中国电影周、主题论坛、媒体互访等。④ 另外，在科技领域，自 2015 年中印尼副总理级人文交流机制建立以来，双方已签署了 7 项科技合作协议，共建了 2 家国家级联合实验室和 1 家技术转移中心，上百名印尼科研人员赴中国参加教育培训和短期科研。2017 年，两国签署了《中印尼科技创新合作三年行动计划（2018~2020）》(草案)，双方实施了覆盖农业、生物、信息、电子、环境、能源、中医药、疾病防治等领域的一系列科技创新合作项目。青年领域的交流也十分频繁。从2012 年开始，中印尼定期开展青年"百人团"互访活动。两国各界优秀青年和大学生代表互相访问对方国家的高校、政府机构、企业、社区等，以加深对对方的了解。

---

① 《习近平在印尼国会发表演讲：携手建设中国—东盟命运共同体》，新华网，2019 年 11 月 1日，http://www.xinhuanet.com//world/2013-10/03/c_117591652_3.htm。

② Indonesia Statistical Bureau, "Number of Visits Wisman By Nationality and Month Arrival Year 2017-2019", 28 November 2019, https://www.bps.go.id/dynamictable/2018/07/30/1548/jumlah-kunjungan-wisman-menurut-kebangsaan-dan-bulan-kedatangan-tahun-2017-2019.html.

③ Meidi Kosandi, "China-Indonesia People-to-People Exchange：Problems and Prospect", "中印尼人文交流发展论坛"论文，华中师范大学，2019 年 11 月 21~23 日，第 4 页。

④ 《感知中国印尼行》，光明网，2019 年 12 月 1 日，http://topics.gmw.cn/node_12614.htm。

　　人文交流的目的在于通过人民间的广泛接触交流，促进民心相通，而民心相通则以双方人民的相互理解、互信共情为衡量标准。尽管中印尼间的人文交流在一定程度上促进了两国人民间的相互理解，但是与互信共情的标准相差甚远。在印尼，人们对中国的偏见和误解仍大量存在，"中国威胁论"仍大有市场。如印尼人对中国的经济发展怀有担忧、反感的情绪，认为中国与印尼的经济交往可能会侵害印尼的经济利益甚至主权，要求政府对来自中国的投资保持警惕。[1] 有印尼学者对两国的战略伙伴关系表示质疑，认为双边关系虽"富有成效和务实，但并不是战略伙伴关系"。[2] 印尼媒体也充满对中国的误解和负面印象。如认为中国企业通过海外投资向外"输出腐败"；[3] 中国"武器化"旅游业，利用本国游客的消费来"惩罚"不认同其政策的政府；[4] 外国记者在华遭受签证延期、拘留、电话窃听，并且新闻自由受到限制；[5] 中国进行反对阿拉伯文和伊斯兰图像的运动，以抹杀伊斯兰文化等。[6] 这几年印尼民众对中国的好感度非但没有提升，反而如本报告开头所示还呈下降趋势。虽然这些对中国的负面认知是由多种原因造成的，但是有一点可以证明，即人文交流在改变偏见和误解方面未能发挥应有的作用，与建立互信共情更是有着较大的距离。

---

[1]　Christine Susanna Tjhin，"（Anti）Corruption in China's Belt and Road Initiative"，1 December 2019，https://www.thejakartapost.com/academia/2019/10/11/anti-corruption-in-chinas-belt-and-road-initiative.html.

[2]　Christine Susanna Tjhin，"Indonesia's Relationship with China：Productive and Pragmatic，but not yet a Strategic Partnership"，p.303.

[3]　Leo Suryadinata，"Anti-China campaign in Jokowi's Indonesia"，1 December 2019，https://www.straitstimes.com/opinion/anti-china-campaign-in-jokowis-indonesia.

[4]　Curtis S. Chin and Jose B. Collazo，"A China Lesson for Jokowi and all ASEAN Summiteers：Welcom but Diversify"，20 November 2019，https://www.thejakartapost.com/academia/2019/10/31/a-china-lesson-for-jokowi-and-all-asean-summiteers-welcome-but-diversify.html.

[5]　Agence France-Presse，"China Expels Wall Street Journal Reporter who Wrote about Xi'cousin"18 November 2019，https://www.thejakartapost.com/news/2019/08/30/china-expels-wall-street-journal-reporter-who-wrote-about-xis-cousin.html.

[6]　Huizhong Wu，"Sign of the times：China's Capital Orders Arabic，Muslim Symbols Taken Down"，28 November 2019，https://www.thejakartapost.com/news/2019/07/31/sign-of-the-times-chinas-capital-orders-arabic-muslim-symbols-taken-down.html.

四　中国与印度尼西亚人文交流中最优接触条件的不足

现有的人文交流何以未能取得预期效果，印尼民众对中国的误解和偏见为何难以消除，不同的学科有不同的解释，其中社会心理学科的相关理论为本报告提供了独特的分析路径。根据上文中的接触理论分析框架，笔者认为两国人文交流之所未能取得预期效果，关键在于接触最优条件的不足。

1. 人文交流的不平衡导致接触过程中的平等性难以体现

作为世界上第二大经济体及正在走进世界舞台中央的政治大国，中国在与印尼的人文交流中不自觉地处于优势地位，甚至是一种强势地位。具体表现在人文交流的不平衡上：一是教育交流的不平衡，即来中国学习的印尼学生多，去印尼学习的中国学生少。印尼约有15000名学生在中国留学，中国是印尼第二大留学目的地，但中国只有不到500名学生在印尼留学。[①] 其背后原因是印尼教育质量较低，尤其是高等教育水平不足，而中国教育质量高且教育成本低，因此受到印尼学生的青睐；中国学生在选择留学国家时更多考虑学校的声望，较少考虑留学的成本，因此更倾向于选择教育水平更高的英美国家留学。[②] 二是文化交流的不平衡，即展示中国文化的交流活动多，展示印尼文化的交流活动少。据统计，两国在2015年5月至2019年4月共开展了88项文化交流活动，其中对两国的文化都进行展示或是两国民众进行了双向交流的活动只有13项；向我国民众展示印尼文化的活动只有16项，其中还包括10项印尼旅游资源推介活动；向印尼民众展示中国语言、文化的活动共有51项；此外还有8项针对印尼华

[①] 《印尼赴华留学学生稳步增长，中印尼人文交流活跃》，中国新闻网，2016年11月17日，http://finance.chinanews.com/gj/2016/11-17/8066811.shtml。

[②] 《报告精读：中国留学发展报告（2016）》，中国社会科学网，2017年1月22日，http://tt.cssn.cn/zk/zk_zkbg/201701/t20170122_3394253_3.shtml。

侨的来华寻根活动。① 中国在这种文化教育交流中的优势地位稍加不慎便有可能导致印尼民众对中国文化输出的担忧。如中国积极向印尼展示我国的书画艺术、中医中药、传统节日等，原本是为了增进印尼民众对中国的了解，培养其对中国的兴趣和喜爱，但正如印尼大学达哈纳（Dahana）教授所说的那样，对中国文化认同感的过度宣传可能会遭到印尼民众的抱怨和抵制。②

2. 两国身份差异导致人文交流产生认同困境

中国在国际社会中有着多重身份。在政治上，中国是一个社会主义国家；在经济上，中国是世界上第二大经济体；在军事上，中国被周边小国视为军事强国。这些身份对于政治上奉行反共产主义意识形态、经济军事上较为落后的印尼来说，并非令其舒适的身份，也客观地妨碍了两国的相互理解和认同。

具体而言，印尼是一个十分重视宗教的国家，印尼宪法规定每个人都必须属于某个宗教，无神论在印尼是不被允许和接受的，因此印尼至今仍有87%的伊斯兰教和其他宗教信众表示绝不可能接受无神论。③ 中国的经济军事"强国"身份无形之中也造成了印尼对自身安全的担忧，调查显示印尼有43%的民众将"崛起"的中国看作国家的主要威胁，48%的民众认为中国增强的军事力量对印尼是一件坏事。④ 两国在一强一弱身份下进行经济合作，容易使经济实力较弱的印尼产生对中国动机的怀疑。

这些客观差异致使印尼将中国作为"他者"进行审视，更倾向于对中国进行负面评价。

---

① 韦红、宋秀琚主编《中国与印度尼西亚人文交流发展报告（2019）》，社会科学文献出版社，2019，第286~316页。
② Johanes Herlijanto, "How Indonesia's Pribumi Elite View the Ehnic Chinese Today", 18 December 2019, https://www.todayonline.com/world/asia/how-indonesias-pribumi-elite-view-ethnic-chinese-today.
③ 陈友明：《"一带一路"框架下印中合作的困难与影响因素》，"当代印尼研究国际学术研讨会"论文，暨南大学，2018年7月20~22日，第15页。
④ Pew Research Center, "How People in Asia-Pacific View China", 17 December 2019, https://www.pewresearch.org/fact-tank/2017/10/16/how-people-in-asia-pacific-view-china.

3.印尼内部集团的不同利益取向导致两国难以形成合作性关系

印尼国内存在中央政府、地方政府、军方、商界、穆斯林集团、激进民族主义团体等不同的利益集团，其利益取向各不相同，导致两国合作性关系难以达成。这一问题突出表现在我国在印尼投建的工程方面，推进很困难，各方利益纷争不仅影响项目的达成，而且在各利益集团的煽动下还容易引发普通民众的不满。

早在1960年代苏加诺时期，印尼就提出要修建泗水—马杜拉大桥，以解决马杜拉岛的贫困问题。由于岛上的神职人员和宗教人士担心与外界的联通会影响当地的宗教和文化价值观，激烈抗议这一项目的实施，该项目便一直被搁置。① 苏西洛执政后，中国提供贷款重新启动了该项目，但在工程建造过程中，印尼政府和地方政府之间的意见不一致以及责任相互推诿导致资金问题难以解决，引发了印尼工人的抵制和罢工，更造成了当地民众的不满。② 在大桥的运营问题上利益各方也产生争议，当地企业、地方政府、国有企业部都想拥有大桥的运营权，国家经济协调部则向外国公司开放招标，欢迎外国企业参与大桥运营。③

在雅万高铁的建造过程中也出现了类似的问题。首先在项目达成协议前，各方基于自身的利益考量纷纷反对该项目。印尼各地方政府认为印尼许多资源丰富的边远省份尽管为中央政府提供了资金，但在基础设施建设方面却落后于发达省份；印尼民族觉醒党等反对派和学者认为修建昂贵的短途高铁在经济上没有意义，且高铁票价高，对穷人没有实际的帮助；印尼公共政策利益集团认为高铁可能对环境产生影响，容易造

---

① "Special Report：Saramadu：Advantages and Disadvantages"，*The Jakarta Post*，18 December 2019，https：//www.thejakartapost.com/news/2009/06/10/special-report-suramadu-advantages-and-disadvantages.html.

② Evan A. Laksmana，"Variations on a Theme：Dimensions of Ambivalence in Indonesia-China Relations"，*Harvard Aisa Quarterly* 1，2011，pp.24-31.

③ Rendi A.Witular，"Special Report：'Made in China' Poses as RI's Pride"，18 December 2019，https：//www.thejakartapost.com/news/2009/06/10/special-report-made-china039-poses-ri039s-pride.html.

成地震滑坡等危害，敦促政府重新审查项目；印尼本地商人也抨击政府投资不公平。①

随后在高铁的修建过程中，印尼国内利益矛盾多次造成了征地、拆迁困难。中印尼联合承包商通过企业间协定完成土地征收后，印尼国家土地管理局、印尼交通部、经济协调部、环境和林业部表明地方政府均有权力决定是否为项目提供许可证，并借此向承包方提出各自的要求。②

由于印尼各方利益分化，两国经济合作中的民众易受各利益集团和舆论影响，从而对两国的经济合作难有理性、客观的认知，真正的合作性关系形成困难。

4. 印尼权威和制度特点导致民众认知极易受到误导

自1998年国内政治改革以来，民主成为印尼政治的核心要素，并深刻影响着外交政策的形成，"政策制定的环境更加多元也更具竞争力，外交政策不再是少数精英的专属领域，而需要在复杂的权力结构内拟订，在这种结构中，公众舆论和非政府行为者的作用日益重要"。③ 然而，公众虽然拥有了更大的影响国家对外关系的权力，但他们的认知往往是被建构的，正如古德曼指出的那样，"中国威胁论是一种公共话语，它通常受到国内政治的操纵而改变"。④

---

① Amy Chew, "Discontent in Indonesia over High-Speed Rail Project Jointly Developed with China may Turn the Current Impasse into a More Protracted One", 18 December 2019, https://www.scmp.com/news/asia/southeast-asia/article/1913995/discontent-indonesia-over-high-speed-rail-project-jointly.

② "Jakarta-Bandung Railway Project won't Meet Target：Minister", *The Jakarta Post*, 18 December 2019, https://www.thejakartapost.com/news/2018/02/19/jakarta-bandung-railway-project-wont-meet-target-minister.html；"Jakarta-Bandung Railway Project Stuck in Land Acquisition Stage", *The Jakarta Post*, 18 December 2019, https://www.thejakartapost.com/news/2018/03/16/jakarta-bandung-railway-project-stuck-in-land-acquisition-stage.html；Farida Susanty and Arya Dipa, "KCIC Remains Upbeat on Land Procurement Aimd Rebision", 18 December 2019, https://www.thejakartapost.com/news/2018/07/23/kcic-remains-upbeat-land-procurement-amid-revision.html.

③ Rizal Sukma, "Domestic Politics and Indonesia's International Posture", 15 December 2019, https://www.eastasiaforum.org/2011/10/18/domestic-politics-and-indonesia-s-international-posture.

④ Evi Fitriani, "Indonesia Perceptions of the Rise of China：Dare u, Dare u not", *The Pacific Review*, 2018, p. 10, https://doi.org/10.1080/09512748.2018.1428677.

基于此，印尼地方精英通常为了实现自身利益而有意地煽动民族情绪，尤其在佐科政府将外交重点放在加强同中国合作时，利用身份政治制造关于中国的负面信息的现象屡见不鲜。佐科的竞选对手普拉博沃指责印尼与中国的贸易协定并不公平，呼吁要对雅万高铁项目进行重新审查，以达成更公平的协定；与普拉博沃合作的商界大亨桑迪亚亚·乌诺（Sandiaga Uno）暗示中国目前的投资影响到了国内就业，试图引起选民对于中国日益增长的经济影响的恐惧；[1] 印尼国家武装部队前指挥官加托·努尔曼迪奥（Gatot Nurmantyo）、国家授权党的资深政治家阿米恩·赖斯（Amien Rais）等政界精英也在媒体公开指责政府支持印尼共产党的复兴；[2] 加托·努尔曼迪奥更是命令军方在全国范围内放映反华宣传片《9月30日运动：印度尼西亚共产党在法塔赫的背叛》借以激化反华情绪。[3] 印尼精英往往拥有雄厚的财力、影响力或是深厚的地方背景，他们的言论通过媒体广泛地传播给民众，民众只能够接收到大量关于中国的负面信息，却无法得知其背后是复杂的利益竞夺。

这样的民主制度还使总统的权威变得有限，地方精英对民众的影响力往往高于总统。在上一届印尼大选中，一场由精英发动的"抹黑运动"将当时的候选人佐科·维多多诬蔑为共产党人和华裔，差点使他输掉2014年的总统大选；[4] 受地方言论环境的影响，万丹岛和南苏拉威西岛充斥着大量关于中国劳工的错误信息，即使2018年8月在印尼乌理玛委员会（Ulema Council）的一次演讲中，佐科澄清了在印尼的中国外籍工人的实际人数，

① Karlis Salna and Arys Aditya, "Indonesia may be Next Asian Country to Spurn China in Election", 25 December 2019, https：//www. bloomberg. com/news/articles/2019 - 03 - 31/indonesia-may-be-next-asian-country-to-spurn-china-in-election.

② Ibnu Nadzir et al., "The Chinese are Coming：In Indonesia, Education doesn't Stop People Believing Falesholds", 25 December 2019, https：//www. scmp. com/week-asia/politics/article/3036726/chinese-are-coming-indonesia-education-doesnt-stop-people.

③ Krithika Varagur, "New Indonesian Anti-communista Seek Elusive Enemies", 26 December 2019, https：//www. voanews. com/east-asia/new-indonesian-anti-communists-seek-elusive-enemies.

④ "Beware the Red Peril：Indonesia Still Fighting Ghosts of Communism", *The Guardian*, 25 December 2019, https：//www. theguardian. com/world/2017/oct/01/beware-the-red-peril-indonesia-still-fighting-ghosts-of-communism.

但调查显示仍有超过60%的人相信这种关于中国劳工的谣言真的，在亚齐、北苏门答腊和南苏拉威西，这一数字则超过了80%。①

除此之外，1990年代末印尼实施了地方自治制度，地方拥有更多的权力意味着上级的意愿不一定能够被下级贯彻和执行，相反下级的反对意见不仅能够妨碍政策的推行，还可形成一定范围内的意见气候，影响地区民众的认知。比如，对于中国和"一带一路"倡议，省级和地方的看法不一致：北苏拉威西立法机构和发展规划委员会认为中国对该地的投资是安全的，与当地的发展规划相一致，但来自比东（北苏拉威西的一个港口）的官员却提出反对意见，认为允许大量外国工人容易造成恐怖分子借机向国内渗透，② 但由于地方更贴近民众，这样的声音容易引发对"一带一路"建设意图的误解和不信任。

5. 负面的接触经历及人文交流深度的不足

近几年随着中国企业和游客大量进入印尼，双方民众的接触机会越来越多。然而交往中的一些负面行为使得增加信任的机会变成了"验证"刻板印象的平台。中国企业大量进入印尼市场，但不注重品牌建设，提供的商品和服务质量低，造成了印尼民众对中国的不信任；③ 部分中国旅游公司出售低价旅行套餐，游客被带到由中国人而非本地人经营的商店购物，使印尼旅游业对中国游客的印象变差；④ 我国的一些企业、机构和单位在印尼工作时不注重遵守印尼法规，比如我国大型互联网视频平台芒果TV在印尼拍摄时有工作人员未获得合法的入境许可证，并违规使用航拍机拍摄。

---

① Ibnu Nadzir et al., "The Chinese are Coming: In Indonesia, Education doesn't Stop People Believing Falesholds", 25 December 2019, https://www.scmp.com/week-asia/politics/article/3036726/chinese-are-coming-indonesia-education-doesnt-stop-people.

② Yose Rizal Damruri et al., "Perceptions and Readiness of Indonesia towards the Belt and Road Initiative", 23 May 2019, pp. 25 - 26, https://www.csis.or.id/publications/perceptions-and-readiness-of-indonesia-towards-the-belt-and-road-initiative.

③ Meidi Kosandi, "China-Indonesia People-to-People Exchange: Problems and Prospect", "中印尼人文交流发展论坛"论文，华中师范大学，2019年11月21~23日，第6页。

④ James Massola and Amilia Rosa, "China's Tourism Boom Prompts Fears that Bali is being 'sold cheap'", 18 November 2019, https://www.smh.com.au/world/asia/china-s-tourism-boom-prompts-fears-that-bali-is-being-sold-cheap-20180813-p4zx5m.html.

　　另外，人文交流的深度也不够。一些交流活动注重形式热闹，数据可观，却缺乏同印尼民众的实际且积极的接触，没有起到增加了解、增进信任的目的。比如两国联合举办的晚会，双方演员各自排练，互不来往，浪费了培养两国民众情谊的机会。[1] 两国的交流活动大多是短期项目或是单次的活动，双方有效接触时间短，不足以培养两国民众的友谊。[2] 如我国举办的外国中文教师来华研修项目，时间不超过一个月；国内相关高校也多次组织华裔教师进修班，但培训时间只有四周，对参训者的提升作用并不显著，而往来费用又颇高，使许多外籍教师失去了来华学习的兴趣。[3]

　　语言不通也是影响双方深入交流的一个重要因素。语言不通削弱了双方直接对话的能力，大部分印尼精英和学者精通英语，但不懂中文，中国也缺乏掌握印尼语的人才，这使双方在理解对方的文化和规则时遇到障碍，在交往中容易产生误解。

五　促进积极接触、实现互信共情的对策建议

1.塑造平等地位，实现双方对等交流

　　首先，人文交流"走出去"时，要注意活动内容符合印尼民众的兴趣和需要，不能想当然地推广我国认为精彩优秀的文化，也不可抱着教化的态度对活动进行宣传。比如，印尼人学习汉语的主要动机是有助于找工作，那么在推广汉语时就可以以商务汉语为主；印尼民众对华侨问题比较敏感，就应尽量减少侨胞寻根类活动，鼓励华裔融入印尼当地社会；像"中华文化大乐园"及"新时代中国图片展"这样的活动，印尼民众只能单方面接受却不能融入参与、产生共鸣，要尽量减少。

---

① 张斌、张莉、胡云莉：《进一步促进中国—东盟人文交流路径研究》，《东南亚纵横》2018年第6期，第84页。
② 刘宝存、傅淳华：《"一带一路"倡议下的中外人文交流机制——现状、问题与出路》，《大学教育科学》2018年第5期，第64页。
③ 李启辉、姜兴山：《印尼孔子学院工作刍议》，《东南亚研究》2013年第3期，第88页。

其次，在展示我国优秀文化的同时，要更多地引进印尼文化，学习印尼文化中的有益因素，使两国文化真正做到互鉴互赏。为此，我国可以引进印尼的影视作品、音乐作品、艺术作品，增加对印尼优秀文学作品的翻译和出版；印尼擅长民族歌舞，尤其"厘舞"独具特色，我国的歌舞团可以向印尼歌舞团学习其独具特色的民族歌舞，并将其优美的舞姿和音乐添入我们的歌舞表演中；印尼的木雕和纺织品既具有审美价值，又具有历史研究的意义，我国的博物馆、艺术馆可以同印尼合作，欢迎印尼文物珍品、艺术作品来华展出。中国高校可以派遣更多的学生和教师前往印尼学习印尼语，加强对印尼及东南亚的社会、历史、文化等领域的研究，增加我国对印尼的了解。

此外，经济是两国交往最为密切的领域，我国有许多公司和工人在印尼工作，并与印尼当地人产生大量的直接接触，成为印尼民众感知中国的最直观的来源。因此在经济活动中，我国企业要在实际接触过程中真正做到平等尊重、互鉴互赏，要放下中国企业和员工的优越感，遵守当地的法律法规和社会文化，做到"入乡随俗"按当地的"规矩"办事；尊重印尼的宗教信仰；鼓励中国员工学习印尼语，文件资料以及社会公告要用双语表达以示对等地位。

2. 弱化差异身份，发掘两国人类身份下的共同点

如前所述，在客观条件下，两国形成了一些相互区别的身份，这些身份强调着差异，产生了距离。为了弱化由身份差异带来的交往中的焦虑，我国应更多地发掘两国的共同点，在内涵更广的共同身份下进行人文交流。

首先，人文交流可以针对某一特定的社会群体，以双方共通的社会身份进行交流与合作，展现以人为本的价值理念。如针对青年群体，可以挖掘两国青年共同的兴趣爱好，利用其普遍热衷于流行文化、擅长使用新兴媒介的特点，推动两国青年借助视频网站、娱乐 App 等新媒体平台进行交流，相互展示本国流行的大众文化，如手机游戏、偶像明星、流行音乐、时装饰品，相互探索对方真实的一面；针对妇女群体，两国女性都面临着教育和就业歧视、暴力与骚扰等问题，因此两国的民间组织可以在保护妇女权益问题

上进行合作，为女性提供法律救援、教育补贴，共同为女性发声；针对弱势群体，两国公益组织和志愿者可以围绕贫困、教育、卫生等社会议题开展交流与联合行动，为推动两国的社会进步而携手合作。

其次，文化与艺术往往是跨越国界的，因此我们需要尽可能地去除附加在文化符号上的政治隐喻，向双方民众展示文艺作品中能够体现人们共同追求的、引起人们广泛共鸣的文化内核，以此引导两国人民发现两国文化间的相似之处。比如印尼人民原本并不认同中国的集体主义和勤勉的生活态度，但中国博主"李子柒"展示农村生活的短视频却受到许多印尼人的喜爱。因为她的视频中展示的诗意自足的生活以及对食物和自然的理解，超越了国家、文化的界限，满足的是人们对自然纯粹、自给自足生活的想象与向往。再如，两国古代的艺术作品形态风格并不相似，中国工艺品通常被看成高级文明的代表，而印尼的木雕和纺织品在外形上则比较粗犷，但从美学的角度看，两国的古代工艺品都体现着对自然的敬畏、对神明的尊重以及对美的追求。引起人们广泛共鸣的文化活动更易拉近两国人民的距离。

3. 深化民间合作，构建广泛的利益共同体

当前我国同印尼的合作项目大多是政府间达成的大型基建项目，受印尼各利益集团的"杂音"干扰，印尼基层民众难以从两国的合作中感知到合作的收益。因此，两国的合作项目需要从国家层面深入民间，在省级、市级、区级、社区级分别开展不同内容、满足不同需求的合作，构建更为广泛的利益共同体，特别是要让普通民众实实在在地感受到两国合作的利好，对两国合作的本质产生正确的认知。具体而言，两国城市可以结成合作伙伴，资源条件相似的城市可以相互借鉴发展经验，将优势产业相互转移，促进两地共同发展；资源条件互补的城市可以共同规划，将两地资源结合起来，形成新型联动的经济增长点。在区县一级，可以更多发挥民间力量，我国企业、民间组织或基金会可以投资援助印尼的偏远地区，帮助当地建立具有地区特色的发展模式，比如依托当地丰富的旅游资源和特殊的文化风俗，建立有特色的旅游基地，既能保护当地文化的特殊性，又能创造就业，改善人民生活。

各类社会主体也可以广泛参与到民间的合作中，以实现更广泛的共赢与共情。两国的旅游城市民宿行业都相对成熟和饱和，因此两国的民宿从业者可以合作在印尼的冷门旅游景点建立特色民宿，并借助自身品牌优势为当地进行宣传；我国一些受到海外年轻人喜爱的影视明星可以轮流为该地区代言，在吸引更多游客前往该地旅游的同时，也为当地带来发展的新思路、新资源；我国的志愿者可以前往该地帮助当地的鳏寡孤独、伤病或贫困人员，并与当地人一同工作、生活；我国的职业院校可以在印尼基层地区设立分校，专业设置满足当地需要或中国投资企业的需要，帮助当地培养一批高水平的教师、医生和专业工作者，鼓励本地人积极在中资企业工作。

4.加强与地方权威的接触交流，争取地方权威的支持

如前所述，地方权威既影响着地区民众的认知，又影响着两国合作的进程。我国以往的交流合作往往过于看重高层政府的作用，合作项目反而容易在地方一级受到阻碍。因此我国需转变思路，做好对地方权威的人文交流活动，争取地方权威的支持。

首先，要能够准确识别地方的各级权威。1990年代末，印尼施行地方自治制度，地方政府拥有对该地区除国际政策、国防和安全、司法、货币和财政政策以及宗教外一切事项的管辖权；① 在印尼民主选举制度下，市、县一级对地方决策拥有很大的发言权；在土地私有制下，村级实际把握着土地管理的大权。而地方上的大家族、商业大亨、伊斯兰组织领导人凭借其社会影响力和雄厚的财力，能够在选举中提供资源支持，因此也拥有很大的权力和影响力。因此，我国在进行与印尼的人文交流活动时，要准确识别各地能够对民众产生影响的地方权威，加强与他们的接触交流。鉴于印尼华人问题的敏感性，在选择合作交流对象时，避免"亲华人太多，亲原住民不够"，② 尽可能多地与印尼原住民，特别是那些有较大影响力的宗教界领袖进行

---

① Down to Earth, "What is Regional Autonomy", August 2000, https://www.downtoearth-indonesia.org/story/what-regional-autonomy.

② 许利平、韦民：《中国与邻国人文交流的现状、问题及对策》，《国际战略研究简报》2013年第2期，第3页。

合作。

其次，应塑造地方各级权威对中国的积极认知，争取其对各项合作交流活动的支持，通过这些地方权威人物来影响印尼民众对中国的看法。中国在与印尼进行合作规划时，要考虑到地方各集团的利益，将各利益攸关方纳入合作谈判，争取达成多方共识；在合作项目进行过程中，如遇到困难，要与有决策权力的主体进行谈判协商，解决问题"节点"；尽可能采取本土化战略，雇佣本地的专业人员、管理人员和普通工人，减少与地方权威的利益冲突和沟通障碍；采用本土化的经营理念，在员工培训、产品设计、生产经营过程中尊重地方的价值观念、文化风俗和宗教信仰，避免冒犯到对方。通过这些做法争取地方各级权威的支持，使其对中国人产生良好印象，进而通过这些有影响力的地方权威将中国的良好印象传递给普通的印尼民众。

5. 加强长期、深入且多元的接触，培育群际友谊

根据接触理论，群际友谊的产生意味着群体间积极情感的产生和负面认知的淡化，是群体间互信共情的重要预测因素。但培育群际友谊需要长期深入的接触，这是短暂的、单次的接触难以实现的。[①] 因此，人文交流的开展要以培育群际友谊为方向，促使两国民间接触走向深化。

首先，要增强人文交流活动的可持续性，建立长期的双向往来机制。在教育合作中，两国可互设语言学校，留学生先学习一年语言后再进入当地学校就读，既解决语言障碍，又延长了交流的时间；我国高校可以与印尼高校合作，在印尼本土建立职业学校，依托我国较高水平的教育资源，鼓励我国高校毕业生、行业专家前往印尼培养当地的教师、医生、律师等职业人才，使交流项目得以延续并扎根印尼社会内部；民间组织可以建立长期的志愿服务机制，培育一批熟悉印尼基层情况、懂得印尼民众所想所需的资深志愿者，鼓励他们与当地人打成一片，建立友谊。

其次，人文交流要更加深入，两国举办的交流活动不能停留于"展

---

① T. F. Pettigrew, "Generalized Intergroup Contact Effects on Prejudice", *Personality and Social Psychology Bulletin* 2, 1997, pp. 173–185.

示"，而要尽可能地促进双方民众的深度接触交流，不能回避两国存在的问题。精英，尤其是学者是对两国关系比较敏感、对两国历史了解比较全面的群体，因此要鼓励学者智库在交流中直面问题，解决问题，使两国交流深入思想文化和价值理念层面，实现更深层次的理解。

最后，人文交流的形式要更加丰富多元，在不同条件下进行不同形式的接触交流。比如，受新冠肺炎疫情的影响，两国难以开展大范围的直接交流活动，但我国前往印尼进行志愿的医务工作人员和志愿者可以作为积极的"外群体模范"和"外群体朋友"，通过他们积极友善的行为，培育同印尼普通民众的友谊，引导印尼民众减少对我国的负面认知、减轻同我国交往的焦虑情绪；大众传播也是一条重要的接触媒介，在直接交流受阻、接触的扩散效应难以发挥的情况下，我国可以通过电视、广播、新媒体等媒介充分展示在抗击疫情过程中两国政府的互信互助、两国民众的守望相助，为两国民众传递跨群体互动的积极信息，从而改善两国民众的态度，促进积极的社会变化。

六　结语

随着我国日益走向世界舞台的中央，人文交流在我国外交布局中的重要性愈发突显，它既向外展示着中国的真实形象，也是促使国家间实现互信共情、民心相通的重要通道。尤其对于印尼这样一个在历史上形成了对中国根深蒂固的偏见和误解，现有的政治体制和宗教文化又妨碍着两国相互认同的国家，两国民众间的接触与交流对于加强相互理解、建立互信有着重要的作用。然而，简单的人文交流并不能带来预期的效果，它需要创造最优接触条件才能实现互信共情这一目标。这些最优接触条件主要包括：接触中的平等地位；群体身份的适当表征；基于共同利益的合作关系；权威和制度的支持；过往深度和良好的接触经历。因此，今后两国的人文交流需注重创造最优接触条件，让简单的接触交流走向互信共情、民心相通，为构建人类命运共同体添砖加瓦，贡献中国智慧。

印度尼西亚的中国新移民：前景与挑战

〔印尼〕Paulus Rudolf Yuniarto　靳思培　译 *

摘　要： 随着中国的基础设施、贸易和投资遍布全球，中国人迁徙至世界各地，同时也传播了思想、文化和资本。在印尼生活的中国新移民大都陷于寻找工作和商机、改善教育以及婚姻和家庭团圆的考虑。迁徙带来了人与人之间的社会文化交流，各类文化得以共处一堂，新的人际关系随之产生。但是，印尼人心中的中国形象和对中国的认知仍与现实有很大差距。意识形态、政治、宗教和种族差异等因素限制了中国新移民在印尼的融入。

关键词： 印尼　移民　族群

引　言

过去十年，恰逢中国作为全球经济强国以惊人的势头快速发展，大量中国公民涌入印尼。据印尼移民局报告，从 2011 年 1 月到 2019 年 5 月，约有 996 万名中国公民来到印尼。其中，超过 70% 的人来自中国大陆，即 690 万人，其余则来自中国的香港、澳门和台湾。时任印尼总统佐科·维多多（Joko Widodo）在政府的独立外交政策中选择了向中国偏移的转变，印尼因而成了中国国民最青睐的目的地之一。政府数据显示，仅在 2019 年，就有 207 万名中国公民来到印尼，这一数据在 2018 年是 213 万人。甚至在新冠肺炎疫情大流行的 2020 年，还有大约 11.72 万名中国公民到访印尼。如果

---

　*　Paulus Rudolf Yuniarto，印度尼西亚科学研究院区域研究中心（Research Center for Area Studies, Indonesian Institute of Sciences）研究员；靳思培，华中师范大学政治与国际关系学院硕士研究生，中印尼人文交流研究中心助理。

这一趋势持续下去，到 2021 年，预计仍会有 10 万名中国人到访印尼。①

1980 年代初，中国经济改革走向对外开放，中国人向世界各地迁徙成为一种新趋势。尽管大多数移民选择去发达国家，但也有相当一部分人来到印度尼西亚这样的发展中国家。2005 年前后，中国新移民来到东南亚，尤其是印度尼西亚。② 2013 年习近平主席发起"一带一路"倡议，大量有国家背景的中国企业和中国私企进入印尼，印尼的中国新移民人数急剧增加。③

在 1978 年改革开放之前，中国移民基本上是由推动性因素驱动的。他们中的许多人被视为社会冲突或贫困的受害者，这促使其中一些人前往其他国家寻求发展。如今，中国移民更加多样化。中国投资、经济援助、贸易和文化交流的活动越来越多，在这些活动的参与者中，许多人选择移民，而中国政府的"走出去"战略对此有推动作用。1970 年代和 1980 年代早期的移民同印尼的华人社区有着血缘关系和其他关系。但新移民与他们不同，新移民中的一些人来自辽宁、山东、江苏，以及除福建和广东以外的其他南部沿海地区，而福建和广东是印尼华人的主要发源地。

近年来，印尼的中国新移民大多在中小企业工作，或受雇于教育行业，或在政府组织和私人公司工作，或在大学学习。作为私人企业家，他们主要从事纺织品、小工具、家具和手工艺品的生产和出口，或经营与旅游有关的场所，如宾馆、酒吧和饭店。在文化领域，中文教学最为突出，其次是英语和日语，而且这些文化机构在当地的分支机构也雇用一些外籍人士。这些移民的主要类型是小商贩和服务业企业家，熟练的服装工人，从事建筑、工程、金融、会计、法律、媒体、新闻和教育工作的白领工人。

但是，移民也引起了一些问题。比如，印尼的中国新移民能否融入当地

---

① No Name, "How Many Expats Live in Indonesia?", 2019, accessed on 17 November 2020, https://www.expat.or.id/info/howmanyexpatsinindonesia.html.

② This article uses terms "newcomers" to designate, respectively, Chinese immigrants who have arrived after 1980's era.

③ Leo Suryadinata, "New Chinese Migrants in Indonesia: An Emerging Community that Faces New Challenges", Perspectives, Issues and Prospects, *Trends in Southeast Asia*, 2020, No. 61, pp. 1-10.

文化和社会生活？尽管在政治和国际关系上印尼人和中国人联系紧密，但双方在社会文化上具有不同的认知、制度和价值观，并且使用不同的语言。本报告会从两个部分探讨新移民的问题。第一部分概述总体情况，并讨论新移民对印尼社会构成的一般问题和挑战。早期中国移民到印尼主要是为了改善贫困的生活，以及投奔亲族，但在中国的发展比印尼好很多的情况下，中国的新移民仍然涌入了印尼。第二部分将探讨这一议题中的民族性因素。这部分将论述中国新移民在印尼等发展中国家所面临的问题和前景。

一 他们是谁？

本报告中的中国"新移民"指的是自 1978 年改革开放以来移居国外的中国大陆居民、岛民。无论是否放弃中华人民共和国国籍，这些人都永久或非永久地居住在目的地国。[1] 廖建裕描述过来自中国大陆（包括台湾、香港和澳门）的新移民，其主要指的是在其他国家居住了一年以上的人。[2] 出于各种原因，新移民会在一个国家内或跨国家边界改变居住地。在下文中，若提及"中国移民"，一般情况下指的就是"新移民"。[3]

---

[1] Kulpat Nukitrangsan, "The New Chinese Migrants in Thailand. Mobilities, Roles, and Influence of Sino-Thai Relations", accessed on 5 September 2020, http：//www. vijaichina. com/sites/default/files/6. 2%20Kulnaree%20Nukitrangsan. pdf.

[2] Ibid.

[3] Since 1978, when the People's Republic of China (PRC) re-opened the door to the world from which its people had been hermetically sealed for almost half a century, millions of Chinese have ventured out, in what has been termed the "New Chinese Migration." This contemporary global Chinese migration differs significantly from the "old." Whereas the bulk of the "old" migration headed in the direction of the plantation economies of Southeast Asia, the "new" is directed at the developed regions and nations, such as Europe, the United States, Canada, Australia and Japan. Similarly, whereas the old migration originated from "qiaoxiang" (diaspora villages) in the three southern coastal provinces of Guangdong, Fujian and Zhejiang, the new migration is much more dispersed in origin, especially in the inclusion of urban centers, resulting in talk of new types of "urban qiaoxiang." And whereas the "old" came to be known under the metonym of the "coolie trade," there is the prominence of student and professional migration within the "new" (see Diana Wong, "Introduction：The New Chinese Migration to Southeast Asia", *Asian and Pacific Migration Journal* 1, 2013, pp. 1-6, https：//doi：10. 1177/0117196813022001012013).

　　中国新移民的特征与上一个时代，即 1978 年之前的移民有着显著差异。过去的中国移民通常是为逃避家乡的苦难而迁徙，多数是男性，几乎没有受过教育，能够在文化上与当地居民进行融合，并基于同乡而建立联系。但是，新移民不论男女，通常有良好的教育经历（尽管不是全部），倾向于找更好、更正规的工作机会，尽管他们仍然与其生活的国家有经济和情感的联系，但这些联系是基于工作和地理的要素。① 此外，新移民兼有原籍国和目的地国的文化特征。也就是说，一旦感知到任何一种文化特性的差异，就会存在一种文化融合的过程，这种差异是与原籍国文化不同的地方，甚至是与目的地国原本文化不同的地方，所以有时这些新移民无法确定自身文化底色的色彩。②

　　如上所述，过去二十年和如今的中国新移民的出现在很大程度上是受了中印尼之间投资、经济援助、贸易和社会文化交流增加的推动和刺激。大多数中国大陆对印尼的直接投资在 2000 年前后发展起来，创造了各种商业经济活动。例如，基础设施建设项目活动（如公路、桥梁和铁路），原材料加工活动（如镍、天然气和电力），工厂、房地产开发和各地区（如苏拉威西、雅加达和万丹）的电子商务活动。移民工作的主要工种是服务业的企业家、服装技术工人以及建筑、工程、金融、会计、商法、媒体、新闻等行业的办公人员。新移民不仅作为员工在公司经营的项目中工作，也有人在大学里学习，还有一些中国新移民在印尼从事旅游行业的中小型商业活动，或在教育行业工作，或在政府机构或私人公司工作。作为私营企业家，他们专注于纺织品、小工具、家具和手工艺品，或者经营与旅游相关的场所，如宾馆、酒吧或餐馆。在社会部门，中文教学是最主要的，仅次于英语和日语，当地的孔子学院分院也雇用了一些外国公民。

---

① Aranya Siriphon, "Xinyimin, New Chinese Migrants, and the Influence of the PRC and Taiwan on the Northern Thai Border", in Yos Santasombat eds., *Impact of China's Rise on the Mekong Region*, Palgrave Macmillan, 2015, https://doi.org/10.1057/9781137476227_6.

② Ibid.

根据一位中国新移民观察者的估计，在印度尼西亚有 1000 多家中国公司，其中 260 家是印度尼西亚中国商会（China Chamber of Commerce in Indonesia, CCCI）的成员。2018 年，在印度尼西亚的中国工人占该国外籍工人的 30%，约 32000 人。与前一年相比，增加了大约 8000 名工人，这使中国工人成为印尼最庞大的外劳群体。这些工作有许多的中级或专业职位，印度尼西亚很难以当地同等程度的劳动力来填补，但也有一些工人从事低技术工作。①

在印尼—中国战略伙伴计划的框架下，印尼与中国的关系在教育领域也取得了平稳发展。例如，近几十年来，有大量的中国人到印尼留学。2001 年，印尼华人银行家、泛印尼银行的李莫明在雅加达郊区创办了总统大学（Universitas Presiden）。该校每年为来校的中国大陆学生提供 100 个奖学金名额。此外，自 2010 年起，中港湾基金会中国港湾企业每年向总统大学提供 15~20 个名额的奖学金。一项关于印尼华商的研究显示，总统大学的毕业生中，有 1000 多人现在是印尼的中国企业和公司的中坚力量，这些毕业生精通中文和印尼语。②

"老杜在印尼"微信公众号于 2018 年对雅加达的 50 名华工开展了一项在线调查，调查显示，他们工作的公司大多是新成立的，员工平均年龄在 35 岁以下。大部分中国移民很年轻，在印尼停留的时间比以前的移民要短。这则调查还显示，并不是所有的中国移民都持有居住证或工作证（KITAS）。还有一些入境印尼的人持有的是不可延期的 30 天旅游签证、30 天可延期落地签证或 60 天可延期商务签证。大多数人持各种类型的签证进入印尼，在印尼停留几个月，然后离开印尼几天、几周或几个月，再重新进入印尼。这种"断断续续"的居住方式在中国移民这个群体中非常普遍。这一发现证实了来自中国的移民具有"进入—离开—再进入"印尼的模式。因此，印

---

① "Mempertanyakan Jumlah Perusahaan China di Indonesia. *CNBC Indonesia*", 2018, https://www.cnbcindonesia.com/opini/20181212183937-14-46117/mempertanyakan-jumlah-perusahaan-china-di-indonesia.

② Leo Suryadinata, Op. cit.

尼的中国移民的实际人数可能远远高于登记的数量。①

　　一般来说，中国移民有着高中及以上的教育背景，也有人接受过 3~5 年的高等教育或硕士教育。在"印尼视角"微信公众号群的参与者中，有人在中国学过印尼语专业，还有人则是作为全日制学生在印尼留学后才留在印尼工作。在其他博客或微信群的参与者中，有些人有接触印尼当地大众媒体（印尼语的电视或报纸）的机会，而来自其他国家的移民很少有这样程度的印尼语水平。②

　　这里缺失中国移民在国内的原籍信息。大多数中国公民来自内陆省份（例如河南或湖南）的城市或沿海省份不知名的县城（例如福建省的福清而非福州，或山东省的潍坊而非济南）。很少有来自大城市（如北京、上海、广州）或沿海省会城市的移民。他们用"翻身了"来形容移民印尼的心情。虽然中国在经济上比印尼发展得好，但论起社会生活和自我独立，生活在印尼雅加达的情况还是要好一些。③ 总的来说，中国人移民印尼是为了抓住事业机会、提高生活水平、过上舒适的生活，他们期望在印尼得到这些。因此在印尼的中国移民大多随着工作项目或商业公司迁移，并形成以"工作关系"维系的群体。

　　积极的一面是，中国新移民可为印尼带来技术和高质量的劳动力，有助于缓解技术不足的问题。中国新移民的进入带来了新技术，促进了物质发展，推动了城市化，发挥了促进社区和地方发展的经济作用。一些中国投资给当地居民带来了就业机会并提高了他们的收入水平。因此，中国的投资和工商企业家带动了当地的经济发展。

　　但这也有负面影响。比如，很多中国农民工是无证劳工，有人非法入境、超期居留，或是持有的签证与实际工作不匹配。有的中国新移民

① Ping Lin, "Discovering the Xinyimin in Jakarta: New Chinese Migrants from the PRC," *Translocal Chinese: East Asian Perspectives* 1, 2020, pp.66-94, https://doi.org/10.1163/24522015-01401005.

② Ibid.

③ Ibid.

谋生手段违法，钻法律漏洞以谋取利益，如进行非法经营，或非法占有土地和房地产，或利用印尼国民作为代理人进行经营。新移民由于缺乏环境保护意识，在当地进行开发，造成污染、过度使用化学物质和噪声污染等问题。新移民还会在文化与经济上与当地居民发生冲突，例如：①中国零售商在印尼开展业务，导致当地零售商在与中国零售商的竞争中处于非常不利的地位；②有些人认为，中国新移民的涌入导致原本属于印尼人的工作岗位被取代，特别是与中文有关的工作岗位；③中国新移民的一些行为违背了当地的风俗习惯，造成了行为上的冲突，如大声说话、在公共场所跷二郎腿等。

二 印度尼西亚公众的感性认知

中国在印尼的投资突显了中国企业对了解当地文化很不足。例如，许多在海外投资的中国公司缺乏对印尼工会工作的了解，往往不能充分回应员工的诉求。更糟糕的是，一些中国企业绕开法律法规，不提供合同或保险。这样的中国企业只是习惯了在国内依靠各种关系和资源解决各种问题——在中国，由于就业竞争激烈、法律保护不足，员工通常对雇主的要求持接受态度。这让一些中国投资者误以为海外也是如此，导致印尼等国的工会工人罢工事件越来越多。

在工作上，不同的工作方式和标准有时会让中国人感到挫败。例如，当一个中国采购经理指示他的员工购买一件商品时，他已经有了一个采购计划表，包括要买什么，什么时候买，但有时印尼员工往往不会马上执行指令，印尼员工往往认为采购可以晚点再做，因为所需货物的库存还足够。

从上述情况可以看出，参与企业活动的员工人数众多、层级众多。另外，文化差异也会导致企业结构复杂，进而产生沟通问题。据受访者提到，在企业活动中出现的问题不是语言障碍方面的，而是文化差异。文化差异对企业来说似乎没什么大不了，因为中国和印尼都是亚洲国家。但是，小事情也会造成大问题。据一个受访者说，一个人做一件事的方式对其他人来说可能是个问题。中国文化是一种单向计时制，所以中国人习惯于在紧凑的计划时间内做任何事情，换句话说，他们会按照规定的时间安排一切；而印尼文化是一种多项计时制，这刚好相反，所以时间安排更加灵活。① 从单向和多向的说法可以看出，中国人和印尼人的工作方式十分不同。

另外，印度尼西亚社交媒体上有传言称，印尼有 1000 万~2000 万中国移民工人。这一谣言背后疑似有政治动机，因为其逻辑是人们担心中国人会抢走当地人的工作。后来，印尼人力部部长驳斥了这一数字，并解释说，在印尼的中国工人大多在中国的建筑项目中工作。但此后，中印尼合资企业雇用中国大陆工人的难度加大了。而雇用中国大陆工人的困难可能会影响一些中国项目的实施。对中国缺乏了解是造成这些基本没有根据的担心的原因之一。尽管中国工人可能在印尼生活甚至定居，但中国劳动力对印尼劳动力市场的影响微乎其微。②

在社会和政治背景下，中国在印尼的投资（包括"一带一路"倡议项目）并非一帆风顺，其中一些主要的障碍是印尼公众舆论和对中国的偏见：对政治体制的态度和宗教传播问题，以及对中国劳工移民的敌意。同时，对于华人来说，他们也有这些担忧：印尼共产党的历史使印尼和中国冻结过双边关系；宗教极端主义、本地人和非本地人问题、反华运动经常被认为是阻碍国家间关系的主要因素。反华情绪的阴霾在印尼的部分地区仍然挥之不去，已成为最令人担忧的问题。1965 年未遂政变的遗留问题不可能在短时间内消失。那次事件被归咎于印尼共产党，甚至被宣传为是由中国共产党支持的，还引发了印尼针对共产党的"猎巫行动"，以致在 1965~1966 年，估计有 50 万人死亡。这使得现任总统佐科决定将北苏门答腊、北加里曼丹、北苏拉威西和巴厘岛指定为印尼"全球海洋支点"的经济走廊，这个项目

---

① Edward T. Hall & Mildred R. Hall, *Understanding Cultural Differences*, Yarmouth, ME: Intercultural, 1990.

② Siwage Dharma Negara, "The importance of One Belt One Road for Indonesia", 29 May 2017, *The Jakarta Post*, https://www.thejakartapost.com/academia/2017/05/29/the-importance-of-one-belt-one-road-for-indonesia.html.

涵盖"一带一路"项目的利益。[①] 这是一个聪明的策略，它"保护"了中国投资，确保这些投资避开可能引发强烈不满的敏感地区。

印尼人对中国的负面看法，还表现在印尼社会与华侨华人有关的情绪上。[②] 这是苏哈托"新秩序"时代对待印尼华人态度的残余。在考察印尼与中国的关系时，不能忽视与苏哈托有关的一小撮印尼富豪、华裔的作用。苏哈托总统与那些享有特权的印尼华人有着密切的关系，他们的商业网络覆盖到了印尼华侨的曾祖父母所在的中国南方。[③]

三 夹缝生存：族群民族主义

实际上，在印度尼西亚做外国人有一些好处。最显而易见的可能是经济上的优势：与大多数印尼公民相比，外国人的经济实力更强，这使他们可以过上一种在本国难以实现的生活。其他的好处来自于被认为是"差异"或"异类"的东西，也就是所谓的"异国情调"。这些"社会差异"有一套复杂的特征，以不同的方式表现出来。构成这些社会差异的一个重要方面是这样一种观念：人们认为"黄皮肤"的中国人，不管他们的国籍是什么，或多或少比印尼人更优越。

这种优越的观念似乎基于以下两方面：更强大的政治和经济权力。这种优越来自其高度工业化的国家，使他们拥有高科技、高标准的教育、高标准的生活，这些国家以效率、"努力工作"和成功标榜自身。这些似乎常常是外国人得到钦佩的基础，进而赋予他们一定的威望和大量的关注，并在无形中影响了他们的日常生活。

---

① Diego Fossati, Hui Yew-Fong, Siwage D. Negara, "The Indonesian National Survey Project: Economy, Society, and Politics", *Trends in Southeast Asia*, 2017, No. 10, ISEAS-Yusof Ishak Institute, Singapore.

② Evan Eka Laksana, "Variations on a Theme: Dimensions of Ambivalence in Indonesia-China Relations", *Harvard Asia Quarterly* 1, 2011, pp. 24-31.

③ Christine Susanna Tjhin, "Indonesia's Relations with China: Productive and Pragmatic, but not yet a Strategic Partner", *China Report* 3, 2012, pp. 303-315, https://doi: 10.1177/0009445512462303.

同时，必须指出，外国人在许多方面也被认为低人一等。例如，他们缺乏爪哇人（或其他印度尼西亚民族）的社会和文化能力、精神意识和道德；他们缺乏克制和礼貌。因为行为不当，他们有时被认为是"来自其他星球的外星人"，但你也不能指望他们有自知之明。显然，印尼人对中国新移民有多种态度，有"优"有"劣"，还夹杂着其他各种有关社会、政治的评价。

考虑到这一切，中国新移民的生活似乎可以用一个比喻"生活在夹缝中"［此处借用了安妮-迈克·费希特（Anne-Meike Fechter）创造的术语］①来描述。他们在地理上和社会上都生活在"夹缝"中：在不同的国家之间来回移动，但既不完全属于这一个社会，也不完全属于那一个社会，或者可能对两者都有一点归属感；又或者，我们也可以把这种"夹缝"描述为一种"第三空间"，这种空间既不完全是本国的，也不完全是印尼的，而是通过外国人在印尼的特殊处境来构建的。印尼人和中国移民都在经历这个"缝隙"或"第三空间"，并不断重建这个空间。中国人和印尼人之间的差异使"生活在夹缝中"成为可能。这一"夹缝"由差异开启，并在源源不断的差异中滋长成一片栖息地。生活在"夹缝"中，影响着这些人与印尼、印尼人，还有他们自己国家的关系，并且导致这些关系反过来催生了各种归属关系。

由于强烈的民族性、民族主义和保护主义政策支持着印尼人（生活水平仍在贫困线下的印尼原住民）的经济福利，因此，无论是国内移民行为还是国际移民行为，都往往引起人们对移民（外国人）的怀疑和偏见。这种偏见尤其针对中国移民，他们或许是目前印尼最大的移民群体。自殖民时代以来，印尼人类学家如约翰·S. 福尼瓦尔（John S. Furnival）或移民专家如里旺多·蒂尔托苏达莫（Riwanto Tirtosudarmo）对这些移民群体之间的复杂关系进行了描述，提出了多元社会的概念，即"存在于一个政治统一体

---

① Anne-Meike Fechter, "Living in the Gap: Foreigners in Yogyakarta, Java", *Journal of Dialogic Anthropology* 3, 2000, http://www.intergraphjournal.com.

中，有两种或两种以上的元素，或是现存的社会秩序并存但不混合的社会"。在印度尼西亚的多元社会中，移民现象的一个重要方面基于原住民和新来者的人口类别构成的社会关系形式，例如基于种族和经济（也包括宗教）的关系。

艾芬迪[①]认为，有一些因素的出现改变了印度尼西亚在全球的多元性形象。一方面，种族和宗教不再是多元内涵的主要因素。另一方面，经济不平等、教育发展、繁荣中的不平等这几个因素正在填补现有的多元化。换句话说，虽然族裔关系似乎已经成为印尼社会的社会基础，但多元格局是混杂的，多种因素交织在一起。社会上出现的社会问题，显示了印尼社会真正的多元化。如上所述，迁徙者的社会问题与民族问题并存：从融合问题到民族冲突，从传统宗教到世俗生活，从国家、国际经济利益到当地居民、族裔的经济利益。

中国人移民印尼的动机与找工作、获得商业机会、努力提高教育水平、建立婚姻关系以及家庭团聚密切相关。这个移民过程会带来社会经济方面的后果，如劳动力自由化问题、创造文化接触的机会和构建不同群体间的其他人际关系的尝试等。但是，对中国新移民的偏见依然存在。在印尼人心中，对中国移民仍有很多"嫌弃"。这不仅是因为政治意识形态、种族、宗教、民族等方面的差异，更重要的是由这些差异造成的"日常行为"。这成为中国移民融入社区生活的障碍，往往会导致中国移民，特别是中国移民劳工与当地居民之间的紧张关系。

我们如何看待因移民，特别是来自中国的移民而导致的关系紧张现象？这些现象可以归类为以下几种情况：中国移民携带不适当的文件、从事犯罪活动和持有错误类型签证；中国新移民的涌入导致就业市场发生变化，特别

---

① Nusyirwan Effendi, "A Contested Cultural Identity among Migrants in Three Sumatran Cities of Indonesia: Ethnic Entrepreneurs between Global Economy and Ethnic Identity", Paper presented at 4th International Symposium of the Journal Antropologi Indonesia "Indonesia in the Changing Global Context: Building Cooperation and Partnership?" on July 12 – 15, 2005 at University of Indonesia.

是与普通话教学有关的工作；当地零售商在与来自中国的没有营业执照的商贩竞争时处于非常不利的地位；文化差异导致移民和当地居民之间发生冲突。

有观点认为，在印尼的中国劳工，特别是基础设施部门和工厂的中国劳工，严重损害了印尼本地工人的权益，甚至还损害在国外（马来西亚、沙特阿拉伯等）务工的印尼工人的权益。这是因为印尼政府提供的就业机会有限，失业率高，即使是在体力劳动行业，就业情况也不乐观〔这一行业被称为"3D 行业"：dirty（脏）、dangerous（危险）、difficult（困难），中国工人通常是"非技术"工人，他们的工资比印尼当地工人高〕。①

这个问题不仅产生了负面影响，而且让想拥有长期工作的本地工人和在异国负债工作的移民劳工都感到"受伤"，后者在国外务工还需承担所在国的风险。同时，这些劳工在印尼并没有被限制工作，他们一直在印尼自由工作。从经济学的角度看，移民劳工的存在显然对国内劳动力市场是不利的，甚至是一种威胁。如新重商主义观点认为，国家之间的相互依赖并不总是对称的。② 一些人担忧劳动力的自由流动会使国内劳动力市场被外国工人占领，且过于依赖外来劳动力，这种担忧在印尼尤为明显。所以，放宽外部投资的政策加上外国工人的涌入（劳动力市场自由化）可能会对国内劳动力市场构成威胁。基于这种观点，在印尼的中国移民不仅是当地劳工的竞争者，还对他们造成了威胁。

中国移民的存在，加剧了社会生活的"复杂性"。贩毒和卖淫这类刑事案件有所增加。2015 年，与中国有关的案件有 8 起，排名第二，仅次于尼日利亚的 15 起。2016 年，移民局局长起诉的涉外案件情况如下：中国 126 起，尼日利亚 134 起，孟加拉国 27 起，印度 19 起，印度尼西亚 18 起，泰

---

① Ali Maksum & Ahmad Sahide, "The Chinese Migrant Workers in Indonesia: The Local and Migrant Workers Context", *Jurnal Ilmiah Peuradeun* 3, 2019, pp. 511 – 531, https://doi: 10. 26811/peuradeun. v7i3. 348.

② David N. Balaam & Michael Veseth, "*Introduction to International Political Economy Third Edition*", New Jersey: Prentice Hall, 2005.

国 17 起，摩洛哥 11 起，韩国 11 起，马来西亚 10 起，缅甸 9 起。印尼国家警察专案组和中国警方在巴厘岛、泗水和雅加达三地逮捕了来自中国大陆和台湾的犯罪嫌疑人，政府对此采取了坚决的措施。① 滥用旅游签证从事犯罪活动的中国移民因网络犯罪被捕，随后被驱逐出境。上述例子显示了中国移民的违法行为模式，他们因此而被认定为"罪犯"。

商贩群体不仅被视为威胁，还要面对"签证壁垒"——指企业获得某种商务居留签证但没有获得恰当的当地政府发放的经营许可证。这里有一个巴厘岛的例子。2018 年 11 月，巴厘岛行政长官指示关闭了 16 家中国人开的商铺、艺术品商店和经营单位，这些商店有商店执照，但实际上经营的是旅游观光业务，以及将巴厘岛的产品不经过海关就销往中国。因为这些当地的商贩和游客，巴厘岛的整体旅游形象受到损害。为了防止导致旅游形象变坏的事情发生，巴厘岛政府必须严肃处理此类事件。② 中国移民在贸易和旅游行业的存在并没有对社会和巴厘岛人民起到积极的作用。中国新移民的投资、经商、创业根本不能给当地居民带来就业和获得收入的机会。中国新移民的经济效应也没有给当地商人带来技术和物质上的变化，进而促进当地社区和经济的发展。现实情况是，中国移民正在破坏巴厘岛旅游业的商业竞争，没有起到互助作用。③

来自中国的移民正在加剧印尼新老华裔的同化（走向融合）斗争。在印尼公民与华裔的社会关系中，心理歧视和种族主义依然存在。从殖民地时期至今，在经济、文化、宗教、政治、教育等各方面出现的针对华裔的限制和歧视，将随着这批新华裔移民的行为继续延续。他们似乎仅以事业打拼者的形象立足于异国，忍受着生活中的种种问题。然而，移民和本地人共同生活的实践被困于"中国请客"这样一个全球化产物的陷阱中，并没有建立

---

① Feri Agus Setyawan, "Yasonna Segera Deportasi Ratusan WNA China Pelaku Cyber Crime", 31 July 2017, https://www.cnnindonesia.com/nasional/20170731125612 - 12 - 231427/yasonna-segeradeportasi-ratusan-wna-china-pelaku-cyber-crime.

② "16 Toko China Rusak Citra Wisata Bali, Gubernur Instruksikan Ditutup", Bali. inews. id, https://bali. inews. id/berita/16-toko-china-rusak-citra-wisata-bali-gubernur-instruksikan-ditutup.

③ Ibid.

起"生产性同化"的和谐互利关系，而是被视为一种困扰和威胁。排外、封闭地生活，这样的污名将继续被贴在中国新移民的身上。

据里奥·苏亚迪纳塔（Leo Suryadinata）介绍，中国新移民和印尼华人之间的关系并不密切，由于生活经历不同和语言障碍，二者存在分歧。[①] 但是，中国新移民有必要与印尼本土华人企业家合作，因为他们有很多中国新移民所不具备的优势，这包括：①印尼华人比较熟悉当地的法律法规，了解市场运作；②印尼华人与行政官员有一定的官方关系，可以协助处理商业事务；③印尼华人具有一定的经济实力，可以进行初期投资；④印尼华人在与"地痞、流氓"打交道方面有较多的经验；⑤最重要的是，新移民与印尼华人移民在文化上同根同源。

随着中国新移民的到来，印尼可能会再次呈现血统华人和土生华人共存的局面。这些新客华人（totok）可能会与土生华人（peranakan）发生冲突，土生华人也会将新客华人视为竞争对手和威胁。中国新移民与不会说中文的印尼本土华人之间还没有建立起良好的关系。一方面，新移民的形象看起来很傲慢，轻视当地的印尼旧华人；另一方面，印尼华人往往也不信任新移民企业家。大多中国新移民企业家会选择与能讲流利中文的当地企业家进行合作。因此，与当地人接触对中国新移民在印尼发展业务非常有帮助。这一点在爪哇岛以外的地方尤为明显，因为爪哇岛有很多印尼华人还会说普通话，而其他地方则不然。此外，中国新移民与土生土长的本地人之间也存在紧张关系和冲突，他们认为新移民是资源的剥削者。[②]

四　论人文交流

基于这种情况，每个个体和企业都可能存在沟通问题，而且企业内部的成员也具有不同的文化背景。在企业和社会生活中，可以看到每个人都将自

---

① Leo Suryadinata，Op. cit.

② Leo Suryadinata，Op. cit.

己的文化带入企业，并在不知不觉中往往对企业和社会关系的可持续性产生破坏作用。为了协调这些差异，企业里的每一个个体和他们所处的社交环境都必须具备良好的信任度、文化共鸣、文化意识和正念水平。所以有必要建立企业文化和社会文化，并使其适应个人和组织的需要，这样就能实现和谐，就会为中国新移民在企业和社会生活中各方面的活动带来积极的影响。

因此，除了良好的信任度和文化共鸣外，企业内部的每个人都必须拥有文化意识，这样正念水平才能自发提高，并促进企业内部的沟通和互动。企业和领导者必须意识到，文化差异直接影响企业的可持续发展，所以组织文化将发挥非常重要的作用。正是企业内部个体之间正式或非正式的持续互动造就了企业文化。因此，企业必须运用企业文化来调节文化差异，如此一来，企业的可持续发展就得以延续。

在这里，跨文化学习和理解可以作为一种新的策略来处理双向交流的问题。[1] 跨文化学习能帮助处理文化差异，并为不同文化之间的适应性问题提供适合的策略，这一观点已经有诸多论述。如戴桂玉和蔡祎[2]在《中国与"一带一路"国家合作伙伴关系中的跨文化管理研究》中指出，跨文化策略包括三种试探性方式：①调查当地市场，找出"东道国与目标国"的文化差异；②培养跨文化背景员工的跨文化沟通能力；③适应当地社会，在文化融合的基础上进行创新。通过对中国和印尼不同文化的跨文化理解和认识，中国新移民、员工、企业与东道国当地民众的关系将不断得到改善，并有望加强中国与印尼之间的人际关系。[3]

---

① Intercultural refers to the idea of interculturalism, which is a view that "recognises that cultures are more fluid than ever before and the inter-connectedness of the world demands interaction between and within cultures to build trust and understanding, and that a high level of cultural navigational skills will be necessary to enable people to accept and endorse the change process" (Ted Cantle, "Interculturalism as a new narrative for the era of globalization and super-diversity", from Martyn Barrett ed., *Interculturalism and Multiculturalism*: *Similarities and Differences*, Strasbourg: Council of Europe, 2013, pp. 1–19).

② Guiyu Dai & Yi Cai, "The Cross-Culture Management of Chinese Enterprises in Poland under the Belt and Road Initiative-Based on PEST Model", *International Business Research* 9, 2017.

③ Xing Liju, "The Humanistic Exchanges Beneficial to the 'Belt and Road Initiative': Difficulties and Their Possible Solutions", *International Issues Research* 6, 2016, pp. 5–17.

国际商务、旅游业、劳工运动和教育的发展推动人们，特别是推动中印尼合作项目以外的参与者，开始"全面跨文化学习"。一如最近的全球化联系、国家关系及其项目需要道德伦理的存在，以鼓励人们做好事和做有道德的事。每一个实际的企业都有其自身的"文化"（价值观、规范，以及关于一个团队认为什么是好的、正确的和理想的抽象观念）。此外，了解其他民族的观点和他们的文化还可以帮助人们更多地了解其他社会的文化状况。①因此，全面的跨文化学习可以作为一种策略来加强人与人之间的跨国关系，因为文化是在人与人之间相互作用下不断演化的产物。在全球化时代，文化理解是一种工具，搭建起人们沟通的桥梁；在多元化时代，跨文化学习是一条纽带，维系着人与人之间的关系。

参考文献：

［1］ "16 Toko China Rusak Citra Wisata Bali, Gubernur Instruksikan Ditutup", https：// bali. inews. id/berita/16-toko-china-rusak-citra-wisata-bali-gubernur-instruksikan-ditutup.

［2］ D. N. Balaam & M. Veseth, 2005, *Introduction to International Political Economy*, *Third Edition*, New Jersey：Prentice Hall.

［3］ T. Cantle, 2013, "Interculturalism as a New Narrative for the Era of Globalization and Super-diversity", from Martyn Barrett ed., *Interculturalism and multiculturalism*：*similarities and differences*, Strasbourg：Council of Europe, pp. 1–19.

［4］ G. Dai & Y. Cai, 2017, "The Cross-Culture Management of Chinese Enterprises in Poland under the Belt and Road Initiative-Based on PEST Model", *International Business Research*, 10（9）.

［5］ "Mempertanyakan Jumlah Perusahaan China di Indonesia. *CNBC Indonesia*", 2018, https：//www. cnbcindonesia. com/opini/20181212183937 – 14 – 46117/mempertanyakan-jumlah-perusahaan-china-di-indonesia.

［6］ N. Effendi, 2005, "A Contested Cultural Identity among Migrants in Three Sumatran Cities of Indonesia：Ethnic Entrepreneurs between Global Economy and Ethnic Identity", Paper presented at 4th International Symposium of the Journal Antropologi Indonesia "Indonesia in the

---

① Wei Li, "Construction of Humanistic Silk Road with Sharing Cultures and Intercommunicating Souls Based on Chinese Civilization Wisdom", *IOSR Journal of Research & Method in Education（IOSR-JRME）*, 2017, Vol. 7, Issue 2, Ver. I（Mar. -Apr.）, pp. 1–5.

Changing Global Context: Building Cooperation and Partnership?" on July 12 – 15, 2005 at University of Indonesia.

[7] A-M. Fechter, 2000, "Living in the Gap: Foreigners in Yogyakarta, Java", *Journal of Dialogic Anthropology*, 1 (3), http://www. intergraphjournal. com.

[8] D. Fossati, Y. F. Hui, S. D. Negara, 2017, "The Indonesian National Survey Project: Economy, Society, and Politics", *Trends in Southeast Asia*, No. 10, ISEAS-Yusof Ishak Institute, Singapore.

[9] E. T. Hall & M. R. Hall, 1990, *Understanding Cultural Differences*, Yarmouth, ME: Intercultural.

[10] E. A. Laksana, 2011, "Variations on a theme: Dimensions of ambivalence in Indonesia-China relations", *Harvard Asia Quarterly*, 12 (1), 24 – 31. W. Li, 2017, "Construction of Humanistic Silk Road with Sharing Cultures and Intercommunicating Souls Based on Chinese Civilization Wisdom", *IOSR Journal of Research & Method in Education* (*IOSR-JRME*), 2017, Vol 7, Issue 2, Ver. I (Mar. -Apr.), 1–5.

[11] X. Liju, 2016, "The Humanistic Exchanges Beneficial to the 'Belt and Road Initiative': Difficulties and Their Possible Solutions", *International Issues Research*, 6, 5–17.

[12] P. Lin, 2020, "Discovering the Xinyimin in Jakarta: New Chinese Migrants from the PRC", *Translocal Chinese: East Asian Perspectives*, 14 (1), 66–94, https://doi. org/ 10. 1163/24522015–01401005.

[13] A. Maksum & A. Sahide, 2019, "The Chinese Migrant Workers in Indonesia: The Local and Migrant Workers Context", *Jurnal Ilmiah Peuradeun*, 7 (3), 511–531, https:// doi: 10. 26811/peuradeun. v7i3. 348.

[14] S. D. Negara, "The Importance of One Belt One Road for Indonesia. The Jakarta Post", https://www. thejakartapost. com/academia/2017/05/29/ the-importance-of-one-belt-one-road-for-indonesia. html.

[15] K. Nukitrangsan, 2019, "The New Chinese Migrants in Thailand. Mobilities, Roles, and Influence of Sino-Thai Relations", http://www. vijaichina. com/sites/default/ files/ 6. 2%20Kulnaree%20Nukitrangsan. pdf.

[16] F. A. Setyawan, 2017, "Yasonna Segera Deportasi Ratusan WNA China Pelaku Cyber Crime", https://www. cnnindonesia. com/nasional/ 20170731125612 – 12 – 231427/ yasonna-segeradeportasi-ratusan-wna-china-pelaku-cyber-crime.

[17] A. Siriphon, 2015, "Xinyimin, New Chinese Migrants, and the Influence of the PRC and Taiwan on the Northern Thai Border", in Y. Santasombat eds. , *Impact of China's Rise on the Mekong Region*, Palgrave Macmillan, New York, https://doi. org/10. 1057/ 9781137476227_ 6.

[18] L. Suryadinata, 2020, "New Chinese Migrants in Indonesia: An Emerging

Community that Faces New Challenges", *ISEAS Perspectives*, 2020, No. 61, 1 – 9. C. Tjhin, 2012, "Indonesia's Relations with China: Productive and Pragmatic, but not yet a Strategic Partner", *China Report*, 48 (3), 303–315, https://doi: 10. 1177/0009445512462303.

[19] D. Wong, 2013, "Introduction: The New Chinese Migration to Southeast Asia", *Asian and Pacific Migration Journal*, 22 (1), 1–6, https://doi: 10. 1177/011719681302200101.

印度尼西亚数字经济发展

——兼论中国与印度尼西亚数字经济人才培养合作策略

赵长峰 李云龙 马文婧*

摘　要: 数字经济已成为全球经济重要的增长引擎。多年来，印尼致力于将自身打造成为东南亚最大的数字经济体，以实现经济可持续增长的目标。突如其来的新冠肺炎疫情大流行破坏了印尼的经济建设和社会发展，印尼成为东南亚地区受新冠肺炎疫情影响最严重的国家之一。值得注意的是，印尼的数字经济发展却在疫情之下迎来了历史机遇。新冠肺炎疫情使印尼电商成交量大增，在线教育和远程医疗需求增势迅猛，疫情也倒逼印尼的中小微企业加快数字化转型。同时也应注意到，新冠肺炎疫情下，印尼数字基础设施的不完善、中小微企业数字化转型的资金压力以及掌握数字技能人才的缺失等问题日益突出。作为东盟最具发展潜力的数字经济体，印尼是参与数字丝绸之路（DSR）建设的重要合作伙伴，中印尼的数字经济合作对于疫情之下的两国及东南亚地区的数字经济发展有着重要的战略意义。数字经济人才是数字经济合作的前提和基础，中印尼两国在数字经济人才培养领域有着巨大的合作前景。新时期，中国与印尼应加强合作，致力于培养数字基础设施建设、电商、物流以及公共卫生等相关领域的数字化人才，增进两国的数字经济建设与合作，支持新冠肺炎疫情背景下的印尼数字经济发展、中印尼人文交流及数字丝绸之路建设。

*　赵长峰，华中师范大学政治与国际关系学院教授，博士生导师，中印尼人文交流研究中心研究员；李云龙，华中师范大学政治与国际关系学院博士生；马文婧，中南财经政法大学工商管理学院博士生。

关键词： 新冠肺炎疫情　数字经济　教育合作　印度尼西亚　数字丝
　　　　　绸之路

一　印度尼西亚数字经济发展概况

东南亚是数字经济①发展最为迅速的地区之一，其数字经济整体规模已
达千亿美元，并有望于2025年增长至3000亿美元。② 印尼是东南亚地区最
大的经济体，2019年印尼经济规模达1.12万亿美元，增速为7.38%。③ 受
新冠肺炎疫情影响，印尼经济发展在2020年遭遇了22年来的首次衰退，为
-2.07%。④ 尽管如此，印尼作为东南亚最大的经济体的地位仍难以撼动。
印尼总统佐科在其第一任期内就提出了在2020年前将印尼打造成为东南亚
地区最大的数字经济体的"电商路线图（E-commerce Roadmap）"计划，并
努力使数字经济成为该国的主要经济支柱之一。2018年4月，佐科正式发
布"印尼制造4.0（Making Indonesia 4.0）"及其路线图，作为响应世界范
围内以数字技术、生物科技、物联网和自动化为主要特征的第四次工业革命
的战略性布局，以推动在食品和饮料、汽车、纺织、电子和化学产品等5个
优先领域的数字化发展。⑤ "印尼制造4.0"旨在通过发展印尼高科技出口
产业，使印尼的经济摆脱对于自然资源的依赖，重点领域包括3D打印、人

---

① 数字经济（Digital Economy）是一种能够使货物和服务借助互联网，以电子商务的形式进行
交易的经济活动。它是1990年代伴随计算机技术和互联网发展而兴起的一种新型经济发展
模式。随着近年来物联网（IoT）、云计算、大数据、3D打印和5G技术的兴起，数字经济
的内涵得到进一步丰富。

② "Report e-Conomy SEA 2019", 3 October 2019, https://www.prnasia.com/mnr/temasek_
2019.shtm.

③ "Indonesia GDP", Trading Economics, https://tradingeconomics.com/indonesia/gdp.

④ "Economic Growth of Indonesia Descend 2.07 Percent（c-to-c）", BPS, 5 February 2021,
https://www.bps.go.id/website/materi_eng/materiBrsEng-20210205095341.pdf.

⑤ Venti Eka Satya, "STRATEGI INDONESIA MENGHADAPI INDUSTRI 4.0", *Info Singkat* 9,
2018, p.21.

工智能、人机交互、机器人技术和传感器技术等，这些领域都需要先进的数字技术以注入发展活力。[①] 印尼的数字经济发展极为迅速，自2015年来以平均每年49%的增速高速发展。2020年印尼数字经济规模已达440亿美元，占东南亚数字经济市场份额的41.9%，成为东南亚地区最大的数字经济市场。预计到2025年，印尼的数字经济规模将增长至1240亿美元（见图1）。[②]

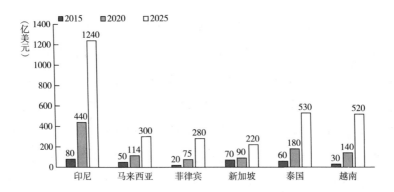

图1 东南亚六国数字经济市场规模情况

资料来源：Google & Temasek, "Report e-Conomy SEA 2020", 10 November 2020, https://storage.googleapis.com/gweb-economy-sea.appspot.com/assets/pdf/e-Conomy_ SEA_ 2020_ Report.pdf。

印尼数字经济的主要领域为电商、在线旅游、在线媒体以及共享出行等。其中，电商和共享出行是所有领域中增长最快的两个领域。自2015年以来，印尼电商在线交易总额平均每年保持88%的高增长率，2019年达210亿美元，占印尼数字经济规模的52%，预计2025年电商占印尼数字经济规模将超过三分之二。印尼共享出行2019年市场规模为60亿美元，相比4年

①　Oxford Business Group, "ICT sectors gains strength as Indonesia prioritizes digital economy", 10 December 2019, https://www.thejakartapost.com/news/2019/12/10/ict-sector-gains-strength-as-indonesia-prioritizes-digital-economy.html.

②　"Report e-Conomy SEA 2019", 3 October 2019, https://www.prnasia.com/mnr/temasek_ 2019.shtm.

前的 9 亿美元，每年平均增速为 57%。① 数字经济已成为印尼经济可持续发展的一个重要动力。除了促进在线领域的业务增长，数字经济还有利于印尼数字基础设施的改善，这对于印尼政府鼓励高附加值的行业发展和刺激本地化生产具有重要的推动作用。印尼积极与世界各国、国际组织—跨国企业开展数字经济合作，鼓励国际社会增大对印尼的数字经济投资。2020 年是中国—东盟数字经济合作年，数字经济合作已成为中印尼两国在新形势下的重要合作领域。

二 新冠肺炎疫情背景下印度尼西亚数字经济发展的机遇

印尼的数字经济发展已步入快车道，但突如其来的新冠肺炎疫情对印尼的数字经济发展造成了一定程度的影响。截至 2021 年 1 月 31 日，印尼累计确诊新冠肺炎患者逾 100 万例，累计死亡近 3 万人。② 自 2020 年 12 月以来，印尼每日确诊和死亡病例迎来暴增，每日新增确诊病例日均 6000 人以上，死亡日均 150 人以上。③ 印尼成为东南亚地区 2019 新型冠状病毒感染人数和死亡人数最多的国家，病死率也居东南亚之首。爪哇岛、大雅加达、大万隆、三宝垄、梭罗和大泗水地区是疫情重灾区。

由于新冠肺炎疫情仍在持续恶化，关闭商业活动、居家令、社交距离限制等疫情防控措施的出台严重打击了印尼的经济发展。受疫情影响，投资和家庭支出大幅度缩水，2020 年第一季度印尼经济增长 2.97%，低于此前政府、中央银行和经济分析师预估 4% 的增长率；④ 第二季度印尼经济萎缩 5.32%，

① "Report e-Conomy SEA 2019", 3 October 2019, https: //www.prnasia.com/mnr/temasek_2019.shtm.
② "WHO Coronavirus Disease (COVID-19) Dashboard", WHO, 31 January 2020, https://covid19.who.int/table.
③ "WHO Coronavirus Disease (COVID-19) Dashboard", WHO, 31 January 2020, https://covid19.who.int/table.
④ "Indonesia Economic Update Report Quarter 1, 2020", https://asiaperspective.net/ap17/wp-content/uploads/2020/05/indonesia-economic-report-2020Q1.pdf.

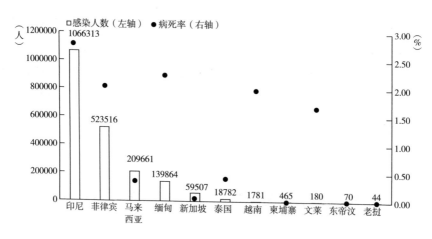

图2 截至 2021 年 1 月 31 日的东南亚各国 2019 新型冠状病毒感染人数和病死率数据
资料来源：https://covid19.who.int/table。

印尼遭遇了自 1998 年亚洲金融危机以来最严峻的经济倒退；[①] 第三季度印尼经济萎缩形势稍有好转，为负增长 3.49%。[②] 由于印尼的疫情在第三季度迎来了新一轮的暴发，经济活动全面恢复缺乏必要的安全条件，印尼第四季度的经济继续呈现衰退趋势，相比 2019 年同期下降了 2.19%。[③] 据印尼中央统计局（BPS）的数据，2020 年印尼全年经济增长率为 -2.07%，为 22 年来最低水平。[④] 新冠肺炎疫情的日趋严峻致使高失业率、生产复工难、商务活动受限、经济衰退等问题突显，势必对印尼的数字经济发展造成

---

① "National Economic Growth Impacted by COVID-19 in Q2/2020", Bank Indonesia, 5 August 2020, https://www.bi.go.id/en/iru/government-press-release/Pages/National-Economic-Growth-Impacted-by-COVID-19-in-Q2-2020.aspx.

② Adrian Wail Akhlas, "Breaking: Indonesia enters first recession since 1998 on 3.49% Q3 contraction", 5 November 2020, https://www.thejakartapost.com/news/2020/11/05/breaking-indonesia-enters-first-recession-since-1998-on-3-49-q3-contraction.html.

③ "COVID slammed Indonesia's economy hard in 2020, data shows", Aljazeera, 5 February 2021, https://www.aljazeera.com/economy/2021/2/5/covid-slammed-indonesias-economy-hard-in-2020-data-show.

④ "Economic Growth of Indonesia descend 2.07 percent (c-to-c)", BPS, 5 February 2021, https://www.bps.go.id/website/materi_ eng/materiBrsEng-20210205095341.pdf.

一定程度的负面影响。但与此同时，数字经济在疫情大流行期间也发挥了重要作用，有效保障了人们日常生产、消费及社交的需求，在一定程度上弥补了疫情防控措施导致的民众正常生活方式的缺失，印尼的数字经济发展也借此迎来了历史机遇。

（一）印尼电商成交量大增

由于印尼疫情持续严峻，印尼政府于 2020 年 3 月底开始实施疫情管控措施，包括大规模社区隔离、社交距离限制、佩戴口罩和居家办公等政策。这些管控措施意味着学校和办公场所的关闭，以及宗教、社会和文化活动受到限制。同时，管控措施致使大量的购物中心、餐馆和零售商店缩短了营业时间，改为线上服务或完全暂停营业。几乎所有的商业部门都遭受了巨大损失。在这种情况下，印尼民众的消费需求转向线上，印尼的电商发展迎来良好势头。印尼电商在 2020 年预计同比增长 54%，规模达 320 亿美元。[①] 其中，在线杂货店的成交总额预计将增长四倍，在线杂货中的电子产品、时尚产品、个人护理等类别的产品有较大的增长，分别为 20%、40% 和 80%。[②] 随着印尼民众逐渐适应"宅生活"，厨具、食品、饮料以及健身器材等产品的成交量也有了明显增多。印尼最大的电商平台之一的 Tokopedia 的交易数据显示，2020 年 3 月，健康和个人防护用品的交易量增加了两倍，口罩的销售额增长 197 倍，消毒剂、纸巾和空气净化器也有了明显的增长。牛肉、生姜和红枣的销量有所增长，仅在 3 月，该平台出售的生姜总量就达到了 60 吨，酒精饮料的搜索量增加了 78%。[③] 由于远程办公、学习和锻炼的需要，网络摄像头

---

① Google & Temasek, "e-Conomy SEA 2020", 10 November 2020, https://www.bain.com/globalassets/noindex/2020/e_conomy_sea_2020_report.pdf.

② Eisya A. Eloksari, "COVID-19 Helps Create New Normal in Online Shopping: Survey", 20 May 2020, https://www.thejakartapost.com/news/2020/05/20/COVID-19-helps-create-new-normal-in-online-shopping-survey.html.

③ Ursula Florene, "How Indonesians shop in times of COVID-19", 15 April 2020, https://kr-asia.com/how-indonesians-shop-in-times-of-COVID-19.

的销量相比疫情前猛增 15 倍，自行车的销量也增长了 10 倍。[①] 2020 年 1~3 月，印尼食品和饮料外卖应用程序的下载量增长了 23%，交易较同期增长 17%。[②] 根据印尼外卖行业领导者 Go-Food 和 Grab Food 的预测，受新冠肺炎疫情影响，印尼的外卖市场将在 2020 年增长一倍。[③]

印尼电商增长的主要原因之一是新冠肺炎疫情使新的在线消费群体迅速扩大。随着越来越多的印尼城市处于部分封锁和社会隔离措施之下，在线购物已成为民众消费的新常态，新冠肺炎疫情下印尼民众消费行为发生了深刻的变化。根据管理咨询公司 Redseer 的一项调查，印尼的电商平台在疫情大流行期间吸引了一大批新的消费者，从而推动了印尼电商的增长。这些受访者中约 30% 是电商新手，而 40% 的受访者表示在疫情结束后愿意继续通过电商购物。[④] 根据 Statista 的一项调查，新冠肺炎疫情使印尼各年龄段消费者的在线消费行为明显增多，其中 25~34 岁消费者受影响最大，几乎 60% 该年龄段的消费者都因为疫情增加了在线消费行为。（见图 3）

（二）印尼在线教育发展迅速

由于新冠肺炎疫情全球大流行，全球约 15 亿学生（约占全球学生人数的 91.3%）无法正常上学。[⑤] 印尼这一数字为 4500 万，约占受疫情影响的

---

① Ursula Florene, "How Indonesians shop in times of COVID-19", 15 April 2020, https://kr-asia. com/how-indonesians-shop-in-times-of-COVID-19.

② Eisya A. Eloksari, "Food Deliveries, Online Game Purchases up as People Stay at Home During COVID-19 Pandemic", 20 March 2020, https://www. thejakartapost. com/news/2020/03/20/food-deliveries-online-game-purchases-up-as-people-stay-at-home-during-covid-19-pandemic. html.

③ "E-commerce provides economic boost for Indonesia as shoppers migrate online during the Covid-19 pandemic", Oxford Business Group, 16 April 2020, https://oxfordbusinessgroup. com/news/e-commerce-provides-economic-boost-indonesia-shoppers-migrate-online-during-covid-19-pandemic.

④ Eisya A. Eloksari, "COVID-19 Helps Create New Normal in Online Shopping: Survey", 20 May 2020, https://www. thejakartapost. com/news/2020/05/20/covid-19-helps-create-new-normal-in-online-shopping-survey. html.

⑤ "1. 3 Billion Learners are Still Affected by School or University Closures, as Educational Institutions Start Reopening Around the World, says UNESCO", UNESCO, 29 April 2020, https://en. unesco. org/news/13-billion-learners-are-still-affected-school-university-closures-educational-institutions.

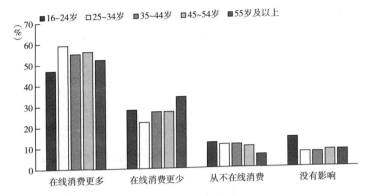

图3 新冠肺炎疫情对于印尼民众在线消费行为的影响调查

资料来源："Impacts of COVID-19 Pandemic on the Online Purchase Behavior Among Consumers in Indonesia as of May 2020, by Age Group", Statista, 26 June 2020, https://www.statista.com/statistics/1127935/indonesia-impact-on-online-purchase-behavior-covid-19-by-age-group。

全球学生总数的3%。① 印尼部分受到封锁的学校尝试通过视频会议的形式维持教学活动的正常进行，这为教育技术（Education Technology）提供了发展机会。教育技术为疫情期间的印尼师生教学活动提供了关键的解决技术，满足了师生在疫情期间开展教学活动的实际需要，保障了印尼学生在疫情期间获得教育的机会。疫情期间，印尼97.6%的学校采用在线授课。② 印尼最大的在线教育应用程序Ruangguru、校园在线学习网站以及谷歌教室（Google Classroom）用户激增。得益于此，印尼最大的移动通信供应商之一Telkomsel的宽带流量在4月增长了16%，而Zoom、

---

① Nadia Fairuza Azzahra, "Addressing Distance Learning Barriers in Indonesia Amid the Covid-19 Pandemic", Center for Indonesian Policy Studies, May 2020, https://c95e5d29-0df6-4d6f-8801-1d6926c32107.usrfiles.com/ugd/c95e5d_7710ed6e0a8e4aabb603711d8e5c7587.pdf.

② Gemma Holliani Cahya, "Distance Learning Threatens to Exacerbate Education Inequality in Indones", 19 July 2020, https://www.thejakartapost.com/news/2020/07/19/distance-learning-threatens-to-exacerbate-education-inequality-in-indonesia.html.

Microsoft Teams 和 CloudX 等在线会议平台的使用量更是激增了 443%。[1] Ruangguru 用户在疫情暴发前就处于稳定增长的状态，由于印尼学校陆续关闭，其网站的访问量从每月 750 万迅速增加至每月 1100 万以上。[2] 为了促进疫情期间的在线学习，印尼教育与文化部与 7 家在线教育技术供应商合作，开发出一个名为"学习之家（Rumah Belajar）"的在线学习网站，以在疫情大流行期间为师生提供免费的在线学习机会。（见表 1）

表 1　学习之家（**Rumah Belajar**）及 7 家在线教育技术供应商学习项目

教育技术平台	服务内容
Rumah Belajar	①涵盖从幼儿园到高中的图像、视频、动画、仿真和游戏等学习资料 ②数字课堂和虚拟课堂 ③包含交互实训活动的虚拟实验室 ④试题库系统
Ruangguru	①周一至周五上午 8 点至下午 2 点的在线学习内容，15 个在线学习模块，适用于小学至高中学生 ②在线教师培训
Zenius	①8 万个学习视频资料，适用于小学至高中的学生 ②免费在线知识测试题
Google Suit Education	帮助教师安排作业，并进行分发和打分
Kelas Pintar	收集在线调查问卷以判断学生对于每一科目的预习和理解程度
Quipper	对学校的学生和教师免费开放学习资源，包括学习视频资料、升学测试题等
Microsoft Teams	利用 Office 365 软件，通过视频会议的形式进行虚拟学习
Sekolahmu	从幼儿园至高中的在线学习课堂资料

资料来源：https：//belajar. kemdikbud. go. id。

---

[1]　Tri Indah Oktavianti，"Telkomsel Makes Internet Access Affordable for South Tangerang Student"，1 July 2020，https：//www. thejakartapost. com/news/2020/06/30/telkomsel-makes-internet-access-affordable-for-south-tangerang-students. html.

[2]　Vinnie Lauria，"How Southeast Asian Startups Are Creating a Digital Future in a Coronavirus Pandemic"，Forbes，1 May 2020，https：//www. forbes. com/sites/vinnielauria/2020/05/07/how-southeast-asian-startups-are-creating-a-digital-future-in-a-coronavirus-pandemic/#5148f53c133d.

（三）印尼远程医疗需求高涨

世界银行的数据显示，印尼的医护人员非常有限。每万名印尼人中只有 4 名医生，是东南亚地区人均医生数量最少的国家之一。[①] 由于医护人员不足，加之印尼特殊的地理环境，疫情之前人们获得医疗保障的程度就已经较为低下。[②] 新冠肺炎疫情在印尼的暴发使医疗资源更加集中于救治 2019 新型冠状病毒确诊患者，随着确诊患者的不断增加，以及大量医护人员感染或因感染而死亡，印尼各大城市的医院一度面临医务人员短缺的局面。截至 2020 年 9 月底，印尼由于感染 2019 新型冠状病毒死亡的医护人员达 213 名，其中包括 107 名医生和 74 名护士。[③] 印尼因感染 2019 新型冠状病毒死亡的医护人员人数位居东南亚之首，脆弱的医疗防护体系使疫情之下的印尼医护人员面临巨大的生命和健康威胁，也使印尼的医护人员短缺问题更加突出。医护人员短缺、交叉感染风险大等因素，导致疫情之下印尼民众正常的就医需求难以得到满足。在这种情况下，印尼政府引导民众使用远程医疗，以满足就医需要。[④] 远程医疗是科技企业搭建的一种可以使求医者通过智能手机或电脑等便捷、经济的途径轻松获取高质量医疗服务的在线医疗平台。通过访问在线医疗网站，印尼民众可以获得权威的医疗指导，并通过视频、语音和文字的形式得到医生的免费诊断，甚至获得处方和药物。尽管远程医疗目前只能实现基本的医疗咨询服务功能，但是这有望改善印尼医疗资源紧缺的状况，并

----

① "Physicians（per 1000 people）-Indonesia"，The World Bank，https：//data. worldbank. org/ indicator/SH. MED. PHYS. ZS？ locations＝ID.

② 印尼是全球最大的群岛国家，拥有 17508 座岛屿和排名世界第四的人口（2.22 亿）。印尼岛屿被海洋隔开，且大部分岛屿之间距离遥远，医疗服务很难覆盖整个群岛。

③ Edna Tarigan，Victoria Milko，"As Indonesia Cases Soar，Medical Workers Bear the Burden"，9 September 2020，https：//apnews. com/article/jakarta-indonesia-asia-virus-outbreak-archive-960175dc 021340a9d6f9a3bec904c255.

④ Dwi Cahya Astriya Nugraha，Ismiarta Aknuranda，"An Overview of e-Health in Indonesia：Past and Present Applications"，*International Journal of Electrical and Computer Engineering*（*IJECE*）5，2017，pp. 2441-2450.

将有助于印尼医疗服务覆盖偏远地区和落后地区。

远程医疗在疫情之下正在迅速成为印尼国家医疗体系的一部分。印尼最大的远程医疗公司 Alodokter、HaloDoc 和 GrabHealth 在 2020 年 5 月的使用量猛增。自 2020 年 3 月 2 日印尼确诊首例新冠肺炎病例以来，Alodokter 在 3 月就吸引了6100 万次的网站访问量，下载量超过 550 万次，拥有了超过 3300 万活跃用户并完成了 75 万多次的免费 2019 新型冠状病毒咨询，这一数据为疫情流行前的 1.5倍。① HaloDoc 在 3 月被下载超 100 万次，每月活跃用户超过 900 万。4 月初，HaloDoc 与共享出行应用 GoJek 合作，在雅加达推出免费乘车快速病毒检验服务，以便尽可能降低检测路途的感染风险。4 月 20 日，HaloDoc 推出了一项在线 2019 新型冠状病毒检测服务，用户可以在大雅加达和西爪哇卡拉旺市的 20家定点医院预约 2019 新型冠状病毒血液快速检测或核酸检测。② 2019 年 10月，GrabHealth 与中国远程医疗平台"平安好医生"合作，推出医疗在线咨询服务。③ 2020 年 3 月，GrabHealth 日均咨询次数达到 1 万次，比疫情前几乎增长了一倍。④ 印尼的传统医院也推出了远程咨询服务，以开拓新冠肺炎疫情影响下不断扩大的远程医疗市场。4 月 13 日，拥有 36 家医院的印尼 Siloam Hospital 与远程医疗服务提供商 Aido Health 合作，推出在线门诊和远程咨询服务；Pondok Indah Hospital Group 在大雅加达地区有 3 家医院，于 5 月推出远程医疗咨询服务，引起了患者们的极大热情；Mitra Keluarga 集团旗下的 24 家

---

① Tri Indah Oktavianti, "The Time is Right: COVID-19 Gives More Room for Telemedicine to Grow in Indonesia", 21 April 2020, https://www.thejakartapost.com/news/2020/04/21/the-time-is-right-covid-19-gives-more-room-for-telemedicine-to-grow-in-indonesia. html.

② "HaloDoc allow users to book COVID-19 tests", 20 April 2020, https://www.thejakartapost.com/life/2020/04/20/halodoc-allows-users-to-book-covid-19-tests. html.

③ Khamila Mulia, "Grab Steps into Indonesia's Healthcare Market with Its Latest Feature 'Grab Health'", 22 October 2019, https://kr-asia.com/grab-steps-into-indonesias-healthcare-market-with-its-latest-feature-grab-health.

④ Fanny Potkin, Stanley Widianto, "Indonesia Leans on Healthtech Startups to Cope With Virus Surge", 9 April 2020, https://www.usnews.com/news/technology/articles/2020-04-09/indonesia-leans-on-healthtech-startups-to-cope-with-virus-surge.

医院也因疫情的暴发而推出了远程医疗咨询服务。[①] 印尼的远程医疗一方面满足了疫情期间民众就诊、治疗的基本需求；另一方面降低了患者出行就医途中的感染风险，有助于印尼社会隔离政策的实施。

（四）印尼中小微企业数字化转型加快

印尼是东南亚地区拥有中小微企业数量最多的国家，其6000多万个中小微企业贡献了印尼近61%的国内生产总值，吸纳了97%的国内劳动力，中小微企业已经成为印尼经济发展的重要支柱。[②] 在新冠肺炎疫情大流行的背景下，印尼中小微企业的数字化转型对于印尼的经济恢复和发展来说至关重要。根据曼迪里研究所（Mandiri Institute）2020年5月的一项调查，大约42%的线下中小微企业由于疫情的影响被迫停业，而拥有在线业务的中小微企业只有24%被迫停业，这表明拥有在线业务的中小微企业更具弹性，对于疫情的抵抗能力更强。这份研究还表明，印尼中小微企业的数字化转型将使新冠肺炎疫情造成的经济衰退下降1.5%。[③] 在为了防止病毒传播而实施的社会隔离政策的限制下，消费者的消费行为已经发生改变，大多数的企业除了开展在线业务以外别无选择。在这种情况下，新冠肺炎疫情的大流行加强了印尼中小微企业的数字化转型。截至2019年底，印尼的近6000万家中小微企业中只有约13%进行了数字化转型。疫情暴发后，2020年5月14日至6月9日的短短四周中，印尼就有大约30万个中小微企业开展了数字化业务。印尼最大的电商平台之一Bukalapak在2020年前七个月就已经有300万个

---

① Yunindita Prasidya, "Major Indonesian Hospitals Go Digital to Tap Into Growing Telemedicine Market", 20 May 2020, https：//www.thejakartapost.com/news/2020/05/20/major-indonesian-hospitals-go-digital-to-tap-into-growing-telemedicine-market.html.

② "SMEs safeguard economy", 17 July 2020, https：//www.thejakartapost.com/academia/2020/07/17/smes-safeguard-economy.html.

③ Sebastian Partogi, "Accelerating MSMEs' Digital Transformation Supports RI Economy", 10 October 2020, https：//www.thejakartapost.com/life/2020/10/10/accelerating-msmes-digital-transformation-supports-ri-economy.html.

新商家加入其中，该公司约 70% 的增长来自印尼最大的五个城市以外，其中农村地区和小城市的电商商家增长率最高。[①] 为了帮助更多的中小微企业完成数字化转型，印尼信息与通信部和印尼电子商务协会建立了合作伙伴关系，从 2020 年 10 月 5 日至 12 月 12 日为印尼 2500 家中小微企业推出在线课程，以为印尼中小微企业，特别是爪哇岛以外的最远端、最外围和最不发达地区（也称"3T"地区）的中小微企业的数字化转型发展献计献策。[②] 截至 2020 年底，有超过 1000 万家印尼中小微企业完成了数字化转型，达成了印尼政府制定的 2020 年 1000 万家企业完成数字化转型的目标，从而促使印尼的中小微企业数字化转型率在 2020 年达到 16% 以上。[③]

二 新冠肺炎疫情背景下印度尼西亚数字经济发展的挑战

尽管新冠肺炎疫情给印尼发展数字经济带来了前所未有的历史机遇，印尼的电子商务、在线教育、远程医疗等行业迎来了良好的发展态势，中小微企业的数字化转型也得以加快。但是，新冠肺炎疫情也暴露了印尼数字经济发展的短板，主要体现在印尼数字经济基础设施建设滞后，中小微企业数字化转型面临资金压力，以及数字经济从业者技能短缺等方面。

（一）数字经济基础设施落后

唐·泰普斯科特（Don Tapscott）指出，"如同高速公路和电网等基

---

① Mardika Parama, "Bukalapak Gains 3 Million New Merchants, Mostly in Smaller Cities", 14 September 2020, https://www.thejakartapost.com/news/2020/09/14/bukalapak-gains-3-million-new-merchants-mostly-in-smaller-cities.html.

② Eisya A. Eloksari, "Ministry, E-commerce Team up to Hold Online Classes for SMEs", 5 October 2020, https://www.thejakartapost.com/news/2020/10/05/ministry-e-commerce-team-up-to-hold-online-classes-for-smes.html.

③ Momo Sakudo, "The New Normal: Digitalization of MSMEs in Indonesia", 9 February 2021, https://www.asiapacific.ca/publication/new-normal-digitalization-msmes-indonesia.

础设施，信息网络是新型经济的高速公路。没有先进的电子设备和系统的基础设施，任何国家都无法成功发展数字经济"。① 截至 2020 年初，印尼拥有约 1.75 亿互联网用户，占总人口的 65%，是东南亚地区最庞大的互联网用户群体。② 但由于印尼整体的互联网基础设施不足、地理条件不便和数字鸿沟等问题，印尼的互联网速度在东南亚地区排名较低，仅能为用户提供每秒 22.35 兆位（Mbps）的宽带流量，在东南亚国家中仅优于缅甸（18.81Mbps）。印尼的移动互联网速度表现更为糟糕，截至 2020 年 9 月，印尼以 16.7Mbps 的移动互联网速度在 138 个国家中排名第 121 位，在亚太主要国家中垫底（见图 4）。③ 印尼有各类学校近 23 万所，但是仍有 9 万所未接入互联网；印尼有超过 1 万所乡村医院，其中 4000 多所没有互联网。④ 根据国际管理发展学院（IMD）2020 年世界数字竞争力排名，印尼在 63 个国家中排名第 56 位，印尼的数字竞争力排名较为落后。⑤

为了改善这一状况，印尼信息与通信部于 2018 年实施了"独立信号 2020（Merdeka Sinyal 2020）"计划，目的是给 5000 个印尼最远端、最外围和最不发达的地区提供电信网络。⑥ 2019 年 10 月，印尼完成了旨在加强宽

① Don Tapscott, *The Digital Economy: Promise and Peril in the Age of Networked Intelligence*, New York: McGraw Hill, 1994, p.75.
② "How is Indonesia Developing Its Digital Economy?", Oxford Business Group, https://oxfordbusinessgroup.com/analysis/supportive-framework-government-and-regulators-are-taking-steps-develop-digital-economy-focus-local.
③ "Global Speeds September 2020", Speedtest Global Index, September 2020, https://www.speedtest.net/global-index#mobile.
④ 《中国与印尼数字经济合作前景光明——访印尼通信和信息技术部部长鲁迪安达拉》，中华人民共和国中央人民政府网站，2018 年 5 月 4 日，http://www.gov.cn/xinwen/2018-05/04/content_5288299.htm.
⑤ "IMD World Digital Competitiveness Ranking", IMD, https://www.imd.org/wcc/world-competitiveness-center-rankings/world-digital-competitiveness-rankings-2020.
⑥ "Indonesia Merdeka Sinyal 2020. Badan Aksesibilitas Telekomunikasi Indonesia, Kementerian Komunikasidan Informatika", 9 September 2018, https://www.kominfo.go.id/content/detail/14499/indonesia-bebas-sinyal-2020/0/sorotan_media.

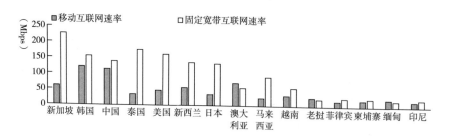

图 4　截至 2020 年 9 月的亚太主要国家互联网速率对比
资料来源：https：//www. speedtest. net/global-index#mobile。

带和互联网建设的"帕拉帕环网（Palapa Ring）"项目,[①] 使 4G 移动互联网覆盖印尼 514 个城市和地区。[②] 然而，不稳定的互联网仍是印尼中小微企业进行数字化转型的主要障碍之一。根据 Sea Insight 进行的一项涉及 2200 名印尼企业主的调查，疫情期间有 50% 的印尼企业主对社交媒体、电商和在线学习等数字媒体的使用时间有所增加，但其中 63% 的企业主表示难以在家工作，而印尼不稳定的互联网和高昂的互联网费用是主要原因。[③] 此外，印尼的本地数据基础架构较为落后，其数据中心无法满足当前的数字经济发展需求。截至 2019 年底，雅加达的数据中心容量为 50.2 兆瓦，难以支撑两年内 70 兆瓦的增量。[④] 印尼的 59 个数据中心容量大多为 5~10 兆瓦，数据中心容量普遍较小，且缺乏高性能和可拓展性，不能满足当前跨国企业高速

---

① 该项目耗资约 15 亿美元，通过铺设 2.5 万公里的海底光缆和 2.1 万公里的路上光缆，可以实现印尼最偏远地区 100Gbps 的网络容量。项目范围覆盖从印尼最西端城市沙璜（Sabang）到最东端城市马老奇（Merauke），从最北端米昂阿斯岛（Mianagas）至最南端罗特岛（Rote）的各个地区。该项目旨在将印尼的宽带使用率（2019 年 12 月为 9.38%）提升一倍。

② Ayman Falak Medina, "Indonesia's Palapa Ring: Bringing Connectivity to the Archipelago", ASEAN Briefing, 28 January 2020, https：//www. aseanbriefing. com/news/indonesias-palapa-ring-bringing-connectivity-archipelago.

③ Riza Roidila Mufti, "SMEs Face Uphill Battle Digitizing Business to Survive", 2 July 2020, https：//www. thejakartapost. com/paper/2020/07/07/smes-face-uphill-battle-digitizing-business-to-survive. html.

④ Darren Hawkins, "Why Indonesia Needs to Upgrade Data Infrastructure as Digital Services Grow Exponentially", *South China Morning Post*, 11 November 2019.

度和低延迟的访问需求。① 相比 4G 网络，5G 通信技术可提供快 50 倍的互联网速度，对于疫情期间的远程办公、在线学习和消费有着巨大的推动作用。东盟将发展 5G 技术作为其《东盟互联互通总体规划 2025》（MPAC 2025）的一项重要内容，东盟需要约 180 亿美元投资才能实现 5G 技术在该地区的推广，以期在 2025 年覆盖约 2 亿人口。新加坡于 2020 年开始推广 5G 通信服务，在东南亚地区的 5G 发展中处于领先地位。预计到 2025 年，新加坡将提供覆盖全国范围内的 5G 网络。② 越南、泰国、马来西亚和菲律宾紧随其后。印尼拥有超过 1 亿的 5G 潜在用户，5G 通信市场高达 100 亿美元，是东南亚地区最具 5G 发展价值的国家。但是由于印尼在 5G 频段的分配、5G 基础设施和相关法规政策等方面缺乏清晰的发展规划，其 5G 通信市场的发展较为滞后。③

（二）中小微企业数字化转型面临资金压力

根据印尼科学研究院 2020 年 5 月的一项调查，新冠肺炎疫情严重影响了印尼中小微企业的供求关系。印尼近 95% 的企业业务销售额暴跌，其中中小微企业占 75%。④ 因此，印尼政府对于中小微企业在疫情期间的财政支持就显得尤为重要。2020 年 2 月 25 日，印尼政府宣布一项 7.25 亿美元的一揽子计划，包括补贴和减税措施，以支持疫情中的印尼旅游业、航空业和房地产业。3 月 13 日，印尼政府宣布 120 万亿印尼盾（约 81 亿美元）的经济

---

① "Data Centers in Asia Pacific", Cloudscene, https://cloudscene.com/datacenters-in-asia-pacific.

② Goh Chiew Tong, "Singapore on Track to Roll Out 5G by 2025; Singtel, StarHub-M1 Joint Venture Issued Final Awards", Channelnewsasia, 24 June 2020, https://www.channelnewsasia.com/news/singapore/singapore-5g-network-2025-on-track-singtel-starhub-m1-12866328.

③ Ayman Falak Medina, "Investing in ASEAN's Digital Landscape: New Opportunities After COVID-19", 15 September 2020, https://www.aseanbriefing.com/news/investing-in-aseans-digital-landscape-new-opportunities-after-covid-19.

④ Arti Ekawati, "Coronavirus: Indonesia's Small and Medium Businesses Bear the Brunt", 3 August 2020, https://www.dw.com/en/coronavirus-indonesias-small-and-medium-businesses-bear-the-brunt/a-54416886.

刺激政策，包括免除部分制造业工人所得税，减少制造业企业税，简化出口商认证程序，并放宽对中小微企业银行贷款重组的规定。自疫情暴发以来，印尼央行于 2020 年 2 月 20 日、3 月 19 日和 6 月 18 日降低利率，分别降至 4.75%、4.5% 和 4.25%，以减轻中小微企业的财务负担。3 月 31 日，印尼政府宣布总计 438 万亿印尼盾（约 296 亿美元）的经济刺激政策，以缓解疫情对于社会经济的负面影响，包括减免个人和公司所得税、降低增值税和中小微企业信贷重组。此外，印尼政府出台了对中小微企业合作产品的购买力刺激计划，为在线交易的指定产品提供 25% 的政府资金补贴，同时为 200 万电商平台新用户提供每人 100 万印尼盾（约 68 美元）的奖励。[1] 2020 年 6 月 16 日，印尼启动了国家经济复苏计划，该计划作为 2 月和 3 月发布的经济刺激政策的扩展，投入 695.2 万亿印尼盾（约 472 亿美元），囊括医疗投入、社会保障、税收减免和企业信贷、中小微企业补贴、国有企业刺激以及部委和地方政府财政支持等方面。[2]

但即便如此，印尼的中小微企业数字化转型仍然面临来自资金的压力。首先，由于印尼的中小微企业大多业务规模小且收入低，98% 的中小微企业并不纳税，因此印尼政府针对中小微企业出台的减税措施效果并不显著。[3] 其次，政府的财政政策难以解决疫情期间印尼消费者购买力减弱的问题，而这是印尼中小微企业生存的关键。疫情导致印尼失业率上升、市场动荡和国家经济疲软，印尼的家庭支出减少，民众消费需求降低，大多数中小微企业的经营遇到困难。印尼 2020 年 8 月通货膨胀率同比增长 1.32%，为 20 年来

---

[1] "Coronavirus（COVID-19）：SME Policy Responses"，OECD，15 July 2020，https：// read. oecd-ilibrary. org/view/？ ref＝119＿ 119680-di6h3qgi4x&title＝Covid-19＿ SME＿ Policy＿ Responses.

[2] Ayman Falak Medina，"Indonesia Launches National Economic Recovery Program"，20 May 2020，https：//www. aseanbriefing. com/news/indonesia-launches-national-economic-recovery-program.

[3] Linda Yulisman，"Indonesian Micro，Small and Medium-sized Enterprises Struggle to Survive as Revenues Are Hit"，7 August 2020，https：//www. straitstimes. com/asia/se-asia/indonesian-smes-struggle-to-survive-as-sales-revenue-plunge-with-covid-19-pandemic.

最低，低于印尼央行 2%~4% 的全年目标。[①] 消费者支出的减少造成中小微企业收入下降，加之成本的增加，中小微企业普遍存在现金流短缺的问题，约 26% 的中小微企业面临融资和贷款困难。最后，印尼政府的经济刺激资金发放缓慢，难以解决中小微企业急需资金的问题。印尼国家经济复苏计划 695.2 万亿印尼盾两个月内只拨付了约 21%，其中针对中小微企业的经济刺激计划只拨付了 25%，大部分的刺激政策的资金分拨进展缓慢。[②] 在佐科的批评和督促后，该计划至 2020 年 9 月底拨付了 43.8%（约 304.6 万亿印尼盾），但计划实施进展整体上仍较为滞后。[③] 印尼国家经济复苏计划难以从根本上解决中小微企业疫情期间生存和发展的资金问题，中小微企业的数字化转型面临资金压力。

（三）数字经济从业者技能短缺问题严峻

根据国际劳工组织（International Labour Organization）的数据，2019 年印尼失业率为 5.3%，是东南亚第二高失业率国家。[④] 其中，15~24 岁人群的失业率高达 17.04%，为该年龄段东南亚第二高的失业率，仅次于文莱（30.04%）。[⑤] 新冠肺炎疫情使印尼遭遇到了更加严峻的就业问题。据印尼中央统计局的最新数据，受新冠肺炎疫情影响，印尼 2020 年失业率飙升至

---

① "BI 7-Day Reverse Repo Rate Held at 4.00%: Synergy to Accelerate National Economic Recovery", Bank Indonesia, 13 October 2020, https://www.bi.go.id/en/iru/government-press-release/Pages/BI-7-Day-Reverse-Repo-Rate-Held-at-4.00-Synergy-to-Accelerate-National-Economic-Recovery.aspx.

② Yunindita Prasidya, "Slow Budget Realization Drag on Economic Recovery: Experts", 6 August 2020, https://www.thejakartapost.com/news/2020/08/05/slow-budget-realization-drag-on-economic-recovery-experts.html.

③ Dzulfiqar Fathur Rahman, "Govt Spends 44% of Recovery Budget up to September, Health Spending Lags", 2 October 2020, https://www.thejakartapost.com/news/2020/10/01/govt-spends-44-of-recovery-budget-up-to-september-health-spending-lags.html.

④ "Unemployment Rate", International Monetary Fund, October 2020, https://www.imf.org/external/datamapper/LUR@WEO/IDN? zoom=IDN&highlight=IDN.

⑤ "Unemployment, Youth Total (% of total labor force ages 15-24) (modeled ILO estimate) - Indonesia", The World Bank, 21 June 2020, https://data.worldbank.org/indicator/SL.UEM.1524.ZS? locations=ID.

7.07%，新冠肺炎疫情迫使近千万印尼工人失去工作，高失业率将达到近十年来之最。[①] 而劳动力教育水平低下、职业培训不足和数字技能短缺是导致印尼高失业率问题的主要因素。[②] 新冠肺炎疫情在一定程度上改变包括印尼在内的世界各国的经济结构，数字经济将占据国民经济发展的重要位置。新冠肺炎疫情大流行迫使印尼人改变传统的工作、生活和学习场所，擅于利用数字技术工具与其业务融合以重塑经营模式的公司将更加具有竞争力。[③] 在新冠肺炎疫情的影响下，印尼的中小微企业纷纷向数字化转型以适应疫情大流行下的生存和发展。但是由于数字经济与信息技术密切相关，且对从事该领域的工作人员具备的数字经济相关的知识和技能有较高的要求，这造成了印尼数字经济领域从业人员的数字技能短缺问题。据麦肯锡的一项研究，印尼在2015～2030年将面临约900万具备数字经济行业相关技能的工人的短缺。[④] 亚马逊云服务的一项报告显示，印尼现有劳动力中具备数字技能的人数比例不足20%，掌握云技术、人工智能技术、数字工具研发技术等高级数字技能的人才占比只有6%，在亚太主要国家中处于落后水平。[⑤] 国际劳工组织的数据表明，全球非正式技术工人和中小微企业受到新冠肺炎疫

[①] Adrian Wail Akhlas, "Unemployment Surges to Decade High as COVID-19 Causes Millions to Lose Jobs", 5 November 2020, https：//www.thejakartapost.com/news/2020/11/05/unemployment-surges-to-decade-high-as-covid-19-causes-millions-to-lose-jobs.html.

[②] Luthfi T. Dzulfikar, "How the COVID-19 Pandemic Will Leave More Young People Unemployment in Indonesia", 5 July 2020, https：//www.thejakartapost.com/academia/2020/07/05/how-the-covid-19-pandemic-will-leave-more-young-people-unemployed-in-indonesia.html.

[③] Bernard Marr, "How The COVID-19 Pandemic Is Fast-Tracking Digital Transformation In Companies", 17 March 2020, https：//www.forbes.com/sites/bernardmarr/2020/03/17/how-the-covid-19-pandemic-is-fast-tracking-digital-transformation-in-companies/#1c9788ada8ee.

[④] Vivek Lath, Tracy Lee, Khoon Tee Tan, Phillia Wibowo, "With Effort, Indonesia can Emerge from the COVID-19 Crisis Stronger", Mckinsey & Company, 8 September 2020, https：//www.mckinsey.com/featured-insights/asia-pacific/with-effort-indonesia-can-emerge-from-the-covid-19-crisis-stronger#signin/download/%2F~%2Fmedia%2FMcKinsey%2FFeatured%20Insights%2FAsia%20Pacific%2FWith%20effort%20Indonesia%20can%20emerge%20from%20the%20COVID%2019%20crisis%20stronger%2FWith-effort-Indonesia-can-emerge-from-the-COVID-19-crisis-stronger-vF.pdf%3FshouldIndex%3Dfalse/1.

[⑤] "APAC Digital Skills Research", Amazon Web Services, February 2021, https：//pages.awscloud.com/APAC-public-DL-APAC-Digital-Skills-Research-2021-confirmation.html.

情的冲击尤其巨大，特别是在一些中低收入国家，这种现象更为明显。印尼近60%的工人（约7000万）是非正式的，主要从事农业和建筑业。在这些非正式工人中，有大约800万受雇于数字经济相关的企业，并依靠移动应用程序寻找自由职业或"零工"，如送餐员、快递员、快车司机等。① 数字化时代的"零工经济"对于新冠肺炎疫情下的印尼的数字经济发展至关重要，但是掌握数字经济技能的工人的不足使印尼的数字经济发展受限。

三 新冠肺炎疫情背景下中国与印度尼西亚数字经济职业教育的合作策略

中国是全球第二大数字经济体，数字经济规模不断扩大。2019年，中国的数字经济增加值规模为35.8万亿元，占国内生产总值比重高达36.2%，吸纳就业人数1.91亿人。② 2020年，中国的数字经济在新冠肺炎疫情下得到了进一步发展，数字经济增加值规模将突破40万亿元大关。③ 中国经过多年的快速发展，数字经济已经成为主导经济模式，为中国的经济增长提供了巨大的增长动力。新冠肺炎疫情对中国同样造成了史无前例的经济和社会破坏。通过中国政府和人民上下齐心，共同抗疫，中国已成为全球第一个真正意义上控制住疫情的国家。在向国际社会交出一份令人敬佩的抗疫"答卷"的同时，中国成为2020年全球主要国家中唯一的经济正增长的国家，从而交出了一份令人赞叹的经济"答卷"。数字经济在疫情期间发挥了重要作用，保障国内消费、学习、就业、娱乐等方

---

① Daniela Rodriguez, "COVID-19 and Informal Work in Indonesia's Digital Economy", Asia Pacific Foundation of Canada, 25 May 2020, https://www.asiapacific.ca/publication/covid-19-transforms-informal-work-indonesias-thriving.

② 《中国数字经济发展白皮书（2020）》，中国信息通信研究院网站，2020年7月，http://www.caict.ac.cn/kxyj/qwfb/bps/202007/P020200703318256637020.pdf。

③ 《2020年中国数字经济行业发展回顾及2021年市场前景预测》，中商情报网，2021年1月7日，https://www.askci.com/news/chanye/20210107/1034351332319.shtml。

面的基本需求，为疫情期间中国取得的疫情治理成就和经济发展成就作出了重要的贡献。近年来，随着"一带一路"倡议的不断推进，数字经济已逐渐成为中国与印尼开展经济合作的重要内容，而数字经济职业教育合作也成为两国数字经济合作的重要组成部分。2020 年是新冠肺炎疫情改变世界政治和经济格局的"百年之未有大变局"之年，同时也是中国—东盟的数字经济合作年。中国在电子商务、信息通信技术、人工智能、互联网支付、大数据、智慧城市等数字经济领域的科技创新和人才培养方面拥有较强的优势，中印尼两国有着巨大的合作潜力。

（一）加强数字基础设施建设人才培养

数字基础设施是发展数字经济的重要基石，也是中国和印尼在实现各自经济平稳发展和数字经济合作方面的共同需求。自 2017 年习近平主席提出"数字丝绸之路"倡议以来，中国抓住以数字经济为代表的第四次工业革命的历史机遇，大力发展"新基建"，为促进"一带一路"共建国家的数字经济合作搭建广阔的舞台。与传统的修建道路和港口等基础设施建设不同，"新基建"是以高科技为中心的数字基础设施建设，包括构建下一代信息技术基础架构（如 5G 技术），将现有的基础架构进行升级或智能化，以及建立孵化器和框架以进行科学研究、技术和产品开发，具体包括 5G 技术、人工智能、大数据、云计算、物联网等。[①] 疫情期间，数字经济在防疫抗疫、复工复产以及保障人民生活需求方面扮演了关键角色，这离不开完善的数字基础设施发挥的作用。印尼海事统筹部部长特别顾问林优娜女士表示，印尼的数字基础设施的不完善、技术人才的缺乏等因素直接阻碍了印尼数字经济发展的步伐，也关系到"印尼制造 4.0"计划的成功与否。[②] 因此，印尼将

---

① Coco Liu，Lauly Li，Cheng Ting-Fang，"China Bets on ＄2tn High-tech Infrastructure Plan to Spark Economy"，1 June 2020，https：//asia.nikkei.com/Business/China-tech/China-bets-on-2tn-high-tech-infrastructure-plan-to-spark-economy.

② 《十六国政商学界精英齐聚云上共话"数字丝路"国际合作新机遇》，新华丝路网，2020 年6 月 7 日，https：//www.imsilkroad.com/news/p/415075.html。

数字基础设施的完善视为吸引投资者参与印尼投资的重要条件。[①] 在亚太经合组织第 27 次领导人非正式会议上，中国国家主席习近平呼吁各方"共同构建开放包容、创新增长、互联互通、合作共赢的亚太命运共同体"，强调"要促进新技术传播和运用，加强数字基础设施建设"，并倡议"各方分享数字技术抗疫和恢复经济的经验，倡导优化数字营商环境，释放数字经济潜力"。[②]

"授人以鱼，不如授之以渔。"数字基础设施建设和维护离不开数字化人才的培养与储备，充备的数字化技术人才是印尼建设数字基础设施、发展数字经济的重要前提，是疫情时期恢复国家经济的有力保障。中国在数字基础设施建设及相关人才培养方面已走在世界前列，中印尼两国在数字基础设施建设相关的人才培养方面大有可为。在数字基础设施建设的人才培养合作的实现路径方面，一是依托中印尼高等院校合作项目，大力开展通信工程、大数据、人工智能、智能制造等相关的技术教育合作，培养掌握数字基础设施建设知识和技能的人才；二是两国高等院校与华为、中兴等数字基础设施技术关键企业，以及小米、OPPO 和 VIVO 等通信设备供应商协同作战，以解决数字化企业的实际人才需求为目标，利用企业资源，加强校企合作、产学研合作，搭建数字基础设施建设校企合作平台。例如，阿里巴巴自 2016年在印尼设立阿里云印尼公司以来，已经培养了超过 1000 名专业技术人员；华为也于 2017 年与印尼大学、印尼万隆理工学院等 7 所印尼知名高校合作，启动"智慧一代"项目，帮助印尼培养信息与通信人才。[③] 2021 年 1 月，华为东盟学院工程研究院在印尼启动，该项目旨在为印尼培养 10 万名数字化人才，帮助印尼发展信息和通信技术，以实现印尼 2045 年跻身世界经济体

---

① Samaya Dharmaraj, "Indonesia: Digital Infrastructure Key to Attract Investment and Drive Industry 4.0", 17 September 2020, https://opengovasia.com/indonesia-digital-infrastructure-key-to-attract-investment-and-drive-industry-4-0.

② 《习近平出席亚太经合组织第二十七次领导人非正式会议并发表重要讲话》，新华网，2020 年 11 月 21 日，http://www.xinhuanet.com/politics/leaders/2020-11/21/c_1126767634.htm。

③ 梁辉：《华为在印尼启动信息与通信人才培养项目》，新华网，2017 年 3 月 27 日，http://www.xinhuanet.com/2017-03/27/c_1120705254.htm。

五强的愿景。① 三是在"一带一路"倡议的合作框架下，通过亚投行等多边合作金融机构为中印尼的数字经济设施建设人才培养合作提供资金。亚洲开发银行曾于2008年拨付8000万美元资金用于实施"印尼职业教育强化项目（INVEST）"，以帮助该国提升高级中等职业教育的质量。② 2020年9月，亚投行批准了1.5亿美元贷款，用于帮助印尼扩大对数字基础设施建设的投资，将互联网覆盖印尼近15万个未接入互联网的公共服务点，包括学校、医院和地方政府。③ 亚投行提供的资金将极大地改善印尼数字基础设施建设的资金短缺问题，但亚投行资金通常是针对基础设施建设的"硬投资"，中印尼两国可以利用亚投行，争取数字经济基础设施建设人才培养合作项目的"软投资"。

（二）深化电商和物流职业教育合作

群岛型的地理环境导致印尼发展电商的物流成本较高，产业链的不完善也限制了印尼的数字经济增长。由于防疫措施对于人员接触和社交距离的要求，以及对于国家经济造成的负面影响，新冠肺炎疫情尤其打击了印尼的物流体系和产业链。中国在数字经济领域拥有完善的物流体系和较强的产业优势，拥有全球最大、最具规模的信息产业集群，形成了涵盖系统制造、应用软件、终端、芯片、关键器件等多个环节的产业支撑能力。电商是中国参与印尼数字经济的主要领域之一，并积攒了大量的合作成果。印尼六大电商中前3家（Tokopedia、Bukalapak、Lazada）得到了阿里巴巴的投资，另一大电商Shopee得到了腾讯的投资，而京东公司在印尼成立了京东印尼

---

① "Huawei buka ASEAN Academy Engineering Institute di Indonesia"，Antara News，January 2021，https：//www.antaranews.com/berita/1966084/huawei-buka-asean-academy-engineering-institute-di-indonesia.

② "Indonesia：Vocational Education Strengthening Project"，Asia Development Bank，18 August 2020，https：//www.adb.org/documents/indonesia-vocational-education-strengthening-project-0.

③ "AIIB Approves USD150-M Loan to Improve Digital Connectivity in Indonesia"，AIIB，28 September 2020，https：//www.aiib.org/en/news-events/news/2020/AIIB-Approves-USD150-M-Loan-to-Improve-Digital-Connectivity-in-Indonesia.html.

（JD. ID）。可以说，中国电商公司已经全面参与了印尼的电商合作，并积极推动了印尼的电商发展。2016 年 3 月成立的京东印尼，将京东在国内先进的物流配送经验成功复制到印尼，建成了以仓库为核心的京东式配送网络，覆盖印尼七大岛屿、483 个城市和 6500 个区县，大大缩短了物流配送时间。[①] 2020 年 6 月 18 日，京东印尼在印尼迎来了极具当地特色的首个"618 购物节"，更是将中国电商先进的物流配送和完善的产业链向印尼电商企业进行了一次展示。完善的物流配送和产业链，有助于提升消费者在电商平台的购物体检，有助于扩大印尼的数字贸易规模，这对于印尼电商的蓬勃发展来说具有重要的实际意义。阿里巴巴、腾讯等中国的数字企业通过大量投资，完善印尼的在线支付业务，大大增强了印尼的在线支付的便捷性，有助于促进印尼电商的增长。

快速发展的电商和物流背后是相关人才需求的增长，中印尼两国应加大电商和物流方面的职业教育合作力度。比如，由全国电商职业教育指导委员会于 2017 年 9 月启动的"电商谷（E-Commerce Valley）"合作项目，以电商职业教育为核心，从国际合作的角度出发，探索行业、企业下的电商职业教育国际合作新模式，旨在推动中国和东盟国家在电商人才培养方面的合作。该项目已经在泰国、柬埔寨、老挝和缅甸建立了 4 个海外电商培训基地。"电商谷"项目可以在印尼进行推广，在印尼建立海外基地，并与国内的电子商务院校、企业合作，帮助印尼培养更多的电商与物流人才。[②] 此外，中国还可以鼓励社会资本在印尼建立数字经济教育中心，以提供更为全面、更具个性化和时效性的数字经济培训课程，更好地服务印尼数字经济发展和中印尼数字"一带一路"合作。[③]

[①] 《京东印尼：以基础设施优势，推动中国品牌"走出去"》，新华网，2020 年 3 月 31 日，http：//www. xinhuanet. com/tech/2020-03/31/c_ 1125791818. htm。

[②] 《2019 年中国—东盟数字经济与职业技术教育发展论坛开幕》，中新网广西，2019 年 9 月 21 日，http：//www. gx. chinanews. com/cj/2019-09-21/detail-ifzpehen1606574. shtml。

[③] 黎鹏、闫俊：《"一带一路"背景下中国与东盟数字经济合作的挑战与策略选择》，《经济界》2020 年第 5 期，第 51 页。

（三）探索数字化公共卫生人才培养

新冠肺炎疫情肆虐全球，感染人数剧增使医院诊疗系统面临崩溃，医院交叉感染案例层出不穷，医用防护物资短缺及分配不均导致医护人员感染，各国医疗系统均暴露了不同程度的问题。而数字化的公共卫生系统可以有效化解重大公共卫生事件下实体医疗的风险，它极大地保障了各国新冠肺炎疫情的防控，也对疫情之下的经济复苏、社会稳定和人民健康作出了不可替代的贡献，其重要性不断得到彰显。数字赋能在中国的疫情防控中起到了关键性作用，应用在疫情传播的主动追踪，分区、分阶段精密智控，疫情趋势的精准预测以及医疗救治提质增效和防疫物资的智能调配等多方面。[1] 据不完全统计，疫情期间，春雨医生、好大夫、平安好医生、丁香医生、京东健康等至少10余个中国互联网医疗平台推出了在线问诊专页，200多家公立医院开展新冠肺炎免费互联网诊疗或线上咨询，调动医生10万余名，服务近千万人。[2] 疫情期间远程医疗技术的广泛运用，对于中印尼两国排查疑似患者、避免交叉感染、安抚公众情绪起到了积极作用。中国还大量运用5G、云计算、大数据、人工智能等数字技术抗击新冠肺炎疫情。疫情发生后的一个月内，中国电信在武汉建设了500多个5G基站，全力支撑疫情防控；北京第一中西医结合医院利用天翼云系统，针对发热门诊病例进行多方5G远程会诊，减少与疑似病患的接触；火神山医院则通过天翼云远程会诊系统，实现与解放军总医院20名医疗专家同时会诊；天翼云和上海联影共同打造的针对2019新型冠状病毒的uAI新冠肺炎智能辅助分析系统，将以往需要5~15分钟的CT阅片时间压缩至1分钟以内，大大提高了疑似病患的筛查效率。[3] 数字化的公共卫生已成为医务工作者抗击疫情的先进武器。

---

[1] 《吴息凤：数字赋能的新型公共卫生助力健康中国建设》，新浪网，2020年11月28日，https：//k.sina.com.cn/article_ 2810373291_ a782e4ab2001wous.html。

[2] 《疫情期间在线问诊火爆，会成为未来常态吗?》，新华网，2020年2月25日，http：//www.xinhuanet.com/politics/2020-02/25/c_ 1125622948.htm。

[3] 《细数天翼云战"疫"的抢眼表现：5G+云能否变革医疗产业?》，通信世界网，2020年3月15日，http：//www.cww.net.cn/article? id=466900。

中印尼自 1994 年首次签署卫生合作的谅解备忘录以来，两国在卫生领域一直保持着良好的交流合作关系。2015 年，中国国家卫计委发布"一带一路"卫生交流合作方案，提出要"加强与沿线国家卫生领域专业人才培养合作，帮助沿线国家提高公共卫生管理和疾病防控能力"，并宣布实施中印尼公共卫生人才合作培训计划，三年内为印尼方合作培训 100 名公共卫生专家和专业技术人员。[①] 中国在公共卫生治理的数字化转型领域有着较大优势，中印尼两国在探索数字化公共卫生人才培养方面存在巨大的合作空间。中印尼两国应以中印尼副总理级人文交流机制为主要沟通、合作机制，通过政府的推动制订两国的公共卫生数字人才培训计划，搭建人才交流平台，促进两国在高校、科研院所、科技企业等领域的公共卫生数字技能型人才的合作培养。

四 结语

2020~2021 年，新冠肺炎疫情在全球持续肆虐。贸易通商遇阻，人员交流受限，逆全球化有加速之势，各国的经济发展环境遭遇严峻挑战。对于中印尼两国来说，数字经济是抵御疫情影响，维持国民经济可持续发展和社会秩序稳定的重要手段。数字经济发展有助于实现两国的经济结构合理化变革，有利于推动后疫情时代国家经济的良性增长。数字经济人才是国家发展数字经济的基石，中印尼在数字经济的各个领域的人才培养都存在巨大的合作前景。贤者预变则变，智者遇变则变。中印尼两国应抓住新形势下数字经济发展的历史机遇，以中国—东盟数字经济合作年为契机，完善双方的数字经济人才培养合作机制，加大投入，加强交流，为两国和地区的数字经济发展提供更加充备的数字经济人才，以实现两国经济在后疫情时代的全面、健康与可持续发展。

---

① 《国家卫生计生委办公厅关于印发〈国家卫生计生委关于推进"一带一路"卫生交流合作三年实施方案（2015~2017）〉的通知》，中华人民共和国国家卫生健康委员会网站，2015 年 10 月 14日，http://www.nhc.gov.cn/cms-search/xxgk/getManuscriptXxgk.htm? id = 7c6079e5164c4e14b06a48340bd0588a。

印度尼西亚的贫困问题与
中国—印度尼西亚减贫合作*

杨晓强　卢李倩倩**

摘　要： 经过多年减贫努力，印尼的绝对贫困率已降至个位数，但贫困人口规模仍然庞大，穷人的健康、教育、生活标准等多个维度遭受剥夺。印尼的贫困还呈现出地理空间、城乡分异特征，致贫机理复杂。"印尼式减贫"偏重于穷人基本权利的保障，政策覆盖面广且特别重视教育扶贫，但开发式扶贫效率不高。中印尼两国减贫合作以政府为主导，参与主体渐趋多元，进一步加强合作的意义重大，空间广阔。

关键词： 印尼　贫困　中国　减贫合作

贫困数千年来困扰着人类发展，至今全球减贫仍面临极具复杂性、艰巨性的挑战。印尼从 1980 年代中期开始由政府主导开展有组织、有计划、大规模的扶贫开发活动，贫困治理难度随贫困率降低而增大。中国是全球减贫成就的卓越贡献者，中印尼这两个发展中大国的减贫合作关系近年来在新的国际国内形势下不断加强。

---

* 基金项目：教育部高校国别和区域研究专项资金项目（项目名称：佐科连任后中国与印尼关系的发展态势研究，项目批准号：2020-G84）及福建省高校哲学社会科学研究项目（项目名称："一带一路"视阈下福建与东盟国家的减贫合作研究，项目批准号：Y0745058A12）。

** 杨晓强，广西民族大学中国—东盟平等发展研究中心教授，主要研究方向为印尼政治与中印尼关系；卢李倩倩，福建师范大学印尼研究中心副研究员，主要研究方向为印尼政治、社会和文化。

一 印尼的贫困动态、格局与形成机理

1. 绝对贫困率趋低，相对贫困人口规模庞大

贫困最基础的定义是指物质层面和经济维度的绝对贫困，评判标准就是"根据在一个特定社会中维持人类生存所必需的基本产品的价格确定一条贫困线。收入低于贫困线的个体或家庭被认为是生活在贫困之中"。[①] 在以货币尺度识别贫困时，印尼以每日摄入 2100 卡营养所需粮食性支出以及满足最基本的非粮食性需求所需支出为准划定贫困线。这一贫困线因居民收入数据采集限制而采用了消费支出指标，近年来每年更新两次，以购买力平价计均高于世行 1.9 美元/天的绝对贫困标准。

印尼对贫困发生率数据的统计最早可追溯到 1976 年，当时贫困人口比例高达 40%。从历史维度看，1976~1993 年印尼贫困率下降最快，此后总体保持逐年下降之势。其间，金融危机与时局动荡、燃油价格飙升等极端事件曾导致印尼贫困率波动。在经济增长的涓滴效应和扶贫政策的共同作用下，印尼贫困率自 2018 年起历史性地降到了个位数，至 2020 年 9 月贫困人口共 2642 万人。（见表 1）

表 1　2014~2020 年印尼绝对贫困发生率和绝对贫困人口

	2014 年	2015 年	2016 年	2017 年	2018 年	2019 年	2020 年
贫困率	10.96%	11.13%	10.70%	10.12%	9.66%	9.22%	9.78%
贫困人口	2773 万	2851 万	2776 万	2658 万	2567 万	2479 万	2642 万

资料来源：根据印尼中央统计局公布的当年 9 月数据整理。

相对贫困一般指收入低于主流生活水平的状态，表明一些群体的生活条件与大多数人享有的生活条件之间的差距。相对贫困的界定依赖于收入分布，在主观比较中形成，各界共识的凝聚并不容易。和多数发展中国家一

[①] 〔英〕安东尼·吉登斯：《社会学》，赵文书译，北京大学出版社，2003，第 297 页。

样，印尼没有明显划定经济相对贫困群体的范围。印尼"国家促进扶贫工作组"倾向于按照国际惯例，结合收入或支出中位数，将占总人口20%的社会最底层或占总人口40%的中低及最低收入者认定为相对贫困。[①] 这部分人群包括小农、渔民、城市无固定职业者、小微企业职工等。其特点首先是人口规模庞大，总数近亿；其次是大部分人看似已解决温饱问题但无力向上一阶层攀爬，极易受自然条件恶劣、社会保障系统薄弱和自身综合能力差等因素掣肘而陷入极端贫困。

2. 多维贫困各指标贡献度存在显著差异

收入或支出的单一指示变量无法呈现贫困全貌。多维贫困从1990年代开始成为国际减贫领域研究中的新兴话题。按照联合国开发计划署以及牛津大学贫困与人类发展研究中心2020年公布的发展中国家多维贫困指数报告，印尼有3.6%的居民处于多维贫困状态。在东南亚发展中国家里，印尼多维贫困率仅高于泰国，"重度多维贫困率""易陷入多维贫困人口"等指标好于多数国家。"普拉卡尔萨协会（Prakarsa）"自2012年以来对印尼多维贫困指数进行追踪、测评，较全面地揭示了印尼多维贫困整体状况和跨期变动情况。总的来看，印尼多维贫困程度随时间推移而下降，2012～2014年贫困人口比例从35.0%下降到29.7%。[②] 2015～2018年，该比例进一步从13.53%降至9.56%。[③] 多维贫困率下降速度快于经济贫困率，到2018年时绝对数值已低于后者。在时序趋势上，多维贫困和经济贫困的错位关系渐高，交叠度越来越低。研究显示印尼贫困人群普遍在健康、教育、生活标准等维度上遭受剥夺。各指标贡献度差别较大，在"厕所"和"安全用水"

---

① Tim Nasional Percepatan Penanggulangan Kemiskinan，"Pengukuran Garis Kemiskinan di Indonesia：Tinjauan Teoritis dan Usulan Perbaikan"，http：//www.tnp2k.go.id/download/79169WP480304FINAL.pdf.

② *Calculation：Multidimentional Poverty Index Indonesia 2012-2014*，https：//www.ophi.org.uk/wp-content/uploads/IndonesiaMPI_ 12_ 15_ ExecSum.pdf.

③ *Indeks Kemiskinan Multidimensi Indonesia 2015-2018*，http：//theprakarsa.org/indeks-kemiskinan-multidimensi-indonesia-2015-2018.

上不达标的家庭和个体最多，[1] 说明健康问题成为印尼多维贫困的主要表现形式。"炊事燃料"也是多维贫困的一个重要短板，教育维度相关指标对贫困的贡献度相对较低。[2] 可见贫困家庭中学龄前和基础教育阶段儿童受教育权利保障条件快速改善。但是，中高等教育普及率低仍是影响人力资本素质，继而阻碍印尼贫困家庭脱贫的一大障碍。

3. 贫困呈现地区空间和城乡异质性

印尼不同区域间经济发展的非均衡态势与贫困地区存在地理空间上的耦合。五大岛中面积最小的爪哇岛人口和经济总量均占全国约六成，其他岛屿经济密度小，区域经济分割严重。贫困率分布与这种核心—边缘结构对应，呈现爪哇岛整体较低而外岛偏高，以及东部显著高于中西部地区的态势。印尼现 62 个贫困县中有 43 个位于巴布亚、西巴布亚和东努沙登加拉省。此 3 省绝对贫困率均在 20% 以上，处在区域贫困序列的第一个层次。日惹、亚齐、中爪哇等 15 个省属第二个层次，贫困率大多在 10%~15%。雅加达、巴厘、西爪哇等其余十多个省份贫困率发生率较低，为第三个层次。

印尼贫困以农村为主，但城市贫困情况更为复杂。农村发展先天不足，农业增长乏力，农民收入长期在低位徘徊，一些地区陷入"贫困陷阱"。2020 年印尼农村绝对贫困率为 12.82%，贫困人口 1526 万，[3] 即全印尼约 60% 的贫困人口在农村。在指示贫困人口人均收入与贫困线距离的贫困深度指数以及反映贫困群体收入差距的贫困烈度指数上，农村也远高于城市。城市化带来就业机会和人口流动，在印尼政府看来可以同时有效缓解农村和城市的贫困。[4] 这也许可以解释，印尼是亚洲城市化进程最快的国家之一。然

---

[1] *Indeks Kemiskinan Multidimensi Indonesia 2015－2018*，https：//www. ophi. org. uk/wp-content/uploads/IndonesiaMPI_ 12_ 15_ ExecSum. pdf. ，p. 42.

[2] Ibid.

[3] *Penghitungan dan Analisis kemiskinan Makro Indonesia 2020*，Badan Pusat Statistik，https：//www. bps. go. id/publication/2020/11/30/84ae76716e5c727c36884cae/penghitungan-dan-analisis-Kemiskinan-Makro-di-indonesia-tahun-2020. html.

[4] *Jika Dikelola*，*Urbanisasi Tekan Angka Kemiskinan Perkotaan*，https：//properti. kompas. com/read/2016/07/19/172900021/jika. dikelola. urbanisasi. tekan. angka. kemiskinan. perkotaan.

而印尼工业化进程缓慢，城市化对经济增长的带动效应远低于亚太地区平均值，这削弱了城市消化贫困存量和承接贫困人口迁移增量的能力。各大城市的贫困状况因此堪忧。城市贫民没有土地等生产资料，异地转移能力低，贫困治理有特殊难度。

4.不同视角下的贫困形成机理分析

贫困人群在不同维度上遭受权利剥夺，这是自然和人文要素交叠的结果。印尼是幅员辽阔的岛国，各地情况千差万别，限制贫困人群可行能力的因素不仅复杂而且随着时间改变，但大致仍可从自然、结构及文化三个方面解读。

自然地理环境对特定地区的贫困影响显著。包括岛屿气候、地形、交通等多因素在内的综合"地理资本"的相对不足且不易改变和缓和，可影响资本收益率，使该地区民众相比其他地区民众更易陷入持续性贫困。[①] 印尼区域性整体贫困度高的省份均位于东部或东南部，远离国家政治经济中心，与外界互联条件差。相关地区民众多从事农耕，因山地、丘陵多而平原少，人均可耕地并不充裕。东努沙登加拉还是印尼降水量最少的地区。这些贫困集聚分布区实际上林业、矿产、渔业等资源潜力不低，例如巴布亚的金矿、铜矿和石油储量均十分可观，但开发利用受限于地理环境恶劣和基础设施不足。在爪哇、加里曼丹、苏门答腊等地区，影响穷人生计的则是地震、洪水、滑坡等自然灾害。

从社会结构、社会制度的角度看，印尼贫困源于经济、政治和社会体制对个体机会和资源获取的制约。缪尔达尔对发展中国家陷入贫困"循环积累"的分析逻辑当然也适用于相对微观层面的贫困群体观察。印尼经济发展成果分配不均程度高于全球平均水平，财富聚集在少数人手里。可支配收入水平决定了底层群体的低生活质量，健康、教育、家庭负担因素限制着劳动力素质的提升，进而影响劳动生产率并再次引起收入下降，贫困于是循环往复。印尼在"新秩序"时期推行效率优先的发展战略，21世纪初期又经历了一段时间的转型震荡，

---

① 马振邦、陈兴鹏、贾卓、吕鹏：《人穷还是地穷？空间贫困陷阱的统计学检验》，《地理研究》2018年第10期。

包容性理念真正融入国家发展战略，社会平等及边缘化群体利益在政策中突显，在印尼不过是近十余年里的事。因此，印尼贫困人口较难在短期内彻底摆脱在基础设施、公共服务供给和相应制度方面所处的不利境地。

文化致贫有长期性和惯性等特点，对印尼的影响并不亚于结构性要素。[①] 作为一种社会亚文化，贫困文化是穷人在社会强加的价值规范下无法获得成功而采取的种种应对挫折和失望的不得已选择，也有相当一部分穷人完全心甘情愿地生活于自己的文化中。[②] 万丹的巴杜伊人、中爪哇北部的萨满人、苏门答腊的阿纳达兰姆人千百年来偏安一隅，以保护部族传统和环境为由拒绝现代文明并甘守清贫。但多数情况下，贫困文化并非理性选择而更多源自理念误区，尤其是坚信人命天定。既然个人命运穷通在出生时已经注定，贫困便与个人主观意志无关。有的穷人于是快乐地"享受贫困"，或以"现世贫苦是通往天堂的代价"自我安慰。[③] 学者哈托莫认为顺其自然的心理在印尼人致贫因素中的顺次仅低于受教育程度不足。[④] 印尼传统社会的某些习惯看来有利于贫困文化的延续，例如民间互助传统就对脱贫有制约性，穷人可能对社区邻里的救助产生依赖从而对贫困无感，同时穷人的对外分享意味着自身脱贫资本的减少。

二 佐科时期印尼的减贫进展

后苏哈托时期的印尼国家治理呈现较强烈的新发展主义色彩，在佐科执政期间的主要特征是促进社会公平、产业强国及国有企业的扩张。[⑤] 为了消

---

① Johan Arifin, "Budaya Kemiskinan dalam Penanggunangan Kemiskinan di Indonesia", *Sosio Informa*, Vol 6 (2), 2020.

② 周怡：《贫困研究：结构解释与文化解释的对垒》，《社会学研究》2002 年第 3 期。

③ Johan Arifin, "Budaya Kemiskinan dalam Penanggunangan Kemiskinan di Indonesia", *Sosio Informa*, Vol 6 (2), 2020.

④ H. Hartomo dan Arnicun Aziz, *Ilmu Sosial Dasar*, Bumu Aksara, 1997, p. 57.

⑤ Hal Hill, *The Indonesia Economy in Transition: Policy Chanlleges in the Jokowi Era and Beyond*, ISEAS, 2019, p. 44.

除贫困这种社会不公平的极端表现，佐科政府强调宏观经济发展的益贫作用，推动经济发展主体全民性、过程公平性和成果共享性。另外，2014 年佐科当选后提出的 9 项施政纲领中有 2 项直接针对减贫，相关政策工具部分继承自上一届政府，同时不乏创新和调整。印尼国家建设规划部测算认为，国家经济包容度指标 2019 年已处于"比较令人满意"的区间，其中收入均衡化和减贫指标的贡献度最高。① 印尼新一届内阁成立后，减贫投入力度持续加大。

1.主要减贫措施

针对极端贫困人群实施有条件现金转移支付项目。有条件现金转移支付是世界各国常用的长期多维减贫方法，核心是通过提供现金补贴和促进儿童人力资本积累达到"缓解当期贫困并改善贫困家庭人力资源质量"② 的目的。印尼政府于 2007 年推出"希望家庭计划(PKH)"，向孕期或哺乳期妇女以及儿童提供现金补贴。女性抚养人按规定接受预防保健、生育服务或保证儿童上学出勤率，即可定期获得相应补贴。项目实施 6 年后，卫生专业人员和分娩设施的使用量急剧增加，另外贫困家庭未入学的 7～15 岁儿童比例减少了一半以上。③ 佐科时期，"希望家庭计划"多次细化补贴类别、资助条件并缩短发放周期，项目实施方案日趋科学合理。政府的财政预算投入则逐年提升，2019 年同比翻番，整体补贴标准有较大提高。因此，该计划不仅有助于阻断贫困代际传播，对促进印尼贫困家庭消费、就业、资产增值进而缓解当期减贫也有一定作用。

健全面向弱势群体的社会保障体系。印尼政府运用社会保障这个最核心的再分配机制和贫困治理机制，在粮食、教育和医疗三个方面对穷困群体进行社会救助和保险，推出了"基本粮食计划(Program Sembako)"、"智慧印尼计划(Indoensia Pintar)"和"健康印尼计划(Indonesia Sehat)"等项

---

① *Indeks Pembangunan Ekonomi Inklusif*, July 2021, http：//inklusif. bappenas. go. id/data.

② Vivi Alatas, *Program Keluarga Harapan：Impact Evaluation of Indonesia's Pilot Household Conditional Cash Transfer Program*, World Bank. 2011.

③ Nur Cahyadi, Rema Hanna, Benjamin A. Olken, Rizal Adi Prima, Elan Satriawan and Ekki Syamsulhakim, "Cumulative Impacts of Conditional Cash Transfer Programs：Experimental Evidence from Indonesia", *American Economic Journal：Economic Policy*, Vol. 12 （4）, 2020.

目。经过改革后，"基本粮食计划"补助方式从发放实物转为定期向穷人专用福利卡充值，由后者自主在指定商铺购买粮食，可购粮食从大米、鸡蛋增加到能提供每日所需蛋白质的各种肉类和豆制品。"智慧印尼计划"内容是补贴贫困家庭学龄子女以提高基础和中等教育入学率，并防止辍学。该计划资助现已延伸至高等教育，获大学录取的贫困学子免交学费并获生活费补助。"健康印尼计划"试图解决困难群体的医保问题，弱势群体无需缴费即可在全印尼的医疗机构享受基本疾病预防和治疗服务，仅 2016 年就使 116 万人得以避免因病入贫。①

改善对弱势群体的基本公共服务供给。随着对社会公平关注度的提升和财政实力的增强，佐科政府对弱势群体的普惠性公共服务投入增加较快。对于城市和县域，印尼政府将政府拨款与社会捐赠和国际援助资金结合建设饮用水供应设施，以减免费用方式减轻穷人用电负担，并以给予补助方式帮助穷人修葺住房。在农村，公共服务供给以"农村建设基金"为主要资金依托。2020 年，"农村建设基金"聚焦社会能力建设和乡村经济开发，总投入达 72 万亿盾（约合 51.4 亿美元），由中央财政直接拨付到乡村账户。②

推进增能赋权式的扶贫。增强贫困地区和贫困户的自我积累和发展能力，是消除贫困代际传递的关键。印尼主要从提高劳动力素质、开发特色资源和扶助小微企业三个方面着手。第一，举办职业教育和技能培训，提升社会低层民众自主利用资源、技术、市场和融资渠道的能力。旨在提升大中专毕业生、失业者和在岗工人劳动技能的"待业培训计划（Kartu Prakerja）"在 2020 年使 590 万人受惠。③ 第二，推动产业扶贫，设法激活地区生产要素

---

① *Program JKN-KIS Indonesia Jadi Acuan Studi 16 Negara*，https：//nasional. kompas. com/read/2020/06/10/21120091/program-jkn-kis-indonesia-jadi-acuan-studi-16-negara.

② *Dana Desa Fokus Pada Pemberdayaan Masayarakat dan Pengembangan Potensi Ekonomi Desa*，https：//www. kemenkopmk. go. id/2020-dana-desa-fokus-pada-pemberdayaan-masayarakat- dan-pengembangan-potensi- ekonomi-desa.

③ *Penerima Kartu Prakerja Total 5, 9 Juta, Banyak yang Belum Dapat*，https：//nasional. kompas. com/read/2020/11/24/09055681/penerima-kartu-prakerja-total-59-juta-banyak-yang-belum-dapat? page＝all.

和农、矿、旅游等资源潜力，代表性的举措如开发乡村高附加值产品的"一村一品"行动。第三，扶助小微企业。小微企业为大量穷人提供了生计选择，印尼政府为这些企业提供税收优惠、信贷扶贫和社会帮扶方面的政策支持。

2. 贫困治理的特点与不足

印尼决策者日渐关注贫困的多维内涵。[①] 佐科政府借鉴了国际上较为流行的多维减贫做法，政策目标是实现贫困群体拥有接受教育、健康、营养和融入社会的基本能力和权利，而非单纯地以提高民众收入为指向。其中，对贫困人群的人力资本投资可谓佐科时期印尼减贫的一大鲜明特色。教育投入回报慢，穷人对通过教育改变家庭生活状态的偏好普遍不强烈，财政工具对改善贫困家庭受教育条件的作用因此突显，也反映了佐科政府对长期致贫因素的深刻认知。另一个特色是减贫政策覆盖面广，扶助对象不限于绝对贫困人口。将弱势群体生活境遇的整体改善与分层次、有重点救济相结合的做法，看来是符合减贫逻辑的。值得一提的是，这些减贫政策制定和实施以印尼逐步完善的"减贫项目综合数据库（Data Terpadu PPFM）"建设为前提。该数据库覆盖占总数40%的印尼低收入家庭，收录了约9900万人口的消费、住房、教育、卫生等详细信息。[②]

"印尼式扶贫"在治理理念、政策设计和落实等方面存在短板。尽管减贫政策是综合性的，但总的来看印尼较着重贫困人群基本权利保护，扶贫开发在反贫困战略体系中的分量和效果有限。救济式或保障式扶贫的效果在特定时期可随财政资金投入而立竿见影，成为执政者强化建设成果共享性并兼顾选举利益的自然选择。问题在于，其可持续性难以保证，经济成长不稳定导致的财政压力是一方面，一些人还可能形成福利依赖从而使贫困文化固化。在政策制定层面，协调机制缺位、政策精准度低的问题日益突出。印尼

① Bagus Sumargo, Naomi Miduk M. Simanjuntak, "Deprivasi Utama Kemiskinan Multidimensi Antarprovinsi di Indonesia", *Jurnal Ekonomi dan Pembangunan Indonesia*, Vol 19（2）, 2019, p. 167.

② *Data Terpadu Kesejahteraan Sosial*, Official Website of TNP2K, http：//bdt.tnp2k.go.id.

从中央各部门到地方各级政府均介入扶贫，但彼此较少统筹，资源配置有些碎片化。一些政策未能充分考虑各地千差万别的致贫因素，制定过程较少体现减贫对象的参与，影响扶贫供需匹配度。在政策执行层面，由于自上而下的约束与激励机制有限，中央政策在各地的落实取决于各级政府的意愿与能力。近年来印尼减贫资金投入加大，政府官员贪污、截留专项资金问题随之多发。除了资金管理与使用，贫困人口的认定与退出、基层政策执行者能力等问题也严重拉低减贫成效，常受民众诟病。

印尼减贫虽然取得明显成效，但《2015～2019年国家中期发展规划》提出的减贫目标未能实现。佐科政府决心加速减贫进程，雄心勃勃地将2024年预期绝对贫困率设定为6.5%，还提出2024年要消灭极端贫困。[①] 但是，剩下的贫困人口大多贫困程度深，自身发展能力弱，越往后脱贫攻坚成本越高。新冠肺炎疫情之下，印尼贫困率走势出现转折，减贫难度进一步增大。瑞士信贷集团的数据称印尼低层40%的人口的存款在疫情之下几近耗尽，[②] 越来越多徘徊在贫困线附近的相对贫困人群面临返贫风险。如果不能妥善应对疫情冲击及完善减贫战略，相当部分暂时性贫困人口将转化为长期性贫困。印尼减贫目标的实现，实际上面临不小的变数。

三　中国与印尼的减贫合作

贫困治理天然有去国别属性。印尼对减贫合作持开放和欢迎态度，希望借助国际资源提升减贫能力。中国秉承人类命运共同体理念，积极开展与包括印尼在内的东盟国家的减贫合作，取得丰硕成果。

1. 中印尼减贫合作现状

作为世界上最大的发展中国家，中国实现了快速发展与大规模减贫同

---

① *Jokowi Targetkan Kemiskinan Ekstrem Dihilangkan Pada 2024*, Website of Kompas, 4 March 2020, https://nasional.kompas.com/read/2020/03/04/15183991/jokowi-targetkan-kemiskinan-ekstrem-hilang-pada-2024? page=all.

② Didin S. Damanhuri, "Ekonomi Politik 2021", Republika online, 28 December 2020, p. 5.

步、经济转型与消除绝对贫困同步，到 2020 年底如期完成新时代脱贫攻坚目标任务，现行标准下 9899 万农村贫困人口全部脱贫，832 个贫困县全部摘帽，12.8 万个贫困村全部出列，区域性整体贫困得到解决，完成了消除绝对贫困的艰巨任务。① 中国的精准方略化解了"扶持谁"、"谁来扶"、"怎么扶"、"如何退"以及"如何稳"等关键问题，为人类减贫探索出新路径。中国与东盟以合作共赢为核心，建立新型国际减贫伙伴关系。这种合作以亚洲开发银行的中国减贫与区域合作基金及亚投行等为主要资金平台。2005～2018 年中国减贫与区域合作基金中的 24% 流向大湄公河区域减贫与发展合作项目，32% 用于东盟 10+3 和亚太经合组织成员项目，专用于东盟国别项目的占 5%。② 2007 年起每年举办的中国—东盟社会发展与减贫论坛以及随后推出的东盟+3 村官交流、东亚减贫示范合作项目已成为标志性的平台和项目，缅、老、柬、菲等经济社会发展水平较低的国家在其中受益较多。

中印尼减贫合作始于 21 世纪初，随时间推移合作方式趋于多样，实效明显。一是中方利用农业技术优势帮助印尼扶贫。早在 2010 年，中国商务部就提供援款并由隆平高科和印尼农科院共同实施"中国—印尼杂交水稻技术合作项目"，开中印尼技术扶贫合作之先河。杂交水稻技术在印尼多个省份推广，提高了印尼水稻产量和品质。二是印尼使用中方银行或中方参与注资金融平台的优惠贷款开展益贫基建。亚投行 2016 年与世界银行联合融资，为印尼贫民窟升级项目提供贷款；2017 年为印尼水坝安全管理提供融资以防止水坝被破坏，并加强水库运营，改善国内和农村的送水服务。三是两国借中国—东盟多边减贫论坛、研修班、研讨会和双边渠道交流扶贫经验。印尼对中国—东盟社会发展与减贫论坛、东盟+3 村官交流项目态度积极，在第八届东盟+3 村官交流项目中还是唯一派出村干部而非政府官员介绍农村建设和扶贫经验的国家。四是中国驻印尼机构和企业根据所在地实际进行小规模的扶

---

① 国务院新闻办：《人类减贫的中国实践》，2021 年 4 月 6 日。
② Asian Development Bank, *People's Republic of China Poverty Reduction and Regional Cooperation Fund-2018 Annual Report*, Manila, 2020, https://www.adb.org/sites/default/files/institutional-document/567901/prc-fund-annual-report-2018.pdf.

贫援助。在印尼的中企大多设址于不发达地区，其投资行为带动经济发展和就业，增加当地人民福祉。越来越多的企业主动践行社会责任，以修筑道路、捐资助学、捐助房屋和卫生设施设备等方式直接扶危济困。

当前的中印尼减贫合作交流呈现政府主导、参与主体趋于多元的特征，内容上相对轻项目援助而重经验分享与扶贫项目基层执行人员能力建设。2019 年中国商务部、农业农村部和印尼农村、落后地区发展与移民部合作启动印尼村长访华交流项目，先后组织两批共 45 名印尼村长赴北京、上海、江苏、浙江乡村同中国同行交流减贫经验。这在两国关系史上开创了由村长直接交流、探讨两国农业与农村合作的新模式。[①] 印尼政府对村长访华项目的期望甚高，对项目实施情况感到满意，有意在疫情后尽快重启此项合作。[②] 除了发达地区的乡村建设，中国中西部省份的精准扶贫经验同样引起印尼方的浓厚兴趣，其曾派出 22 名村长、技术人员专程到广西融安县学习建设"农民田间学校"的成功做法。这或许预示着基层政策实践者的交流在未来相当长一段时间内仍将成为两国政府间减贫合作的主流。

中印尼合作共识不断提升，减贫交流空间广阔。面临巨大减贫压力的印尼对中国减贫成就、经验、方案高度认可。2020 年 10 月，印尼总统特使卢胡特访华与国务委员兼外长王毅会谈时，提出希望借鉴中国扶贫经验和开展科技扶贫合作。2021 年 1 月，双方在印尼多巴湖再次会谈，议题包括海河沿岸地区减贫问题。减贫议题高频次出现于中印尼高层会谈，显示两国政府对该问题的重视，两国减贫合作将获得更大的发展空间。

2. 进一步加强中印尼减贫合作的意义

减贫合作是中印尼全面战略伙伴关系的有机组成部分，有利于提高贫困干预效果及深化两国政治经济关系。在区域层面，中印尼减贫合作将对地区

---

① 《驻印尼大使肖千为第二批印尼村长访华代表团送行》，中国驻印尼大使馆官网，2019 年 9 月 16 日，http：//id.china-embassy.org/chn/sgsd/t1698005.htm。

② "Pasca COVID-19, Kemendes Berencana Kirim kades Studi Banding Ke Luar Negeri"，https：//kemendesa.go.id/berita/view/detil/3335/pasca-covid-19-kemendes-berencana-kirim-kades-studi-banding-ke-luar-negeri。

消除贫困事业起到示范、带动作用，助益于更加紧密的中国—东盟命运共同体建设。

其一，降低贫困治理成本，提高减贫效益。作为印尼减贫战略的外部补充，中方经验及在消除绝对贫困方面所能提供的其他公共产品可谓正当其时，将增强印尼应对自然、结构和文化性致贫因素的能力，减少自主摸索减贫道路所需的时间、人力乃至资金投入成本。在相对贫困治理方面，十九届四中全会提出"建立解决相对贫困的长效机制"。印尼减贫战略关注重点也逐渐向相对贫困转移。中印尼可相互借鉴、彼此学习行之有效的治理措施，通过优势资源互补联通实现减贫效果最大化。

其二，促进"民心相通"，服务两国整体关系。"一带一路"倡议与"全球海洋支点"战略对接的最亮眼成就在经贸和投资领域；缺憾在于"民心相通"程度未与频密的经贸往来同步，短板亟须补足。一些国际民调机构的研究结果显示，印尼社会近年来对华好感度降低，部分民众对中国形象认知出现偏差。众所周知，若无充分民心基础，国与国之间的关系很难顺畅持续。减贫与社会最底层利益挂钩，直接提升贫困民众获得感和主流社会认同感。合作彰显中方对友邻民生关注及对社会平等发展的共情，其低敏感度的特点可在相当程度上避免印尼政治派别、利益团体纷争干扰。在良好的氛围下，中国发展故事更容易在当地民众中入耳入心，中国积极正面形象的构筑、提升顺理成章。可见，促进"民心相通"除需要突破性的人文交流举措外，减贫合作意义重大。

其三，构建区域间的减贫模式典范。仅依靠发达国家与发展中国家之间的"援助—受援"互动，减贫目标恐难实现。其中原因包括国际援助较低的制度化水平、援助机构间的利益协调和发展中国家自主参与的有限，以及"良治"论可能导致的发展中国家对于主权受到损害的疑惧。[①] 加强社会保障和减贫合作是《落实中国—东盟面向和平与繁荣的战略伙伴关系联合宣言的行动计划（2021~2025）》的内容之一。中印尼在这一框架下的合作是

---

① 丁韶彬：《国际援助制度与发展治理》，《国际观察》2008年第2期。

典型的新南南合作模式，双方关系平等、彼此尊重，印尼方不仅是减贫受益者也是与中国互利共赢的伙伴，这对于打破减贫领域国际发展合作的结构性挑战极具启发性。还要看到，中印尼减贫合作发生在两个发展中大国之间，印尼更是东盟龙头以及区域内绝对贫困人口体量最大的国家，将两国合作的承诺、方式、成果作为典范，将产生以双边促多边进而推动区域内各国参与的效果。

3.对进一步加强中印尼减贫合作的思考

中印尼减贫合作应更深地融入"一带一路"倡议与"全球海洋支点"战略对接。以现有合作渠道和成果为基础，两国可从减贫合作机制、项目、主体及经贸往来等多个方面携手推动落实联合国《2030年可持续发展议程》。

首先，建立双边减贫合作机制。中国与东盟减贫合作的多边轨道已经比较健全，鉴于中印尼合作发展趋势，有必要在两国之间建立和强化专门的双边机制，通过高层对话和减贫主管部门的常态化沟通凝聚共识，制定、优化顶层设计并统筹推进合作项目。地方政府的对接应该成为两国合作机制中的重要一环。原因在于，印尼分权语境下地方政府的能动性对多数减贫项目的落地和达成应有效果至关重要。在中国，广东、四川、云南、广西、福建等多个省份与印尼有地理环境及人文风俗的相似互通便利，无论承接国家减贫合作项目，还是开展"一对一"的友城减贫帮扶均积累了丰富的经验，有望继续走在两国合作的前列。

其次，打造政府间减贫合作标志性项目。除了相对贫困经验的双向交流外，合作以中国向印尼的援助输出为主，可结合印尼减贫战略，围绕农村发展和人力资源素质提升共商一系列项目。一是把"能促型"培训交流机制化，帮助更多印尼减贫决策者和政策执行者从中国经验中获得启发，因地制宜地寻找突破扶贫开发低效、贫困人口内生动力不足等困局的钥匙。二是借鉴东亚减贫示范合作项目经验推动农村、农业开发，以中方的经验、技术支援印尼农业转型升级，实现农民增收。三是开展多种形式的卫生和教育援助，目的是通过基础卫生领域、基础教育、职业技能领域合作加强对个人能力的提升，缓解印尼在这两个关键维度的贫困状况，阻断贫困的脆弱性代际传递。

再次，支持、动员社会力量积极参与。印尼的民间团体、宗教组织等在贫困治理中比较活跃，而我国"大扶贫"格局中的民营企业、社会组织、智库等也具备了"走出去"扶贫的资源和能力。两国加强减贫合作，为我国社会力量深化对外交流、推动民间外交创造了新机遇。双方社会力量的参与是对政府减贫合作的补充，有助于不同来源资金、异地扶贫经验、扶贫项目人才和技术的有机整合。

最后，在经贸合作中更多地引入减贫视角。两国经贸合作硕果累累，中国已成印尼第一大贸易伙伴和第二大投资来源国，这种合作客观上助益于印尼经济成长和增长方式向利贫性转型。如果把双边经贸安排与减贫创新性地融合起来，合作将更具深意，获得更大发展动力。在贸易往来中，两国关于棕榈油、热带水果等农林产品的贸易磋商既有经济上的互利互惠考虑，也应视为针对印尼农民贫困治理协作的一部分。在基础设施建设合作中，应向公众突出宣介其缓贫属性，中方还可力所能及地对印尼贫困地区基建项目给予资金和技术援助倾斜。此外，印尼的中资企业是两国经贸合作的主体之一，多使用当地原料和聘用当地劳动力是法定义务，这同样是履行减贫社会责任、深化合作共赢的必然要求。

中国与印度尼西亚教育合作新思考

赵健雅　吴桂林　吴明理*

摘　要： 随着中国政府"一带一路"倡议的实施，越来越多的中国企业带着中国技术走出国门，在"一带一路"共建国家生根开花，为共建"人类命运共同体"贡献中国智慧。中国企业走进印尼，面对的挑战是人才；印尼为发展中国家，在很多领域严重缺乏技术和管理人才，当地的人才不能满足投资企业的基本需求，制约了企业在境外的顺利发展。印度尼西亚是"一带一路"沿线的重要国家之一，处于工业化发展初级阶段。由于印尼工业发展规划和技术学科教育规划不足，工业基础设施比较弱，并且发展不均衡。印尼的大学工业技术门类科目不齐，缺少工业技术专业设置，工业技术教育与研究水平有待提升，所以其工业技术教育水平无法满足工业化发展的需求。本报告介绍了印尼的高等教育现状，以及印尼的科研水平，分析了在印尼创办工程类大学的可行性和必要性，提出了创办大学的理念。

关键词： 中印尼关系　高等教育　教育合作

中国企业对印尼的投资起步较晚，但增长迅速。"21世纪海上丝绸之路"倡议与印尼的"全球海洋支点"战略、"陆上经济走廊"战略高度契合，这给中国企业投资印尼带来新的机遇。中国企业到印尼投资，容易因人

---

* 赵健雅，北京化工大学国际教育学院留学生办公室主任；吴桂林，印中商务理事会秘书长，亚洲与太平洋地区红土镍矿合作组织秘书长；吴明理，博士，印中商务理事会理事长，印尼华裔总会名誉主席。

文差异遭遇阻碍，此外还面临着人才匮乏的困难。

中国企业带着中国技术走出国门，在"一带一路"共建国家生根开花，为共建"人类命运共同体"贡献中国智慧。由于印尼为发展中国家，处于工业化的初始阶段，工业门类不齐全，在很多领域严重缺乏技术和管理人才，当地的人才不能满足投资企业的基本需求，制约了企业在境外的顺利发展。

教育部在《推进共建"一带一路"教育行动》中提出加强"丝绸之路"人文交流，推动沿线各国建立教育双边多边合作机制，不断完善跨境教育市场监管协作机制。鼓励有条件的中国高等学校开展境外办学，集中优势学科，选好合作契合点。我们认为，中国教育应该走进印尼，助力"走出去"企业的本地化人才培养，跨境联合办学是切实可行的捷径。

一　印度尼西亚概况

印尼位于亚洲东南部，由太平洋和印度洋之间的 17508 个大小岛屿组成，面积 1904443 平方公里，海洋面积 3166163 平方公里，是世界上面积第 14 大国家。印尼是东盟第一大国，是世界第四人口大国，据 2017 年全国人口普查，人口总数 2.64 亿，其中近 53.4% 的人口集中在爪哇岛，该岛是世界上人口最多的岛屿。印尼华侨人口超过 1000 万，约占印尼人口总数的 3.79%（实际人数高于这一比例）。按行业统计，印尼的就业人口主要分布在农业、商业贸易业、工业、建筑业及服务业。

印尼奉行独立自主的积极外交政策，在国际事务中坚持不干涉内政、平等协商、和平解决争端等原则。印尼坚持以东盟为"贯彻对外关系的基石之一"的原则，在东盟一体化建设和东南亚合作中发挥了重要作用。

自 1990 年中国与印尼恢复两国外交关系以来，两国关系发展良好。2013 年 10 月，中国国家主席习近平访问印尼并出席亚太经合组织第二十一次领导人非正式会议，提出了"21 世纪海上丝绸之路"的倡议。印尼总统佐科·维多多于 2015 年 3 月 25～28 日对中国进行国事访问并出席博鳌亚洲论坛 2015 年年会，两国元首对两国关系发展表示满意，并强调中印尼建立全面战略伙伴关系以来，政治互信不断加深，务实合作成果丰硕，人文交流日益密切。中国和印尼在地区和多边层面拥有广泛的共同利益，在维护地区和平稳定、促进世界繁荣发展、全面推动南南合作、应对全球性议题方面是重要合作伙伴，两国高层领导多次会晤和交流，就教育、经贸、科技、卫生、人文交流等多领域进行磋商，并达成共识。

二　印度尼西亚的高等教育现状分析

印尼的高等教育体系包含公立大学与私立大学两类高校，全国拥有4670所高校，其中国立大学122所，将近97%为私立学校。印尼公立高等教育机构属于印尼政府主办，印尼教育与文化部管理；印尼私立高校由印尼教育与文化部审批创办，但是采用基金会管理的模式，印尼法律允许一个基金会在不同地区设立学校或分校，资金充足的私立高校办学便利，而缺少资金的学校就有可能遭到关闭；印尼是一个政教合一的国家，宗教性质的高校较多，归国家宗教委员会管理。

印尼高等教育机构主要有六种不同类型，即综合性大学（University）、学院（Institute，如万隆理工学院）、高等学校（School of Higher Learning，指只有一门学科的高等院校，如日惹的印尼造型艺术高等学校、万隆的社会福利高等学校等）、专科院校（Academy）、社区学院（Community College）、综合工业大学（Polytechnic），各类学校数据见图1。

TABEL / TABLE : 1
GAMBARAN UMUM PERGURUAN TINGGI (PT)
OVERVIEW OF HIGHER EDUCATION (HE)
TAHUN / YEAR : 2018

Variabel *Variables*	Nasional/*National*		Ristekdikti/*MoRTHE*						
			Negeri/*Public*		Swasta/*Private*		Total Ristekdikti/*Total of MoRTHE*	
	Jml./*No.*	%	Jml./*No.*	%	Jml./*No.*	%	Jml./*No.*	%
(1)	(2)	(3)	(4)	(5)	(6)	(7)	(8)	(9)
Lembaga / *Institutions*	**4.670**	**100,00**	**122**	**100,00**	**3.171**	**100,00**	**3.293**	**100,00**
Universitas / *University*	581	12,44	63	51,64	500	15,77	563	17,10
Institut / *Institute*	214	4,58	12	9,84	79	2,49	91	2,76
Sekolah Tinggi / *School of Higher Learning*	2.525	54,07	-	0,00	1.449	45,70	1.449	44,00
Akademi / *Academy*	1.054	22,57	-	0,00	973	30,68	973	29,55
Akademi Komunitas/*Community College*	19	0,41	4	3,28	14	0,44	18	0,55
Politeknik / *Polytechnic*	277	5,93	43	35,25	156	4,92	199	6,04

图1　各类学样综合数据

从学科分布来看，印尼高等教育学科多集中在社会学、健康学、经济学、农业科学和宗教学等学科，印尼高校的工程类学科较少。2018 年印尼教育与文化部官方网站的数据见图 2。

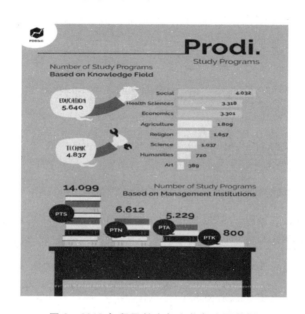

图 2　2018 年印尼教育与文化部官网数据

目前，印尼政府非常重视进一步加快高等教育的发展速度，同时也更注重提升印尼私立高等学校的教育质量。据 2018 年印尼研究技术与高教部统计，印尼高等教育教师人才，尤其是在工业技术和科学方面存在巨大的空缺和提升空间。

受经济发展水平和不均衡等的影响，印尼高校在专业设置方面非常不均衡，尤其是私立高校的专业设置主要以市场需求为引导，很多学校在计算机、信息技术、会计、医学护理、商务、宗教、管理和旅游等方面设置了院系，但是在工业技术、应用技术和科学理论方面，如机械工程、化学工程、材料科学与工程以及新能源等方向院系设置非常少，在航空航天、半导体材料等高端科学技术研究方面几乎处于空白。同时，印尼高校的教学设备和教学管理方式等各方面也远远不能适应工业化发展的需求，加上印尼人口居住分散在不同岛屿和地区，经济发展水平差异大，也严重影响了人才培养和均衡发展。

当前，印度尼西亚已经开始进入工业化发展阶段，印尼需要发展和完善基础设施建设，许多中国公司已经在印尼承接项目，中国和印尼企业家们已经开始在印尼合作建设工厂和发展产业链，许多合资或者独资项目已经启动，然而这些项目和相关技术需要印尼当地的人才。印尼政府非常重视更好地利用印尼的自然资源优势，并注意到缺少人才已经严重阻碍了经济和企业的快速发展，正在努力制定各种政策鼓励发展教育事业，尤其是技术教育。

三　中国高校到印度尼西亚开展教育合作的必要性

2013 年 9 月和 10 月，国家主席习近平在出访中亚和东南亚国家期间，先后提出共建"丝绸之路经济带"和"21 世纪海上丝绸之路"的重大倡议，即"一带一路"倡议。自此以来，在国内掀起了一股以国有企业为主、以民营企业为辅的多元化、宽领域的"走出去"浪潮。然而，中国企业在"走出去"过程中并非顺风顺水，中国企业的跨国并购和投资由于缺乏国际化发展经验，远远没有达到预期效果，当地的国际化合格人才匮乏是最重要的原因之一。

第一，中国企业"走出去"，人才属地化是企业落地生根并开花结果的首要条件。首先，雇佣印尼本地人才可以有效减少由政治、语言、文化等地缘政治事件干扰带来的经营风险；其次，多雇佣印尼当地工人帮助地方政府解决就业问题，提高属地人民的生活水平，也是印尼中央政府和地方政府的基本诉求；再次，多雇佣当地工人有助于减轻因外派人员高额工资带来的额外负担。开始阶段可以靠从中国外派技术和管理人员"传帮带"当地的员工，但这是权宜之计，而且"传帮带"有时还需要翻译，对翻译也有更高的要求。

第二，中国企业要想在印尼于经营方面取得关键性突破，关键在于人才。事实上，中国企业的整体管理水平不能很快适应印尼当地的环境，尤其在人力资源的获取方面存在巨大的困境。尽管一些中国企业在印尼的投资项目都设置有人才培养计划，还有很多企业设立学院培养印尼学生和青年成为自己需要的人才，但是出于种种原因，这些完美的培养计划无法收到预期效果。

第三，利用中国的教育资源优势，选送印尼当地学生到中国留学，是中国企业解决国际化人才短缺的有效途径之一，但人数不足。"走出去"的中国企业能否长久地在印尼当地生存下去在很大程度上取决于其是否具有既了解印尼国情又充分了解投资企业文化的高端人才，即通晓国际规则、掌握多种语言并且具有较高的专业素质的国际化人才。近年来中国政府为"一带一路"共建国家提供了不同类别的奖学金，鼓励当地优秀青年来华留学。应该说，这些留学生是在印尼投资的中国企业的重要人才来源，也是巨大的知华友华力量，但是由于送学生到中国留学培养成本高，留学生人数受限，同时需要比较长的时间，只适合培养高端管理和技术人才，无法解决企业的燃眉之急。

第四，对于在印尼投资的中国企业来说，要实现印尼本土化任用代替外派人员，如果等待印尼政府完善教育体系和培养所需人才是不现实的，必须主动想办法解决。中国政府已经注意到人才是"走出去"的中国企业的发展瓶颈，因而开始制定各种鼓励政策。中国政府对中外教育合作历来高度重视，改革开放40多年以来，我们的教育就是在不断扩大开放的过程中发展壮大起来并走向世界的，我们的方针历来是"引进来"和"走出去"并重，中国教育在"引进来"的同时大踏步地"走出去"。

为了从根本上解决已经和计划"走出去"的中国企业在国际化人才需求上的后顾之忧，更好地完成"一带一路"倡议的使命，把支持中国教育"走出去"作为支持"走出去"的企业的重要基础性工程，中国的大学需要到印尼开展合作办学，发挥中国大学的资源优势，这不但能从根本上解决在印尼投资的企业对高级人才的需求，还可以推动中国教育"走出去"落地，积极参与共建"一带一路"教育行动，高水平"引进来"，高起点"走出去"，全面提升教育对外开放水平。

四 开展工程教育合作符合印度尼西亚工业化发展需求

第一，印度尼西亚是"一带一路"上的重要国家之一，处于工业化发展初级阶段，与其他沿线国家一样，印尼的教育面对的是民众的技能水平、科学文化水平及综合素质的全面提升的挑战。印尼工业化发展亟须引进工程技术，并且亟须培养吸收先进工程技术的人才。

第二，印尼缺少国家统一完善的工业发展规划和技术学科教育规划，工业基础设施比较差，并且发展不均衡。印尼的大学工程技术门类科目不齐，缺少工程技术专业设置，工程技术教育与研究水平比较低，所以工程技术教育水平无法满足工业化发展的需求。中国的大学工程技术学科设置逐渐齐全，均衡发展，鼓励工程学科的"产学研"结合项目，为改革开放后中国工业技术的腾飞奠定了坚实的基础。印尼与中国工业化初期的国情有很多相似之处，开展合作办学，印尼可以通过学习中国教育的发展经验，实现快速培养急需的人才。

第三，中国已经成为印尼的第二大投资国，中国还是印尼最大的贸易伙伴。印尼大学的工程技术研究水平比较低，更缺少开展研究的设备条件和资金投入，缺少工程技术研究人才。印尼科研项目多集中于气候变化、地震地质学、疟疾遗传学、热带雨林研究等领域，但对工程技术类研究非常少。在重工业领域，中国的工业技术处于国际先进行列，更适合印尼目前的工业化发展阶段，而技术的宣传和推广需要相关的人才。

第四，印尼缺少国家统一的工程教育学科和与发展工业化配套的人才培养规划。印尼政府已经意识到，鼓励将知识转化成生产力，鼓励引进先进工业技术和鼓励先进技术的本土化是国家步入工业化时代的必经之路，并且开始计划制定相应的鼓励政策。把中国的教育理念、工程教育经验、人才培养经验带到印尼，携手发展工程高等教育和职业教育，是合力共建"一带一路"的最佳着力点。在印尼联合建设工程类大学和学院，树立"产学研"结合的标杆，可以快速地培养技术人才，有机会把这些工程类大学和学院建设成独具特色的一流大学。

五　合作创办工程技术大学和学院的理念

第一，开展工程技术教育合作，创办工程技术大学和学院，一方面可以帮助当地人提高就业水平和增加就业机会；另一方面也可以帮助印尼改善吸引外国投资的软环境，加速技术引进和技术本土化，创造经济增长点和增强国际竞争力。

第二，中国的大学与印尼的高等院校合作创办工程技术大学或者学院，不但可以提高印尼的工程研究水平，还可以更高层次地宣传中国技术规范和技术标准，培养知华友华人才，同时也规避了文化入侵的误解。

第三，针对印度尼西亚工业化发展初级阶段亟须发展重工业、金属加工业、材料工业、化学工业和环保工业等行业的特殊需求，中国的大学联合印尼的高等学校，从创办工程技术类大学和学院开始，例如在印尼的金属冶金技术、机械加工技术、材料科学技术、环境科学技术、电子技术和农业科学技术等领域，合作成立工程技术类学院，大力开展高层次、多专业、应用型的符合市场需求的工程技术和管理专业新课程教育。

第四，中国大学与印尼高等学校联合开展工程教育和工程技术研究合作，是促进印尼政府官员和企业家接纳中国先进技术的最佳途径，是促进中国先进技术在印尼落地生根的关键。合作开办的学院是中国先进技术的推广平台，也是中国企业境外合作的纽带和桥梁。这不仅可以为印尼工业化发展培养人才，还能为中国企业在印尼健康发展提供充足和合格的专业技术人才。

第五，中国的大学在印尼开展教育合作，需要符合印尼政府的法律法规。印尼政府已经出台支持外国到印尼办学的政策，印尼宪法对其他国家高等教育机构在印度尼西亚组织办学有很多规定，比如：其他国家高教机构必须经本国政府认可或认证，必须由印尼中央政府指定办学地点、类型及学习项目，非营利原则和以印尼籍教师为主，等等。两国大学开展教育合作不但要符合印尼国家的发展需求，还必须符合法律法规，必须遵循所在国文化和宗教习惯。

第六，借助中国政府建设"一带一路"倡议的指引，中国的大学联合印尼高等学校和中国"走出去"企业，通过跨境嫁接中国教育的先进经验和资源优势，合作开办工程技术类大学和学院，形成"产学研"链条，为印尼培养相关人才，同时还可以协助印尼企业家和政府官员了解相关技术信息和制定相关规范，进而促进中国企业在印尼投资、促进价值观全方位输出和促进中国技术标准的输出。

结　语

总之，经过精心策划和运作，中国应争取在几年内将合作创办的工程技术类大学和学院建设成为印尼工业发展技术人才的摇篮、吸引转化世界先进技术的基地以及创新技术企业的孵化器。

借助中国政府的"一带一路"倡议和中国与印尼的友好合作关系，通过借力中国的大学科技优势、人才优势和丰富经验，借力印尼各级政府的政策支持，合作创办工程技术大学和学院，属于双赢的国际合作项目，既可以为中国企业在印尼投资搭建桥梁和提供技术支持，也可以培养印尼当地的知华友华的技术人才和管理人才，预期会有非常好的社会效益和经济效益。

参考文献：

［1］Indonesia：Higher Educational Statistical Year Book 2018.

［2］王朝晖、张春胜：《"一带一路"倡议下中国企业"走出去"人才本土化研究——以来华留学生为例》，《上海对外经贸大学学报》2018 年第 5 期 。

［3］商务部国际贸易经济合作研究院 、中国驻印度尼西亚大使馆经济商务处 、商务部对外投资和经济合作司：《对外投资合作国别（地区）指南：印度尼西亚（2019 年版）》。

［4］方展画、王胜：《印尼高等教育的发展分析》，《比较教育研究》2013 年第 1 期。

［5］2018 年印尼研究技术与高教部统计数据。

［6］Ministry of Research and Technology/National Research and Innovation Agency，https：//international. ristekbrin. go. id/statistics.

佐科时代印度尼西亚幼儿教育发展趋势探析*

许　倩　刘莹娜**

摘　要： 作为首位平民出身的民选总统，佐科自 2014 年就任总统以来，在大力发展经济改革的同时，也在着力推进教育领域的改革。本报告介绍了印度尼西亚幼儿教育的基本情况、发展特点、儿童发育迟缓问题以及佐科时代印度尼西亚幼儿教育的发展趋势，并对中印尼幼儿教育国际合作提出了对策和建议。

关键词： 印尼　人力资源　幼儿教育

幼儿教育情况反映了一个国家的教育水平，也是国家未来人力资源的重要基础。美国经济学家杰弗里·萨克斯（Jeffery Sachs）在首届世界幼儿保育和教育大会中提出，早期教育投入在提高国家人口素质，减少贫困、犯罪等社会问题方面具有重要意义。

印尼是世界第四人口大国，其中一半人口在 30 岁以下，人口红利优势明显，但劳动力水平不高。根据世界银行的数据，印尼劳动力的发育迟缓率为 54%。在佐科总统宣布的执政纲领"印尼梦"中，提高人力资源素质被当作优先发展的国家计划。据联合国儿童基金会、世界卫生组织与东盟

---

 　*　本报告系教育部国别和区域研究专项资金项目（编号：教外司综［2019］3392）及河北师范大学 2020 年度人文社会科学校内科研基金项目（编号：S20C006）研究成果。

　**　许倩，法学博士，河北师范大学印度尼西亚研究中心助理研究员，河北师范大学国际文化交流学院副院长，主要研究方向为东南亚教育文化；刘莹娜，河北师范大学国别和区域研究中心硕士研究生，主要研究方向为东南亚教育文化。

2016 年发布的调查报告，印度尼西亚儿童发展问题特征明显：贫困地区儿童绝对数量多、早期养育水平低、接受幼儿教育机会少、儿童发展水平地区差异明显等。佐科政府重视人口素质问题，将解决儿童发育迟缓问题和提高幼儿教育水平作为优化早期人力资源的重要途径。

一 印尼幼儿教育的基本情况

（一）幼儿教育现状

印尼的幼儿教育主要分为两类：一类是正规教育；另一类是非正式教育。正规教育面向的群体主要是 4~6 岁的儿童，在普通幼儿园和伊斯兰幼儿园里为其提供教育服务。非正式教育主要分为两种，一种是游戏小组，主要为 3~6 岁的儿童设立；另一种是托儿所，其接受儿童年龄为 0~6 岁。

幼儿园教师分主讲教师与辅导教师两种类型。幼儿园对教师的年龄没特定的要求，一般教师年龄为 20~40 岁。幼儿园对教师的学历也没有特殊的要求，一般主讲教师要求大学毕业，幼儿专业或其他专业毕业皆可。当然如果是从其他专业毕业的必须有教育经验才可以当主讲教师，辅导教师则不要求大学毕业。此外，私立幼儿园还有专职宗教教师。

根据国家教育第 20/2003 号决议，有关"幼儿教育"第 28 部分第Ⅶ条规定：①幼儿教育要在基础教育之前进行；②幼儿教育可以通过正规教育、非正式教育的形式来组织；③正规教育的形式是公立幼儿园、私立幼儿园、伊斯兰幼儿园；④非正式幼儿教育的形式是游戏小组或其他等效形式；⑤非正式教育形式的幼儿教育的重点是家庭教育或环境教育。

幼儿毛入学率反映了幼儿教育的普及状况。在过去的十年中，印尼政府一直致力于提高幼儿教育的发展水平。印尼教育与文化部数据显示，3~6 岁儿童的毛入学率从 2010 年的 25.8% 上升到 2018 年的 32.11%。[①]

---

① Didik Suhardi, "Indonesia Educational Statistics in Brief 2018/2019", Indonesia Ministry of Education and Culture, http://repositori. kemdikbud. go. id.

表 1 2011~2016 年印尼幼儿毛入学率

	2011 年	2012 年	2013 年	2014 年	2015 年	2016 年
城市	28.53%	31.11%	31.93%	33.53%	38.95%	36.96%
农村	20.70%	22.43%	23.41%	25.25%	31.60%	32.29%

资料来源：Statistics Indonesia, "Angka Partisipasi Kasar（APK）Pendidikan Anak Usia Dini（PAUD）（Persen）", https：//kepri.bps.go.id。

（二）印度尼西亚幼儿教育的特点

1.地区发展不平衡

由于公立幼儿园的匮乏，印尼幼儿教育发展水平非常不均衡，贫困地区的幼儿入学率非常低。在各省中，日惹的幼儿园入学率最高，为 59%，而巴布亚的入学率最低，仅为 18%。除了巴布亚省，沙登加拉、马鲁古等东部地区，以及万丹、北苏门答腊地区的毛入学率也非常低。教育与文化部 2012~2013 年的统计数据表明，34 个省中有 24 个省的教育水平均低于全国 65% 的幼儿教育水平。城市幼儿入学率要高于农村幼儿入学率近三分之一。[①] 除了地区因素，家庭经济条件也是影响幼儿入学率的主要原因。贫困家庭幼儿接受教育的比例要远低于富裕家庭的幼儿。[②]

2.师资水平不高且待遇差别明显

教育与文化部 2011 年统计数据显示，大多数幼儿教师和保育员的资格还没有达到国家要求的标准。现有的教育法规要求幼儿教师必须是本科毕业的大学生，而目前只有 16% 的教师达到了这一要求。绝大多数的幼儿教师仅是高中毕业或专科毕业。除此之外，公立幼儿园教师和非公立幼儿园教师待遇差别明显。公立幼儿园教师能终身享受政府提供的免费培训，并能获得和政府公务员同等水平的绩效工资；非公立幼儿园教师只能参加相关职业协会或是偶尔有机会参与政府或大学举办的职业培训。非公立幼儿园教师只能

---

① Statistics Indonesia, Angka Partisipasi kasar（APK）pendidikan Anak usia Diui（paud）. http：//kepri.bps.go.id.
② Statistics Indonesia, "Education Indicators, 1994-2020", https：//www.bps.go.id.

从地方政府得到很少的绩效工资,绩效工资的标准和地方政府的财政状况紧密相关。

3.幼儿教育"小学化"现象普遍存在

很多幼儿家长认为,孩子在幼儿园期间应该增强读写和运算能力,但许多幼儿园在教学过程中很难实现边玩边学的教育方式。这对于印尼幼儿教育来说是一个两难的问题。在幼儿教育中,必须一边优先考虑儿童发育的需要,一边通过游戏来教授早期读写。另外,在花钱让孩子接受保育的父母们看来,尽早让孩子学会读写和计算是他们强烈的愿望。面向父母的有关于育儿方面的教育应该是解决这个问题的好办法,应该对家长进行关于育儿方面的教育,使其理解孩子是怎样成长和学习的。

4.国家主导的印度尼西亚幼儿教育政策

教育与文化部负责幼儿教育实施最低标准的规划、监测和评估。2009年,教育与文化部颁布《幼儿教育和保育国家标准》,对幼儿教育的发展标准、幼教机构的运营资质、课程设置内容和预算投资等作了明确规定。2013年,印尼总统条例第 60 号关于全面加强幼儿教育发展的规定,宣布实施"国家早教运动"(也称"帕迪萨西运动")。"国家早教运动"是一种旨在通过社会提供幼儿受教育机会的政府项目,其目标是每个村庄至少建设 1 个幼儿园。为了支持这一项目,教育与文化部向 25774 名幼儿教育老师提供了援助,每个幼儿教育机构平均可获得 45000000 印尼盾的援助拨款。[①] 政府还计划扩大幼儿教育的范围,重点是提高贫困家庭幼儿教育的入学率,并吸引社会资本参与幼儿教育的发展。

为了提高幼教师资的专业化程度,教育与文化部根据 2009 年教育法的规定,全面推动"教师专业教育"方案,为师范生和非师范生设立专门的幼教职前课程和专项实习课程来提升他们的专业能力。

---

① Didik Suhardi, "Indonesia Educational Statistics in Brief 2018/2019", Indonesia Ministry of Education and Culture, http://repositori.kemdikbud.go.id.

二 印西度尼亚儿童发育迟缓问题

（一）解决儿童发育迟缓问题刻不容缓

生长发育迟缓指在生长发育过程中出现速度放慢或顺序异常等现象。发育迟缓的不良影响分两种，即短期和长期影响。短期影响包括大脑发育障碍、智力发育障碍、身体发育障碍和代谢障碍；长期影响包括认知能力和学习成绩下降，免疫力下降，容易生病，且在老年时患糖尿病、肥胖症、心脑血管疾病、癌症等疾病的风险很高。

印尼卫生部 2019 年发布的《印尼幼儿营养状况研究》显示，5 岁以下儿童患有发育迟缓症的数量约为 700 万，幼儿发育迟缓的发病率为 27.67%。东努沙登加拉省是发育迟缓发病率最高的省份，巴厘岛是发育迟缓发病率最低的省份。世界银行有关报告显示，印尼劳动力的发育迟缓率已达到 54%。这标志着发育迟缓问题已经成为制约人力资源发展的重要因素。

根据印尼《2020~2024 年国家中期发展规划》，基础设施和人力资源将成为佐科政府的优先发展项目。佐科在 2019 年国家卫生工作会议上表示，发育迟缓发病率的降低将对印尼人力资源的质量产生影响。降低发育迟缓发病率将增强印尼人力资源的国际竞争力。印尼人力资源和社会发展统筹部 2018 年的报告显示，发育迟缓会导致国家每年 2%~3% 的国内生产总值或大约 300 万亿印尼盾的经济损失。这是因为发育迟缓降低了一个人的认知能力，从而抑制了人力资源的生产力和竞争力。

（二）政府解决儿童发育迟缓问题的相关措施

1. 家庭希望计划

早在苏西洛担任总统时期，印尼政府就开始重视解决儿童的发育迟缓问题。除了直接进行拨款援助外，政府还致力于提供清洁的水源和针对贫困家庭的特价粮食，从而努力减少发育迟缓儿童的数量。2007 年，政府实施

"家庭希望计划"（PKH），向贫困家庭直接补贴现金，前提是他们必须接受当地提供的健康和教育服务。受益家庭还需要参加"家庭发展讲座"，其中就包括旨在促成行为改变的健康和营养内容模块。"家庭希望计划"启动14年来，约有1000万贫困家庭受益。该项目提高了他们的营养水平，并确保儿童可以更长久地留在学校学习。

2. 全国加快防治发育迟缓战略

2013年，印尼开始实施多部门的"全国加快防治发育迟缓战略"，确保全国所有孕妇或有2岁以下儿童的家庭都可以获得对预防发育迟缓至关重要的一揽子服务。该战略包含两个方面，一是卫生部具体负责的加强儿童营养的系列措施。此部分包含三项内容：①针对孕妇的营养干预措施，包括孕妇补充营养计划，以预防能量和蛋白质缺乏、预防铁和叶酸缺乏、预防碘缺乏、预防孕妇肠道蠕虫病和预防疟疾。②针对母乳喂养的母亲和0~6个月大的儿童的具体营养干预措施，通过鼓励开始早期母乳喂养，特别是鼓励母亲为婴儿提供初乳和纯母乳喂养。③针对母乳喂养的母亲和7~23个月大的儿童的具体营养干预措施，包括鼓励对23个月大的儿童/婴儿进行母乳喂养、对6个月大的婴儿进行补充喂养，提供驱虫、补充锌、预防疟疾、全面免疫接种、预防和治疗腹泻的服务。二是营养干预系列措施。该措施由除卫生部外的其他23个部委负责，这些部委确保每个村庄、每个家庭都可以获得预防发育迟缓的服务。这包括卫生部、公共工程部（供水和卫生设施）、教育与文化部（儿童早期发展）、社会事务部（社会保护项目）、农业部（食品供应）、宣传部（行为改变）以及内务部和农村部（区和村一级的服务提供）。该战略还要求加强各级政府之间的协调，以确保基层可以有效提供预防发育迟缓的各项服务。① 为了提高跨部门协作的效率，2013年政府颁布了《关于加速"全国加快防治发育迟缓战略"》的第42号总统条例，"全国加快防治发育迟缓战略"指导小组由人类发展与文化统筹部部长担任。跨部门合作有12项具体内容：

---

① 系笔者根据世界银行报告《各国怎样培育人力资本》整理。

①确保提供清洁水；

②确保提供卫生设施；

③提高社区食品营养质量；

④提供育龄妇女获得保健服务和计划生育的机会；

⑤提供国家健康保险；

⑥分娩服务；

⑦向父母提供育儿知识培训；

⑧社区幼儿教育；

⑨社区营养培训；

⑩为青少年提供生殖健康教育；

⑪为贫困家庭提供援助和社会保障；

⑫提高粮食安全。

除了这些内容，政府还在 2017 年 7 月 12 日的全体会议上制订了"发育迟缓政府干预行动计划"。该计划拟于 2021 年将现有的"全国加快防治发育迟缓战略"扩大到 514 个地区。印尼政府在推进"全国加快防治发育迟缓战略"的过程中发现，贫困并不是造成发育迟缓问题的唯一原因。印尼信息与通信部 2018 年 8 月发布的调查表明，发育迟缓不仅发生在贫困家庭，40%的中产阶级家庭儿童也存在发育迟缓问题。因此，政府意识到儿童的养育方式和照顾儿童的人员的知识水平也是影响儿童发育迟缓率的主要因素。比如说，孩子在幼儿阶段，如果父母都需要上班，孩子就必须被放在保姆家中进行寄养照顾，因此照顾孩子的保姆的养育方式和知识水平就决定着孩子能否获得充足的营养。

3. 相关法律法规

印尼政府颁布了一系列法律法规，旨在有效降低发育迟缓发病率。如 2004 年卫生部颁布了《印度尼西亚关于母乳喂养的第 45 号法令》，2009 年卫生部颁布了《关于健康的第 36 号法律》，2011 年印尼国家发展策划部发布了《2011~2015 年国家食品和营养行动计划》，2012 年卫生部颁布了《关于母乳喂养的第 33 号政府条例》，2013 年卫生部颁布了《在生命第 1000 天内加速营养全国运动的计划》和《关于为母乳喂养提供特殊设施的第 15 号条例》，2014 年卫生部颁布了《关于加强社区卫生条件的第 3 号条例》、《关于努力改善营养的第 23 号条例》以及《促进改善营养的国家计划》（2014 年第 42 号总统条例）等。《2005~2025 年国家长期发展规划》指出，2019 年，100% 的印度尼西亚人民将满足改善饮用水和卫生服务的需求。《2015~2019 年国家中期发展规划》将 2019 年印尼的儿童发育迟缓率目标降至 28%。2021 年 1 月 26 日，印尼人类发展与文化统筹部部长穆哈吉迪尔·阿芬第（Muhadjir Effendy）在有关儿童发育迟缓问题的政府记者会上表示，要在 2024 年之前将儿童发育迟缓率降低在 14% 以下。[①]

三 佐科时代印度尼西亚幼儿教育发展趋势

2014 年，佐科击败普拉博沃当选第七任印尼总统。在 2014~2019 年的任期内，佐科呼吁印尼人民共同奋斗，建设海洋强国，确定新政府施政的首要目标是实现拥有政治主权、经济独立、文化个性的统一独立国家，致力于为广大人民服务，实现国家富强。2019 年，佐科再次开始他的第二个总统任期，并承诺将把发展人力资源、创造就业机会、让教育资源触达全国的各个角落列为第二任期的执政重点。因此，全面优化早期人力资源水平，提高幼儿教育质量，降低儿童发育迟缓率将是佐科政府努力的重要方向。

1. 全面提升幼儿教育质量

佐科承诺政府将全力支持提高幼儿教育质量。首先，政府将对幼儿教育机构加大投资，以保证机构基础设备齐全，满足良好教学的条件，而且政府要鼓励幼儿积极参加教育，以获取高质量的人才。其次，要提高幼儿教育机构保育员的综合素质，确保保育员对于自身所需要掌握的必备技能都能够熟练应用，能够有效地处理在教育机构中所出现的突发状况，以保证每个幼儿都能够健康的成长。此外，各地区政府之间要加强合作，经济发达的省要带

---

① 《根据世界银行数据印尼发育迟缓率已达 54% 佐科任命 BKKBN 执行减少发育迟缓计划》，《印度尼西亚商报》2021 年 1 月 26 日，http：//www.shangbaoindonesia.com/read/2021/ 01/ 26/politics-1611669358。

动经济落后的地区，实现教育资源公平分配。对于落后地区以及农村地区的儿童，要多给予经济上的支持。最后，鼓励私立幼儿教育机构发展，必要时给予经济上的支持，同时也要提高此类机构的保育员质量，鼓励私立机构帮助公立幼儿教育机构分担压力。

2. 提升幼儿教育毛入学率

近年来，随着政府对教育的大力支持，幼儿教育毛入学率一直在稳步提高。印度尼西亚现阶段保育员较为短缺，以致幼儿在学前教育机构中并不能拥有良好的教育，这就导致父母并不想将儿童送入学前教育机构去学习。而要提升幼儿毛入学率，就需要广揽人才，并且要向家长进行普及教育，宣传将幼儿送入学前教育机构的重要性，才能使幼儿教育毛入学率保持稳定增长。政府支持私立幼儿教育机构替公立机构分担压力，并且鼓励父母将幼儿送入学前教育机构，让其接受良好的教育，因为这个阶段是幼儿形成良好品格的关键阶段，务必要保证幼儿有一个良好的学习环境。同样，由于地区发展的限制，农村地区比城市的幼儿教育毛入学率低 5 个百分点左右，政府加大对农村地区的资金支持，以保证其入学率。至于保育员的福利待遇，城市与农村地区不能相差太多，要保证农村地区的师资力量。

3. 降低儿童发育迟缓率

相对于前几任总统，佐科非常重视人力资源发展问题，他认为发育迟缓是阻碍印尼人力资源发展的重要因素。因此在他的执政愿景中，高度重视解决儿童发育迟缓问题。佐科政府已经意识到儿童发育迟缓问题的解决需要建立跨部门的联动机制。他重视预防传染病和通过社会文化影响人们的生活方式，同时提出了多种增加援助资金的方式，如果这些措施在其任期内能够顺利实现，"将大大减轻国家的财政负担，同时也预示着政府财政赤字有可能达到最低的水平"。[①] 因而，佐科在连任竞选的施政纲领中便提出了一系列改善儿童生长发育迟缓问题的措施。（见表 2）

---

① Tim Penulis, "Indonesia 2018", Indonesia: The Indonesian Institute, Jakarta, http://www.theindonesianinstitute.com.

表2　2018年佐科—马鲁夫总统候选人组合在总统竞选纲领中
提出的有关解决发育迟缓问题的施政纲领

导致发育迟缓的因素		佐科—马鲁夫的施政纲领
直接因素	营养不良	加快为孕妇提供从怀孕初期开始的营养摄入保证
	传染病	保证社区卫生部门的药品质量
间接因素	粮食安全	通过促进农业技术创新，提高产量，增加农民收入，扶植农业企业，鼓励农业合作社，增强农产品的市场竞争力
	父母教养方式和饮食习惯	改善原生家庭父母喂养方式
	医疗卫生服务	①改善饮用水净化设施和环境卫生设施 ②加快环境基础设施建设，确保每个家庭有干净的如厕环境，以提高生活质量 ③让贫困人口拥有公平的卫生保健援助 ④发展城市基础设施，特别是饮用水净化设施和垃圾处理设施 ⑤加快农村生活基础设施建设如饮用水净化设施、卫生设施和农村电力设施等
重要因素	教育	①继续改革社会教育援助资源分配体系 ②提高家庭喂养营养知识水平
	贫困	①继续改革社会贫困人口援助分配制度 ②增加援助资金 ③分阶段扩大非现金、粮食援助的覆盖面 ④实施国民商业信贷计划、超小额信贷和循环信贷、企业捐助等措施，利用融资激励计划增加收入 ⑤鼓励发展小型家庭企业满足社区家庭的需求 ⑥提供金融通识教育和家庭金融知识教育 ⑦鼓励实施包容性金融与家庭创业
	社会文化	①重视女性在家庭经济中的贡献 ②重视女性在家庭教育中对塑造孩子品格的重要作用
	政府政策	①规范中央和地区政府之间从规划、预算和财政援助到指导和监督的工作程序 ②完善政府对地区的援助和监督职能，特别是在政务公开、地区财政管理和服务公众方面的职能

4.加强幼儿潘查希拉价值观教育

潘查希拉是印度尼西亚的意识形态的基础，也是印尼教育制度的一个重要特色。潘查希拉又称"建国五原则"，由印度尼西亚共和国第一任总统苏加诺于1945年6月提出，用以指导印尼民族的发展。潘查西拉是印尼道德教育的基准，由五个部分组成：①信仰唯一的神；②正义和文明的人道主义；③印度尼西亚的团结统一；④在代议制和协商的智慧思想指导下的民主原则；⑤印尼全体人民的公平与正义。

幼儿阶段是儿童道德品格形成的关键时期。潘查希拉教育与人的品格教育密不可分，它不但关系着人的智力发展，而且更多关注的是人的品格、道德和行为。因此，在幼儿时期加强潘查希拉价值观教育能更多地挖掘孩子的潜能，帮助他们塑造良好的性格和积极的行为。佐科在2020年11月20日的公开演讲中表示，要尽早将潘查希拉价值观植入幼儿教育中，并建议通过游戏的形式让潘查希拉精神更易于让儿童接受。"目前，印尼教育与文化部拟启动潘查希拉道德教育（PMP）课程计划，在幼儿园、小学、初中阶段设置专门的有关潘查希拉道德教育的课程。"①

5.借鉴他国经验，注重品格培养

2020年6月4日，佐科在雅加达独立宫举行的有限内阁会议上要求教育与文化部修订2020~2035年的教育路线图，明确提出借鉴他国教育经验来适应未来的挑战。佐科表示，由于未来的工作方式将与我们今天所经历的相差很多，未来优秀人力资源的形成不再拘泥于过去的知识，而是未来的知识。因此，他要求吸收国外教育的经验对教育体系进行调整，例如澳大利亚的幼儿教育计划，芬兰的中小学教育，德国的职业教育，韩国的高等教育。此外，佐科再次强调品格教育对印度尼西亚年青一代的重要性。他希望通过培养潘查西拉和印度尼西亚文化的价值观来提高人力资源素质，以培养青年人的高尚品格。

---

① Didik Suhardi，"Statistik Sekolah luar Biasa（SLB）2018/2019"，Indonesia Ministry of Education and Culture，http：//repositori. kemdikbud. go. id.

四　深化幼儿教育国际合作，夯实中印尼民心相通之基

（一）中印尼幼儿教育国际合作的发展现状

当今世界正处于百年未有之大变局，这是党的十八大后习近平总书记科学分析世界形势发展变化后提出并反复强调的一个重大战略判断。全球合作和思想、制度、文化交流更加紧密，竞争和对抗更加激烈。中国与以印尼为代表的发展中国家的经验交流、理念互动和治理对话稳步发展，不断拓展了人文交流与合作的领域和内容。2019 年 6 月 28 日，国家主席习近平参加在日本大阪举行的二十国集团领导人第十四次峰会期间会见佐科总统，提出双方要加强治国理政经验交流的建议。2019 年 9 月 20 日，佐科总统在印尼首都雅加达会见中联部部长宋涛时，再次表达了同中方加强治国理政经验交流、实现共同发展的意愿。

民心相通是"一带一路"建设的重要组成部分，也是"一带一路"建设的人文基础。印尼人力资源状况具有鲜明的特点。2018 年印尼青壮年和逐渐进入劳动年龄段（15~64 岁）的人口总数高达 1.8 亿，占总人口比例的 69%，是一个享受绝对人口红利的国家。其中，14 岁以下儿童占总人口比例的 26.55%。1990 年代，随着贫困问题的不断深化，越来越多的人认识到"儿童成年后由于缺乏能力（包括满足基本生活需要的生存能力、经济能力、语言能力和社会交往能力等）而无法有尊严地生活，进而导致缺乏平等参与社会竞争，获得教育、医疗、社会保障等公共服务以及参与社区公共生活的能力，社会融入很困难"。①印度尼西亚大学人口研究所的专家梅林认为，经济可持续增长的关键在于充分利用人口规模优势，转变人力资源素质，要做到这一点，政府需要改革教育系统。2019 年，佐科连任总统，逐步将面向学龄前儿童及其家庭的早期教育人力资本优化项目作为开发型扶

---

① 冯江英、石路：《以增强国家认同为目标的学前教育公共服务国际政策经验》，《中南民族大学学报》（人文社会科学版）2019 年第 4 期。

贫、减贫的新思路，这对从根本上阻断贫困的代际传递并最终促进印尼社会公平、实现社会稳定具有重要价值。两国高层的重视为中印尼在加强幼儿教育国际合作方面提供了强有力的保障。目前，中印尼两国幼儿教育领域的合作交流主要集中在设有学龄前教育专业的高职院校中。在合作方式上，双方主要采用海外留学、冬夏令营、教师互派、学生互访、中外合作办学、科学研究课题合作、外企订单培养合作、教师境外专修学习、学生学分互认、学生海外实习、国际学术论坛、中外演出、教学资源共享、国外先进课程引进、对外汉语教师外派等十多种形式，取得了良好的效果。

（二）中印尼幼儿教育国际合作的建议

第一，加强相关院校学前教育专业交流。构建优秀的课程体系，建立有效融合的高素质教学团队，实现国际优质教育资源的共享与本土化，推动两国学前教育的国际化发展。

第二，打造品牌项目。服务"一带一路"重大战略和开放型经济体制改革，加强与两国知名本科院校沟通协作，共同探索企业联合办学等多种形式的境外办学。

第三，建设中印尼幼教联盟。聚集资源，形成区域协同合力，推动国际跨文化交流，促进建立共同体意识，提升人才培养质量。

五　结语

作为首位平民出身的民选总统，佐科自2014年就任以来，在大力发展经济的同时，也在着力推进教育领域的改革。在第一个任期里，印尼宏观经济稳定，基础设施建设发展迅速，人民福利得到提高，收入和地区差距缩小，佐科在2014~2019年的任期成绩普遍受到民众认可。在2019年10月连任成功后，佐科将发展的理念推广到国家治理的更深层面。他将人力资源发展与提高国民教育水平密切结合，将解决儿童发育迟缓问题与增进民生福祉相融合，并积极推进教育领域改革。新一届印尼政府致力于发展医疗、教育和人力资源来提高经济发展水平。全面提高幼儿教育质量，重点解决发育迟缓问题将成为佐科时代政府推进教育改革、优化人力资源素质的优先事项。这种以发展为中心的执政兴国理念也会给印尼带来一个十分光明的未来。

　　国家主席习近平指出，深化人文交流互鉴是消除隔阂和误解、促进民心相知相通的重要途径。中印尼关系正处于历史最好时期，两国政治互信不断加强，贸易投资不断扩大，人文交流十分活跃。特别是 2015 年 5 月建立副总理级人文交流机制以来，两国在文化教育领域的合作明显加强：两国教育主管部门互访频繁，高等教育交流合作全面拓展；越来越多的留学生到对方国家学习，极大增进了双方的相互了解与信任。相对于高等教育、职业教育等教育类别，两国在幼儿教育领域的交流还不多，规模还不够大，还存在着较大的合作空间。中印尼两国应当大力加强幼儿教育人文交流，积极开展文明对话，通过互学互鉴增进相互了解与合作，从而推动构建人类命运共同体。

中国与印度尼西亚智库合作：
文化资本理论的视角

刘德军　王勇辉*

摘　要： 新冠肺炎疫情暴发以来，中国和印尼人文交流受到严重影响，两国此前所有既定的人文交流项目暂缓或取消，但两国智库通过创新合作方式，充分发挥互联网优势，加强相互交流与研究，为大变局下的两国政治互信和经贸合作注入了更多思想，成为疫情下中印尼人文交流的一抹亮色。本报告试图通过文化资本理论的视角，指出智库合作有利于增进中国和印尼两国人民相互理解，形成正确认识。智库应加强交流与合作，共同营造合作共赢的认知环境，推动中印尼双边关系健康发展。未来，中国和印尼两国政府应加强对智库合作的支持，智库也应创新合作交流方式，深化基础研究，为两国共建"一带一路"提供智力支持。

关键词： 新冠肺炎疫情　中印尼人文交流　文化资本　智库合作

印尼作为东南亚地区大国和全球中等强国，也与中国建立的第一个高级别人文交流机制的发展中国家。自2015年两国建立副总理级人文交流机制以来，两国人文交流硕果累累，已经成为两国关系发展的三大支柱之一，对推进两国民心相通，促进两国政治互信和经贸合作具有重要作用。人文交流包含三个层面的交流，即人员交流、思想交流和文化交流，其目的是促进人

---

* 刘德军，华中师范大学政治与国际关系学院博士生；王勇辉，华中师范大学政治与国际关系学院、中印尼人文交流研究中心副教授。

民的相互了解与认识，从而塑造区域文化认同、价值认同，最后达成区域政治合法性的支持。① 思想交流是中外人文交流的重要内容，而智库合作是中外思想交流的主要方式。智库（Think Tank），也称思想库，是指为公共政策决策者提供新思想、新理论、新方案的公共政策研究机构。② 智库合作是中印尼人文交流的主要领域之一，在拓展和丰富中印尼人文交流内涵，发挥中印尼高校智库对话方面，发挥了良好的作用。

2020 年，随着新冠肺炎疫情的暴发和蔓延，全球陷入公共卫生危机，对国际政治产生深远影响。一方面，新冠肺炎疫情进一步激发了中小国家的"政治觉醒"，由中小国家和非国家行为体组成的"非极力量"在国际舞台上的地位不断提升，其在国际舞台上将更加独立自主。③ 另一方面，疫情防控的需要使得国家间国境边界关闭、人员往来受阻，疫情前形成的人文交流模式和格局受到较大冲击。在此背景下，作为影响政府决策和推动社会发展的重要力量，智库不仅是一个国家软实力的重要组成部分，也是影响国际话语权乃至国际关系的重要因素。④ 中国和印尼两国智库更应加强合作与研究，增进中印尼人民相互了解和友谊，为两国合作集思广益、建言献策，为促进中国和印尼关系发展、构建人类命运共同体贡献力量。

一　文化资本理论的分析框架

通过文献梳理，可以发现尽管当前对中外人文交流的研究和论述非常多，其中有关中外人文交流的历史梳理，指出中国开展人文交流始终围绕总体外交的中心任务，其发展体现了中国外交向大国外交转型等。⑤ 还有相当部分学者通过对中外人文交流的功能分析，提出人文交流有利于国家间民心

---

① 许利平、韦民：《中国与周边国家的人文交流》，时事出版社，2015，第 4 页。

② 王辉耀、苗绿：《大国背后的"第四力量"》，中信出版社，2017，第 1 页。

③ 刘建飞：《新冠肺炎疫情对国际格局的影响》，《当代世界与社会主义》2020 年第 3 期。

④ 李艳杰：《谈智库种类的划分》，《教育教学论坛》2016 年第 38 期，第 45 页。

⑤ 张骥、丁媛媛：《中国民间外交、地方外交与人文交流 70 年——人民的外交》，《国际展望》2019 年第 5 期。

相通、构建人类命运共同体，同时加深世界对"一带一路"倡议的认同度等。① 此外，还有部分学者对中国与各个国家及具体领域的人文交流进行研究，为推动中外人文交流深入发展提供相应解决思路等。人文交流作为新时代中国特色大国外交的重要组成部分，是人与人之间沟通情感和心灵的桥梁，是国与国加深理解与信任的纽带，与政治交流、经贸交流相比，人文交流更具基础性、先导性、广泛性和持久性的特点。② 国家等国际行为体进行外交活动的目的和动机都是从维护自身利益出发，利益可以是政治的、经济的和文化的。从本质上来讲，通过人文交流促进国家间文明互鉴和构建人类命运共同体可视为中国在新时代对外交往中的文化资本投资。尤其是智库合作，智库的功能作用表现在三个方面：其一，智库通过相关媒体渠道向社会民众推广其思想。③ 其二，智库通过对信息和思想进行选择、编辑、转换，构建或者支持现有政策的话语体系。④其三，智库充当着"意识形态联谊会"的场所。⑤ 国家间的高校智库每年举办或参加的座谈会、研讨会、国际论坛等学术交流活动和研究成果，不仅成为国家间人文交流的重要组成部分，更促进了双方的相互了解，获取正确认知，从而转化成一种文化资本，推动国家间关系健康发展。

　　文化资本是社会学的重要概念，最早由孔德提出，并由法国社会学家布迪厄系统阐述，资本是一种铭写在客体或主体结构中的力量，它也是一条强调社会世界内在规律性的规则。⑥ 在传统意义上，资本主要有三种形式：一

---

① 应琛：《"一带一路"框架下人文互通的现状与思考》，《当代世界》2019 年第 5 期。

② 刘延东：《深化高等教育合作，开创亚洲人文交流新局面》，《世界教育信息》2010 年第 12 期，第 11 页。

③ J. Arnoldi, "Informational Ideas", *Thesis Eleven* 1, 2007, pp. 58-73.

④ Stephen Ball, Sonia Exley, "Making Policy with 'Good Ideas': Policy Networks and the 'Intellectuals' of New Labour", *Journal of Education Policy* 2, 2010, pp. 151-169; Diane Stone, "Recycling Bins, Garbage Cans or Think Tanks? Three Myths Regarding Policy Analysis Institutes", *Public Administration* 2, 2007, pp. 259-278.

⑤ Diane Stone, Andrew Denham, Mark Carnett eds., *Think Tanks Across Nations: A Comparative Approach*, Manchester University Press, 1998, p. 34.

⑥ 包亚明：《文化资本与社会炼金术》，上海人民出版社，1997，第 189 页。

是物质资本，即机器、工厂等具体的生产资料；二是经济资本，即钱，能够生成钱的钱等；三是社会资本，主要由社会义务组成，并以某种高贵头衔的形式被制度化。而文化资本则主要讨论将价值观、知识、行为规范和模式以及文化的物质载体作为生产资料在社会和经济中的作用等。根据美国社会心理学家亚伯拉罕·马斯洛的观点，文化，由于其独特性，从而或者是一种稀缺资源，构成消费产品的生产要素；或者本身就是高层次需求的消费产品本身，这一"要素"性质与自然资源类似。同时，由于文化是长期历史传承的产物，每一次历史中的创造过程在今天看来都是前人对人类的"投资"，它形成存量，即"文化资本"。① 国际社会与国内社会一样，文化的力量已经渗透到社会的各个角落，行为体的价值观、知识、行为规范和模式以及文化的物质载体也作为一种"资本"，为这种资本的所有者带来一定的收益。文化资本理论揭示社会现实社会的一个重要侧面，在国际政治中，将国家成本收益研究从传统的政治、经济等领域扩展到文化领域。本报告基于文化资本理论框架，分析新时期中国在建设"一带一路"过程中进行文化资本投资的路径，探究这种文化资本的投资在中国与共建国家打造民心相通中的作用，并利用国家文化资本的相关理论模型进行评析。

　　文化资本理论的基础是"场域"，场域是位置之间的客观关系的网络（network）或构型（configuration），而这些位置由资本或权力的分配所决定。② 社会个体通过符号竞争和个人策略在场域里开展活动，因此，场域内存在各种力量和竞争。布迪厄认为，场域中活跃的力量是那些定义各种"资本"的东西，而竞争的逻辑本质上是资本的逻辑。③ 布迪厄认为，文化资本泛指任何与文化及文化活动有关的无形及有形资产，分为三种表现形式：一是身体化形态，主要包括知识、教养、技能、趣味及感性等文化素质

---

① 〔美〕亚伯拉罕·马斯洛：《动机与人格》，许金声等译，中国人民大学出版社，2007，第42~79页。

② 〔法〕布迪厄、〔美〕华康德：《实践与反思——反思社会学导引》，李猛、李康译，中央编译出版社，1998，第134页。

③ 包亚明：《文化资本与社会炼金术》，上海人民出版社，1997，第139~161页。

和能力；二是客观形态，即文化产品，主要包括图书、电影、音乐和时尚等体现文化色彩的文化艺术产品；三是制度化形态，是一种客观化的形式，这种形式赋予文化资本一种原始性财产的性质，而文化资本正是受到了这笔财产的保护，通俗地讲就是指资格认定证书和文凭等社会公认的文化能力。①文化资本作为行为体的社会身份属性，被视为政体的文化趣味、消费方式、文化能力和教育资历等的价值形式，这些非物质财富也是资本的一部分，并能创造经济利益。② 而在国际关系中，由于国家都是相互平等的行为体，且不存在凌驾于国家之上的世界政府，也就不存在某种机构赋予国家资格认定证书和文凭等。因此，国际关系中的文化资本则主要包括身体化形态和客观化形态，前者即无形的文化资本，如既包括国家文化在国际上的影响力，也包括国家之间的正确认知、认同等，后者即有形的文化资本，如电影、书籍等文化产品和文化载体等。

国际政治学也有相关理论将文化纳入分析国际关系的因素，如建构主义基于社会本体论提出共有观念的概念，认为国际社会的观念结构（文化）构建了行为体，行为体的外在行为受国际社会观念结构的制约；约瑟夫·奈从国家综合国力中无形力量的角度，认为国家的文化、价值观念和社会制度等因素与土地、自然资源和人口一样，也是国家权力的重要组成部分；此外，还有亨廷顿基于现实政治原则的保守思维，将文明或者文化视为未来世界国际冲突的根源，提出建立在文明基础上的世界秩序才是避免世界战争最可靠的保证等。与上述国际关系理论相比，文化资本理论下的文化既不同于建构主义和文明冲突论将文化视为一种先验的存在，进而塑造不同的国际共识和国家间的行为模式；也不同于约瑟夫·奈将文化视为国家软实力的主要资源基础，而这种软实力就是一国通过吸引和说服别国服从本国的目标，从而使自己获得相应利益的能力。文化资本理论更侧重于将文化作为一种生产

---

① P. Bourdieu, "The Forms of Capital", in J. Richardson ed., *Handbook of Theory and Research for the Sociology of Education*, Greenwood, 1986, pp.241-258.

② J. Webb, T. Schirato, G. Danaher, *Understanding Bouedieu*, SAGE Publications, 2002, p.10.

要素，其在社会中可以通过文化产业和对社会行为体思维方式及价值观念的塑造转变为经济资本和社会资本。

通过文化资本理论与国际关系理论中关于文化的论述的比较可以发现，文化资本理论并非简单地直接将文化作为一种先验的或直接可以产生收益的资源。而文化作为资本的一种形式是一个中性的概念，资本对应的是投资，而投资的结果可能是收益，但也可能是亏损或者与预期收益不符的情况。资本的收益亏损主要受资本操控者行为的影响，而文化作为一种资本要产生效益也取决于文化资本所有者的行为选择。文化资本论认为，文化表面是纯文学性的，但文化和文化活动实际上是功利性的，文化资本本身具有一种掩盖其自身可以与经济资本进行相互转换的功能。布迪厄认为，"从物质性'经济'资本转化演化而来并以一种虚假的面目出现的象征资本，按照它可以在何种程度上掩盖自身是一种源自'物质'形态资本的事实，并且以后也能够继续掩盖这一事实，创造着一种固有的效用"。[1] 因此，文化及文化活动在社会中产生效益即取决于文化本身的潜在属性和文化资本所有者的行为活动。

根据布迪厄的观点，文化资本的效益体现在与经济资本、社会资本的互相转化上，与马克思关于资本的论述一致，布迪厄也将劳动视为各个资本之间相互转化的标准。同时布迪厄还扩充了"劳动"的内涵，把教育也纳为劳动的一种，并认为教育是增加行为体文化资本的重要方式，指出社会行为体通过教育获得相关知识。正如美国社会学家艾尔文·古德纳指出的，文化资本是对文化的私人占有，是把文化公共圈为私有。[2] 尽管文化知识本身不具备排他性，但从社会行为体之间的横向比较来看，通过教育、培训等手段获得文化知识的人要比那些没有接受教育的人有更多的文化知识和诠释文化的话语权，从而形成文化资本的"私有化"。

---

[1] Pierre Bourdieo, *Outline of a Theory of Practice*, Cambridge University Press, 1997, pp. 183 - 190.

[2] 〔美〕艾尔文·古德：《知识分子的未来和新阶级的兴起》，顾晓辉、蔡嵘译，江苏人民出版社，2006，第14~18页。

值得注意的是，尽管将社会学的概念用来分析国际关系的问题有一定的视角和方法论的创新性，但也应考虑适用性的问题。在国际关系中，主权国家组成的社会，其行为受到国际规则约束，国际社会不是无秩序的，而是有秩序的。① 因此，有规则可循的国际社会为国家文化资本提供活动的场域。但国际关系领域下的文化资本在来源和表现形式上与社会学存在一定的适用性问题。首先，关于文化资本的来源问题，社会学认为教育、培训等是行为体获取文化资本的主要途径，但是在国际社会中，并不存在对国家进行文化知识培训的机构。除文化产品的贸易直接产生经济效益外，文化资本在国际关系中还体现在国家间的民意基础和正确认知上。因此，国际关系视角下的文化资本的来源主要依靠国家自身的对外交流，其中最根本的是人文交流，人文交流有利于夯实国家间的民间基础，是增加国家间相互了解、增信释疑和减少战略误判的重要途径，国家间的正确认知从无到的过程便是交流的过程，对文化知识的获得也体现在国家间展开人文交流，推动两国文明互鉴和民心相通等方面。

其次，社会学中的文化资本的私有化问题体现在行为体之间的"我有，你没有"，或者是行为体之间关于文化的知识掌握情况的差距从而形成一种优势，这种优势即为资本。而国家之间不存在文化知识上的差距，各个国家的文化和文明都是平等的。中国构建并积极推动"一带一路"倡议建设不仅是给共建国家提供经济发展的平台，更是突破国际关系中的西方霸权的话语体系。如前所述，西方国际关系学界关于文化和文明的论述几乎都是本着社会达尔文主义的观点，认为西方不仅在人种上高于其他人种，文化上也是西方文明优于其他文明，并由此衍生出文明冲突论和主张对外输出文化和价值观的软实力理论等。而中国则认为世界各国的文明和文化都是平等的，并无高低优劣之分，主张通过各文明间相互交流实现各美其美、美美与共、天下大同。因此，借助文化资本理论分析中外人文交流问题，应将文化资本的

① 〔英〕赫德利·布尔：《无政府社会：世界政治秩序研究》，张小明译，世界知识出版社，2003。

排他性进行纵向比较，即以国家间展开人文交流为时间节点，通过对国家间在该时间点前后的关系与合作领域进行比较，分析人文交流在两国关系中的定位和作用。

总的来说，文化资本理论就是分析社会行为体自身的精神、伦理道德、文化知识和意识形态等经济学中难以量化但确实存在的影响因素的作用。成本功能是文化资本在社会经济发展中的重要作用之一，即在同一文化环境中，各行为体之间的交易成本会降低。而在国际关系中，高校智库合作通过深入交流和研究，形成正确认知和减少国家误判，智库合作产生的正确认知形成的文化资本将发挥成本功能，为促进国际关系发展、构建人类命运共同体贡献力量。

二　新冠肺炎疫情下的中国和印度尼西亚智库合作

智库合作是中印尼人文交流的重要领域。2013 年，中国国家主席习近平访问印尼并与印尼总统苏西洛会谈，两国元首就将中印尼关系提升为全面战略伙伴关系达成共识，并发表《中印尼全面战略伙伴关系未来规划》，双方同意加强公共外交方面的合作，鼓励进一步扩大两国智库、高校、研究所等学术机构的交流与合作，继续办好"中印尼关系研讨会"等交流活动。2015 年，两国发表的共同声明则再次强调要扩大智库、高校和研究所等机构的交流合作。政治精英的顶层设计日趋规范化，对智库精英的合作互动产生了重要的指引作用，中印尼双边人文交流具有的广阔发展前景，将对地区的人文交流起到示范作用。① 两国智库通过发挥搭建平台、加强双向人才培养、推动科学研究、加强政策对话的职能，为两国高校智库搭建了教育信息、学术资源共享和交流合作的平台；探索跨国人才培养新机制，促进联盟高校间的学生双向流动；加强联盟高校和智库间科研机构与人员的合作，组建协同创新共同体；围绕中印尼全面战略伙伴关系中的具体政策开展有针对

---

① 许利平：《新时期中国与印尼的人文交流及前景》，《东南亚研究》2015 年第 6 期，第 36 页。

性的研究、解读工作，通过从战略层面和长远角度夯实中印尼关系的民意基础，为促进两国关系发展营造良好的舆论氛围。

新冠肺炎疫情打破了国家间的交流与合作的传统方式，国家间的合作受到诸多不利因素的制约，并对国际政治和国家间关系产生了深远影响。在中印尼人文交流方面，在疫情的冲击下，两国人员交流基本停止，人文交流的主体是人，疫情防控的主要途径是对人员流动的限制，疫情期间，中国和印尼先后采取限制公共活动的措施，两国此前所有既定的人文交流项目暂缓或取消。但是，在疫情面前，中印尼两国人民的命运共同体意识又得以增强，为两国同舟共济和加强合作注入了外部动力。两国智库通过创新合作方式，加强相互交流与研究，为大变局下的两国政治互信和经贸合作注入了更多的思想和理论，成为疫情下中印尼人文交流的一抹亮色。

（一）"互联网+智库"合作模式兴起

2020年是中国与印尼建交70周年，也是两国副总理级人文交流机制确立5周年，但受新冠肺炎疫情影响，传统的人文交流活动受到较大影响，相较于往年，两国人文交流活动和项目取消或推迟。在新冠肺炎疫情期间，"互联网+"成为两国人文交流的新方式，也是疫情期间中国与印尼人文交流的主要形式。

在疫情期间，中国与印尼智库合作也主要通过互联网进行线上交流。近年来，中国和印尼智库加强合作，组建智库网络，如东亚思想库网络、中国—东盟思想库网络、丝路国际智库网络、中国—印尼高校智库联盟、中国—东盟大学智库联盟等。依托智库合作平台的网络化，中国和印尼智库合作逐渐实现机制化。例如，2015年，中印尼两国政府发表的共同声明指出，要扩大两国在媒体、智库、高校以及研究所等机构的交流合作，重点指出要继续办好"中印尼关系研讨会"。此后，中国人民外交学会和印尼战略与国际问题研究所（Centre for Strategic and International Studies，CSIS）在成功举办前四届"中国—印尼关系研讨会"的基础上，先后在2015和2016年成功举办了第五届和第六届"中国—印尼关系研讨会"。受疫情影响，人员往来的中断为两国之间的沟通与交流增加了诸多不便。

为推动中国和印尼两国政策沟通，增进民心相通，中国和印尼两国智库加强交流与合作，通过举办线上研讨会等方式，为各方搭建了交流互鉴的平台，就中印尼两国关系、地区发展和具体合作等建言献策，作出科学规划。如 2020 年 11 月 24 日，中国人民外交学会和印尼战略与国际问题研究所共同主办的第七届"中国—印尼关系研讨会"成功举办，与会代表就"中印尼双边关系：70 年回顾与展望"和"坚持多边主义：携手推进东亚区域合作"两个议题进行了交流。除中国和印尼两个智库、工商界和媒体人士外，印尼外交部副部长马亨德拉、印尼驻华大使周浩黎、中国驻印尼大使肖千等政府官员也参加了该研讨会。11 月 26 日，以"推动务实合作、深化双边关系"为主题的 2020 年中国—东盟大学（国别与区域研究）智库联盟论坛视频会议在广西南宁举行。本次论坛共有来自国内和东盟国家、国际组织的专家学者、高校智库代表等 150 余人出席。与会专家们一致认为，本次论坛秉承开放包容、互学互鉴的丝路精神，为各方搭建了一个很好的交流互鉴的平台。论坛加深了各方对"一带一路"倡议以及对中国与东盟各方需求的理解，深化了对相关议题的研究，为后续开展具有前瞻性、针对性、储备性的研究奠定了非常好的基础。2020 年 11 月 13 日，由中国教育部主办、华中师范大学承办的主题为"疫情后时期中印尼职业教育合作"的"2020 中印尼人文交流发展论坛"成功召开，来自中国和印尼政府部门、高校和企业等单位的专家学者和代表参加，线上受众颇多。相关议题包括"疫情防控常态化下中印尼人文交流的发展与创新"、"佐科新一届政府的职业教育政策、法律法规及目标"、"中印尼教师教育合作"、"疫情防控常态化下中印尼职业教育合作的发展与创新"和"中印尼职业教育合作的未来与展望"等。

（二）智库加强研究，切实发挥资政建言作用

随着新冠肺炎疫情的暴发和蔓延，其对国际政治产生了深远影响。一方面，新冠肺炎疫情给人们带来未知的恐惧致使全球民族主义兴起，国际合作

和全球治理受到严重挑战。另一方面，疫情使原有的交流方式受阻，容易导致国家间战略误判。如在疫情期间，2020年1月8日，佐科总统亲自前往纳土纳岛屿宣示印尼在该海域的主权。并于5月26日和6月12日先后两次向联合国发出照会，反对中国在南海的主张。① 2020年10月16日，普拉博沃访美会见美国国防部长马克·埃斯伯并发表联合声明，双方表示希望加强双边军事行动，并共同致力于海上安全。10月29日，在距离美国总统大选不到一周的时间里，美国时任国务卿蓬佩奥访问印尼，并受伊联的邀请，参与印尼宗教与文明论坛，利用伊斯兰教的力量反华，拉拢印尼试图构筑遏制中国的战略包围圈等。在此背景下，中国和印尼两国智库加强研究，为两国政府的政策制定提供建议和咨询，减少战略误判。

智库作为资政机构，肩负开展具有前瞻性、针对性、储备性的政策的研究任务，以更好地提供专业知识和建议。自2015年中印尼副总理级人文交流机制确立以来，两国的智库纷纷成立多个相关研究中心，如印尼外交政策协会的中国政策研究小组、印度尼西亚大学成立的中国研究中心和泗水苏南安佩尔伊斯兰国立大学的印尼—中国研究中心。中国的涉及印尼的智库除国务院发展研究中心、中国人民外交学会外，还有由高校建设的印尼研究中心，如北京外国语大学的中国—印度尼西亚人文交流研究中心、华中师范大学的中国—印度尼西亚人文交流研究中心和广东外语外贸大学的印度尼西亚研究中心等。在疫情期间，这些智库除举办相关研讨会外，还加强专题调查和研究，并形成报告，为决策者和社会提供专业知识和科学建议。如在疫情期间，中国智库先后出版了《印度尼西亚国情报告（2019）》、《中国与印度尼西亚人文交流发展报告（2020）》和《印度尼西亚经济社会发展报告（2019~2020）》等著作，并提交相关的咨询报告。智库研究成果在面向社会发布的同时，将会引起政府部门的关注，从而帮助确立政策。

同时，在新冠肺炎疫情期间，美国仍抱守冷战思维，继续在中国周边构

---

① Suwanti, "Kemlu RI: Ada penolakan klaim China atas LCS dari 'non-claimant' ASEAN", *Antara News*, 23 October 2020, https://www.antaranews.com/berita/1801313/kemlu-ri-ada-penolakan- klaim-china-atas-lcs-dari-non-claimant-asean.

建反华包围圈，如美国继续扩大在南海周边地区的军力部署，并不断扩大在南海地区的各类军事演习和兵力活动。同时拉拢南海区域国家对抗中国，如2020年5月7日《亚洲时报》发表文章称："越南正在积极准备针对中国的国际仲裁，以此作为对中国在南海这一具有争议的航道上一系列恐吓和骚扰行为的法律回应。"① 继2016年菲律宾单方面挑起"南海仲裁案"后，越南试图充当美国搅动亚太局势的马前卒，成为南海地区稳定的不确定因素。在此背景下，为维护地区和平与稳定，印尼相关智库积极研究，寻求南海共同合作的可能。如印尼战略与国际问题研究所发布的《印尼—中国合作：在渔业领域寻找共同利益》（Indonesia-China Cooperation：Finding Common Ground Over a Shared Interest in Fisheries），该报告指出，尽管南海各国之间存在争议，但是渔业作为低安全领域的议题，有合作的空间来解决各国之间的矛盾等。

总的来说，尽管新冠肺炎疫情导致人员往来受限，使中国和印尼人文交流基本中断或暂停，但两国智库合作活动不减反增，"互联网+"成为中国和印尼智库合作的主要方式之一。在疫情防控常态化背景下，云端模式、线上线下相结合的交流应运而生，云会议等模式将疫情造成的天堑变成通途，各方举办的会议论坛都能在交流中心平台上实现共享，既能保证疫情防控需要，又能最大化地普惠民众、扩大影响力。同时智库的合作成果上升到顶层设计，两国专家学者通过相互交流增信释疑形成正确认知，为政治精英的政策制定提供了政策参考，也提升了智库的影响力。

三 中国与印度尼西亚智库合作的发展建议

2020年是中国和印尼建交70周年，也是中印尼副总理级人文交流机制确立5周年。在疫情面前，中国与印尼智库合作逆势而上，在两国政府和人

---

① David Hutt, "Vietnam may soon sue China on South China Sea", *Asia Times*, 7 May 2020, https://asiatimes.com/2020/05/vietnam-may-soon-sue-china-on-south-china-sea.

民的努力下不断克服新冠肺炎疫情带来的不利影响，成果颇丰，充分彰显命运相连、休戚与共的传统友谊。当前，中印尼人文交流合作不断得到发展，与政治安全和经贸合作共同构成了推进两国关系发展的"三驾马车"。但是，在中国和印尼存在现实的政治社会文化差异和西方"滤镜媒体"等因素的影响下，两国仍存在许多误解，受历史的反共和反华情绪的影响，印尼民众对中国政治体制并不完全理解和认同。[①] 为增进中国和印尼两国人民相互理解，形成正确认识，智库应加强交流与合作，共同营造合作共赢的认知环境，推动中印尼双边关系健康发展。

1.加强政策支持，建立成果转化机制

智库产生和发展的目的是影响政府决策，智库合作也是中印尼两国人文交流的重要领域，因此，推动两国智库合作离不开政府政策的支持。首先，政府应积极参与中印尼两国智库活动。中印尼智库合作是为了落实两国元首共识，推动两国在教育、科技和经贸领域进一步发展的重要平台，两国政府官员和卸任官员积极参加智库搭建的研讨会，既有利于更好地落实两国政府的合作精神，同时，政府官员和卸任官员作为具有一定执政经验的精英人才，其参与两国智库合作也有利于推动智库研究成果的科学化和实用化。其次，建立健全政府对智库提出研究方向的制度。尽管非国家行为体在国际政治中的地位越来越高，作用越来越大，但民族国家仍是国际社会最重要的行为体，政府仍是国家间关系的决定性因素。为推动智库的研产相互融合，政府应就中印尼两国发展的重点领域和项目委托相关智库进行有方向性的针对性研究，引导智库将切实推动中印尼关系发展和政府采纳的意见和建议作为发展的动力和目标。再次，建立健全智库保障体系。一方面，政府应提供持续、稳定的支持体系，如科研项目、资金和信息等方面的支持，使智库精英更好地深入调研，形成科学的研究成果。另一方面，政府应提供合理而宽松的社会环境。智库实际上是专门影响政府公共政策决策和制定的思想工厂，智库要有独立的思想产品和政策建议。[②] 由于智

---

① Johanes Herlijanto, "How the Indonesia Elite Regards Relations with China", *Singapore* 8, 2017, pp. 1-5.

② 王辉耀、苗绿:《大国背后的"第四力量"》，中信出版社，2017，第2~3页。

库精英的相对独立和非敏感身份，智库交流合作通常较为顺畅。因此，为提高智库的专业化和国际化水平，同时为中印尼智库合作营造宽松的交流环境，政府应给予智库精英一定的自主权。

智库合作在中印尼人文交流和双边关系中具有先导性的作用，政府在中印尼人文交流和智库合作中的处于主导地位，但智库合作的主体是两国人民和智库精英。提高智库水平是推动中印尼智库合作在两国关系中更好发挥作用的基本途径，政府应加强对智库发展和建设的支持，将智库研究与现实问题紧密结合，推动两国智库合作高水平发展。

2.创新合作方式，发挥互联网优势

受疫情影响，传统人员往来模式下的人文交流模式基本中断，在此背景下，互联网在中印尼人文交流中发挥了强有力的联通的作用，在疫情防控常态化背景下，云端模式、线上线下相结合的交流应运而生，云课堂、云会议、云夏令营等模式将疫情造成的天堑变成通途，使中国和印尼人文交流得以顺利发展。未来，中国和印尼两国应总结经验，将"互联网+智库"的模式继续保持和发展，充分利用网络和社交媒体的作用，既有利于节约智库合作的成本，同时也能让更多的人参与和分享智库合作成果，了解更多的第一手信息，特别是能保证信息的真实性和权威性，为中印尼两国民心相通打下良好的舆论基础。

此前，中印尼两国智库已经建立了多个智库联盟网络，东亚思想库网络、中国—印尼高校智库联盟和中国—东盟大学智库联盟等，中印尼智库合作应在已建立的高校智库联盟的基础上，继续在线上和线下举办相关研讨会和论坛，为两国政府、企业和媒体之间的交流合作搭建平台。同时，中印尼两国智库除借助媒体发布相关社论把握和引导两国舆情外，还应共建网络平台，及时沟通和共享智库研究成果，以克服新冠肺炎疫情等突发事件给智库合作可能带来的阻碍。

3.深化基础研究，丰富交流内容

与政治互信和经贸合作相比，人文交流虽然作为推动中国和印尼两国关系发展的"三驾马车"之一，但与前二者相比，其在中印尼两国关系中的作用往往是"润物细无声"，所发挥的效用并不能直接显现出来。同时，中国和印尼人文交流侧重于政府顶层设计，忽视草根基础。两国在政治体制、社会文化等方面存在很大差异。政治上，印尼中央和地方分权治理，各级政府间的协调能力有限，且贪腐问题十分严重，即使两国中央政府达成了相关合作协议，但在具体落实过程中时常遇到尸位素餐、拖而不办的官僚主义，不仅浪费大量的时间成本，而且人文交流的结果和两国相互的印象都会大打折扣。文化上，印尼是个多元文化的多民族国家，有300多个民族，200多种民族语言，印尼语仅为官方通用语。作为伊斯兰教主导的温和伊斯兰国家，印尼人的身份证上通常标明宗教信仰。作为多种族多宗教的国家，印尼人对宗教总体上是多元包容的，但对没有宗教的国家，印尼非常警惕，通常认为社会主义国家才没有宗教信仰，并且误以为这些国家不允许宗教存在。而且印尼人性格温和，生活节奏比较缓慢，印尼人对规则或制度的观念比较淡薄。印尼人对制度的遵守弹性比较大，印尼崇尚比较舒缓的生活与工作方式，同中国人工作和生活的高强度、快节奏、高效率、准时间等很不一样。

在此背景下，中印尼两国智库应加强基础研究，作好对两国的政治、经济、文化和外交等方面的历史和动态研究，通过拓宽和加深智库的知识储备，来提高智库自身的软实力和影响力。在深入研究的基础上，中印尼智库合作才不会流于形式，智库的研究成果才会真正引起政府部门的关注，从而推动中印尼人文交流的不断发展，为两国民心相通发挥"羊群效应"。智库应广泛深入印尼不同社区，特别是深入能被印尼媒体关注的印尼原住民社区进行交流。有针对性地同本土居民社区领导建立起友好关系，并在物质和精神上能让印尼原住民感知受益，从而构建起"顶层设计"可持续发展的良好路径：精英引导，民众参与；亲近华人，拉近土著。

结　语

总的来说，作为中印尼人文交流的重要领域之一，智库间合作互动有利于国家间形成正确的认知和塑造具有同一性或耦合性的价值观、政策目标及政策倾向。这种正确的认知与价值理念层面的同一性或耦合性将转化成文化资本，从而减少战略误判、政治体制和文化差异等因素对两国在经贸合作和人文交流等具体合作和交流中的不利影响。因此，尽管智库合作在中印尼两国关系中所处的地位和发挥的作用并不能直观地测量，但为更好落实两国元首共识，夯实中国和印尼共建"一带一路"的民心工程，提高智库自身水平，中印尼宜拓宽和深入研究成果，建立多重交流与合作渠道，以更好地发挥智库在两国人文交流和双边关系中的作用，这应该是中印尼两国智库合作的未来方向。

印度尼西亚主流媒体的"一带一路"报道分析

——以策略性叙事为分析框架

陈 菲 汪 恒*

摘 要： 21世纪的国家竞争是一种新型的叙事之争。策略性叙事作为一种强大的传播力工具，使得媒体在阐述国家战略、塑造国家形象时扮演了重要的角色。印尼主流媒体对"一带一路"报道的叙事框架及其所塑造的中国形象在很大程度上影响着国内外媒体受众在"一带一路"议题中的立场和态度。本报告选取了印尼具有代表性的三家主流媒体《雅加达环球报》、《罗盘报》和安塔拉通讯社2015～2020年涉及"一带一路"的393篇新闻报道，在对相关报道进行语义网络分析的基础上，根据触发事件和主要议题划分出印尼主流媒体"一带一路"报道的三个不同发展阶段。同时，以策略性叙事的四类要素——人物与角色、布景与语境、情节与冲突、结局与解决方案——为分析框架进一步架构出不同发展阶段印尼主流媒体"一带一路"报道的叙事结构。基于此，我们发现印尼主流媒体对中国"一带一路"倡议的报道总体向好。在"一带一路"倡议的合作框架下，印尼与中国的合作不断向纵深发展。但是，双方的合作仍然面临着重重考验。在国际局势动荡不安、中美竞争日益加剧的时代背景下，如何策略性地运用大众传媒的叙事方法逐步消解印尼对中国快速发展的忧

---

* 陈菲，华中师范大学政治与国际关系学院副教授，硕士生导师，中印尼人文交流研究中心副主任；汪恒，华中师范大学政治与国际关系学院硕士生。

虑，如何加强两国的信任机制建设仍然是当前构建良好中印尼关系的关键所在。

关键词： 一带一路　大众传媒　中印尼关系　策略性叙事

一　引言

自 2013 年"一带一路"倡议提出以来，"21 世纪海上丝绸之路"吸引了包括印尼在内的众多国家的关注。印尼作为东南亚最大的经济体，2020 年约占东盟国内生产总值的三分之一。[①] 学者们普遍认为，"印尼是中国实施'一带一路'倡议的重要节点（国家）"。[②] "一带一路"倡议的宏大叙事，只有赢得共建国家的认可和接受，才能规避经济与政治风险，推动倡议的顺利实施。

20 世纪和 21 世纪是一个传播力的时代，传播能力和叙事能力的强弱成为一个国家在国际关系中影响国际事务的重要软实力资源。在当代的国际事务中，建构话语来吸引其他行为体，并影响其他行为体的行为成了行使权力的新方式。谁的故事讲得好，谁就会拥有更强的吸引力和感召力，谁的政策就更容易被国际公众所接受。策略性叙事（strategic narrative）作为一种强大的传播力工具，使得新闻媒体在阐述国家战略、塑造国家形象中扮演了重要的角色。"一带一路"倡议在印尼的实施效果在很大程度上会受到印尼主流媒体报道和叙事的影响。"一个国家最重要的软实力资产是与开放、复杂

[①] Angela Tritto, "China's Belt and Road Initiative: from Perceptions to Realities in Indonesia's Coal Power Sector", *Energy Strategy Reviews*, Vol. 34, 2021, p. 2.

[②] Anna Visvizi, Miltiadis D. Lytras and Peiquan Jin, "Belt and Road Initiative (BRI): New Forms of International and Cross-Industry Collaboration for Sustainable Growth and Development", *Sustainability* 12, 2020, p. 3; Yu Fu, Agus Supriyadi and Tao Wang, "China's Outward FDI in Indonesia: Spatial Patterns and Determinants", *Sustainability* 10, 2018, p. 1.

和多样化的社会相关的价值观"，[①]"一带一路"倡议向全世界讲述了中国与全人类同呼吸、共命运的命运共同体观念以及愿意同世界共享发展成果的"共商、共建、共享"原则，这种价值观念的传递是否得到了印尼的支持？印尼对中国在国际上的形象及"一带一路"倡议的角色是怎样认知的？印尼主流媒体所讲述的"中国故事"是如何塑造印尼国内认知的？这些问题都很值得我们研究。

二 策略性叙事的概念意涵

传统的权力转移往往诉诸暴力或战争。信息媒体技术的快速发展使经济、政治和社会生活产生了新的网络关系模式以及相互联系的新方式，"网络社会"具有了重新配置权力运作方式的力量，纷繁复杂的通信环境使得主要大国难以精确阐述和实施其战略话语，更难以界定当前的国际体系。新一轮的世界秩序变革不再单单是以传统的物质权力和政治制度为主导，对世界连续性和变化动态的理解将取决于强大的经济和政治行为体之间的一致性叙事程度。[②] 国家战略目标的实现依赖于国家行为体策略性叙事的效果。

国内学者对策略性叙事的研究大多限于传播学领域，主要探讨如何形成有效的国际传播叙事策略，从而提升国际传播叙事能力。赵紫原以后全球化时代为背景，尝试探索中国话语体系的形成。赵紫原认为，"策略性叙事是修辞学和传播学相结合的尝试，即在对外传播背景下，根据传播目标和情景，选择特定的故事题材和最佳渠道"[③] 来探索如何讲好中国故事。史安斌借用策略性叙事的理论框架研究如何提升中国故事的国际传播能力。他认为，"基于策略性叙事的国家战略传播，不仅具有解释和扩散的功能，还具

---

① Laura Roselle, Alister Miskimmon and Ben O'Loughlin, "Strategic Narrative: A New Means to Understand Soft Power", *Media*, *War and Conflict*, Vol. 7, 2014, p. 73.

② Alister Miskimmon, Ben O'Loughlin, and Laura Roselle, *Strategic Narratives: Communication Power and the New World Order*, Routledge, 2013, p. 1.

③ 赵紫原：《后全球化时代：讲好中国故事的叙事策略探索》，《传播与版权》2017 年第 7 期，第 150 页。

有意义赋予和观念生产的能力，开展策略性叙事，就是在传播过程中对某一议题及其所蕴含的价值观进行策略性模塑，以特定的形态和特殊的方式加以呈现，从而引导受众按照传播主体设定的导向理解该议题"。①

策略性叙事理论在国际政治领域的研究源于西方学者。起初，策略性叙事被引入国际关系领域是为了研究战争与冲突的相关问题。基娅拉·德·佛朗哥（Chiara De Franco）在研究解决冲突方法的有效性时指出："说服，在当代冲突中扮演着重要角色"，②叙事可以向目标受众设定冲突各方行为体的角色，并赋予角色以特定的背景和意义，将冲突的前因后果组织成情节，同时压制和排挤其他关于此次冲突的看法和叙事，说服观众并解释冲突和战争的合理性或非合理性。托马斯·科林（Thomas Colley）在评论《策略性叙事、公共舆论和战争》一书时总结道："政府可以通过策略性叙事构建和部署，积极塑造和维持公众对战争的支持。"③珍·林斯默斯（Jens Ringsmose）和贝瑞特·卡加·柏格森（Berit Kaja Borgesen）在《塑造公众对军事力量部署的态度：北约、阿富汗和策略性叙事的使用》④中具体论述了北约是如何塑造自身正义者的角色而赢得了国内民众对发动阿富汗战争的支持。

相对于国内学者以传播学为主要领域的研究而言，欧美学者对策略性叙事的研究则侧重于国际安全、权力、竞争和秩序等问题。"叙事是一种权力资源，能够设定世界上任何国家的特征，或者展现世界是如何运作的。"⑤曼纽尔·卡斯特尔（Manuel Castell）表示，在"网络社会"不断崛起的信

① 史安斌、廖鲽尔：《国际传播能力提升的路径重构研究》，《现代传播》2016年第10期，第26页。

② Chiara De Franco, *Media Power and the Transformation of War*, Palgrave Macmillan UK, 2012, p.175.

③ Thomas Colley, "Book review: Strategic Narratives, Public Opinion, and War: Winning Domestic Support for the Afghan War", *Media*, *War & Conflict*, 2016, p.222.

④ Jens Ringsmose, Berit Kaja Borgesen, "Shaping Public Attitudes towards the Deployment of Military Power: NATO, Afghanistan and the Use of Strategic Narratives", *European Security*, Vol.4, 2011.

⑤ Laura Roselle, Alister Miskimmon and Ben O'Loughlin, "Strategic Narrative: A New Means to Understand Soft Power", *Media*, *War and Conflict*, Vol.7, 2014, p.76.

息时代，信息技术的发展改变了经济、社会和文化相互影响和运作的方式。[①] 因此，不断变化的通讯工具和政治运作方式相联系，构建出一个传播权力的时代。阿利斯特·米斯基蒙（Alister Miskimmon）等人提出："国际秩序是由叙事赋予意义，策略性叙事的使用是秩序概念发展的核心组成部分"，[②] 是理解现有秩序、生成新秩序和维持秩序稳定的重要依托。卡洛琳·范·诺特（Carolijn van Noort）则认为："视觉传播是数字时代国际关系的核心，策略性叙事是政治精英利用一系列媒体工具，说服和影响目标受众的行为。"[③]

阿利斯特·米斯基蒙、本·奥洛林（Ben O'Loughlin）和劳拉·罗塞勒（Laura Roselle）对策略性叙事理论作了迄今为止最权威的解释和架构。他们将策略性叙事定义为"政治行为体构建国际政治过去、现在和未来共同意义的手段，以塑造国内和国际行为体的行动"。[④] 该定义从国内和国际两个层次的行为体入手，从过去、现在和未来三个时间层次出发，将叙事解释为塑造国际共同意义的工具。"策略性叙事是政治行为体扩大影响力、管理期望和改变其运作的话语环境的工具，是关于国家和制度本身的叙述，是关于我们是谁和我们想要什么样的秩序的叙述。"[⑤] 米斯基蒙等人提出了策略性叙事的三个中心观点。第一，"叙事塑造了世界，并约束了行为体的行为"。[⑥] 第二，政治行为体以精心设计的、战略性的方式来实施叙事。第三，传播环境即媒体生态对叙事的传播、交流和运作有着重要的主导作用。

---

① Manuel Castells, *The Rise of the Network Society-The Information Age: Economy, Society, and Culture*, Wiley-Blackwell, 2010, Vol. 1.

② Alister Miskimmon, Ben O'Loughlin, and Laura Roselle, *Strategic Narratives: Communication Power and the New World Order*. Routledge, 2013, p.88.

③ Carolijn van Noort, "Strategic narratives, visuality and infrastructure in the digital age: the case of China's Maritime Silk Road Initiative", *Cambridge Review of International Affairs*, 5, 2020, p.734.

④ Alister Miskimmon, Ben O'Loughlin, and Laura Roselle, *Strategic Narratives: Communication Power and the New World Order*, Routledge, 2013, p.3.

⑤ Alister Miskimmon, Ben O'Loughlin, and Laura Roselle, *Strategic Narratives: Communication Power and the New World Order*, Routledge, 2013, p.3.

⑥ Rhys Crilley, "Seeing Strategic Narratives?", *Critical Studies on Security* 3, 2015, p.331.

"以通信技术发展为标志的不断变化的媒体生态正在对全球政治产生根本性影响。"[1] 策略性叙事不仅仅是理解国际关系的工具和手段,也是国际关系本身。策略性叙事理论的传播是形成、投射和接受三个过程所组成的循环体系,在传播过程中,策略性叙事将呈现出一组人物、布景、冲突和解决方案,来帮助决策者们在国际体系叙事、国家叙事和政策叙事的不同层次上理解和分析国际事务。策略性叙事生命周期的三个阶段、四类构成要素、三个层次构成了策略性叙事的理论框架。策略性叙事在叙事的各个组成部分之间建立联系,并以某种方式构建各个成分的共有意义,进而促进特定问题的解释和评估。策略性叙事不仅仅完成了叙事中不同层次行为体角色的形塑工作,更重要的是积极关注行为体对叙事的策略性运用,这既是简单叙事与策略性叙事之间的联系,也是区别。

本报告将聚焦于《雅加达环球报》(Jakarta Globe)、《罗盘报》(Kompass)和安塔拉通讯社(Antara News)三家主流媒体有关中国"一带一路"的报道,使用 Wordij 3.0 分析工具,运用语义网络分析法解析印尼主流媒体 2015~2020 年关于"一带一路"报道的议题演变和触发事件。同时,通过借鉴米斯基蒙的策略性叙事理论框架,围绕着叙事的四类组成要素——人物与角色、布景与语境、情节与冲突、结局与解决方案——来分析印尼主流媒体对中国"一带一路"报道中所建构的叙事框架,然后回答三个主要问题:①印尼主流媒体对中国"一带一路"的策略性叙事分为几个阶段,每个阶段内的高频词汇以及词汇所组成的语义网络分布状况如何?②在每个阶段内,印尼主流媒体的话语修辞是怎样构建"一带一路"的叙事框架的?③在叙事的不同阶段中,印尼主流媒体的叙事框架构建了怎样的中国形象?

三 印尼主流媒体"一带一路"报道的语义网络分析

语义网络(Semantic Network)是一种用来描述事物概念、状态及关

---

① Rhys Crilley, "Seeing Strategic Narratives?", *Critical Studies on Security* 3, 2015, p. 331.

系，并以网络图式连接起来的人工智能程序。语义网络分析利用各种文本分析工具，对所收集样本中文本的高频词汇、短语进行统计，然后将词与词之间的关系作数值化处理，再经过聚类分析，展现高频词的层级关系和亲密程度，最后通过 Gephi 软件以图形化的方式揭示文本之间的结构。本报告将首先归纳梳理报道的文本，以年度为单位，简述三家主流媒体"一带一路"报道的年度数量变化趋势，同时探索导致报道数量变化的触发事件，并根据触发事件划分报道的不同阶段。在系统分析所有文本的基础上，借助 Wordij 3.0 语义网络分析工具梳理每一阶段印尼媒体"一带一路"报道的演变模式。

（一）印尼主流媒体对"一带一路"报道的概况与触发事件

《雅加达环球报》、《罗盘报》和安塔拉通讯社分别是印尼第二大英文报刊、印尼发行量最大的印尼语日报和印尼唯一的国家通讯社。这三家媒体在印尼非常具有影响力，对它们的"一带一路"报道进行的分析将更具权威性、代表性和说服力。

笔者在 Lexis Nexis Academic 数据库和三家媒体的官方网站中，通过关键词"One Belt One Road"（简称"OBOR"）和"the Silk Road"，共检索出 2015~2020 年间的相关报道 393 篇，其中《雅加达环球报》197 篇、《罗盘报》96 篇、安塔拉通讯社 100 篇。2013 年习近平主席在对印尼进行国事访问时首次提出共建"21 世纪海上丝绸之路"的倡议，中印尼伙伴关系也正式升级为全面战略伙伴关系。2014 年佐科总统上台提出的"全球海洋支点"战略开启了两国战略对接的大门。由于 2013~2014 年双边的合作倡议还处在规划架构阶段，没有形成和执行具体的政策措施，印尼媒体对"一带一路"倡议还未给予相应的重视，因此相关报道的数量相对较少，未纳入本文样本容量。为了更好地呈现报道数量的年度变化趋势，笔者根据检索的数据绘制出了印尼主流媒体涉"一带一路"报道的数量占比变化图。（见图 1）

由图 1 可以看出，2015、2017 和 2018 年是关键节点时期，尤其是 2017 年，三家报道的数量均跃升至最高点。回顾历史我们可以发现，在这些关键

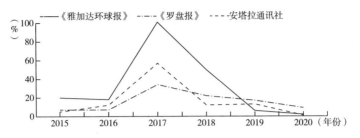

图1 印尼主流媒体涉"一带一路"报道数量占比年度变化

节点的年份,"一带一路"倡议以及中印尼在"一带一路"框架下的合作均发生过比较重大的事件:2015年印尼总统佐科访华并出席亚洲博鳌论坛年会;2017年"一带一路"国际合作高峰论坛举行,《"一带一路"建设海上合作设想》被写入联合国决议;2018年印尼正式签署"一带一路"合作文件。这些关键的触发事件影响了印尼主流媒体对"一带一路"倡议关注度的变化趋势。根据这些关键的触发事件以及时间节点,我们在分析2015年以来的报道时,将分三个阶段来研究印尼主流媒体对"一带一路"倡议态度的渐进式演变过程:第一阶段(2015~2016年)——期望中的初步探索;第二阶段(2017~2018年)——谨慎的深入合作;第三阶段(2019~2020年)——竞争中的理解支持。印尼主流媒体在不同阶段中的报道呈现出不同的语义网络框架,在高频词汇、修辞方式、报道内容、侧重点等方面都有较大差异。

(二)印尼主流媒体对"一带一路"报道的语义网脉络演变

在对新闻文本进行系统浏览和探究的基础上,笔者借助Word ij 3.0语义分析工具,整理出了不同时期及报道不同阶段关键词词频的种类和变化,随后通过Gephi软件生成不同词汇及词组之间的网络关系图,用来从宏观上更好地说明印尼主流媒体对"一带一路"报道的语义网脉络演变过程。

第一阶段(2015~2016年):期望中的初步探索。虽然2013年习近平主席在印尼国会发表演讲时就提出了共同建设"21世纪海上丝绸之路"的倡议，但是相对于沿线其他国家来说，印尼对"一带一路"倡议的响应比较迟缓。由于印尼国内对基础设施建设有着巨大的需求，而且看到了其他国家同中国共建"一带一路"获得了丰厚的基础设施投资。在投资利益的驱动下，印尼越来越注重维护国内政治稳定，着力改善并创造良好的国内环境来吸引外资。

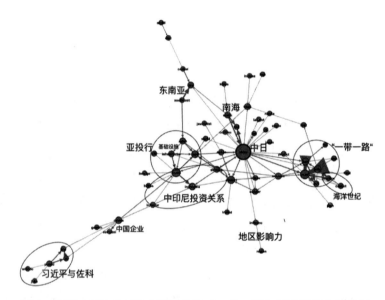

图2　2015~2016年印尼主流媒体涉"一带一路"报道的语义网络图

因佐科访华、亚投行正式成立所带来的媒体效应，这一时期的关键词和词组主要涉及投资（invest）、基础设施（infrastructure）、亚投行（AIIB）、中国企业（Chinese company）、东南亚（Southeast Asia）、日本（Japan）、合作（corporation）、南海（South sea）、海洋世纪（maritime century）等概念。印尼各界认为中国这项雄心勃勃的合作倡议是中国姿态从低调走向高调的代表，是中国想打造一个不同于美国圈的具有顶层战略架构意义的中国圈。日本而不是美国作为关键词出现的原因是媒体普遍认为中美关系的竞争性矛盾还未显现，"一带一路"被媒体看成一个和美国进行接触的建设性议程；而日本作为当时印尼的第二大投资来源国，在印尼的基础设施特别是高速铁路项目中与中国产生了激烈竞争。虽然很多媒体表示要"警惕"中国企图通过"一带一路"倡议提高战略影响力、经济控制力以及进行军事渗透的目的，但是印尼资本投资协调委员会（BKPM）非常期望实现"全球海洋支点"和"一带一路"倡议的战略对接，并宣称"印尼将成为中国'一带一路'倡议在东南亚国家实行的最大受益者"，"'一带一路'对一些人来说可能仍然是一个遥远的目标，但现实是，许多企业已经开始主动出击，以便为可能出现的机遇和挑战作好准备"。① 值得注意的是，南海也成为一个关键词出现在语义网络中，并占据较大的比重。中国虽然与东南亚诸国在南海岛屿归属权的问题上存在分歧，但领土主权的争端并没有对中国和东南亚国家的经济贸易产生破坏性影响。整体而言，东南亚国家对中国的投资仍然表现出欢迎态度，尤其是印尼一再强调，自身并未卷入这些冲突中，并认为在"一带一路"框架下，中国与东南亚国家的经济合作可能为南海问题的解决提供新的思考方向。

第二阶段（2017~2018年）：谨慎的深入合作。虽然印尼是东南亚最大的经济体并拥有最具潜力的市场，但是佐科政府的响应较迟缓。印尼所吸引的投资相较于巴基斯坦、菲律宾和马来西亚稍显不足。这一阶段，印尼以更加积极主动的姿态加入该计划，利用自身在东南亚的地位和机遇争取成为"一带一路"倡议中最重要的部分。随着2017年"一带一路"高峰论坛的顺利开展，以及2018年印尼与中国"一带一路"合作文件的正式签订，中印尼在"一带一路"框架下的合作呈现出良好的发展势头。

2017~2018年是近年来印尼主流媒体涉"一带一路"报道数量最多的时期，因此语义网络图相对于上一阶段更为复杂。这一时期的语义结构和上一阶段相比发生了较大变化，关键词主要有高峰论坛（summit forum）、签订协议（agreement sign）、美国（United States）、印度（India）、太平洋（pacific）、朝鲜（North Korea）、吸引（attract）、经济增长（economic growth）、争端（dispute）、

---

① "The Only Way is Up for Indonesia in China's One Belt One Road Initiative", *Jakarta Globe*, 18 May 2016, https://jakartaglobe.id/business/way-indonesia-chinas-one-belt-one-road-initiative.

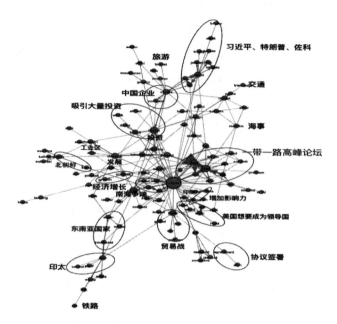

图 3　2017～2018 年印尼主流媒体涉 "一带一路" 报道的语义网络图

贸易战（trade war）、旅游（travel）、交通（transport）、价值（worth）等。这一阶段报道所涉及的广度和深度都有很大程度的扩展，中印尼合作在此阶段取得了较大的突破和成就。经济增长、投资扩大、收益显著等正向词语的使用频率越来越高，印尼总统佐科在参加 "一带一路" 高峰论坛时表示，"一带一路" 的前景非常可观，印尼要主动创造合作的新动力，并盛情邀请中国参加印尼国内的三个大型基础设施项目。从印尼主动要求参加论坛相关会议以及积极推进协议达成可以看出，这一阶段是印尼由被动接受转向主动迸发的转折点，物质利益和提高区域影响力的需求是其战略选择转变的深层次驱动力。

同时，我们不可忽视的是，在三家主流媒体的报道中，警惕（vigilant）、债务（debt）、陷阱（trap）、野心勃勃（ambitious）、霸权（hegemony）、劳工（labor）等词语的使用也越来越频繁。随着特朗普政府 "印太战略" 的提出，中美贸易摩擦初见雏形，中印关系由于 2017 年洞朗对峙冲突事件的发生而跌入低谷，在此国际背景下，这一阶段印尼媒体的叙事产生了微妙的变化。三家印尼媒体在此阶段的报道中有相当一部分在"塑造"中国的经济霸权形象，并"突显"中国地缘政治影响力的"野心"。不论是从报道的数量还是从语义的情感态度来看，这种印尼担忧自身陷入债务陷阱的程度远甚于第一阶段。"东盟与中国合作可能是把双刃剑，中国的企图不仅仅是针对经济发展"；"东南亚各国越来越意识到潜在的基础设施危机"；"北京正在努力扩大其在该地区的影响力，不仅是经济上的，而且是政治上和意识形态上的"①。面对诸如此类的"阴谋论"，印尼国内高层也曾公开宣称"中国并不是要领导世界，而是要和世界进行合作"，② 希望社会各界不要太过于忧虑。印尼总统佐科不希望该国的平稳投资进程从解决经济问题转向政治问题，佐科政府也在积极向印尼公众阐释"一带一路"不是威胁，而是印尼不可错过的新机遇。

第三阶段（2019~2020年）：竞争中的理解支持。由于美国"印太战略"的进一步实施以及中美贸易摩擦的不断发酵，印尼认为全球秩序进入不健康的竞争状态，为了防止成为中美恶性竞争的棋子和牺牲品，佐科政府旨在进一步增强印尼国家发展战略的主动性和机动性。

如图4所示，第三阶段的关键词主要是利益（interest）、法律（law）、连接（connect）、印度洋—太平洋（Indo-Pacific）、核能（nuclear）、新能源（new energy）、战略伙伴（strategic partner）、信任（trust）、控诉（accuse）、劳工（worker）、地区（region）、安全（security）、外交政策（foreign policy）等。在此阶段，印尼媒体一致认为在与中国进行经济合作时要将印尼的国家利益摆在首要位置。强调自身利益的重要性是印尼对当前国家角色定位的重要考量，印尼政府已不满足于在大国经贸争端中的防御者角色，希望加入全球竞

---

① "The Presence of China in ASEAN, a Blessing or a Problem?", *Kompas*, 26 April 2017, https：//internasional. kompas. com/read/2017/04/26/05000021/kehadiran. china. di. asean. berkah. atau. masalah. ? page = all.

② "The Belt and Road Initiative (not) Just a Sequel to the Silk Road", Antara News, 26 September 2017, https：//www. antaranews. com/berita/654736/belt-and-road-initiative-bukan-sekadar-sekuel-jalur-sutra.

图 4　2019~2020 年印尼主流媒体涉"一带一路"报道的语义网络图

争，成为区域乃至全球贸易体系的有力竞争者。同时，在中美贸易摩擦波及全球贸易体系稳定性的背景下，对国家利益的反复强调和确认，也是印尼在向全世界表明自身基于多边外交准则的独立姿态——所有的外交政策和经济决策都以是否符合印尼国家利益为衡量标准。

在印尼传统基础设施建设不断加快的进程中，第三阶段中印尼两国的合作领域明显得到了扩展，特别是涉及疫苗合作、设施连通、"软"基础设施建设、新兴服务业发展、核电站建设、新能源交通工具研发等相关领域的合作得到了重视和开发。同样，我们也不可忽视报道中阴谋（conspiracy）、军事基地（Military Base）、污染（pollution）、透明度（transparency）等词语的使用，印尼相当一部分民众对债务问题、印尼本地劳工雇佣问题、南海争端、合作项目所造成的环境污染等议题表现出相当高的敏感和忧虑。

四　印尼主流媒体"一带一路"报道的策略性叙事框架分析

一个完整的策略叙事框架需具备四个基本的叙事要素，即人物与角色、布景与语境、情节与冲突以及结局与解决方案。策略性叙事设定国际政治中的行为体并塑造相应角色的特征，赋予相关的背景并设定语境意义，从众多事件中提取可供改造的事件编织成故事情节。同时，为了增强叙事的可读性和生动性，叙事者往往会展现行为体之间的矛盾和冲突。最后，为达到说服的效果，在阐述现有明确结局的同时，叙事行为体致力于为矛盾和冲突提供可供选择的有效方案。经过这一系列的框架构造，叙事就不仅仅是简单的讲解和诉说，叙事行为体对叙事的策略性构建能够以多层次、系统化和结构性的架构，向受众讲述叙事主体所塑造的相关行为体的角色特征以及事件的过去、现在和未来。佐科政府重视新闻媒体在国际传播和叙事中的作用，"一带一路"框架下的中印尼合作涉及大量的印尼信息基础设施建设项目。在意识到"一带一路"倡议的重要性后，佐科政府积极推动印尼媒体与中国媒体的合作，安塔拉通讯社、印尼《国际日报》等众多印尼媒体与《人民日报》、新华社等中国主流官媒建立了合作关系，共同向两国人民展示"一带一路"合作的成果。

策略性叙事在印尼主流媒体关于"一带一路"的报道中得到了广泛的应用，因此本节将在上文划分不同合作阶段的基础上运用策略叙事框架的四类要素分析法，从微观上对文本内容进行解构，分析不同叙事阶段中三家主流媒体所描述的中国形象和"一带一路"故事。

（一）第一阶段（2015~2016年）——期望中的初步探索

2015~2016年是中印尼合作的起步阶段，此时的"一带一路"倡议刚开始得到印尼政府的重视和关注，双方的合作领域仅限于某些特定的基础设施项目，出资比例相对较小，而日本作为印尼第二大投资国，与印尼有着广泛的合作基础。因此，这一时期的叙事框架相对比较简单，主要的人物和角色也仅仅涉及中国、印尼和日本。

1. 人物与角色

中国：日益崛起的倡议发起者。印尼媒体认为中国正不断崛起，是东南亚地区不可忽视的重要投资力量，随着中国"一带一路"倡议的提出和施行，中国投资者在东南亚寻找机会的势头越来越强劲。基于印尼"全球海洋支点"与中国"一带一路"倡议的利益交融性，印尼"政府建设海上高速公路项目的计划受到了几个国家的热烈欢迎，其中之一是中国"。① 但是印尼媒体也存在对中国的负面叙事。《雅加达环球报》2016年曾刊登一篇来自澳大利亚的报道，文中指出"澳大利亚敦促立法者在支持中国追求合法利益时采取更加谨慎的态度，并对中国投资的动机保持警惕"。② 澳大利亚政府官员在会议纪要中把中国"一带一路"倡议的长期目标表述为建立一个以中国为首、以欧亚大陆为势力范围的集团来对抗美国。同时，印尼的一些学者也暗示中国"一带一路"倡议背后有个"隐藏的议程"；"这是中国与美国争夺该地区影响力的一部分，印尼应该对此保持高度警惕"；"只要中国仍需与几个东盟成员国处理南海问题，（丝绸之路倡议）实现的前景并不真实"。③

印尼：既是倡议的欢迎者也是被动接受者。印尼在此阶段表示了对中国投资的热烈欢迎和期望，"印尼和中国是两个非常亲密的国家，不仅友好，而且我们还已成为全面战略伙伴。所以你还在等什么，马上来印尼发展你的生意"。④ 随着雅加达—万隆高铁项目的开工和建设，印尼媒体表示："中国和印尼的关系比历史上任何时候都好。"⑤ 中国的"一带一路"倡议以及《区域全面经济伙伴关系协定》（RCEP）在改善区域整体连通性和整体商业环境的同时，会积极推动东盟区域间和区域内贸易投资流动的增加。在这种

---

① "Interested in Jokowi's Sea Highway, China Initiated Silk Road", *Kompas*, 13 March 2015, https://tekno. kompas. com/read/2015/03/13/115400726/Tertarik. Tol. Laut. Jokowi. China. Gagas. Jalur. Sutera.

② "Australia Warns New Lawmakers to Weigh Chinese Investment Cautiously", *Jakarta Globe*, 1 September 2016, https://jakartaglobe. id/news/australia-warns-new-lawmakers-weigh-chinese-investment-cautiously.

③ "In Indonesia, Caution Urged With China's New 'Silk Road' Plans", *Jakarta Globe*, 31 May 2015, https://jakartaglobe. id/opinion/indonesia-caution-urged-chinas-new-silk-road-plans.

④ "Zulkifli Hasan: Indonesian Politics is Stable for Investors", Aatara News, 19 September 2015, https://www. antaranews. com/berita/519035/zulkifli-hasan-politik-indonesia-stabil-untuk-investor.

⑤ "Jakarta-Bandung Railway to Break Ground as China-Indonesia Ties 'Better Than Ever' ", *Jakarta Globe*, 19 January 2016, https://jakartaglobe. id/business/jakarta-bandung-railway-break-ground-china-indonesia-ties-better-ever.

有利的大环境下,"印尼将成为中国'一带一路'倡议在东南亚的最大受益者"。① 但是,相对于后两个阶段来说,对中国投资需求的渴望使得印尼在第一阶段内展现出明显的低姿态。

日本:中国在东南亚地区的有力竞争者。日本作为印尼历来最具竞争力的投资者之一,向来重视与东南亚国家关系的强化。随着"一带一路"倡议成功地吸引了包括印尼在内的众多东南亚国家,日本也逐渐意识到中国影响力的迅速提升,两国争夺东南亚地区影响力的竞争随之不断升温。"日本和中国都试图讨好印尼,以提高它们在该地区的影响力,这引发了两个亚洲大国之间的竞争。"②

2. 布景与语境

中国经济增长速度放缓,进入可持续、高质量发展阶段。中国经济的内生改革需要调整国外市场,于是"从印尼到哈萨克斯坦等国的新机遇将有助于抵消中国国内房地产市场低迷和欧洲出口需求疲软的影响",③ 有利于提高中国经济发展的全球化水平。这一时期中美关系相对比较稳定,中国在走丝绸之路寻找经济快速增长的土壤时,也致力于成为全球治理体系中的重要角色。南海问题在一定程度上会影响"一带一路"框架下中国与东南亚国家的经济合作关系,但印尼并未直接卷入南海争端。

3. 情节与冲突

"中国已经制定了一项全面的'一带一路'行动计划,得到了欧亚大陆内外近60个国家的坚定支持。"④ 中国与"一带一路"合作国家的合作取得了丰硕成果,印尼期待加入"一带一路"框架下的"中国圈"。美国虽然并

---

① "The Only Way is Up for Indonesia in China's One Belt One Road Initiative", *Jakarta Globe*, 18 May 2016, https://jakartaglobe.id/business/way-indonesia-chinas-one-belt-one-road-initiative.

② "Editorial:Japan, China in Tug of War for Indonesia's Attention", *Jakarta Globe*, 5 August 2015, https://jakartaglobe.id/opinion/editorial-japan-china-tug-war-indonesias-attention.

③ "China Follows Silk Road in Search for Land of Fast Growth", *Jakarta Globe*, 15 April 2015, https://jakartaglobe.id/business/china-follows-silk-road-search-land-fast-growth.

④ "Commentary:China's New Silk Road — Implications for the US", *Jakarta Globe*, 29 May 2015, https://jakartaglobe.id/opinion/commentary-chinas-new-silk-road-implications-us.

未对"一带一路"倡议公开表态，但已逐渐意识到中国经济影响力对其在亚太地区势力的威胁。随着中国经济影响力的不断扩展，中国成为印尼传统投资者日本在东南亚地区最强劲的竞争对手。

4. 结局与解决方案

印尼媒体表示印尼作为东南亚最大的经济体，会从"一带一路"倡议中获益，因此加入此倡议是大势所趋，但要时刻保持谨慎。面对中国、美国和日本等国家在印尼的竞争关系，印尼认为，只要以国家和人民的利益为主，保持在大国间的中立地位，坚持"自由和积极"的外交理念，就可以利用这一地缘战略竞争，实现印尼的繁荣。

（二）第二阶段（2017~2018年）——谨慎的深入合作

2017年"一带一路"合作高峰论坛的顺利开展，2018年中印正式签署"一带一路"合作文件，标志着中印尼在"一带一路"倡议下的合作进入更新更高的发展阶段。印尼媒体在此阶段的叙事框架相对复杂，人物和角色涉及了更多的国家和行为体，叙事背景和情节以及所涉及的利益冲突比第一阶段更趋复杂化。

1. 人物与角色

中国：雄心勃勃的投资者。第二阶段的中国已经超越日本成为印尼的第二大投资者，"它在各个领域的崛起不断扩大，确实令世界震惊"。[1] 这一阶段的报道中，"雄心勃勃"这个词的使用频率非常高，一共出现了41次。媒体将中国描述成"雄心勃勃"的投资者，把"一带一路"倡议描述为"雄心勃勃"的项目："中国的'一带一路'计划是一项雄心勃勃的发展运动"；[2] "中国雄心勃勃地建立全球基础设施网络，以促进亚洲、欧洲和非洲

---

[1] "The Explosion in Manchester Dominates the World's Most Read News", *Kompas*, 24 May 2017, https://internasional.kompas.com/read/2017/05/24/06073551/ledakan.di.manchester.dominasi.berita.dunia.yany.paling.dibaca? page=all#page3.

[2] "Hong Kong to Woo Indonesian Businesses to Take Part in 'Belt and Road' Initiative", *Jakarta Globe*, 18 July 2017, https://jakartaglobe.id/business/hong-kong-woo-indonesian-businesses-take-part-belt-road-initiative.

的贸易和经济增长"。①

　　印尼：更加主动但日益谨慎的积极响应者。"印尼是东南亚最大的经济体，在吸引中国投资方面并没有成功"，② 这是印尼目前对自身吸引中国投资能力的清醒认知。佐科政府决定积极扭转这一落后局面，于是成为中国"一带一路"倡议的积极响应者。"印尼政府应尽快参加中国提出的'一带一路'倡议"，"现在是（印尼）政府积极响应'一带一路'倡议的时候了。"③ 相比于第一阶段，印尼变得更加积极和主动，"我们将看到'一带一路'概念是什么样的，只有在那之后，我们才能知道我们可以加入的地方"。④ 印尼总统佐科不仅携代表团参加"一带一路"高峰论坛，研究"一带一路"的投资要求和会议精神，寻求与"一带一路"更多的利益交融点，还积极地向中国推销印尼具有吸引力的大型基础设施项目。同时，这种"热情拥抱"的背后是印尼政府谨慎的考量。由于担心陷入所谓的"债务陷阱"，印尼媒体表示，"印尼仍要保持谨慎，我们不想将投资转换为贷款"。⑤

　　美国：制衡中国的"印太战略"发起者。随着特朗普政府的上台，美国携带着比"亚太再平衡"战略更加强势的"印太战略"回归印太地区，制衡中国的快速发展。这一阶段，美国对待"一带一路"倡议的态度明显恶化，异常警惕地关注中国影响力日益增长的迹象。"不少国

---

① "State Preparation Poses Challenge to One Belt One Road：Ministry", *Antara News*, 21 October 2017, https：//advance. lexis. com/api/document? id = urn：contentItem：5PSF-7PX1-JDKC-R292-00000-00&idtype=PID&context=1000516.

② "China Gives Positive Response to Indonesia Investment Offer：LIHUT", Antara News, 17 May 2017, https：//advance. lexis. com/api/document? collection = news&id = urn：contentItem：5ND4-M491-F12F-F3C3-00000-00&context=1000516.

③ "Indonesia Should Participate in China's OBOR Initiative Diplomat", Antara News, 25 April 2017, https：//advance. lexis. com/api/document? collection = news&id = urn：contentItem：5ND4-M491-F12F-F3C3-00000-00&context=1000516.

④ "President Jokowi to Study China's One Belt One Road Initiative", Antara News, 13 May 2017, https：//advance. lexis. com/api/document? collection = news&id = urn：contentItem：5NHY-KS41-F12F-F47W-00000-00&context=1000516.

⑤ "Cambodian PM's Party Claims Election Rout, Opposition Sees 'Death of Democracy'", *Jakarta Globe*, 31 July 2018, https：//jakartaglobe. id/news/cambodian-pms-party-claims-election-rout-opposition-sees-death-democracy.

家仍然怀疑中国重振过去贸易路线的意图，尤其是在东南亚国家中具有强大影响力的日本和美国"；①"亚太地区传统上有影响力的大国美国，一直在警惕中国为赢得资源丰富的太平洋地区的朋友所作的努力。"② 虽然特朗普政府秉持"美国优先"原则退出了《跨太平洋伙伴协议》（TPP）并引发中美贸易摩擦，导致了东南亚国家对区域经济未来发展的担忧，但印尼媒体认为这仍然改变不了美国是印太地区具有强大影响力国家的客观事实，也改变不了美国作为印尼不可或缺的合作伙伴在印尼经济发展中的重要地位。

印度：倡议的公开反对者。基于美国"印太战略"的提出以及遏制中国的共同意图，位于南亚次大陆的印度认为，自身所具备的地缘政治优势和战略地位提升到了前所未有的高度。印度向来对"一带一路"倡议表现出忧虑和抵制情绪，认为"'一带一路'倡议的概念中隐藏着中国向印度洋扩张的意图，这种意图会遭到印度人民的抵制"。"印度越来越关注中国与其主要竞争对手巴基斯坦的关系，并将其横跨克什米尔的贸易走廊视为侵犯印度的主权要求。"③"一带一路"高峰论坛开始前，印度几度发声表示不会参加该论坛。尤其是洞朗对峙事件发生后，中印边境问题为中印关系蒙上了更深的阴影，"莫迪拒绝参加习近平主席签署的将亚洲及其他地区编织在一起的'一带一路'倡议，使印度成为抵制5月首脑会议的唯一国家"。④

2. 布景与语境

美国一系列"退群"行为以及英国"脱欧"引起了人们对区域一体化

---

① "Transportation Minister to Simplify Regulation that Hinder Investment", *Antara News*, 26 September 2017, https：//advance. lexis. com/api/document？ collection = news&id = urn： contentItem： 5PK0-BJ21-JDKC-R3J3-00000-00&context = 1000516.

② "Trump's Summit No-Show Draws Asian Nations Closer Together", *Jakarta Globe*, 18 November 2018, https：//jakartaglobe. id/news/trumps-summit-no-show-draws-asian-nations-closer-together.

③ "Diplomacy to Defuse India, China Border Crisis Slams Into a Wall： Sources", *Jakarta Globe*, 9 August 2017, https：//jakartaglobe. id/news/diplomacy-defuse-india-china-border-crisis-slams-wall-sources.

④ "Diplomacy to Defuse India, China Border Crisis Slams Into a Wall： Sources", *Jakarta Globe*, 9 *August* 2017, *https：//jakartaglobe. id/news/diplomacy-defuse-india-china-border-crisis-slams-wall-sources.*

组织前途和逆全球化的担忧，东南亚越来越重视寻求在区域一体化框架下的贸易合作进程。中美贸易摩擦初现雏形，"印太战略"与"一带一路"倡议的竞争成为此阶段最大的战略背景。印尼国内的背景主要涉及 2017 年印尼大选期间，佐科的竞选对手试图以当地劳工问题和反华情绪煽动印尼国内的宗教紧张情绪，对"一带一路"倡议的支持与否成了划分印尼政治选举阵营的标准。

3. 情节与冲突

印尼政府更加积极主动地响应中国"一带一路"倡议，主动寻找并创造双方合作的新动力，但面对印尼民众对中国影响力扩展和所谓"债务陷阱"的担忧，印尼政府依旧对倡议保持谨慎的合作态势。美国、日本和印度针对遏制"一带一路"形成了统一战线，其他国家作为收益和风险并存考量的参与者，仍旧希望在经济上利用中国"一带一路"倡议谋求自身利益。

4. 结局与解决方案

印尼继续深化"一带一路"框架下的中印尼合作关系。为了更好地适应基础设施建设和国家发展的需要、解决劳工问题、缓解民众反华情绪，在引进中国投资时印尼更注重新标准的建立——使用更加环保的技术、增加雇佣印尼本地劳动力、减少原材料出口的比例、推动对印尼的技术转让。面对中美之间的战略竞争和贸易摩擦，佐科邀请中国就印度太平洋概念和东盟进行合作，"希望中国能够成为东盟在印度太平洋海上部门合作的伙伴，"① 同时呼吁中美大国之间加强合作、减少分歧，勿把印度洋和太平洋用作争夺自然资源、领土争端和海上霸权的舞台，共同维护印太地区的和平与安全。

（三）第三阶段（2019～2020年）——竞争中的理解支持

在第三阶段，作为叙事主体的印尼对"一带一路"叙事的友好度进一步提升。在第一和第二阶段，印尼采取的是等距离或对冲战略，而第

---

① "Jokowi Calls for ASEAN-China to Collaborate on the Indo-Pacific Concept", *Compas*, 15 December 2018, https://nasional.kompas.com/read/2018/11/15/09191611/jokowi-serukan-asean-china-berkolaborasi-dalam-konsep-indo-pasifik.

三阶段无论是佐科政府的政策偏好还是印尼媒体的舆论走向，天平都更倾向于中国一方，印尼展现出越来越具有诚意的合作姿态。在香港问题、新疆人权问题、疫情溯源等方面，印尼理解和支持中国的立场。在第三阶段，由于既定偏好趋于一致，叙述的主要角色主要涉及中国、美国和印尼三方。

1. 人物与角色

中国：对印尼最具影响力的重量级行为体。印尼媒体在报道中表示中国虽然还没有成为像美国这样的超级大国，"但中国是一个对世界影响最大的国家，中国经济及其政策产生了重要的国际影响"，[①] "中国将在经济领域中占据主导地位"。[②] 第三阶段的报道文本中多次出现"最具影响力"等高频词汇，例如"中国业已成为印尼影响力最大的国家"、[③] "考虑到中国将继续是对印尼最有影响力的国家"[④] 及 "中国在该地区具有最大的经济影响力"。[⑤] 同时，"紧密"、"亲密"、"舒适度"、"信任"及"拥抱"等描述两国合作关系的正面词语的使用也越来越多，"印尼和中国的未来将越来越紧密地联系在一起"；[⑥] "习近平主席具有标志性的'一带一路'倡议将使东

① "Indonesia-China Relations, Pillars of Regional Stability", *Compas*, 31 December 2020, https：// nasional. kompas. com/read/2020/12/31/16172591/hubungan-indonesia-china-pilar-stabilitas- kawasan？page＝all.

② "Southeast Asia Wary of China's Belt and Road Project, Skeptical of US：Survey", *Jakarta Globe*, 8 January 2019, https：//jakartaglobe. id/news/southeast-asia-wary-chinas-belt-road-project-skeptical-us-survey.

③ "Read 70 Years of Indonesia-China Relations, Pillars of Regional Stability", *Compas*, 31 December 2020, https：//nasional. kompas. com/read/2020/12/31/17310051/membaca-70-tahun-hubungan-indonesia-china-pilar-stabilitas-kawasan.

④ "Indonesia-China Relations, Pillars of Regional Stability", *Compas*, 31 December 2020, https：//nasional. kompas. com/read/2020/12/31/16172591/hubungan-indonesia-china-pilar-stabilitas-kawasan？page＝all.

⑤ "Southeast Asia Wary of China's Belt and Road Project, Skeptical of US：Survey", *Jakarta Globe*, 08 January 2019, https：//jakartaglobe. id/news/southeast-asia-wary-chinas-belt-road-project-skeptical-us-survey.

⑥ "Read 70 Years of Indonesia-China Relations, Pillars of Regional Stability", *Compas*, 31 December 2020, https：//nasional. kompas. com/read/2020/12/31/17310051/membaca-70-tahun-hubungan-indonesia- china-pilar-stabilitas-kawasan.

盟更紧密地进入中国的轨道";① "印尼政府对中国的舒适度越来越高,而且合作空间越来越紧密";"必须能够利用与中国的亲密关系来帮助缓解紧张局势";"中国继续拥抱印尼"。② 这些话语的使用,说明两国关系已经发展到更高水平。

印尼:积极参与全球竞争的国家利益捍卫者。在第三阶段,佐科政府表示,"国家利益"需要反复考量和确认,"'一带一路'倡议对(印尼)国家利益的影响也需要加以研究";③ "在'一带一路'框架内的合作可以在多大程度上满足印尼的利益。并非(中国所有的倡议)我们都必须遵循。我们把利益放在首位,把印尼的利益放在首位";④ "印尼将确保国家利益处于中国'一带一路'论坛的优先级别"。⑤ 印尼各界表示,为了成为国家利益的坚定维护者,就必须具备参与全球竞争的能力。因此,如何有效地参与全球竞争也成了此阶段印尼国家战略的重要议程,"没有人会低估印尼在全球竞争中的地位,印尼足以进入全球竞争"。⑥ 国家利益的确认以及参与竞争的决心需要印尼以更加独立的姿态来参与全球事务,"我们不仅要成为观众,

① "Southeast Asia Wary of China's Belt and Road Project, Skeptical of US: Survey", *Jakarta Globe*, 8 January 2019, https://jakartaglobe.id/news/southeast-asia-wary-chinas-belt-road-project-skeptical-us-survey.

② "Indonesia-China Relations, Pillars of Regional Stability", *Compas*, 31 December 2020, https://nasional.kompas.com/read/2020/12/31/16172591/hubungan-indonesia-china-pilar-stabilitas-kawasan?page=all.

③ "The Chinese Mega-project Aroused Caution from Indonesian Intellectuals", *Antara News*, 7 August 2019, https://www.antaranews.com/berita/999562/mega-proyek-china-timbulkan-kehati-hatian-dari-cendekiawan-ri.

④ "Visiting China, Vice President Kalla Will Discuss 'One Belt One Road' Project", *Compas*, 23 April 2019, https://nasional.kompas.com/read/2019/04/23/19251551/melawat-ke-china-wapres-kalla-akan-bahas-proyek-one-belt-one-road.

⑤ "Vice President: Indonesia Prioritizes its Interests in One Belt One Road", *Antara News*, 23 April 2019, https://www.antaranews.com/berita/841708/wapres-indonesia-utamakan-kepentingan-dalam-one-belt-one-road.

⑥ "No One will Underestimate Indonesia in Global Competition", *Antara News*, 7 August 2019, https://www.antaranews.com/berita/999708/tidak-ada-yang-anggap-remeh-indonesia-di-persaingan-global.

还要努力成为核心参与者……也不要成为后备球员，而必须成为核心球员"。①

美国：全球影响力和区域参与度相对下降的安全提供者。美国作为东南亚地区传统的安全提供者，与印太地区的国家有着深厚的安全合作基础和战略防务保证。但是近年来美国的全球影响力、在东南亚的参与度都有着不同程度的下降，东南亚国家开始怀疑美国作为该地区安全战略合作伙伴和安全提供者的能力。"东南亚越来越怀疑美国对该地区作为战略伙伴和安全来源的承诺"，"美国在政治战略领域中发挥影响力的传统观念将需要根据调查结果重新审视。"②

2. 布景与语境

第三阶段最重要的叙事布景就是新冠肺炎疫情。一些观察家认为，新冠肺炎疫情可能是一个改变世界的事件，对国际经济、政治、安全秩序和中美在世界上的作用具有潜在的深远影响。③ "冷战结束了，但是此时正在出现新的竞争，使和平变得非常不稳定，这是充满紧张和猜疑的和平时期，美国和中国等超级大国的竞争对于印太地区的国家是不可避免的。"④ 与此同时，贸易竞争仍以各种形式的方式出现在与中美经济挂钩的各个领域，全球不健康的竞争形势困扰着包括印尼在内的东南亚国家。美国积极拉拢印度、日本和澳大利亚试图组成"美日印澳四国同盟"版的亚洲"小北约"，东南亚各国对美国"新冷战"的战略意图深感担忧。

---

① "Sandiaga Told of a Bad Experience Doing Business with Chinese Businessmen", *Antara News*, 7 August 2019, https：//www. antaranews. com/berita/999742/sandiaga-ceritakan-pengalaman-buruk-berbisnis-dengan- pengusaha-china.

② "Southeast Asia Wary of China's Belt and Road Project, Skeptical of US：Survey", *Jakarta Globe*, 8 January 2019, https：//jakartaglobe. id/news/southeast-asia-wary-chinas-belt-road-project-skeptical-us-survey.

③ Ronald O'Rourke and Kathleen J. McInnis, *COVID-19：Potential Implications for International Security Environment—Overview of Issues and Further Reading for Congress*, Congressional Research Service Reports, March 2021.

④ "Intensifying Dialogue for the Sake of Realizing Indo-Pacific Cooperation", Antara News, 28 December 2019, https：//www. antaranews. com/berita/1226884/mengintensifkan-dialog-demi-wujudkan-kerja-sama-indo-pasifik.

3. 情节与冲突

中国越来越成为印尼最具政治经济影响力的国家，印尼积极寻求更广范围、更深层次的中印尼紧密合作关系。美国仍然是世界上最强大的国家，美国对中国"一带一路"倡议的反对呼声日益高涨，制衡中国的动作和手段层出不穷。在全球卫生治理方面，中国是新冠肺炎疫情的成功控制者，印尼支持和赞美中国为全球疫苗研发和共享所作出的努力，批评美国不遗余力寻找疫情替罪羊而指责中国，却对国内疫情控制不力、无所作为的行为。

4. 结局与解决方案

在"一带一路"框架下，印尼要更主动地参与地区乃至全球竞争，必须着力推动《2025东盟连通性总体规划》和"一带一路"倡议的战略对接。印尼的"香料之路"战略，在主动吸引外资的同时，试图借助"一带一路"的框架，积极参与周边国家和地区的投资项目，不局限于做"一带一路"倡议的追随者，而要成为其核心参与者和战略观念引领者。印尼作为中国和美国的战略合作伙伴具有独特的能力，能够帮助两国缩小认知差距，加强对话，实现"印太"框架下的中美合作。印尼表示面对正在发生的战略变革，东盟的中心地位和制度化优势必须得到足够的重视，"东盟需要建立自己对地区秩序的愿景，包括提出有大国支持的地区秩序的不同愿景"，① 增强主动性，争取主动权，而不仅仅是追随和被迫选择。

五　总结

印尼三家主流媒体通过对重要角色的特征赋予和人物所处时代背景的精心布置，讲述了一个个精彩纷呈的印尼与"一带一路"步步接轨，逐渐繁荣强大走向世界的故事，印尼政府以独立的、不依附于任何国家的姿态坚定

---

① "Intensifying Dialogue for the Sake of Realizing Indo-Pacific Cooperation", Antara News, 28 December 2019, https：//www. antaranews. com/berita/1226884/mengintensifkan-dialog-demi-wujudkan-kerja-sama-indo-pasifik.

地维护国家利益的形象在这些报道中跃然纸上。在这些精心设计的故事中，中国、印尼、美国、日本、韩国、印度、欧洲、东南亚、非洲等众多行为体以多变的角色和特定的形象共同架构了一幅国际社会上百舸争流、强者争霸、风起云涌的宏大场面。印尼三家主流媒体《雅加达环球报》、《罗盘报》和安塔拉通讯社虽然在报道内容上各有侧重，但是呈现出大体一致的策略性叙事框架，如表 1 所示。

表 1　印尼三家主流媒体不同阶段内的策略性叙事框架

阶段与叙事框架	人物与角色	布景与语境	情节与冲突	结局与解决方案
第一阶段：2015~2016 年——期望中的初步探索	中国：日益崛起的倡议发起者 印尼：既是倡议的欢迎者也是被动接受者 日本：中国在东南亚地区的有力竞争者	国际形势基本平稳	印尼期望加入并初步探索与中国的"一带一路"合作；中日经济竞争	印尼为加入"一带一路"倡议创造各种有利于改善投资环境的条件；利用中日竞争机遇实现印尼投资增长
第二阶段：2017~2018 年——谨慎的深入合作	中国：雄心勃勃的投资者 印尼：更加主动但日益谨慎的积极响应者 美国：制衡中国的"印太战略"发起者 印度：倡议的公开反对者	美国、印度针对中国的遏制局面逐渐形成	印尼正式加入"一带一路"，但国内基层民众对中国"一带一路"意图的忧虑和不信任增加；中美贸易竞争初现雏形	深化中印尼合作，保持谨慎防范之心，建立国内民众对华信任机制；吸收中国外资，但同时与传统贸易伙伴维持良好关系，谨防出现战略危机
第三阶段：2019~2020 年——竞争中的理解支持	中国：对印尼最具影响力的重量级行为体 印尼：积极参与全球竞争的国家利益捍卫者 美国：全球影响力和区域参与度相对下降的安全提供者	新冠肺炎疫情背景下国际形势的大变革	佐科政府推动的中印尼信任建立议程初成成效；中美贸易摩擦	印尼积极参与全球竞争，在"一带一路"框架下寻求与世界各国更广泛的合作；重视发挥东盟在处理东南亚地区事务中的主导作用；解决中美争端，以免影响东南亚稳定

从宏观来看，在印尼主流媒体对中国"一带一路"倡议报道故事情节的描述中，合作多于冲突，对中印尼"一带一路"框架下的合作现状及前景的展望积极多于消极，对中国国家形象的塑造正面大于负面。从第一阶段到第三阶段的合作路线来看，我们发现在"一带一路"框架下，印尼与中国的合作意愿不断增强，合作领域不断扩展，合作自主性也在不断提高。

从不同阶段内策略性叙事的四种组合要素来看，印尼对中国"一带一路"倡议的态度呈现着从观望状态到大胆合作再到坚定支持的逐渐演变。这种积极向好的态度转变，源自印尼政府为建设"全球海洋支点国家"的美好愿景和"一带一路"倡议本身所具备的吸引力。这种强大的吸引力是硬实力和软实力的紧密结合：硬实力即中国强大的国家经济实力，同时"一带一路"倡议的内涵和结构布局的科学效用，可以为参与合作的相关国家和地区带来切实的经济收益和格局效益。比如处于第一阶段的印尼正是看到了菲律宾、巴基斯坦等国家在加入倡议后所获的巨大投资利益，从而坚定了加入"一带一路"倡议的决心。软实力即约瑟夫·奈提出的"一个国家的文化与意识形态所产生的吸引力，它通过吸引力而非强制力影响其他国家的行为，并获得理想的结果"，[1]"一带一路"共建国家顶层合作倡议所提倡的和平共享、开放包容、互学互鉴、互利共赢的发展理念，以及"共商、共建、共享"的合作原则在逐渐打消印尼对中国的疑虑中起到了重要的作用。

在印尼和中国70多年的外交关系变化中，印尼国内对中国的信任程度显然比以往更高，在关于东盟一体化合作进程、区域全面经济伙伴关系、海洋气候变化、多边主义、国家主权、全球卫生治理、疫苗合作等问题上，中国和印尼有了更多的利益融合和立场一致性。印尼的政府部门和精英阶层对"一带一路"倡议的认知和理解比基层民众要更加积极。由于意识形态和宗教信仰的差异以及所谓"中国威胁论"的甚嚣尘上，印尼国内基层民众的反华情绪仍然是中印尼友好交往道路上的主要障碍。除了现实存在的企业用工问题、环境污染问题、节能减排负担外，印尼社交媒体上对中国的污名

---

① Joesph S. Nye Jr., *Soft Power*, *Foreign Policy*, 1990, p. 80.

化，即中国以经济施压损害印尼国家主权的"阴谋论"，印尼对中国经济上日益增加的依赖会产生外交上的溢出效应，从而导致印尼地缘政治风险增加，也是中国和印尼政府亟待解决的信任危机。近年来，中国在"讲好中国故事"方面的探索与实践更好地阐释了自身的发展理念和外交立场。在双方信任关系的建立中，如何"讲好中国故事"，如何基于中国视角，运用中国表达，通过社交媒体向包括印尼在内的"一带一路"框架下的参与国传递积极信号——"一带一路"不是封闭排他的中国圈，不是地缘政治的掠夺工具，也不是"债务陷阱"的对外援助计划，更不是触发民族矛盾的导火索——就显得尤为重要。

正如印尼智库界专家所表示："中美紧张局势将会持续，但是，这场竞争并不是争夺全球领导地位，而是看哪个国家的政治和外交影响力更大，美国和中国将会尝试使用不同的工具、方法和叙事来使得其他国家朝他们的方向发展"，[1] 叙事之争是中美竞争的新形式和新领域，美国向来是一个善于打"舆论战"的国家，"美国媒体非常善于利用策略性叙事，配合政府的公关修辞共同构成美国的政治传播话语体系"。[2] 因此，在这场没有硝烟的"口水战"中，中国媒体作为解读、宣传中国政府外交政策重要窗口的组成部分，在宏观层面，面临重大国际议题以及涉及中国国家利益的议题时，要与中国政府的核心外交论调保持一致，并善于利用大众传媒强大的传播能力和丰富的传播渠道为中国叙事营造和谐友善的氛围；在微观层面，中国媒体要策略性地构建中国故事的叙事框架，在国家形象的塑造、全球战略背景的铺设、和平友好外交情节的描述和为全球问题提供中国解决方案的各个要素中，在中国故事的形成、投射、接受的循环过程中，运用更系统科学的方法引导社会舆论朝着更有利于自身的方向发展。只有这样，中国媒体才能更好地承担起传播中国好声音、讲述中国好故事、塑造中国好形象的重任。

---

① "Indonesia Can Help US and China Find Common Ground: FPCI", *Jakarta Globe*, 19 *December* 2020, *https://jakartaglobe.id/news/indonesia-can-help-us-and-china-find-common-ground-fpci*.

② 史安斌、王沛楠：《国际报道中的策略性叙事：以〈纽约时报〉的南海报道为例》，《西安交通大学学报》2018 年第 1 期，第 99 页。

中国与印度尼西亚人文交流中的
国际友城建设

张　弦　项邱雯*

摘　要： 城市作为国与国交往中最具活力的元素之一，是国家间开展
人文交流的重要窗口。中国与印度尼西亚缔结友好城市关系
的历史始于1990年代。随着中国对外开放水平的逐步提升及
两国友好关系的不断深化，中印尼两国城市间的交流与合作
日趋增多。新时期"一带一路"倡议的提出，更是为两国友
城关系的进一步发展提供了新的平台和机遇。尽管如此，中
印尼双方友城建设为时尚短，合作机制也不够成熟，仍然面
临着诸多挑战。因此，为进一步促进中印尼人文交流关系发
展，从加强双方友城建设的角度提出相应的对策和建议具有
重要的现实意义。

关键词： 中国　印度尼西亚　友好城市　人文交流

　　"国之交在于民相亲，民相亲在于心相通"，人文交流作为推进民心相
通的重要途径之一，是中印尼两国人民友谊的"播种机"，是促进双方交流
合作的"铺路石"，也是中印尼关系持续深入发展的必要条件和重要体现。
城市不仅是人类生活的空间和生产的聚集地，也是促进国家间人文交流的重
要场所。国际友好城市作为国家双边关系的重要组成部分，以增进国家及地

---

　　* 张弦，华中师范大学政治与国际关系学院副教授；项邱雯，华中师范大学国际政治专业研
究生。

区民众间的相互理解与信任为基础，以维护世界和平、增进相互友谊、促进共同发展为目的。随着中国和印度尼西亚两国关系的不断发展，双方的友好城市网络也在不断扩大，人文交流合作在不断加深。截至目前，中国和印度尼西亚已建立了 32 对友好城市，结出了累累硕果。不过也要看到，与其他国家的友好城市关系相比，中印尼友好城市建设起步较晚，仍存在一些困难与问题。未来需要双方携手应对挑战，进一步加强友城建设，为推动"民相亲、心相通"贡献智慧和力量，促进中印尼人文交流迈上新台阶。

一 中国与印度尼西亚国际友城建设概况

（一）国际友好城市

国际友好城市（International Friendship City）是世界各国地方政府（省、州、市、县）之间通过协议形式建立起来的一种国际联谊与合作关系，是"友好省州与友好城市"的简称，在西方又称"姐妹城市（Sister Cities）"或"双胞城市（Twin Cities）"。[①] 建立国际友好城市的传统最早可追溯到中世纪的欧洲，但现代背景下则始于第一次世界大战之后的欧洲。战争给欧洲各国带来巨大的创伤，在战争结束后，英国的约克郡凯里市官员访问法国的普瓦市，看到市内到处断壁残垣，深深为之触动，为了医治战争创伤，英国官员便向法国人提出两市结好，并希望能协助普瓦市进行重建，随即两市结好，成为世界上第一对友好城市。[②] 在第二次世界大战结束之后，友好城市网络得到进一步发展扩大，这种方式有利于减轻战争带给各国人民的伤痛，消除各国人民之间普遍存在的敌对情绪，协助各国进行战后的重建工作。因此，国际友好城市首先在西欧地区蓬勃发展起来，随后在全球范围内得到进一步的延伸发展。

中国的第一对国际友好城市建立于 1973 年 6 月 24 日，当时在周恩来总

[①] 李小林主编《城市外交：理论与实践》，社会科学文献出版社，2016，第 38 页。
[②] 李小林主编《城市外交：理论与实践》，社会科学文献出版社，2016，第 39 页。

理的推荐和支持下，中国天津市与日本神户市缔结了友好城市关系，开创了新中国成立后中国与其他国家城市结好的先河，也开辟了中国地方政府对外交流合作的重要渠道。1978 年我国实行改革开放政策，向世界敞开了大门，我国对外缔结友好城市关系才从真正意义上步入了正轨。自此以后，我国同世界各国建立和发展友好城市的工作便不断展开，中国人民对外友好协会会长李小林在第二届"一带一路"国际合作高峰论坛地方合作分论坛中表示，截至目前，中国已与五大洲 136 个国家建立了 2629 对友好城市和省州关系。① 诚然，中国当前已成为世界上拥有正式友好城市数量最多的国家之一，为更好地协调管理我国同外国建立和发展友好城市关系的工作，1992 年 3 月，由中国对外友好协会发起成立了中国国际友好城市联合会，积极推动中外城市及地方政府缔结友好城市关系，同时，为提高地方对外开放水平，中国对外友好协会还积极与中国国际友好城市联合会及地方政府联合主办国际会议，并于 2008 年 11 月 8 ~ 9 日在北京首次举办了中国国际友好城市大会，此后该大会每两年举办一届，目前已在北京、上海、成都、广州、重庆、武汉连续举办六届，使其成为友好城市工作的重要品牌活动。

国际友好城市之间的交往范围较为全面，涵盖了经济、政治、文化、艺术、教育、城市管理等各个方面。除了通过一些便利化、制度化的安排促进城市之间的经济合作和经济繁荣外，国际友好城市更重要的任务是成为连接不同国家的纽带和缔结跨国友谊的桥梁，同时也是促进经贸往来的重要途径。② 除此之外，国际友好城市作为跨文化交流的重要平台，也是促进国家间人文外交交流的重要形式之一，对提升国家城市形象、推动城市国际化进程具有重要意义。合作双方可以通过友好城市渠道相互建立文化交流机制、分享城市管理经验、互补城市建设资源，进而促进两个地区城市的共同发展。

---

① 《李小林：中国与 136 国建 2629 对友好城市和省州关系》，《新京报》2019 年 4 月 25 日，http://finance.sina.com.cn/china/gncj/2019-04-25/doc-ihvhiewr8186083.shtml。
② 刘铁娃：《国际友好城市文化交流与国家软实力提升》，《对外传播》2017 年第 10 期。

（二）中印尼友城概况

中国与印度尼西亚城市缔结友好关系的历史，始于1990年代。1992年8月4日，北京市与雅加达特区正式建立友好城市关系。此后，随着两国友好交往的发展和中国外交的逐步开放，至2020年11月，中国已与印度尼西亚的24个城市或地区结成友好城市关系，其中9个为省级友好关系城市，15个为市级友好关系城市，具体缔约时间见表1。

表1 中印尼两国缔结友好城市关系概况

中国省份/城市	印尼省份/城市	结好时间	关系
北京市	雅加达特区	1992年8月4日	省级友好城市
天津市	东爪哇省	2012年9月24日	省级友好城市
上海市	东爪哇省	2006年8月30日	省级友好城市
江苏省南京市	中爪哇省三宝垄市	2018年10月24日	市级友好城市
辽宁省营口市	西爪哇省万隆市	2006年9月21日	市级友好城市
安徽省宿州市	西苏门答腊省巴东市	2015年4月23日	市级友好城市
福建省	中爪哇省	2003年12月6日	省级友好城市
福建省南安市	北苏门答腊省民礼市	—	市级友好城市
福建省厦门市	东爪哇省泗水市	2006年6月23日	市级友好城市
福建省福州市	中爪哇省三宝垄市	2016年6月2日	市级友好城市
福建省漳州市	南苏门答腊省巨港市	2002年9月16日	市级友好城市
福建省福清市	东爪哇省玛琅市	2018年3月30日	市级友好城市
山东省济南市	东爪哇省徐图利祖市	2012年9月21日	市级友好城市
山东省东营市	东加里曼丹省巴里巴班市	2013年3月13日	市级友好城市
河南省	马鲁古省	2011年9月27日	省级友好城市
广东省	北苏门答腊省	2002年3月11日	省级友好城市
广东省广州市	东爪哇省泗水市	2005年12月21日	市级友好城市
广东省江门市	东爪哇省泗水市	2009年11月3日	市级友好城市
广东省汕尾市	北苏门答腊省日里昔利冷县	2009年11月12日	市级友好城市
广西壮族自治区	西爪哇省	2017年5月5日	省级友好城市
广西壮族自治区东兴市	邦加勿里洞省东勿里洞县	2014年5月22日	市级友好城市

中国省份/城市	印尼省份/城市	结好时间	关系
广西壮族自治区防城港市	邦加勿里洞省槟港市	2011年12月20日	市级友好城市
广西壮族自治区北海市	中爪哇省三宝垄市	2008年10月14日	市级友好城市
广西壮族自治区柳州市	西爪哇省万隆市	2005年8月5日	市级友好城市
宁夏回族自治区	西努沙登加拉省	2017年9月22日	省级友好城市
重庆市	西爪哇省	2017年5月8日	省级友好城市
四川省	西爪哇省	2017年5月8日	省级友好城市
四川省成都市	北苏门答腊省棉兰市	2002年12月17日	市级友好城市
海南省	巴厘省	2011年10月20日	省级友好城市
云南省	巴厘省	2003年11月22日	省级友好城市
黑龙江省	西爪哇省	2017年5月10日	省级友好城市
江西省新余市	西苏门答腊省巴东市	2020年11月27日	市级友好城市

注：由于没有统一公布的官方数据，数据统计由笔者依据中印尼各地方政府官网及相关新闻报道自行整理，仅供参考。

相较于其他东南亚国家而言，印度尼西亚是与中国建立友好城市关系最多的国家之一。从参与友好城市项目各城市在中印尼各省市的地域分布状况来看，中印尼友好城市建设主要集中于中国的福建省、广东省和广西壮族自治区以及印度尼西亚的东爪哇省、西爪哇省和中爪哇省。

就中国方面而言，地理位置、华侨华人、历史因素等是影响中印尼之间友城建交的主要原因。在地理位置方面，福建省、广东省和广西壮族自治区都位于中国的东南部及南部沿海地带，濒临南海，交通便利，给予了三省区面向东南亚的客观条件，易于形成外向开放、包容吸收的地域特征；在华侨华人方面，中国人移居印尼历史悠久，17世纪西方殖民者大举入侵东南亚之前，印尼已有华侨华人近万人。荷兰殖民者统治印尼期间为掠夺当地资源，大批招引华工前往，达数百万人。1949年，印尼独立时，华侨华人已达200万左右。据估计，目前印尼华侨华人总数有近1000万，约占印尼总人口的5%，其中90%以上已加入印尼籍。印尼华侨华人的祖籍以福建省籍为多，约占50%；广东次之，约占35%；海南、广西、江苏、浙江、山东、湖北等籍者共约占15%。[①] 一直以来，华侨华人通过搭桥牵线，在促进中印尼友好城市建设的过程中发挥着不可替代的作用，为中印尼两国发展友好关系增添动力；除了地理位置和侨民数量具有优势之外，历史因素在中印尼缔结友好城市关系的过程中也起到了重要的作用。例如2016年6月2日，中国福建省福州市与印尼中爪哇省三宝垄市结成市级友好城市，此次建交的渊源可追溯到明朝时期郑和下西洋的壮举。另外，根据传说，印度尼西亚的泗水市地名来自于明末清初时期的"漳州兵灾"，闽南漳州府的移民大量来到印度尼西亚，并将闽南民间信仰的"泗洲佛祖"即"男相观音"请到"苏腊巴亚"建庙供奉，保佑人们免受鲨鱼和鳄鱼的伤害，后来供奉"男相观音泗洲佛祖"的庙宇"泗水庙"就慢慢演变为"泗水"的地名。这一文化联系也促成了印度尼西亚泗水市先后与广东省广州市（2005年12月21日）和福建省厦门市（2006年6月23日）缔结友好城市关系。[②]

就印度尼西亚方面而言，人口数量、经济发展是影响中印尼之间友城建交的主要原因。印尼作为世界第四人口大国，人口超过2.7亿，有100多个民族，其中爪哇族人口占45%，巽他族占14%，马都拉族占7.5%，马来族占7.5%，其他占26%。[③] 然而，素有"千岛之国"之称的印度尼西亚，其人口主要密集居住在印尼的第五大岛爪哇岛上。爪哇岛面积虽然只占了印尼面积的7%，却有超过1亿人口，是世界上人口最多，也是人口密度最高的岛屿之一。在行政上，爪哇岛由万丹、西爪哇、中爪哇、东爪哇四个省以及首都雅加达和日惹两个特区组成。由于岛屿开发时间较早，爪哇岛最先得以发展起来，除第一大城市雅加达之外，印尼第二大城市泗水，第三大城市万隆，第四大城市勿加泗，均位于爪哇岛，每年吸引着大量印尼人前往爪哇岛

---

① 《印尼华侨华人概况》，江门市人民政府官网，2019年12月19日，http://www.jiangmen.gov.cn/newzjqx/qdqq/hwqq/content/post_1878690.html。

② 李靖：《中国与东南亚国家友好城市关系缔结现状分析》，《东南亚纵横》2017年第4期。

③ 《国家概况》，中华人民共和国驻印度尼西亚共和国大使馆官网，http://id.china-embassy.org/chn/indonesia_abc/gjgk。

生活居住。人口的大量涌入在很大程度上带动了该岛屿的经济发展，同时这也是推动东爪哇省、西爪哇省和中爪哇省与中国城市缔结友好城市关系的重要原因。

二　中国与印度尼西亚友城关系发展

友好城市作为城市间交往的平台，不仅可以促进城市的人文宣传、经济贸易发展等，还可以通过城市间的交流进而加深国与国之间的联系。从服务国家总体外交，到积极响应"一带一路"，中印尼友城间的交流正发挥着重要的作用。

中国国土广阔，有着多种多样的风土人情，不同的地域也有着不一样的发展重点，印度尼西亚的不同城市也是如此。这使得中印尼友好城市中的城市对中，不同地域的友城会呈现不一样的交流重心。不同友城的民间基础、历史联系不同，友城交流随之有着不同的合作频率。整体来看，南方省份如福建省、广东省与印尼的对应友好城市交流领域更加广泛和深入密切，北方省份中北京市、天津市与印尼的对应友城交流较多，且有着较明显的交流领域特点。其他中印尼友城虽有交流，但相比较而言仍有差距。从时间线性角度看，友城间的互动交往是以服务国家外交全局为核心的，因此在"一带一路"倡议提出后，中印尼友城间的交往频率有明显的提高。

（一）中印尼友城间的交流与互动

印尼是中国"海上丝绸之路"经济战略蓝图中最重要的国家之一，不仅国家层面要合作，以友城为平台的城市层面合作也显得格外重要。本节以中印尼友好省市为分类，总结中印尼有代表性的友城以及友城间的互动。

1.北京与雅加达的友城关系

1992年8月4日，北京市与印尼雅加达缔结友好城市，成为中印尼之间第一对结好的城市。双方作为各自的首都，通过友城平台发挥着政治与文化交流的重要作用。缔结友城后，北京和雅加达积极参与对方开展的友城工作品牌活动、安排官员互访参观、互派代表团交流文化等。在"一带一路"倡议提出后，北京市积极扩大"一带一路"友城朋友圈，将更多友城工作资源向"一带一路"国家倾斜，[①] 使北京市与印尼雅加达特区的联系更加紧密。

在友城工作品牌活动中促进交流。印尼雅加达官员积极参加北京国际友城官员中文培训班，在培训班中学习中文和中国传统文化、进行实地调研、了解城市规划建设，就城市发展面临的共同挑战交流互鉴；印尼雅加达青年联合会参与首都青年民间外交品牌活动，即"北京友好城市国际青年交流营"，该活动既是各国青年相互交流的重要平台，也是促进友好城市间关系的重要桥梁。

政府官员实地考察，相互学习城市管理经验。2016年6月，印尼雅加达特区政府代表团参观北京市朝阳区循环经济产业园，[②] 了解并交流环境卫生管理工作。2018年7月18日，印尼雅加达苏加诺—哈达机场移民局局长率团到北京市顺义区考察保税区发展建设情况。[③]

两城代表团参观互访，通过表演展示的形式促进文化交流。2019年2月，北京市文化和旅游局在印尼雅加达举办"激情冰雪，魅力北京"文化旅游图片展及公众日活动，以扩大北京旅游在东南亚市场的影响力。[④] 2019年6月17~19日，"中国民俗文化东盟行"在印尼雅加达举办，北京民俗博物馆的专家与艺术家团为雅加达人民展示了中国民俗文化表演。

2. 天津与东爪哇省的友城关系

2012年，天津市与东爪哇省缔结友好城市。东爪哇省是印尼全国工业

---

① 《40年，北京的友城"朋友圈"遍布全球》，北京市人民政府网站，2019年11月13日，http://wb.beijing.gov.cn/home/index/wsjx/201912/t20191220_1354743.html。

② 《印尼雅加达特区政府代表团参观朝阳区循环经济产业园》，北京市城市管理委员会网站，2016年6月6日，http://csglw.beijing.gov.cn/zwxx/zwdtxx/zwgzdt/201912/t20191204_855778.html。

③ 《印尼雅加达苏加诺—哈达机场代表团到顺义区考察》，北京市顺义区人民政府网站，2018年7月18日，http://www.bjshy.gov.cn/web/ywdt84/gbmhz/qzfdw/qzfwsqwbgs77/500924/index.html。

④ 《"激情冰雪，魅力北京"北京文化旅游图片展及公众日活动在印尼雅加达成功举办》，北京市文化和旅游局网站，2019年2月17日，http://whlyj.beijing.gov.cn/zwgk/xwzx/gzdt/201902/t20190217_1744024.html。

化程度最高的省份，天津在职业教育领域发展成熟，双方以教育和文化交流等为纽带助推中印尼产业发展。东爪哇省政府秘书长苏卡迪曾表示："天津的医疗、教育水准非常先进，而这正是东爪哇所急需的。我们希望通过天津与东爪哇的合作，能把相关项目引进来。"① 缔结友城关系后，双方建立交流平台，以职业教育合作为中心进行友城间互动。

搭设官方交流平台拓宽交往合作的通道。2012 年 11 月，天津国际交流中心驻印尼办事处成立。2014 年 9 月，印尼东爪哇省驻天津交流中心成立，这是东爪哇省政府按照友好城市协议约定，在天津市设立的推广机构。② 友城平台和交流中心的建设强化了双方在职业教育等领域的合作。为帮助东爪哇省教育局筹建动画专业，印尼东爪哇省驻天津交流中心曾到天津美术学院进行前期考察。③

天津的职业教育经验丰富，东爪哇省将职业教育作为与天津合作的切入点，两地职业教育合作交流频繁。2016 年年初，天津市与印尼东爪哇省政府签署"千人培训计划"首期培训班，在天津开设"农业机械"与"电动自行车"两个培训项目。"千人培训计划"是天津市与东盟国家在职业教育领域的首个大型合作项目，是天津市发挥职业教育优势以融入"一带一路"建设规划的重要成果。④ 2016 年 12 月，包括印尼东爪哇省在内的 7 家驻津代表处的负责人考察天津职业技术师范大学、天津职业技能公共实训中心和天津中德应用技术大学等，⑤ 以促进外资企业与职业院校对接合作。2017 年

---

① 《"一带一路"：天津职教助力印尼产业升级》，中国—印尼经贸合作网，2018 年 9 月 17 日，http：//www.cic.mofcom.gov.cn/article/doublestate/201809/403851.html。

② 《印尼东爪哇省驻天津交流中心成立》，中国—印尼经贸合作网，2014 年 9 月 18 日，http：//www.cic.mofcom.gov.cn/article/doublestate/201711/295821.html。

③ 《印尼东爪哇省驻天津交流中心主任代表团来校考察》，天津美术学院网站，2019 年 4 月 3 日，http：//www.tjarts.edu.cn/info/1134/3593.htm。

④ 《市外办发挥我市职教优势为融入"一带一路"建设添成果》，天津市人民政府外事办公室网站，2016 年 1 月 16 日，http：//fao.tj.gov.cn/XXFB2187/WSDT8158/202008/t20200824_3523970.html。

⑤ 《市对外友协组织外国商会和友城驻津机构代表考察我市职业教育发展情况》，天津市人民政府外事办公室网站，2016 年 12 月 23 日，http：//fao.tj.gov.cn/XXFB2187/MJJL3231/YXZS3255/202008/t20200824_3524768.html。

12月，印尼东爪哇省职业学校校长访问天津中德应用技术大学。天津推动实施的"鲁班工坊"职业教育品牌选择在友城印尼东爪哇省进行建设。2018年5月，中国天津—印尼东爪哇职业教育研究发展中心成立，双方互派教师，开展教育交流与培训，使天津与东爪哇在职业教育方面走向更广阔的未来。

3. 福建与中爪哇省的友城关系

2003年，福建省与印尼中爪哇省正式结好，这是福建与东盟国家建立的第一对省级友城关系。印度尼西亚是福建人最早移民且移民人数最多的国家之一，这奠定了福建省与印尼各城市之间的民间交流基础，也成为友城关系建立与维持的催化剂。福建省及省内城市与印尼的友好城市交流频繁且全面，在经贸、文化、教育等各领域都合作紧密。缔结友城至今，福建省与印尼中爪哇省签署了友好合作谅解备忘录、成立合作发展混合委员会协议书、共建"海丝"合作备忘录与"一带一路"地方合作备忘录，还与中爪哇省工贸厅签署了合作备忘录。

福建与中爪哇不断开辟经济合作新高地。结好仅一年，即签订投资项目8个，投资总额3995万美元，签订进出口贸易合同3076万美元。[①] 随着缔结友城时间的发展，合作项目节节升高。福州在印尼投资兴建境外远洋渔业综合基地，重点引导企业建设春申公司印尼中爪哇省三宝垄3.5万亩渔业生产基地。[②] 2011年9月，中爪哇省来福建省举办国际友城展推介投资活动。2012年5月，中爪哇省商业代表团一行参加中国福建商品交易会，设立"中爪哇馆"并举办投资推介会。2018年9月，印尼中爪哇省参加于福建举办的第20届"9·8"投洽会，并在"海丝"国家馆设展，出席印尼最新政策与投资机遇推介会以及与福建省商务厅签订定促进经贸合作交流备忘

---

① 《福建省与印尼中爪哇省结好一周年回顾》，福建省人民政府外事办公室网站，2005年4月27日，http：//wb. fujian. gov. cn/ztzl/yqsjltfwdnysg/jl/200504/t20050427_ 741493. htm。

② 《从海上福州到海丝战略支点城市》，福建省人民政府外事办公室网站，2018年5月18日，http：//wb. fujian. gov. cn/ztzl/fjysj/xwgj/201805/t20180522_ 2530656. htm。

录。① 2019 年 9 月，中国（福建）—印尼双向投资合作推介会在厦门举行，双方交流经贸合作情况以及印尼投资环境和投资需求等。

福建与中爪哇省之间积极开展文化交流。2013 年，福建省首届国际友城联络员研修班开班，让友城联络员了解福建的经济、教育、旅游、文化等省情。印尼东爪哇省的政府官员多次积极参加研修班，加深其对福建省各领域的了解。首届"中国福建周"系列活动后在印尼中爪哇省举办，双方开展经贸洽谈、旅游推介、高校合作、书画展览和文艺演出等系列交流活动。

福建与中爪哇省教育合作稳定发展。为促进与国外友城的交流，福建省开设国际友城留学生项目，并利用网络媒体开展民众与外国留学生的互动交流，来自印尼中爪哇省的留学生曾通过此平台畅谈其在福建的生活经历。② 2013 年 9 月，印尼中爪哇省教育代表团拜会省教育厅，签订在职业教育方面展开交流合作的谅解备忘录，并落实成立合作发展混合委员会协议中在教育领域开展合作的内容。③ 2014 年，印尼中爪哇省教育厅厅长走访福建省教育厅、厦门大学、福建工业学校和经济学校。2015 年 5 月，福建工业学校和福州建筑工程职业中专学校分别与中爪哇省对口学校签署了校际合作协议。

福建省内的福州市、厦门市、漳州市分别与印尼的三宝垄、泗水、巨港市为友城关系，这几对城市之间的交流带动中印尼友城交流立体发展。2010年，印尼巨港市武术培训班到漳州市受训，成为两个友城间第一个成功的武术交流合作项目。2016 年 9 月，印尼苏门答腊电视台和报社记者团对漳州市现代农业发展及旅游文化资源进行采访和拍摄，向印尼民众展现漳州风采。厦门市与印尼泗水市于 2006 年缔结友好城市关系。在第 20 届投洽会相关活动中，印尼泗水市一站式投资综合服务局投资产业监管处处长一行受邀

① 《印尼中爪哇省代表团组团参展"9·8"》，福建省人民政府外事办公室网站，2018 年 9 月 13 日，http：//wb. fujian. gov. cn/zwgk/gzdt/zwyw/201809/t20180913_ 4500877. htm。

② 《开展公共外事的一次有益尝试》，福建省人民政府外事办公室网站，2013 年 7 月 5 日，http：//wb. fujian. gov. cn/zwgk/gzdt/tpxw/201307/t20130705_ 755728. htm。

③ 《印尼中爪哇省教育代表团访闽》，福建省人民政府外事办公室网站，2013 年 9 月 30 日，http：//wb. fujian. gov. cn/zwgk/gzdt/zwyw/201310/t20131008_ 4361074. htm。

访厦，参加 2018 年厦门自贸区投资机遇说明会、印尼投资推介会等相关论坛，以及 2018 "行·摄友城" 摄影展开幕式，并与厦门市外侨办探讨友城交往项目。[①] 福州作为中国沿海最早开放城市之一，近年来积极拓展国际城市多边交流。"国际友城看福州——友城交流和地方政府合作研修班" 活动自 2018 年开设以来已举办两届，印尼三宝垄市的政府官员参与了每届活动。2019 年 9 月，印尼三宝垄市代表团访问福州并洽谈友城交流合作事宜，建立以食品行业为核心的中国（福州）—印尼（三宝垄）"两国双园"，使 "21 世纪海上丝绸之路" 倡议与印尼 "全球海洋支点" 战略深度对接。

4. 广东与北苏门答腊省的友城关系

广东省作为南方沿海城市，与印尼关系紧密，产业互补。广东省与印尼北苏门答腊省 2002 年缔结友好城市，双方在经贸合作、文化交流、职业教育等领域的交流都较深入。在经贸方面，仅在一次印尼北苏门答腊—中国广东企业家交流会中，印尼与中国就分别签署了在农业杂交水稻、风力发电项目、经贸科技投资等方面的合作备忘录；[②] 在文化交流方面，广东公共外交协会组织艺术家参加广东省与印尼北苏门答腊省结好十周年纪念活动，展示书法、国画、民乐演奏等中国传统艺术，印尼《苏北日报》《棉兰早报》等媒体曾对此次公共外交进行了大篇幅报道；[③] 在职业教育方面，位于印尼北苏门答腊省的棉兰亚洲国际友好学院中有大量外派教师来自于广东省高校，如华南师范大学、广东第二师范学院、华南农业大学等，广东省侨办对亚洲国际友好学院也给予大力支持。2012 年 3 月，广东省海外交流协会赴印尼北苏门答腊省慰问外派教师。2014 年 6 月，印尼北苏门答腊国民教育基金会副理事长曾访问广东探讨加强棉兰亚洲国际友好学院建设等问题。

不仅是广东省一级，省内的几座城市与印尼城市也缔结了友好关系并进

---

① 《印尼泗水市代表团访厦参加第二十届投洽会》，福建省人民政府外事办公室网站，2018 年 9 月 19 日，http：//wb. fujian. gov. cn/zwgk/gzdt/sqxx/201810/t20181017_ 4541670. htm。

② 《"印尼苏北—中国广东企业家交流会" 印尼举行》，中国新闻网，2012 年 11 月 13 日，http：//www. chinanews. com/gj/2012/11-13/4324975. shtml。

③ 《粤公共外交代表团出访打好 "侨牌" 展广东新形象》，中国新闻网，2012 年 8 月 8 日，http：//www. chinanews. com/zgqj/2012/08-08/4091544. shtml。

行了深入交流：①广州与印尼泗水于 2005 年 12 月正式缔结友好城市。作为两市交往的品牌项目之一，自 2013 年起，广州连续多年组派艺术家参加泗水跨文化艺术节。2019 年 7 月，广州国际友城文化艺术团赴国际友城印尼泗水市开展"广州文化周——广州国际友城文化艺术团印尼行"文旅交流活动，向当地市民和各国艺术家展示中国传统非物质文化艺术。②印尼是汕尾旅居海外侨胞最多的国家，汕尾市文化艺术团曾应友好城市印尼北苏门答腊省日里昔利冷县邀请，前往印尼进行慰问演出。③江门市是"中国侨都"，自 2009 年江门市拉开与泗水友好城市交往的序幕以来，两地交流不断深化，互访频繁。2011~2016 年，就有至少 8 次互访。在几次互访过程中双方分别签订了《江门幼儿师范学校与印尼泗水市智星大学合作交流协议书》《建立友好合作关系会议纪要》等，还举办了"中国开平·印尼泗水"夏令营，缔结了友好学校关系。

5. 广西与西爪哇省的友城关系

广西与东盟国家友城数量稳居全国第一。2017 年，广西农垦集团在印尼西爪哇省贝卡西县投资建设的中印尼经贸合作区是我国在印尼设立的唯一经贸合作区，也是广西设在境外的首个对外经贸合作窗口园区。借助该项目，广西加强了与西爪哇省的友好交流与合作，这也成为缔结友城的契机。同年 5 月，印尼西爪哇省省长访问广西，签署缔结友好省区关系协议书，两地结交为友好城市。虽然缔结时间短，但因地理位置及民间基础良好，广西与友城印尼西爪哇省间在投资、经贸、职业教育等领域有着不少的交流。经贸合作区推动友城结交，友城结交对中印尼经贸合作区的发展也起到了很好的助推作用。

中印尼友城平台助力广西职业教育走出国门，服务东盟、辐射世界。柳州城市职业学院、上汽通用五菱汽车股份有限公司与印尼西爪哇省教育厅合作，成立中印上汽通用五菱汽车学院，在印度尼西亚开展人才培养培训，服务当地产业发展。① 在每年东博会期间，广西区、市两级都积极邀请和推动

---

① 欧金昌：《构建国际职教共同体的成功尝试——中国—东盟职业教育联展暨论坛举办历程及成绩综述》，《中国教育报》2019 年 10 月 17 日。

友城率政府、企业、艺术家等代表团来广西参会，并举行一系列活动加强与东盟友城的交流。

广西通过区县两级联动结好新模式，积极推动与东盟友城的交流与合作。柳州市与印尼西爪哇省万隆市于2005年缔结为友好城市。万隆市旅游局借友好城市开发中国市场，与航空公司合作安排经停万隆的航线。广西北海市与印尼三宝垄市于2008年缔结为友好城市。北海市图书馆曾赴印尼三宝垄市开展文化交流并与三宝垄市图书馆签订友好图书馆意向书，并共同成功举办"北海海丝路文化和南珠文化展"，三宝垄市共18所学校师生代表近300人参加了本次活动。[1]广西防城港市在2011年与印尼槟港市结为友城。2012年7月，印尼槟港官员及文艺代表参加由防城港市政府主办的"防城港市国际友城交流活动"；2013年9月，印尼槟港市代表团前往防城港市考察港口码头，就加强港口码头煤炭领域的合作进行交流；2015年9月，东盟博览会期间，印尼槟港市市长穆罕默德·毅力万思雅率团参加中国—东盟博览会框架内论坛，即首届2015中国—东盟市长论坛，并顺访防城港市。

6. 重庆和四川与西爪哇省的友城关系

重庆市与四川省同是在2017年与印尼西爪哇省缔结为友好城市。作为中国传统风情和现代流行融合且有明显自身城市特点的区域，重庆市和四川省在城市建设方面与印尼西爪哇省有着深入的交流。2019年8月，印度尼西亚西爪哇省代表参加第二届中国重庆国际友好城市市长圆桌会议，并分享智慧城市建设的经验与愿景。2019年10月，"一带一路"四川国际友城合作与发展论坛市州考察团走访四川省，印度尼西亚西爪哇省合作与政府事务局合作处处长作为考察团成员之一表示："这里不只有宽阔的马路和高楼大厦，更有宜居的生态，成都的规划值得我们学习。"[2]

---

[1] 《北海市图书馆赴印尼三宝垄市开展文化交流并与三宝垄市图书馆签订友好图书馆意向书》，北海市人民政府网站，2019年8月23日，http：//xxgk. beihai. gov. cn/bhstsg/gzdt_86351/201908/t20190823_ 1915837. html。

[2] 《2019"一带一路"四川国际友城合作与发展论坛市州考察团走进四川》，四川省人民政府网站，2019年10月19日，http：//www. sc. gov. cn/10462/12771/2019/10/19/f4de770b9dc4457f9b761e5cfefd75f9. shtml。

虽然四川省与西爪哇省缔结友城时间不长，但四川省内的城市与印尼城市的交流早已先行一步。成都市与印尼棉兰市于 2002 年即结成友好城市。成都与棉兰具有许多共同点，都是"旅游之城"和"美食之都"。缔结为友好城市以来，双方的交流以教育交流为主，经贸、文化、旅游等多领域的交流也齐开花。

在教育方面，双方多次组织校际交流，开展学生联谊活动。2012 年 11 月，正值缔结友城十周年，印度尼西亚北苏门答腊伊斯兰大学校长访问成都大学，双方签订《中国成都大学与印度尼西亚北苏门答腊伊斯兰大学教育合作协议》。① 为加深两市在教育领域的往来，2012 年 6 月，成都大学党委副书记应邀率团赴伊斯兰大学进行工作访问和交流考察，此访促成了 2013 年 5 月印尼伊斯兰大学师生代表到成都大学进行为期三个月的中文学习与交流。为推动成都市与国际友城在教育领域的国际交流与合作，成都市设立"成都市留学生政府奖学金"以奖励来成都学习的友城优秀留学生。

在经贸方面，成都先后组团参加棉兰友城国际博览会，举办中国—印尼企业座谈会并签订产品进出口合同。2012 年，成都市政府外办联合大邑县人民政府在印尼棉兰市举办"浪漫南国冰雪之旅"——成都（大邑）旅游推介会。该推介会吸引了印尼棉兰市代表团来大邑县考察旅游服务业。2013 年，应印尼棉兰市政府邀请，成都市相关行业协会赴棉兰参加"印尼中小企业展览会暨棉兰城市博览会"。在博览会中，凉山作为四川省内兄弟城市成为成都团的特邀嘉宾，搭建起凉山与棉兰的交流合作平台。成都与四川省内兄弟城市签订外事区域合作协议，通过共享外事资源提升四川地区在对外开放合作方面的整体实力。

在文化方面，成都组织大型文艺演出团赴棉兰演出，举办画展。棉兰市政府也积极组团参加"成都国际友城周""成都国际友城青年音乐周"等大型国际交流活动。结好十周年之际，两市共同策划成都·棉兰

---

① 《我校与印度尼西亚北苏门答腊伊斯兰大学签订教育合作执行协议》，成都大学官网，2012 年 11 月 23 日，http://news.cdu.edu.cn/index.php? m = news&a = show&news_ id = 13931。

缔结友好城市十周年庆祝晚会。成都市还通过以乐会友的方式加深与国际友城的交流合作。"成都国际青年音乐周"改版为"成都国际友城青年音乐周"后，印尼棉兰市依旧积极参加成都市举办的友城品牌活动，到 2019 年仍给成都市民带来了印尼的传统风情。2015 年 8 月，"中国高级书画与刺绣展"在印尼棉兰举办，成都市蜀锦织绣博物馆向棉兰市人民展示经典蜀绣作品和传统刺绣工艺。2016 年 7 月，印度尼西亚棉兰苏门答腊少数民族团体前往成都市青少年宫进行友好交流，体验学习中国蒙古族筷子舞和武术长拳。2016 年，印尼棉兰市的友城公务员参加成都国际友城公务员研修班。

7. 海南与巴厘省的友城关系

海南与印尼地缘相近，人缘相亲，海南省与巴厘省于 2011 年 10 月结成友好城市。海南有两大友城合作品牌，一是海南省与印尼巴厘省、日本冲绳县、韩国济州道创办的岛屿观光政策论坛，该论坛是推动岛屿地区旅游产业发展的重要平台；二是为推进中国和东盟省市在旅游、教育、邮轮等领域合作搭建的平台——中国—东盟省市长对话。这两大友城品牌建立的平台助力了海南与友城之间各领域的合作。

除了两大友城合作品牌，海南省通过论坛活动与互访加深互动交流。2015 年 3 月，博鳌亚洲论坛海南主题活动内容之一的"海南—东盟友城形象展"借助"友城"纽带，通过独立展馆展示海南省与印尼巴厘省的特色民族面貌。2016 年 3 月，海南省举行博鳌亚洲论坛，因巴厘省与海南省的友城关系，印尼巴厘省省长成为唯一被邀请参加论坛的印尼省长。[①] 2017 年 7 月，海南省代表团访问印尼巴厘省，推进"一带一路"框架下海南与印尼巴厘省的务实合作，双方共同签署了《深化友好合作关系谅解备忘录》，将重点推进旅游、教育等领域合作，支持岛屿观光政策论坛、中国—东盟省市长对话、21 世纪海上丝绸之路岛屿经济分论坛等地方政府层面对话交流平

---

① 《印尼巴厘省长被邀请参加 2016 年博鳌亚洲论坛》，中国新闻网，2016 年 1 月 7 日，http://www.chinanews.com/gj/2016/01-07/7706288.shtml。

台的发展。

在文化交流方面，印尼第 38 届巴厘国际文化艺术节举办海南歌舞专场演出，印尼巴厘岛爱乐合唱团参加第二届海南（21 世纪海上丝绸之路）合唱节开幕式暨音乐会演出。在教育方面，海南省将在 2017~2022 年向印尼巴厘省提供 50 个全额政府奖学金名额，以支持巴厘省师生到海南留学。

8. 中印尼其他友好城市关系

2003 年 11 月，云南省与巴厘省正式缔结友城关系。双方在人员交往、文化和旅游等领域开展了富有成效的友好交流合作。如云南省昆明市民族歌舞剧院艺术团参加印尼巴厘艺术节，在巴厘艺术中心剧场举行中国民族文艺表演等。

济南市与印尼东爪哇省徐图利组市作为一对友城，在科技、文化、教育等领域有着较深的交流。2014 年 3 月，印度尼西亚徐图利祖市市长赛弗·伊兰一行到济南市泉城水务有限公司鹊华水厂参观考察"水专项"中试基地。[1] 2016 年 3 月，借助友城的有利平台，印尼东爪哇学生代表团一行访问济南。同年 5 月，济南市人大常委会副主任会见印尼徐图利祖市副议长，对双方城市的经济社会发展情况进行了交流。[2] 济南市开设的国际友城奖学金项目资助了多个徐图利祖市留学生到济南大学学习。同年 9 月，印尼东爪哇泗水国立大学孔子学院院长到访济南大学进行参观和友好交流。

南京市与印尼三宝垄市于 2018 年 10 月结成友好城市，着重与友城发展在教育、文化等领域的交流合作。2019 年 5 月，印尼三宝垄市三保洞基金会主席张朝龙一行参观考察位于南京市的郑和文物保护管理所，交流及宣传郑和的航海精神，促进海上丝绸之路的申遗工作。[3] 2019 年 7 月，印尼三宝

---

[1] 《印尼徐图利祖市市长一行参观考察泉城水务鹊华水厂》，济南市城乡水务局网站，2014 年 3 月 20 日，http://jnwater.jinan.gov.cn/art/2014/3/20/art_25314_1997529.html。

[2] 《济南市人大常委会副主任段青英会见印尼客人》，山东省人民政府外事办公室网站，2016 年 5 月 5 日，http://wb.shandong.gov.cn/art/2016/5/5/art_102814_8425119.html。

[3] 《郑和墓文保所开展海丝调研交流活动》，南京市江宁区人民政府网站，2019 年 5 月 14 日，http://www.jiangning.gov.cn/ztzl/why/whzx/201905/t20190514_1537174.html。

垄市"印度尼西亚市长论坛和城市博览会"邀请南京小红花艺术团到印尼进行文化艺术交流，为印度尼西亚市长论坛献上中国歌曲。[①] 2019 年 9 月，印度尼西亚三保洞基金会邀请南京市武术代表团访问印尼三宝垄市进行武术项目的展演与交流，以加强武术、羽毛球、乒乓球等体育项目的合作。[②]

（二）新冠肺炎疫情中的中印尼友城关系发展

受新冠肺炎疫情影响，中印尼友城间的线下来往在 2020 年受到严重阻碍，许多领域的互动交流频率较往年相比有所下降。与之相应的，为应对新冠肺炎疫情而进行的城市互助是 2020 年中印尼友城间交往的主旋律，线上交流活动也因此次疫情而得到发展。

面对疫情，只有各国共同协作才能护卫人类共同的生命。中印尼友城在此次疫情中展现了"携手抗疫情，患难见真情"的精神。2020 年年初，在中国深受 2019 新型冠状病毒困扰的时候，印尼中爪哇省向福建省、印尼万隆市向柳州市、印尼巨港市向漳州市发来慰问信。包含印尼三宝垄市在内的多座友城向南京市捐赠抗疫物资共计 20 余万件。[③]

疫情在中国缓解后，国内城市也陆续向各自友城伸出援手。应印尼雅加达特区等友好城市的需求，北京市政府外办主办了北京市友城防疫经验分享视频会。[④] 除了市政府发起的国际抗疫合作行动，民间组织也通过友城平台伸出援手，北京市社会组织响应"丝路一家亲"民间抗疫共同行动，市妇联、市港澳台侨联合会、京促会等向印尼雅加达特区捐赠了抗疫物资。福建

---

① 《南京小红花艺术团（青年教师代表团）走进印尼三宝垄市》，南京市人民政府外事办公室网站，2019 年 7 月 8 日，http：//wb. nanjing. gov. cn/xwzl/yhwl/201907/t20190708_ 1586775. html。

② 《搭建"一带一路"武术文化交流桥梁——南京市武术代表团成功访问印尼、文莱》，南京市体育局网站，2019 年 10 月 8 日，http：//sports. nanjing. gov. cn/gzdt/201910/t20191008_ 1670375. html。

③ 《涉外疫情防控，南京这样做!》，南京市人民政府外事办公室网站，2020 年 3 月 17 日，http：//wb. nanjing. gov. cn/xwzl/tzgg/202003/t20200317_ 1813066. html。

④ 《北京与 26 个国际友城和 3 个国际组织视频分享抗疫经验》，北京市人民政府外事办公室网站，2020 年 4 月 22 日，http：//wb. beijing. gov. cn/home/yhcs/sjyhcs/sj_ yz/sj_ yz_ yjds/sj_ yz_ yjds_ zxdt/202004/t20200422_ 1879926. html。

省于 3 月和 9 月向国际友城印尼中爪哇省捐赠了两轮防疫物资，并举行多场远程视频国际防疫医疗合作交流会。[①] 广东省向北苏门答腊省捐赠 1 万个医用外科口罩、5 万个医用护理口罩和 5000 双医用检查手套助力当地疫情防控。[②] 广西向印尼西爪哇省捐赠了两批防疫物资。柳州市应万隆市请求，捐赠 10000 只防护口罩。[③] 四川省向印尼西爪哇省捐赠一批医用外科口罩。海南克服医疗物资短缺困难，向友城巴厘省捐赠了 5 万只一次性医用外科口罩。宁夏回族自治区向国际友城印尼西努沙登加拉省捐赠 3 万个一次性医用口罩。[④] 据不完全统计，已有北京、上海、福建、广东、广州、深圳、广西、柳州、四川、重庆、海南、宁夏等省区市地方政府向印尼各城市捐赠包括 N95 口罩、医用防护口罩、防护服、医用手套、额温枪、血氧仪等医疗物资。

线上交流可以打破距离的束缚，使友城间的交往不被完全阻断。2020年春节期间，南京市的各友城市长通过线上视频的方式向中国人民拜年。2020 年正值广西柳州市与印尼万隆市结好 15 周年，双方共同制作纪念徽章并互拍祝福视频。北京市委联合北京市外办、北京市友协等机构举办"青年·全球治理"云分享活动。这是北京友好城市国际青年交流营的第九届活动，各国青年组织代表分享不同国家和组织在人文、生态、社会环境等领域的成果和创新，针对国际社会共同面临的问题提出对策和方案。[⑤] 除了公共卫生领域的交流合作以外，其他领域的交流并未中止。年中，国内疫情境况有所缓和，社会着手复工复产。2020 年 5 月，"比邻共话——常态化疫情

① 《福建与东盟：友邻友谊开新局》，《国际日报》2020 年 10 月 1 日，http://guojiribao.com/shtml/gjrb/20201002/49337.shtml。
② 《邱薇薇总领事出席广东省向北苏门答腊省捐赠抗疫物资交接仪式》，《国际日报》2020 年 6 月 10 日，http://guojiribao.com/shtml/gjrb/20200610/39779.shtml。
③ 《牵手十五载，共筑友谊桥》，广西柳州外事办公室网站，2021 年 1 月 25 日，http://wsb.liuzhou.gov.cn/xwzx/bmdt/202102/t20210201_2462988.shtml。
④ 《宁夏向印尼西努沙登加拉省捐赠防疫物资》，中国新闻网，2020 年 7 月 1 日，https://www.chinanews.com/gn/2020/07-01/9226582.shtml。
⑤ 《百名全球青年相聚"云"端共同发声助力抗疫》，中国青年报客户端，2020 年 10 月 28 日，http://news.cyol.com/app/2020-10/28/content_18831917.htm。

防控中的复工复产经验交流暨中印尼'一带一路'合作网络视频会"在线上举行，双方交流分享疫情防控、复工复产经验，共商"一带一路"合作，探讨中印尼尤其是福建与印尼的各领域友好交流和互利合作；① 同年6月，福建省与印尼中爪哇省举办推动复工复产和深化经贸合作视频交流会。2020年9月16日，福建—东盟友城大会通过多点视频连线的方式在福州和东盟各地举行，印尼中爪哇省的友城有关负责人出席大会。此次大会包括携手合作抗疫论坛、深化经贸产能合作论坛、扩大文化旅游合作论坛三场专题论坛，涵盖了公共卫生、经贸、旅游等领域，取得了双方签订文化和旅游合作协议等成果。国际友城为深入拓展友好交流与务实合作搭建了重要的平台。

三 中国与印度尼西亚友城交流的内容与特点

国际友好城市是连接不同国家的纽带，也是促进各方面往来的重要途径。友城间的互动交流本质上即城市外交，相比国家间外交有着灵活多样的优势，也有自身的形式和特点。友城间的交流和城市各领域的发展是相辅相成的，两者可以相互推动。

（一）中印尼友城交流内容

中印尼友城间的交流形式多样，但综观友城的互动交流，大多为政府机构组织安排的活动。双方通过友城平台增强两城政府间和人民间的友好关系，促进政治、经贸、教育、文化等各领域的合作，从而为各自城市取得更多的发展机会。

1. 政治交往

政治交往是中印尼友好城市交往中非常重要的方面，是友城交流的制度

---

① 《常态化疫情防控中的复工复产经验交流》，《国际日报》2020年5月29日，http://guojiribao.com/shtml/gjrb/20200529/39053.shtml。

依托，是维系友城关系的基础，能够带动友城了解双方文化艺术、交流城市管理经验等。中印尼友城间的政治交往通常有以下四种形式。

第一，高层行政官员间政治互访、参与对方城市会议。在访问或会晤的过程中双方官员交流各自城市特色、了解双方在各领域的见解和需求、提出合作意愿、洽谈友城交流合作事宜、签署友好合作备忘录。如福建省与印尼中爪哇省签署的友好合作谅解备忘录，与中爪哇省工贸厅签署的合作备忘录等。因交流合作内容大多为"低级政治"，所以中印尼友好城市之间官员的互访既是政治往来，也是文化交流，友城官员互访交流的过程即传播城市文化的过程。

第二，友城政府互派代表团考察学习。在考察学习、参观政府部门及城市的过程中，学习对方的城市管理经验。例如印尼雅加达特区政府代表团参观北京市循环经济产业园，交流环境卫生管理经验；印尼中爪哇省教育厅厅长走访福建省教育厅及高校，交流教育合作。

第三，邀请对方政府官员参加各种活动。这种活动包括缔结友城周年庆典、友城品牌活动、投资推介会、文化展览等。尤其是多省开设的国际友城官员研修班，让友城政治官员在实际体验中学习语言、感受城市特色、了解传统文化。

第四，建立官方交流平台，强化各领域合作。例如天津和东爪哇建立的天津国际交流中心驻印尼办事处和印尼东爪哇省驻天津交流中心。友城间建设推广机构能够拓宽和深入两城的交流。

2. 经贸互动

经贸互动是促进城市发展最能有实际成效的交流，它既可以被友城关系推动，也可以推动友城关系的发展。中印尼友城间的经贸互动通常表现为以下两种形式。

一是在经贸交流会中向友城推介提供的商品或行业项目。在推介过程中，不仅可以加深双方在商业文化的了解、为双方企业深化合作搭建有效平台，也可以促成民族文化的传播和经济贸易合作的形成，对社会发展有着实质上的促进作用。例如，中国福建商品交易会中设立"中爪哇馆"并举办投资推介会，中国（福建）—印尼双向投资合作推介会中双方交流经贸合作情况及投资环境，成都市联合大邑县政府在印尼棉兰市举办的成都旅游推介会成功吸引印尼棉兰市代表团到大邑县考察旅游服务业等。尤其具有城市特色的商品或行业展示是友城间经贸互动的重要成分。天津的职业教育和制造业、海南的旅游业等，都成为中印尼友城合作的重要发展方向。

二是签订并建设中印尼经贸合作项目。友城关系成为建立经贸联系的契机，例如中国（福州）—印尼（三宝垄）"两国双园"的建设，以及广西农垦集团在印尼西爪哇省建设的中印尼经贸合作区等。

3. 社会交往

社会交往是提高文化影响力最直接也是最有渗透力的方法。中印尼友城间的社会交往包含不同领域群体间的交往，如教育团体、文艺团体、青年群体等。为了增加友城间的社会交往，城市间往往会建设友城工作品牌活动从而进行有规律的双边或多边的友城交流。如北京友好城市国际青年交流营中的友城青年相互交流。这些友城工作品牌活动涵盖多个领域，举办频率较固定，对维持中印尼友城关系起到了重要作用，是社会交往的主要渠道。

教育交流为中印尼友城间的文化交流创造了条件。其交流形式多样，包括友城院校间的参观考察，促进对接合作；开展校际交流，签约合作协议；院校为友城学生或教师开设培训班、夏令营等长期或短期交流项目，如天津—东爪哇省的"千人培训计划"培训班、江门—泗水的"中国开平·印尼泗水"夏令营等；共同成立研究中心，如中国天津—印尼东爪哇职业教育研究发展中心；互派教师、学生团队，进行教育交流；开设友城留学生奖学金，鼓励友城学生来所在城市学习，福建、成都、海南、济南等省市都为印尼友城的留学生提供了奖学金以作支持。

印尼友城间的文艺交流大多颇有民族特色。主要通过以下形式：一是艺术团体的互访，在周年纪念庆典、文化艺术节、博览会等活动中互派代表团进行文艺表演，如北京民俗博物馆的艺术家在雅加达展示中国民俗文化，以及广州多次派艺术家参加泗水跨文化艺术节；二是举办文化交流活动，展示各自文化，如在友城印尼泗水市开展的"广州文化周"传播了中国传统非物质文化，以及印尼棉兰市派代表团参加"成都国际友城青年音乐周"向成都人民展示印尼风情。在文化交流的过程中还可以对本地教育、旅游、体育等各领域进行推广。

媒体宣传、社会团体物资互助等也是中印尼友城间社会文化交流的重要形式。

（二）中印尼友城交流特点

中印尼友城交往主要由政府或官方组织推动，涵盖了政治、经贸、艺术、教育、城市管理等各个方面，在以人文交流为主要内容的互动中呈现多层次、宽领域的立体交流格局。中印尼友城交流整体上主要有以下特点。

1. 友城交流服务国家总体外交大局

2013 年 10 月，国家主席习近平在印度尼西亚国会发表演讲，首次提出共建"21 世纪海上丝绸之路"。"一带一路"倡议带动中国与东盟国家的合作，印尼是第一个对接"21 世纪海上丝绸之路"的东南亚国家，中印尼友城关系也因此更加紧密。中印尼友城交流大多围绕国家"一带一路"倡议展开，例如，天津市与印尼东爪哇省签署的"千人培训计划"是天津市融入"一带一路"建设规划的重要成果，福建省与印尼中爪哇省签署了共建"海丝"合作备忘录、"一带一路"地方合作备忘录，中国（福州）—印尼（三宝垄）"两国双园"使"海丝"倡议与印尼"全球海洋支点"对接，印尼巴厘岛爱乐合唱团参加第二届海南（21 世纪海上丝绸之路）合唱节开幕式暨音乐会等活动都在服务国家战略，与国家外交同步，从而深化与印度尼西亚等"一带一路"共建国家的互动交流。

2. 友城交流实现多层次立体发展

"以省带市、省市联动"，中国国内省级单位和市级单位与印尼城市间友好交往深入拓展，形成立体化友城交往格局。福建、广东、广西、四川与印尼各省建立友城关系，其省内的城市与印尼的各个城市也分别建立了友城关系，使友城交往更加灵活。例如广西防城港市与印尼槟港市为友城关系，印尼槟港市市长在参加中国—东盟市长论坛过程中，顺访防城港市进行相关交流。省市友城联动，使交流互动"事半功倍"。

3.友城交流具有鲜明的地方特色

在近 30 对中印尼友城中，北方城市与印尼缔结友城的数量约占 25%，而南方城市与印尼缔结友城的数量约占总数的 75%，仅福建、广东、广西三个省份及其城市与印尼缔结友城的数量就占中印尼友城总数的一半。印尼是福建人最早移民且移民人数最多的国家之一，是广东省汕尾市旅居海外侨胞最多的国家，广东省江门市的上百万侨胞分布世界各地，广西与东盟国家友城数量居全国第一……这三个省份与印尼地域相近，拥有较稳固的民间基础和合作基础。与中印尼缔结友城的地域特点相同，南方城市尤其是福建、广东、广西三省份与印尼友城互动也更加频繁，与印尼始终保持密切深入交往。例如 2020 年受疫情影响，中印尼友城间来往频率明显下降，但福建省与印尼中爪哇省仍有不少互动，除物资互助外，在推动复工复产和经贸合作方面以及交流抗疫经验、扩大文化合作方面都有涉及，且举办了多次交流论坛。北方城市中，北京作为中国首都，与友城的交往更加注重服务于国家外交战略，尤其是在"一带一路"倡议提出后，北京市友城互动资源积极向"一带一路"共建国家倾斜，也因此增强了与印尼雅加达友城的互动与联系。相比而言，其他城市与印尼的友城关系受地域位置、民间基础以及合作基础等各类因素影响，交流频率有明显差距，已进入"休眠期"，以至于在政府网站中除友好关系列表查有名目外再无互动。同时，有的中印尼友城间交流"浅尝辄止"，仅限于交流互访、开设座谈会等而少有实质性的合作内容。

4.友城交流注重合作共赢

友城间优势领域合作较为明显，在交流中互学互鉴互通。例如，北京作为中国首都是中国政治和文化中心，雅加达作为印尼首都是印尼政治、经济、文化中心，双方主要开展在政治和文化领域的互动，着重于服务国家战略、提高政治影响力、推广传统文化；天津市是中国北方最大的工商业城市，在职业教育和制造业领域拥有一定优势，印尼东爪哇省是印尼全国工业化程度最高的省份，天津市与东爪哇省的互动重心即在职业教育领域，职业教育也是双方合作的切入点；广东省在经贸、文化、科技领域拥有极大优势，与印尼北苏门答腊省在经贸合作、教育领域合作较深；海南省与巴厘省同属岛屿经济体，发展第三产业优势明显，其相似的城市定位使得两地可在旅游、农业、海洋渔业等各领域务实合作，发挥各自优势。

总而言之，中印尼友城间交流以服从国家总体外交为主旨，以人文交流为重点，以民间及历史基础为助力，在互动领域中实现优势互补。但不同地域友城间互动频率差异较大，交流深度和广度参差不齐。

四 中国与印度尼西亚友城建设面临的机遇与挑战

（一）机遇与愿景

2013 年 10 月，习近平主席出访印度尼西亚时首次提出共建"21 世纪海上丝绸之路"构想，它与"丝绸之路经济带"构想一同成为"一带一路"倡议的重要组成部分，强调实现"政策沟通、设施联通、贸易畅通、资金融通、民心相通"的合作目标。其中，"民心相通"是"一带一路"建设的社会根基，意在达民意、汇民情、助交流、促合作。

作为"21 世纪海上丝绸之路"的首倡之地，印度尼西亚是中国"一带一路"国际合作的重要邻国及伙伴，近年来，中印尼两国以共建"一带一路"为契机，双边关系取得新进展，人文交流领域合作成效显著。印度尼西亚是中国与"一带一路"共建国家的港口联通度最高、运输交流最为频繁的国家之一。鉴于此，中国连年保持印尼主要游客来源国地位，2018 年中国到访印尼游客数量再创新高，突破 210 万人次。在教育领域，两国也开展了广泛深入的合作。印尼赴华留学生已超过 1.5 万人并保持持续增长态势，中国成为广受印尼学生青睐的第二大海外留学目的地。此外，两国政府还加强地方之间的合作。中国有很多省份，特别是沿海省份积极开展与印尼的合作。中国大熊猫"彩陶"和"湖春"安家印尼，成为两国人民友谊的桥梁。随着两国投资贸易关系的发展，大量中国企业在印尼投资设厂，为印尼经济社会发展作出积极贡献。[1]

除此之外，"一带一路"倡议的提出也给中印尼两国在友好城市建设方面提供机遇，进一步推进了双方友城工作的开展。2016 年 6 月 22 日，中国国家主席习近平在塔什干乌兹别克斯坦最高会议立法院发表题为《携手共创丝绸之路新辉煌》的重要演讲，提出要建立友好城市网，这丰富了友好城市在"一带一路"倡议中的内涵，提出了其作用发挥的新形势新途径。[2] 在"一带一路"框架下，中印尼的双边关系提升为全面战略伙伴关系，两国高层交往热络，助推多个城市间的友城意向签署。自 2013 年习近平主席提出"一带一路"倡议以来，中印尼双方不断加强城市联系，共缔结了 11 个友好关系城市，其中 5 个为省级友好关系城市，6 个为市级友好关系城市。

同时，近年来，习近平主席和佐科总统从各自民族振兴的战略高度出发，就对接"一带一路"倡议和印尼"全球海洋支点"构想达成重要共识，两国政府已签署共建"一带一路"和"全球海洋支点"谅解备忘录。[3] 诚如肖千大使在中国—印尼关系研讨会上发表演讲时指出，中国和印尼同为发展中大国和新兴经济体，对地区和世界发展肩负特殊责任，两国关系的意义远远超出双边范畴，具有地区乃至国际影响力。当前，中国和印尼都站在新的历史起点上，中印尼关系发展正迎来新机遇。不久前，中共十九届五中全会审议通过了关于制定国民经济和社会发展第十四个五年规划的建议，提出全面建成小康社会奋斗目标将如期实现，明年中国将开启全面建设社会主义现代化国家新征程。印尼 2019 年已成为中高收入国家，正在为实现 2045 年宏伟目标奋斗。[4] 因此，中国和印尼在国家发展方向上存在利益契合点，双方可以通过加强人文

---

[1] 《中国驻印尼大使：中印尼共建"一带一路"成果丰硕》，2019 年 9 月 1 日，http://news.cri.cn/20190901/5e2d2e6e-4b4a-9dfa-a22b-7ca316a5e7d1.html。

[2] 徐留琴、杨晓燕：《"一带一路"背景下加速发展友好城市的意义和对策》，《城市观察》2017 年第 5 期。

[3] "Chinese Ambassador to Indonesia: China and Indonesia Have Built a 'Belt and Road' with Fruitful Results", 1 September 2019, http://news.cri.cn/20190901/5e2d2e6e-4b4a-9dfa-a22b-7ca316a5e7d1.html.

[4] 《肖千大使出席中国—印尼关系研讨会并发表演讲》，2020 年 11 月 27 日，http://cistudy.ccnu.edu.cn/info/1122/10611.htm。

领域方面的互动与交流，尤其是加强友好城市建设以继续巩固深化两国人民的友好感情，夯实中印尼关系发展的根基，共同迈上发展的新台阶。

（二）困难与挑战

尽管在"一带一路"框架下，中印尼友城工作取得了诸多成果，但由于中印尼友城工作起步较晚，城市合作机制还不够成熟，双方在友城建设过程中仍存在诸多挑战。

1. 区域分布不均衡

地理位置和经济发展模式造成了中印尼友城区域分布不均衡的局面。（见表2）就中国来说，无论从结对数量上还是交流内容上，东部地区都明显领先于中西部地区，我国与印尼友城结对主要集中于东部及南部沿海地区，其中以福建省、广东省和广西壮族自治区结对的数量最多；中西部及北部地区结对较少，如江西省、安徽省、宁夏回族自治区等；另外，我国仍存在有较多省份未与印尼城市结好，如湖北省、湖南省、西藏自治区等，依旧存在较大的上升空间。就印尼而言，印尼与我国结对的友城数量主要集中于爪哇岛，其中以东爪哇省、西爪哇省、中爪哇省结对的数量最多，其次是苏门答腊岛。一般而言，地理位置、经济发达程度、历史文化相似度等是影响双方友城结好的重要因素，但这也容易造成友城布局不够合理，不能够充分调动地区资源进行城市资源互补。

表 2　中印尼友好城市结好密集程度对比

中国友好城市结好密集程度	印度尼西亚友好城市结好密集程度
北京市（1）	雅加达特区（1）
天津市（1）	东爪哇省（7）
上海市（1）	中爪哇省（4）
江苏省（1）	西爪哇省（6）
辽宁省（1）	西苏门答腊省（2）
安徽省（1）	北苏门答腊省（4）
福建省（6）	南苏门答腊省（1）

续表

中国友好城市结好密集程度	印度尼西亚友好城市结好密集程度
山东省（2）	东加里曼丹省（1）
河南省（1）	马鲁古省（1）
广东省（4）	邦加勿里洞省（2）
广西壮族自治区（5）	西努沙登加拉省（1）
宁夏回族自治区（1）	巴厘省（2）
重庆市（1）	（其他省市不再具体统计）
四川省（2）	
海南省（1）	
云南省（1）	
黑龙江省（1）	
江西省（1）	

注：由于没有统一公布的官方数据，数据统计由笔者依据中印尼各地方政府官网及相关新闻报道自行整理，仅供参考。

2. 务实交流力度不够

理论上，友好城市的交往范围可包含经济、政治、文化、科技、教育、卫生等各个方面。但在具体实践中，中印尼双方友城（特别是市级国际友城）之间的互动更多只是一种礼节性往来，大部分尚停留在人员互访、互送礼物、文艺汇演或举办比赛等单一层面上，在技术、经贸等重大项目合作上交流频度不高，缺乏一定务实性。例如，回顾海南省和巴厘省缔结友城关系的近十年来，双方主要以旅游及文艺演出为主：2011 年 11 月 18 日，为全面提升海南省旅游管理人员的理论水平和业务素质，海南省旅游发展委员会组织市县旅游部门及旅游企业负责人赴印尼巴厘岛进行为期近半个月的旅游文化开发专项培训、综合营销和旅游交流合作；[1] 2016 年 1 月 19～27 日，中印尼民间艺术交流活动在海南省万宁市兴隆华侨农场巴厘村举行；[2] 2016

---

[1] 《建设国际旅游岛海南向巴厘岛取经》，中国日报网，2011 年 11 月 18 日，http://www.chinadaily.com.cn/hqcj/2011-11/18/content_14120355.htm。

[2] 《万宁兴隆巴厘村举行中印尼民间艺术交流》，万宁旅游官网，2016 年 12 月 5 日，http://www.wfwn.com.cn/shouye/xunweixiaocheng/zoudu/xinmeiticaifeng/liebiao/2016/12/05/2223.shtml。

年 7 月 5 日，海南省组团参加第 38 届巴厘岛国际艺术节，并在巴厘岛艺术中心为来自世界各地的游客献上了一场海南风情歌舞演出，向世界展示海南文化魅力；① 2018 年，由海南南国集团、海南联合航空旅游集团、环球国际集团（印度尼西亚）合资投资的巴厘岛村旅游项目正式落成；② 2020 年 11 月 23 日，中共海南省委常委、常务副省长毛超峰在海口会见了印度尼西亚驻华大使乔哈里·奥拉特曼贡，双方讨论了如何充分利用《海南保税港区建设总体规划》和《区域全面经济伙伴关系协定》中的优惠政策，以便充分发挥海南和印尼各自的优势，共同促进两地以及中国与东盟的交流与合作。③

国际友好城市是两个国家通过双方城市长期的交流建立起互信机制，进而在政治、经济、文化、科技、卫生等多个领域开展全方位的合作，然而，友好城市之间的"默契"并不能仅通过礼节性的互动形成，它需要在双方保持长期务实性合作的过程中获得。虽说这些文化交流活动为国际友城注入了活力，却缺乏实质性的多领域项目合作。我国是世界上第二大经济体，印尼是东盟最大经济体，双方在经济、军事等多个方面均有很强的互补性与合作空间，理应借助国际友城这个载体推动多领域互动与合作，建立城市群网络，促进相互包容，达到共同繁荣。

3. 友城交往欠缺连续性

友城交往是巩固城市间友谊的重要保障，但在推进中印尼友城工作过程中，存在友城交流"冷热不均"的现象，部分友城间的交流互动只流于形式，并多以领导人友好互访、城市互邀参加活动为主要形式，相对于"民间"，友城工作更重视"官方"。这在一定程度上使得交流受限于少数从事友城活动的人员上，容易造成友城互动以官方安排为主，缺少行之有效的民

---

① 《我省组团参加巴厘岛国际艺术节，海南风情歌舞律动南洋》，海南日报网，2016 年 7 月 6 日，http：//hnrb. hinews. cn/html/2016-07/06/content_ 17_ 6. htm。

② "Hainan 'Bali Village', China-Indonesia Friendship Bridge", 7 October 2020, https：//news. detik. com/kolom/d-5203643/desa-bali-hainan-jembatan-persahabatan-china-indonesia.

③ "Mao Chaofeng meets with Indonesian Ambassador to China", 23 November 2020, http：//enfaohn. hainan. gov. cn/swsqwywb/wsqwbgsWNWQ/202011/t20201130_ 3307151. htm.

间协调推进机制，导致友城交往的后劲不足，后期联系不够紧密。例如河南省和马鲁古省自 2011 年 9 月 27 日建立省级友好城市后，双方同意加强经贸、农业、科技、旅游、文化等领域的交流与合作，但从目前的交流情况来看，双方合作交流的后续推进工作较为欠缺，友城交往的纵深发展不足，缺乏一定的连续性。

4. 大众认知度不足

目前我国虽然与印度尼西亚已建立了 32 对友好城市，但友城间的民间交往并不频繁，民众对友城工作也缺少了解，这主要缘于地区对友好城市的宣传力度不够，仅限于对部分活动进行媒体报道，对国际友好城市的特点、优势以及可利用的资源、可供交流与合作的领域报道较少，以至于未能充分调动企业、社会团体和民众的积极性与参与度。实际上，友城工作的成功既要靠紧密的项目合作，还要靠广泛的媒体宣传来提高知名度，做好媒体宣传工作不仅有利于加深双方地区民众对友城工作的了解，亦能够树立城市形象，吸引企业合作，将友城资源优势转化为经济社会发展优势。

五 进一步深化中国与印度尼西亚友城关系发展的建议

国际友城的发展可推动两城社会经济合作、助力国家外交政策实施、促进两城人民相互了解与信任。从中印尼友城交往的现状来看，其发展还有很大空间，既存在交流活跃的友城，也存在进入"休眠"状态的友城。如何使活力友城状态延续，使"冰冻"友城回温则是中印尼友城交流需要研究的问题。因不同友城情况不同，所以需根据当前中印尼各友城的发展情况和自身条件制定交流方案，适时调整发展方向，确保中印尼友城交往的延续性和深入性。对于中印尼友城人文交流，主要有以下四点建议。

（一）优化友城制度机制建设

目前中国的友城工作仍沿用 2002 年制定的《友好城市工作管理规定》，

距今已近 20 年，部分现实已发生了变化，因此应定期更新和完善相关规定。对于不同的城市，应制定本省市关于发展国际友好城市的管理规定和指导意见。

对现有中印尼友城交往情况，应定期进行全面评估，作好友城工作规划和总结，了解中印尼友城经济、社会、人文、产业、市场等发展情况。明确现状才能制定有针对性的友城交流发展合作规划，才能进行资源的有效配置。

着力建设中印尼友城代表处和专门的共同联系机构，定期召开会议制定规划，由政府牵头推动友城工作实质性进展，并使友城间交往更加灵活。

（二）深化友城间的务实交流合作

友好城市平台服务于社会经济发展，务实合作是实际推动社会发展的方式。友城间的良好关系可推动双方长期保持经贸联系，[①] 因此促进友城间实质性的合作是必要的。

促进务实合作需加强调研工作，对印尼友城的合作需求和优势加以了解，寻找双方的契合点，以更好地挖掘有效的合作项目。同时，抓住"一带一路"倡议的机遇，借助友城平台加快与印尼各城市的实质性交流与合作，在各自的优势领域中通过互鉴互助的形式实现共同发展。

务实合作包括很多方面，如相互学习城市管理，交流城市环保、建设等经验；签署经济贸易协议、行业相互推介、投资项目合作等；校际和院际开展的教育交流合作、教师学生互访等；举办文化展、艺术节，通过友城平台让文化实实在在地"走出去"等。中印尼友城间可根据各自优势与需求多加交流，促进务实合作。

（三）积极建立友城长效合作机制

固定的交流机制可促成许多合作，是友城间可持续发展的动力之一，可保障交流的正常进行。促进中印尼友城工作常态化也可避免产生"休眠"

---

① 杨娟：《国际友好城市：公共外交的新平台》，《才智》2013 年第 27 期。

状态的友城关系，降低中印尼友城关系减弱的可能性。

中印尼友城间积极进行互访增进互信，建立各种领域或活动几年一庆的固定交流机制。加强对方友城与国内侨联、工会、院校、经济组织等各行业、各领域的合作，拓宽民间交往渠道，打造可固定时期举办的国际友好城市工作品牌。

可根据城市自身特点建立创新发展机制。对历史、民间基础、地理等因素较薄弱的中印尼友城，可通过建立外部机制推动友城人文交流，如设立办事处，为双方企业提供便利的交流条件，从而巩固友城间的交往状态和联系。同时，建立多层次友城交往，鼓励友城间学校、医院、港口等部门建立友好关系，形成立体交往格局，巩固友城长期合作交流。

（四）提高友城建设的公众认知度

友城工作不仅要有政府的推动，也要注重民间交往，注重公众的参与度与回应度。中印尼友城间人民的友好情感可增进友城友好关系和务实合作，因此要加大对友好城市交流的宣传力度。对于拥有较好民间基础和亲缘的中印尼友城，可着重挖掘两城交往的渊源和特殊联系，寻找文化认同，通过主流媒体宣传、线上新媒体宣传、线下开设纪念展等方式在民间情感上拉进两城关系。

在对外宣传上，可借助印尼友城的主流媒体和新媒体用当地语言宣传城市形象、贸易投资环境、文化特色等内容。在对内宣传上，友城管理部门的相关网站应及时更新友城交流情况，必要时可创建网页独立版块以汇总友城交流内容。还可通过举办论坛、艺术节、友城文化展等各式活动加大对中印尼友城工作的宣传力度，提高民众、企业和社会团体对印尼友城的认知度，为建立友城间民众情感纽带打好基础。

结 语

长期以来，国家一直是国际关系舞台上的主要行为体，随着经济全球化、区域一体化、城市国际化的趋势不断加强，次国家行为体的影响力也越来越大。当前，城市的发展节点功能日益突出，未来城市将是一个包含政治、经济、文化、社会等主体的交流纽带和行为体，甚至对一个国家（或地区）对外关系也有重大影响，是经济全球化发展和构建命运共同体的强大引擎。① 随着城市化进程的加快，在全球化进程中出现的城市外交将不断地开辟它的发展空间，承接主权国家下放的更多权力，完备它的形式。就如同《威斯特伐利亚和约》最终确立了主权国家的形式，当全球化发展逐步成为国际政治的主体模式时，高级政治议题将逐步减少，而经济等低级政治议题将逐步增加，以国际友好城市这种形式为代表的城市外交将愈加显示其重要性。② 友好城市作为不同国家城市间展开对话与交流的重要纽带，增进了国家间的互动与合作。自中国和印度尼西亚于 1992 年 8 月 4 日缔结第一对友好城市关系以来，中印尼友好城市至今已走过 20 余年的发展历程，两国通过缔结友好城市关系，为两地区人民的沟通与交流搭建平台，在促进城市互联互通的基础上，推动双方在多层次、多领域的交流合作，产生了良好的经济效益和社会效益。

缔结国际友好城市关系不仅是中印尼外事往来的重要内容，也是两国人文交流取得不断发展的重要体现，更为促进两地区人民的友谊作出了积极的贡献。在"一带一路"的框架下，中印尼之间的友城建设不断取得新成果，但相比于发达国家之间的国际友好城市建设，中印尼之间的友好城市建设由于起步较晚，交流机制不够成熟等，仍然还存在区域分布不均衡、交流内容缺乏务实性、友城交往缺乏连续性以及媒体宣传力度不足等问题，因此，双方无论是在交往数量上还是质量上均有较大的提升空间。在未来国际友好城市的工作中，中印尼双方应从实际情况出发，搭建好国际友城这座桥梁，以国际友城为载体进一步开展中印尼人文交流，深化双方之间的友谊，以进行更紧密的合作。

---

① 闫晨、邓启明：《"一带一路"背景下扩大城市交流与合作路径探讨》，《经营与管理》2021年第 1 期。

② 《世界友好城市概述·友好城市的地位和作用》，北方网，2004 年 8 月 19 日，http：//tianjin.enorth.com.cn/system/2004/08/13/000842427.shtml。

中国与印度尼西亚2020年的人文交流考察

〔印尼〕Ahmad Syaifuddin Zuhri & Hilyatu Millati Rusdiyah　王佳宁　译*

摘　要： 2019 年 12 月底暴发的新冠肺炎疫情给印尼和中国带来了挑战。在 2019 新型冠状病毒传播的初期阶段，印尼是首批向中国提供支持和援助的国家之一。新冠肺炎疫情发生以来，两国守望相助，并加强合作，以控制两国疫情发展。其间，两国之间的外交在国家政府层面和社会团体层面同时进行，两国领导人、政府官员相互进行了多次交流，甚至有几次直接访问。本报告试图分析新冠肺炎疫情期间，印尼和中国如何实施多轨外交和合作。

关键词： 外交　中国　印尼　新冠肺炎疫情

一　前言

2019 年年底暴发的新冠肺炎疫情已成为蔓延世界许多国家的全球性流行病。如今，所有国家仍在努力控制 2019 新型冠状病毒的传播。中国是首批成功控制新冠肺炎疫情蔓延的国家之一。印尼和中国 70 年来的双边关系在这次新冠肺炎疫情中得到升华，两国相守相望，共同控制新冠肺炎的蔓延，并致力于保持两国之间的良好关系。

---

* Ahmad Syaifuddin Zuhri，华中师范大学政治与国际关系学院博士研究生；Hilyatu Millati Rusdiyah，重庆大学经济与工商管理学院博士研究生。王佳宁，华中师范大学政治与国际关系学院硕士研究生，中印尼人文交流研究中心助理。

外交在处理困难局势或冲突时发挥着至关重要的作用。① 在寻求解决问题的共识时，需要使用外交手段来进行谈判和妥协。在新冠肺炎疫情期间，国家间的外交关系是一个值得关注的领域。基于此，可以追踪国家在抗击新冠肺炎上作出的努力和达成的合作。

国家间之所以出现合作，是因为每个国家都希望通过定期互动来实现共同的利益和目标。这些互动往往是解决双边和多边问题的集体努力。② 疫情期间的外交是在多种行为体间进行的，包括国家行为体和非国家行为体。印尼和中国在国家和社会团体的多层次上相互配合、相互帮助，形成了三轨外交。第一轨外交在两国政府之间进行，第二轨外交在两国非政府行为者之间进行，第三轨外交是第一轨外交和第二轨外交的结合。③

两国的政府和非政府行为者在应对新冠肺炎疫情的作用上是互补的，这有助于加强两国之间的关系，特别是在如何处理新冠肺炎疫情方面。同时，这次疫情改变了政府在外交上的互动方式。一般来说，国家外交是通过国事访问来实现的，但疫情期间的外交是使用视频技术来进行互动的。

自新冠肺炎在武汉出现以来，印尼和中国政府相互扶持，加强了两国之间的合作，以控制新冠肺炎疫情的蔓延。

一般来说，外交是两个或两个以上国家之间出于各种目的而达成的官方关系，如经济、文化、政治和安全。外交可以采取多种形式或渠道，以不同的方式涉及多个参与者和利益相关者，如国家元首、政策制定者、行政人员、商业领袖、专业人士和学者。④ 由于政府调解效率低下，多轨外交应运而生。多轨外交最初源于美国外交政策的表述。此外，多轨外交是"第一

---

① Paul Sharp, *Diplomatic Theory of International Relations*, Cambridge：Cambridge University Press, 2009.

② William D. Coplin, *Introduction to International Politics：A Theoretical Overview*, Chicago：Markham Publishing Company, 1971.

③ John W. McDonald, "The Institute for Multi-Track Diplomacy", *Journal of Conflictology*, Vol. 3, 2012.

④ Dulaja Nuwandi Silva and DAC Suranga Silva, *Multi-Track Diplomacy for Controlling the Global Pandemic：Coronavirus COVID* 19, 2020.

轨外交和第二轨外交"范例的延伸。

二 印度尼西亚与中国的政府间外交

印尼政府和中国政府在新冠肺炎疫情期间进行了多次互动，包括佐科总统和习近平主席的多次通话，以及两国外交部官员的多次电话联系。以下是笔者从媒体报道中整理出的时间线。

2020 年 2 月 12 日

新冠肺炎疫情暴发后，佐科总统和习近平主席进行了电话会谈。在电话谈话中，佐科总统代表印尼政府和印尼人民向中国新冠肺炎感染者表示了深切的同情和慰问，同时表示，印尼将永远与中国一起面对困难时期，并会在中国需要时持续为中国提供帮助，助力抗击新冠肺炎疫情。最后，佐科总统表示，他相信中国能够迅速克服新冠肺炎疫情。对此，习近平主席感谢佐科总统对中国克服新冠肺炎疫情的信任和理解。[1]

2020 年 3 月 25 日

中国国务委员兼外交部部长王毅分别与印尼海事统筹部部长卢胡特和外长蕾特诺通电话。抵达雅加达的中国政府医疗设备援助已被运送到印尼国家灾害管理局，这些设备包括新冠肺炎测试包、医用口罩、医用防护服和呼吸机。中国地方政府、社会团体和民众也采取了实际行动为印尼提供援助。雅加达的姐妹城市上海市、中爪哇省的姐妹省份福建省都向印尼提供了援助物资。[2]

2020 年 4 月 2 日

在中国设法控制了新冠肺炎疫情后，习近平主席于 2020 年 4 月 2 日再次与佐科总统进行了电话会谈。习近平主席表示，中国已经准备好支持和帮助印尼抗击新冠肺炎疫情，并将印尼视为抗击新冠肺炎疫情的优先合作伙

① https://kumparan.com/kumparannews/jokowitelepon-xi-jinping-tawari-bantuan-atasi-virus-corona-1spHKIAlOjH/full.

② http://id.chineseembassy.org/indo/sgdt/t1767944.htm.

伴。习近平主席对印尼的新冠肺炎疫情表示诚挚慰问，并认为印尼将战胜新冠肺炎疫情。随后，佐科总统对中国政府的帮助表示感谢，并表示坚决反对任何污名化中国抗疫努力的行为。①

2020 年 7 月 30 日

印尼外长蕾特诺与中国外长王毅进行了视频会谈。其间，他们讨论了抗击新冠肺炎疫情期间国际合作的重要性。印尼和中国同意继续加强抗击新冠肺炎疫情的合作，特别是要确保药品生产和疫苗开发原材料的供应链。两国都承诺将提供可持续的支持，特别是新冠疫苗的可获得性和可负担性。②

2020 年 8 月 20~22 日

印尼外长蕾特诺、印尼国企部部长艾瑞克·托希尔在中国海南与中国外长王毅进行会谈。这次会议是 2020 年 7 月底视频会谈的延续，议题之一是加强新冠肺炎疫苗开发的有关合作。在会议上，印尼传达了疫苗可用性、安全性和可负担性的重要性。据印尼外长蕾特诺称，印尼和中国决心在未来加强贸易和投资领域的经济合作。印尼外长蕾特诺是中国在疫情防控常态化背景下接待的首位外长。这次访问表明了中国和印尼对彼此双边关系的重视。③

2020 年 9 月 1 日

习近平主席在与印尼佐科总统的电话沟通中强调，中国将继续尽其所能，为印尼控制新冠肺炎疫情提供所需的物质和技术支持与帮助。作为中国的友好邻邦和重要伙伴，习近平主席强调，中国支持两国企业在疫苗开发、采购和生产方面的合作。佐科总统对中国在抗击新冠肺炎疫情方面，特别是在疫苗合作方面给予的支持表示感谢。并指出，2020 年是印尼和中国建交70 周年，他希望现有的合作能够得到加强，特别是在贸易、投资、人力资源交流等领域。此外，佐科总统强调，雅加达—万隆高铁的建设将接近完

---

① https://nasional. okezone. com/read/2020/04/03/337/2193393/telepon-presiden-jokowi-xi-jinping-yakinindonesia-mampu-atasi-corona.

② https://www. medcom. id/internasional/asean/akW5pJaN-indonesia-tiongkok-jamin-pasokan-bahan-bakupenge mbangan-vaksin.

③ https://nasional. kontan. co. id/news/bertemu-menlu-china-menlu-retno-bahas-soal-keamanan-dan-hargavaksin-covid-19.

工。习近平主席也提到，在疫情期间，中国在印尼的投资和印尼对中国的出口都有所增加。这表明两国合作基础深厚，势头强劲。①

2020 年 10 月 9~10 日

应中国国务委员兼外长王毅的邀请，印尼海事统筹部部长卢胡特作为总统特使对中国云南进行正式访问。会议期间，双方讨论的主要议题包括贸易、投资、卫生、教育、疫苗、电子商务、人工智能和人文交流等多个领域。②

三　印度尼西亚社会团体对中国的援助

2020 年 2 月初，当新冠肺炎疫情刚出现在武汉时，印尼政府就向武汉市提供了设备援助。③ 这些设备由印尼蜡染航空公司直接派出，同时还撤离在湖北的 238 名印尼公民。④ 在新冠肺炎疫情暴发初期，除了印尼政府，印尼人民以道义支持和物资援助的形式积极帮助中国，产生了相当大的影响。中印尼两国社会团体也相对广泛地参与到双方抗击新冠肺炎疫情的进程中，这些社会团体包括专业组织、社会组织和公司等。

印尼几家公司和社区团体通过慈济基金会印尼分会（Tzu Chi Indonesia Foundation）向武汉居民运送了医疗设备和医疗用品，包括 10 万只一次性口罩。它们的第一次支援物资于 2020 年 2 月 1 日运抵中国。

2020 年 2 月 3 日，印尼的直达货运航班运送了相关援助物资。这些物资包括 764000 个外科口罩、12000 个防护镜、3000 件隔离衣、2400 瓶防腐剂、600 张一次性床罩和 295 个一次性手术帽。救助物资被湖北省慈善总会

---

① https：//nasional. kontan. co. id/news/xi-jinping-telepon-jokowi-ada-apa？page＝2.

② https：//nasional. kontan. co. id/news/kunjung-china-luhut-bahas-sinergi-hadapi-pandemi-corona.

③ https：//dunia. tempo. co/read/1303351/indonesia-kirim-masker-ke-lokasi-penyebaran-viruscorona/full & view＝ok.

④ https：//money. kompas. com/read/2020/02/02/163735326/menhub-sampaikan-apresiasi-semua-pihak-yangmendukung-proses-evakuasi-wni-dari.

接收，后被分送到武汉市 16 家医院。①

2020 年 2 月 14 日，中国驻雅加达大使馆收到西爪哇省德波市一位 9 岁女孩卡伊·德威（Kalyana Dewi）的来信。这封信包含了印尼小朋友对中国人民和武汉市民的祈祷和支持。卡伊写道："湖北武汉的小朋友们，我希望你们振作起来，我祈祷病人早日康复。我的心永远和你在一起，让你感受到印尼孩子的爱。"②

2020 年 2 月中旬，来自印尼棉兰市的现在占碑市萨隆拉昂县工作的值班警官汉斯唱了一首中文歌曲，名为《加油！武汉》，他表示"自己的精神与武汉同在"。这首歌在中国和印尼社交媒体上得到广泛关注。③ 在上传到YouTube 网站的一段视频中，汉斯身着全套警服，在萨隆拉昂警察总部唱了这首歌。他特意将这首歌献给武汉居民，表达自己对武汉居民及数百名从武汉撤离后正在纳土纳接受隔离观察的印尼公民的关心与鼓励。汉斯还用印尼语为武汉祈祷。

许多雅加达居民和武汉关爱联盟（The Alliance of Wuhan Care）下的社会组织一起参与对武汉的援助。它们发起"精神与武汉同在"活动，通过点燃 2020 根蜡烛来表达对中国武汉的支持和关切。2020 年 2 月 21 日，数百名印度尼西亚民众聚集在首都雅加达北部举办烛光集会为武汉和中国祈福，并为武汉筹集了 100 万只口罩。④

四 中国对印度尼西亚的援助

2020 年 3 月初，印尼确认了首例 2019 新型冠状病毒阳性病例。此后，

---

① http：//www. tzuchi. or. id/read-berita/tzu-chi-indonesia-mengirimkan-bantuan-perlengkapan-medis-ke-wuhantion gkok/8821.

② http：//id. chineseembassy. org/indo/sgdt/t1767944. htm.

③ https：//www. liputan6. com/regional/read/4174513/mengenal-hans-simangunsong-polisi-jambi-penyanyijiayou-wuhan.

④ https：//jakarta. bisnis. com/read/20200220/77/1203701/spiritforwuhan-warga-jakarta-nyalakan-2. 020-lilinuntuk-dukung-warga-wuhan-besok.

印尼的新冠肺炎确诊病例呈指数级增长。许多中国公司和个人参与了对印尼的援助。中国银行、青山控股集团和山东魏桥集团等中国公司筹集资金，捐赠物资援助，以帮助印尼应对疫情。中国政府的第一批医疗设备援助于2020年3月28日抵达雅加达，包括新冠肺炎快速检测试剂盒、医用口罩、医用防护服和呼吸机。

印尼国防部部长普拉博沃发起人道主义救援行动，从中国将医疗设备运往印尼，并接收了来自中国公司捐献的物资，如快速检测试纸和个人防护设备。这几家援助企业都在印尼设有投资，并在疫情期间充分发挥了企业的社会责任。印尼国防部国际合作局局长延·皮特准将说："人道主义援助是中国国防部和印尼国防部的合作。在印尼投资的几家中国公司也参与了这一人道主义援助。"这批总价值为43.3万美元的援助包由印度尼西亚空军大力士C130飞机运输。①

2020年4月9日，中国驻印尼大使肖千在印尼《罗盘报》上发表题为《命运相连休戚与共》的署名文章。他在文章中指出，中国中央政府、地方省市及中国企业界为支持印尼准备或计划的援助总额已达485.5万美元，而且这个数字还在增长。除此以外，中方也已经并将继续与印尼加强在信息、政策沟通和技术方面的交流，分享疫情防控和临床治疗经验，为印尼在华采购抗疫物资提供便利。②

2020年4月中旬，中国国家卫生健康委和印尼卫生部、国企部共同举办了新冠肺炎疫情专家视频研讨会。来自中国复旦大学附属中山医院、北京大学第一医院以及印尼总统医疗团队、国家传染病院等50多家机构的专家参与其中，在疫情预防和控制、临床诊断和患者护理方面交流信息并分享经验。③

根据印尼国家灾害管理局的数据，从2020年3月到2020年6月初，印尼从中国政府获得了许多物资，包括50台便携式呼吸机、150008套聚合酶

---

① https：//bnpb.go.id/berita/menhanserahkan-bantuan-tiongkok-ke-gugus-tugas-covid-19.

② http：//id.chineseembassy.org/indo/sgdt/t1767944.htm.

③ http：//indonesian.cri.cn/20200519/7761149d-4167-e399-f041-2ab2c282f2f5-3.htm.

链反应检测试剂盒、80000 个医用口罩、140 万个外科口罩和 80000 件价值
78 亿元人民币的防护服。[1]

五 疫苗合作

印尼外长蕾特诺表示，开展疫苗外交是为了满足印尼人民对新冠疫苗的
需求，这是印尼政府努力克服疫情的政策内容。疫苗外交的主要任务是开放
疫苗获取渠道，并从双边和多边的渠道获得供应保障。蕾特诺解释说，印尼
已获得若干疫苗来源，将在 2020～2021 年间通过多渠道获得相应的疫苗供
给。这些疫苗来自多个国家，包括中国的三家疫苗制造商（科兴生物制品
有限公司、国药集团、康希诺生物股份公司），阿联酋的 G-24 集团技术公
司和英国的阿斯利康制药公司。[2] 到目前为止，印尼政府通过外交部在开展
疫苗外交方面发挥了积极作用，以期更好地应对印尼的新冠肺炎疫情。中国
政府也表示，希望印尼成为中国新冠疫苗在南亚地区的生产和分销中心。

在国家层面上，由印尼艾克曼生物分子研究所带头，携手六家国内医疗
机构研发名为"红白疫苗"的新冠疫苗。在国际层面上，印尼现在强调更
容易和更快地获得新冠疫苗的疫苗外交，并与中国的科兴生物制品有限公
司、国药集团、康希诺生物股份公司，阿联酋的 G-24 集团技术公司和英国
的阿斯利康制药公司展开合作。

六 经济外交

印尼—中国以贸易和投资为主的双边经济合作因新冠肺炎疫情而萎缩。
为此，两国积极采取措施，通过外交政策恢复经济来往，尽量减少经济收缩
政策。就印尼和中国的双边关系而言，经济外交是两国经济顺利复苏的必要

---

① https：//bnpb.go.id/berita/pemerintah-rrt-serahkan-bantuan-kemanusian-penanganan-covid19.
② https：//republika.co.id/berita/qilxq5382/menlu-retno-diplomasi-untuk-penuhi-vaksin-covid19.

条件。印尼与中国的合作属于全面战略伙伴关系，这是国家间的最高合作关系。

2019年，中国是印尼第二大投资国，投资总额为47亿美元，涉及2130个项目。中印尼双边贸易额逐渐增长，2018年达到772.8亿美元，2019年增至796.8亿美元。同年，来自中国的200多万人次游客参观了印度尼西亚的旅游景点。

中国驻印尼大使肖千表示，新冠肺炎疫情对中国和印尼经济关系的影响是短期且可控的。他表示，新冠肺炎疫情不会改变两国经济领域的双边关系。[①] 2020年，中国与印度尼西亚的经贸合作发展迅速。中国对印尼的投资达到13亿美元，成为印尼第二大投资来源国。自2016年以来，中国一直是印尼最大的出口国。

中国驻印尼大使馆经济商务公参王立平认为，在新冠肺炎疫情期间，印尼和中国的经济合作受到了几个因素的阻碍。第一，两国间的航班停飞，往来的商务签证和落地签停发。第二，大规模社会限制的实施对生产活动造成了影响。第三，对其他社会活动也产生了影响，包括物流、合同的及时执行、港口货物的装卸等。王立平表示，由于受新冠肺炎疫情的影响，在印尼的24家中国公司暂停了生产活动。但他认为，这场疫情的影响是短期的，两国之间的经济关系将会恢复。

2020年8月20日，印尼外长蕾特诺和中国外长王毅在海南举行双边会晤。在这次会议上，两国达成中印尼商务旅行走廊协议，该协议对基本商务旅行和紧急公务旅行进行安全管理。[②] 2020年9月30日，印尼和中国签署了本币结算框架协议，该协议旨在促进两国在贸易和投资交易中使用人民币和印尼货币。这项协议将降低中国和印尼对美元的依赖。[③]

---

① https://republika.co.id/berita/qbaf7v370/pandemi-berdampak-pada-hubungan-ekonomi-chinaindonesia.

② https://www.antaranews.com/berita/1680086/indonesia-sepakati-pengaturan-travel-corridor-dengan-china.

③ https://www.bi.go.id/id/ruang-media/siaran-pers/Pages/sp_ 300 92020.aspx.

2020年1~8月，印尼对中国的出口额持续增长。据印尼驻华大使周浩黎介绍，从中国海关公布的数据来看，印尼与中国同期贸易额达到487亿美元。由于出口增加，两国贸易差额中的逆差显著减少，与2019年同期相比减少了69.2%。[①]

七　结论

印尼和中国在应对新冠肺炎疫情方面的外交还在持续进行。此外，两国还在处理新冠肺炎疫情上开展了多轨外交合作。除了两国政府，个人、社会组织、公司等非国家行为者也积极参与其中。

武汉遭遇新冠肺炎疫情初期，印尼是首批向武汉提供医疗设备援助的国家之一，这些设备是由印尼政府和社会团体捐赠的。印尼的援助是对武汉人民的物质援助和精神支持，无论是物资的捐赠还是蜡烛集会都体现了这一点。自2020年3月初印尼确诊第一例新冠肺炎病例以来，中国通过政府和社会团体积极援助印尼。从2020年3月到2020年6月初，中国尽其所能为印尼提供支援，所捐赠的物资包括50台便携式呼吸机、150008套聚合酶链反应检测试剂盒、80000个医用口罩、140万个外科口罩和80000件价值78亿元人民币的个人防护装备。在疫苗合作方面，印度尼西亚通过多渠道获得了2020~2021年新冠疫苗的供应。这些供应商包括中国的科兴生物制品有限公司、国药集团、康希诺生物股份公司，阿联酋的G-24集团技术公司和英国的阿斯利康制药公司。同时，中国政府希望印尼成为中国新冠疫苗在该地区的生产和分销中心。在经济方面，2020年1~8月，印尼对中国的出口在疫情期间持续增长。印尼与中国同期贸易额达到487亿美元。由于出口增加，两国贸易逆差明显减少，与上年同期相比减少了69.2%。

[①]　https：//www. antaranews. com/berita/1774913/kinerja-ekspor-indonesia-ke-china-meningkat-di-tengahpandemi.

中国与印度尼西亚经济合作中的人文交流考察

冷青松*

摘　要： 近年来中国和印尼经济合作突飞猛进，成果丰硕，主要表现为合作规模不断扩大，合作领域不断拓展。作为国家间关系发展的"两驾马车"，经济合作和人文交流相互渗透、相辅相成，中印尼间的经济合作促进了教育、文化、科技、体育等领域人文交流的全面开展。但是，经济合作被"政治化"、企业文化冲突、企业行为失当等问题影响，给两国人文交流带来负面影响。对此，相关企业应通过明确商业目标、改进企业管理方式、承担社会责任等途径继续发力，推动中印尼关系健康发展。

关键词： 中国　印尼　经济合作　人文交流

中国和印尼都是在区域内具有重要影响力的国家，同时作为重要的新兴发展中国家，两国均蕴含着巨大的经济发展潜能。自两国重新建立外交关系以来，政治互信不断提升，经济合作加速开展，人文交流方兴未艾，成为两国关系发展的"三大支柱"。其中，经济合作和人文交流更加突出"非政治性"功能，对深化中印尼非官方层面关系发展，促进两国"利益与共"和"民心相通"发挥了举足轻重的作用。

　　＊　冷青松，华中师范大学政治与国际关系学院硕士研究生，中印尼人文交流研究中心助理。

一 中国与印度尼西亚经济合作概况

中印尼同为新兴的发展中国家，在全球化浪潮中获得了空前的发展机遇。两国目前都坚持以经济发展为国家的中心任务，对于推动国家经济发展有着共同的利益诉求，在经济发展的路径和方式上两国也表现出很强的互补性。在此背景下，得益于两国经济发展战略的不断对接，当前中印尼在经济方面的合作全面展开，成果斐然。

1. 双边经贸、投资规模不断扩大

随着两国政治关系的不断升级和国家发展战略的持续对接，两国经济合作不断发展。2005 年，中国与印尼政府决定在两国间建立伙伴关系；2013 年，两国将双边关系提升为全面战略伙伴关系；同年，中国国家主席习近平在访问印尼期间提出"21 世纪海上丝绸之路"倡议，该发展倡议同印尼总统佐科提出的"全球海洋支点"战略具有很强的诉求契合性，为双方深化经济合作尤其是海洋经济的对接和联通提供了巨大的可能性；2018 年，中国总理李克强访问印尼，两国元首决定在中印尼间开展"区域综合经济走廊"合作，将两国间的经济合作推向下一个新阶段。得益于两国间不断深化的高层共识和政治互信，双方经济合作取得了突飞猛进的成就。2004 年，中国和印尼双边贸易总额仅有 134.8 亿美元。[①] 而到了 2020 年，中印尼双边贸易的总值已达 785 亿美元，其中印尼向中国出口的商品和服务价值约达374 亿美元，印尼从中国进口的商品和服务价值约达 410 亿美元。[②] 目前，中国已经连续九年成为印尼的最大贸易伙伴。在投资方面，在"一带一路"倡议的指引下，中国企业积极对印尼开展以基础设施建设为主体的投资。2019 年，中国企业对印尼投资 10.6 亿美元，累计投资总额达到 47 亿美元，

---

① 《2005 年国别贸易投资环境报告——印度尼西亚》，新浪网，2005 年 4 月 1 日，http：//finance. sina. com. cn/j/20050401/18371481781. shtml。

② 《2020 年印尼对中国贸易逆差下降 68.96%》，中国—印尼经贸合作网，2021 年 2 月 4 日，http：//www. cic. mofcom. gov. cn/article/economicandtrade/staticaldata/202102/423090. html。

超过日本成为印尼的第二大投资国。2020 年，在新冠肺炎疫情冲击全球经济的情况下，中国对印尼投资逆势增长，全年投资实现额剧增 95.6%，达到 19.4 亿美元，印尼在该年度对中国投资也同比增长 7.4%，达到 1334 万美元。[①] 目前，中国企业已在印尼投资设立三个境外经贸合作区，即中印尼经贸合作区、中国印尼综合产业园区青山园区、中印尼聚龙农业产业合作区，印尼成为中国在境外设立经贸合作区最多的国家。2021 年 1 月 12 日，《关于中国和印尼"两国双园"项目合作备忘录》的签署，标志着中印尼间投资合作的进一步拓展。

2. 双边经济合作领域不断拓展

在"一带一路"国际合作框架的实施过程中，中国和印尼在基础设施方面的合作全面展开，包含铁路、公路、航运、航空、能源、通信等各个领域的基础设施建设合作不断取得新的进展。近年来，在印尼投资运营的中资公司业务范围不断拓展，从传统的仅集中于能源、运输等行业到目前已经形成了涵盖建筑、制造、电子商务、金融、教育、卫生、文体、娱乐等领域在内的综合的经济合作体系。中国在数字经济领域取得的巨大成就吸引了印尼政府、企业积极学习中国企业的成功经验，在此背景下，中国的电商公司如阿里巴巴、京东等网络服务公司纷纷将市场转向印尼，通过合资、建立子公司等方式在印尼开展业务，推动了中印尼间数字经济合作的开展。例如中国的电商公司京东已在印尼国内布局了印尼站 JDID、京东印尼官方旗舰店以及全球购等业务，京东从中国向印尼出口优质的"中国制造"商品，同时也帮助印尼优质商品出口中国，为中国消费者提供丰富的"印尼制造"。京东在印尼的配送服务目前已覆盖印尼七大岛屿、483 个城市和 6500 个区县，85% 的订单可以在一天内送达。[②] 为便利两国经济合作的开展和促进贸易便利化，自 2009 年

---

① 《2020 年印尼—中国贸易总值达 783.7 亿美元折合 1.097 万亿盾》，印度尼西亚商报网，2021 年 2 月 3 日，http://www.shangbaoindonesia.com/read/2021/02/03/economy-1612298738。

② 《拆解京东 2018：印尼姑娘双 12 抢购的背后故事》，国际日报网，2018 年 12 月 30 日，http://eguojiribao.com/9488。

起中印尼两国央行就开始签订双边本币互换协议（BCSA），之后双边本币互换的规模也不断扩大，目前已达到 2000 亿元人民币。① 这一政策推动了中印尼两国企业间的金融合作。中国人寿保险印尼公司在印尼推出了首款人民币个人多用途人寿保险产品，即 CLI 特权保险计划。中国银行、中国工商银行等多家中国银行也在印尼设立了分行。这些银行通过人民币跨境贸易结算、人民币汇款、人民币境内和跨境资金转移等机制，帮助扩大人民币在印尼的使用范围，以降低两国经济合作的成本，简化相关手续。此外，中国银行还通过在印尼的分行向印尼企业和个人提供各种银行产品和服务。② 2020 年 11 月 15 日，《区域全面经济伙伴关系协定》（RCEP）正式签署，中国和印尼同为协定的签署国，在该协定框架下，双方合作将涵盖货物贸易、原产地规则、服务贸易、自然人临时移动、投资、知识产权、电子商务、政府采购和电子商务等广泛领域，③ 这意味着双方经济合作领域将会进一步扩大。

二　中国与印度尼西亚经济合作对人文交流的推动

经济合作和人文交流之间并非彼此孤立，而是呈现相互渗透、相辅相成的关系。两国经济合作领域不断扩大，推动着人文交流的发展。区别于人文外交，人文交流往往不是由政府所主导，而是以企业为交流的主体，且不具备较强的政治目的性和对象指向性。④ 2015 年，中国和印尼建立副总理级人文交流机制，根据机制安排，双方合作领域涵盖教育、科技、文化、卫生、

① 《中国和印尼双边货币互换规模提高至 300 亿美元》，国际日报网，2018 年 11 月 28 日，http://eguojiribao.com/7287。
② "The Internationalization of China's Currency in Indonesia", *The Diplomat*, 31 July 2020, https://thediplomat.com/2020/07/the-internationalization-of-chinas-currency-in-indonesia.
③ 《中国驻印度尼西亚大使肖千：RCEP 开启中印尼合作新篇章》，澎湃新闻网，2021 年 3 月 18 日，https://www.thepaper.cn/newsDetail_forward_11766573。
④ 许利平：《新时代中国周边人文外交》，《云梦学刊》2020 年第 4 期，第 1 页。

媒体、青年、旅游和体育等八大领域。① 在中印尼关系的不断发展过程中，以企业为主体开展的经济活动对各领域的人文交流都发挥了重要的推动作用。

1. 对教育合作的推动

一直以来，中印尼两国在政府、学校、科研院校等层面开展的教育交流引人注目，以经济事项为主要活动内容的企业主体常常受到忽视。事实上，企业在促进中印尼教育交流中也发挥了重要作用。在经济合作过程中，中方在印尼投资设立公司和合作园区。由于工程建设、商业活动开展的需要，除普通劳动工人外，这些公司往往需要一定数量的接受过专门技能训练或者有较高管理才能的人员。而目前印尼国内这类人员较为短缺。为了实现中国企业在印尼的可持续发展，各企业在开展商业活动的同时积极投身印尼的教育合作和技术转移工作。长期以来，华为印尼分公司利用自身技术优势推动中印尼教育交流。2018 年 3 月，华为印尼分公司与印尼 12 家职高学校签署备忘录，启动华为印尼"智慧一代——从学生到工程师转身"计划。根据协议，华为印尼将为 1000 名印尼职高学生免费提供为期 5 天的信息与通信技术职业培训，为当地培养该领域的青年人才。② 2019 年 12 月，新冠肺炎疫情在全球暴发，阻断了各国传统的线下教学活动。为解决印尼的线下教育中断问题，华为云于 2020 年 3 月起与 ULearning 合作，为印尼雅加达穆罕默迪亚大学提供在线学习管理系统。华为印尼分公司专门为此项目投资 200 万美元，以进一步开发和完善各级教育工作者和学习者都可以快捷使用的学习服务系统。③ 2021 年 1 月，金山公司印尼办事处为印尼 500 所大学提供 WPS 办公室套件，华为印尼分公司为 500 所印尼大学提供 1000 个华为云电子学

---

① 《中印尼副总理级人文交流机制简介》，北京大学中外人文交流研究基地网站，2020 年 6 月 5 日，http：//www.igcu.pku.edu.cn/info/1279/1778.htm。

② 《华为将为印尼培训 1000 名青年人才》，新华网，2018 年 3 月 22 日，http：//www.xinhuanet.com/politics/2018-03/22/c_129835631.htm。

③ "Huawei, ULearning offer e-learning in Jakarta amid COVID-19 crisis", Frontier-Enterprise, 31 March 2020, https://www.frontier-enterprise.com/huawei-ulearning-offer-e-learning-in-jakarta-amid-covid-19-crisis。

习账户，以帮助印尼高等教育机构在疫情期间正常开展在线教育和远程办公工作，推动印尼教育机构适应当前数字时代的动态教学和学习方法。① 自新冠肺炎疫情发生以来，两国教育机构也积极利用在线学习平台、会议平台开展紧密的云端合作，共同促进了印尼的人才培养和教育发展。

除提供培训机会外，创设教育基金、开办学校等也是中印尼企业促进双方开展教育交流与合作的重要方式。著名的华侨领袖、泛印集团董事长李文光等企业家出资创办了印尼总统大学，该校为一所开设有工程、机械、国际关系等专业的综合性大学，为当地经济发展提供教育和人才支持。同时，为深入促进中印尼教育交流，李文光先生又在该校设立"印尼总统大学留学奖学金"，资助大量中国有留学志向的优秀高中毕业生赴印尼总统大学攻读本科学位。截至 2018 年，"印尼总统大学留学奖学金"共资助了中国 26 个省区市的 850 名中国学生赴印尼总统大学免费学习。② 2019 年，该奖学金继续为中国河南、广东、台湾等地的毕业生提供资助，创造留学机会。2019年 12 月 10 日，印尼总统大学在校本部举行第八届"中国港湾奖学金"颁发仪式，中国港湾（印尼）有限公司总经理刘奇虎、副总经理张华平等人向 20 名品学兼优的学生颁发本年度奖学金。该奖学金项目由中资企业中国港湾（印尼）有限公司于 2010 年在印尼总统大学首次设立，并在之后的十年时间里不断坚持，目前资助总额达 10 亿印尼盾，资助学生超过 130 名，③已成为中国企业支持印尼当地教育发展的一个品牌性活动，在印尼国内收获了良好的社会评价。

2. 对文化交流的推动

中国驻印尼企业在当地开展商业活动的同时，积极学习当地习俗、融入

---

① "Huawei Provides 1, 000 E-learning Accounts for 500 Campuses in Indonesia", Netral. News, 29 January 2021, https://netral. news/en/huawei-provides-1000-cloud-e-learning-accounts-for-500-campuses-in-indonesia-2. html.

② 《免费留学不是梦 印尼总统大学等你来》，濮阳网，2020 年 7 月 31 日，https://www. pyxww. com/news/zonghe/2020-07-31/59127. html.

③ 《第八届印尼总统大学"中国港湾奖学金"颁发》，千岛日报网，2019 年 12 月 11 日，https://www. qiandaoribao. com/2019/12/11。

当地社会，并由此推动了两国间的文化交流。中国驻印尼企业会在印尼重要节日或者时间节点开展相关文化庆祝活动。2019 年，在印尼开斋节和中国端午节即将到来之际，作为中印尼经济合作"旗舰项目"的雅万高铁项目部为了丰富中国、印尼籍员工的业余文化生活，活跃节日气氛，精心组织开展了丰富多彩的"庆印尼新年，迎中国端午"系列活动，并依次为各施工队伍送上慰问品与节日祝福。[①] 虽然项目部给印尼员工放了三天假，但是有些外国同事选择同中国工人一起过节。[②] 在当天的活动中，万隆孔子学院的印尼方院长和中方院长共同为项目员工讲述了端午节这一中国传统节日的渊源和传说，以及中国人以吃粽子、赛龙舟、喝雄黄酒等活动来纪念爱国诗人屈原的习俗。印尼员工和中国员工共同参与了包饺子、书法比赛、放烟花等活动，最后项目部食堂为大家端上了精心准备的粽子和鸡蛋，双方员工其乐融融，在互相交流中增进了对彼此文化的了解，加深了友谊。2020 年 1 月，中印尼两国的 BCS 卓越世纪星、千颂飞扬文化、旷世奇缘文化、海岛演议等企业在印尼巴厘岛共同举办首届 BCS 中印尼国际文化艺术交流暨颁奖盛典，两国青少年在活动上表演了汉服礼仪秀、武术、巴布亚舞蹈、印尼甘美兰乐器演奏等具有两国文化特色的精彩节目，展现了中印尼两国的文化魅力。来自中国的小志愿者还走进巴厘岛孤儿院，为孤儿院的孩子们送上食物和生活用品，并共同进行了才艺展示，传递了两国儿童间的友谊和善意。[③]

除在节日开展庆祝活动外，中国企业还积极履行社会责任，传达了中国人民的热情、友好和担当精神。由于特殊的地理和自然原因，印尼国内地震、海啸灾害频发，而每当有灾害发生时，在中国驻印尼企业都会迅速响应，积极为当地捐款捐物或参与当地的救援工作。2018 年 9 月，印尼中苏拉威西省发生地震并引发海啸，造成较大人员伤亡和财产损失。灾害发生

---

① 《雅万项目部开展"庆印尼新年，迎中国端午"系列活动》，中国中铁四局集团文明网，2019 年 6 月 10 日，http：//wm.crec4.com/content-9-1268-1.html。

② 《印尼雅万高铁项目部：印尼籍员工想在梁场过新年》，中铁四局集团第一工程有限公司网站，2019 年 6 月 8 日，http：//one.crec4.com/content-3498-13098-1.html。

③ 《BCS 中国与印尼文化艺术交流颁奖盛典盛大举行 巴厘岛旅游再掀热潮》，千岛日报网，2020 年 1 月 20 日，https：//www.qiandaoribao.com/2020/01/20。

后，位于苏拉威西岛的印尼青山园区开发公司（IMIP）立即行动，组织入园企业开展了一系列的应急救灾活动，包括捐赠水和食品等救援物资，派出两批医疗队 23 名医护人员和两辆救护车、三辆工程车以及安保人员，募集近 20 万元人民币善款，制作了 800 份含有食品和日用品的应急包，同时给 300 多名家在灾区的本地员工三个星期的带薪休假等。在救援现场，中苏拉威西省伊斯兰教士联合会妇女会会长佐伊菲亚夫人紧紧抓住一名中国救援人员的手用中文说道："太感谢你们了，你们是来自中国的英雄，也是这些灾民的恩人。"[1] 中国驻印尼企业在危机面前对印尼民众的帮助，展现了两国"患难与共"的共同文化理念和共同建设"人类命运共同体"的追求。伊利自进入印尼后，一直积极融入当地社会，持续开展公益慈善活动。2020 年伊利向西爪哇省政府捐赠"爱心美食售卖车"，助力当地受疫情影响的产业复工复产；它还通过雅加达特区政府向医院和医护人员提供便携式洗手器和冰淇淋产品，支持与感谢当地抗疫医护人员的付出；此外，伊利还深入当地抗疫一线，通过印尼 Adharta 关怀基金会为雅加达坦波拉村的 500 个家庭捐赠了爱心抗疫包。2021 年 2 月，印尼马辰市发生洪灾。灾情发生后，伊利海外子公司绿色亚洲食品印尼有限公司立即投身灾害救援工作，于当月 27 日起向 200 家受影响的 Joyday 冰淇淋经销商捐助 1000 箱冰淇淋，以帮助他们减轻洪水灾害对业务造成的影响，助力马辰市的灾后重建工作。[2]

3. 对科技交流与合作的推动

在中印尼进行经济合作的过程中，双方通过技术转移、开展人员交流、联合研究等方式增进科技交流。由于两国科技水平的差距，印尼方面在接受中国企业投资时要求中国企业必须逐步向印尼转移技术。中国在印尼的企业也注重对这一责任的积极履行。

一是企业通过积极选用和培养当地员工的方式，在工作中通过技能传授

---

① 《印尼地震灾区：当地人用中文说"谢谢你"》，国际日报网，2018 年 10 月 6 日，http：//eguojiribao.com/4118。
② 《印尼马辰市遭洪水侵袭 伊利携 Joyday 冰淇淋助力灾后重建》，国际日报网，2021 年 3 月 3 日，https：//guojiribao.com/？p=18454。

和相互学习提升印尼员工的技能和科学技术水平。中印尼经贸合作工业园青山园区成立三年，就已经招聘本地工人11000多名。企业注重职工培训和技术转移，不仅仅入职前举办培训，更注重在岗培训，采用师父带徒弟的方式，并与政府在摩洛瓦丽县兴建的技术学院合作，真正实现技术转移。中国港湾集团印尼公司中层以上管理人员中超过一半是本地人才，该公司在项目建设上坚持尽量使用印尼当地员工，并进行手把手技术培训，坚持为印尼大学生提供实习机会，并每年招收一定量应届大学生到公司工作。据不完全统计，中国港湾集团印尼公司累计为当地提供了超过2万个就业岗位。[1] 这种技术转移既帮助相关企业降低了生产成本，又推动了企业融入当地社会，还推动的当地经济、科技的可持续发展，更促进了中印尼之间的人文交流，实现了互利共赢。

二是两国企业进行技术交流和研发合作。2019年7月1日，来自中国和印尼的金融科技从业者、投资者和决策者在墨腾创投举办的首届中国—印尼金融科技峰会上，共同探讨未来的金融科技机遇。会议中，墨腾创投首席执行官李江玕向参会者赠送了墨腾创投编写的《印尼金融科技报告》以及《印尼AFTECH年度会员调查报告》，以帮助参会者全面了解印尼金融科技的现状和机遇。他还表示墨腾创投还会继续举办这样的中国—印尼合作活动，在金融科技生态系统中建立合作沟通关系，实现互利共赢。[2] 除企业间的科技合作外，两国还同时促进企业同科研机构的合作与交流。2019年4月，中南大学同印尼政府海洋事务统筹部和格林美公司在北京举行矿冶冶金、工程、技术人才培养交流研讨会。三方决定联合培养冶金与矿业工程技术人才，格林美公司在为印尼输入资本与技术的同时，积极牵手在有色金属领域拥有世界一流学科的中南大学，联合为印尼培养冶金、工程等方面的高级技术人才，逐步实现印尼冶金工程技术人才的本土化，把全球先进的材料

---

① 《中国企业拓展在印尼投资领域 注重履行社会责任》，新华网，2017年1月19日，http：//www.xinhuanet.com//world/2017-01/19/c_ 129453121.htm。

② 《印尼下一个独角兽极可能是金融科技公司》，搜狐网，2019年7月3日，https：//www.sohu.com/a/324914286_ 100126147。

技术与循环发展的绿色理念引入印尼，体现与印尼共成长的理念。①

4、对传媒交流的推动

随着两国经济合作、人文交流的日益频繁，中印尼国内的民众对两国的发展状况尤其是经济合作情况的关注也不断提升，并由此推动了两国间的媒体交流。两国企业通过开设专题网站、定期推动新闻等方式向国内民众传递中印尼经济合作、社会人文交流的相关情况。广西农垦集团承建的中印尼经贸合作区有限公司开设有专门网站，对中国企业在印尼园区内的运营状况及印尼投资状况进行定期报道。中国商务部为便利中印尼企业间的经济合作，开设有专题网站"中国—印尼经贸合作网"，内容涵盖双边动态、经贸资讯、招商引资、政策法规等多个板块，访客可以通过中文和印尼语两个语种浏览和获取双边经济合作的丰富信息。

此外，双方的经济合作也不断渗透到媒体领域，从另一角度促进了中印尼间的媒体交流与合作。2017 年，蚂蚁金服集团和印度尼西亚最大的传媒企业之一 Emtek 集团宣布成立一家合资公司，并共同开发移动支付产品，为印尼用户提供数字金融服务，从而帮助该公司旗下的传媒产品进一步开拓新业务，极有可能将蚂蚁金服在中国开展移动支付业务的成功经验推广到印尼这个具有巨大发展前景的市场当中。② 2019 年，中国 36 氪海外业务集团公司旗下的英文科技媒体 KrASIA 与印尼地区影响力最大的印尼语科技媒体 DailySocial. id 正式建立战略合作伙伴关系。双方展开了在科技内容发布和创新平台建设等方面的深度合作，共同努力持续把印尼科技创新市场的一手信息推向全球。③ 2020 年，印尼传媒巨头 MNC 集团与中国出海内容平台 Billboard Indonesia 在 MNC 集团总部举办新闻发布会和现场签字仪式，双方代表宣布达成战略合作关系，联合出品高品质的印尼娱乐节目内容。双方将

---

① 《中南大学·印尼政府海洋统筹部·格林美在京举行印尼工程技术人才培养交流会》，中国循环经济协会网站，2019 年 4 月 18 日，https：//www. chinacace. org/news/view? id=10493。
② 《蚂蚁金服正式宣布和印尼传媒集团 Emtek 成立合资公司》，36 氪网，2021 年 3 月 4 日，https：//36kr. com/p/1721476317185。
③ 《36Kr Global 旗下英文媒体 KrASIA 与印尼本地科技媒体 DailySocial. id 达成战略合作》，36 氪网，2019 年 11 月 4 日，https：//36kr. com/p/1724623798273。

继续联合出品多个大型综艺节目，包括在全球表现十分火爆的偶像养成综艺、打歌综艺、Hiphop选秀综艺等，旨在为印尼观众带来更多更高质量的娱乐内容，并为印尼艺人及音乐作品提供更多的宣传和发布渠道。[①]

5. 对体育合作与交流的推动

中印尼体育产业的合作，为双方的体育合作提供了平台。中国腾讯公司推出的体育竞技类手游《王者荣耀》（国际版）在印尼受到很大的欢迎，不仅促进了电竞体育的交流，更实现了中印尼文化的碰撞。一方面，腾讯保留了游戏中的中国元素，将基于中国历史和故事的流行人物包括在内。这一包容不仅促进了中国文化的发展，也为居住在海外的中国电子竞技玩家提供了一种文化归属感。比如中国传统文学作品中的人物角色孙悟空、吕布等很容易让人联想起中国文化。另一方面，腾讯还针对印尼市场进行了有针对性的本地化改进。比如，腾讯选择将虚构的印尼英雄维罗·萨隆列为《王者荣耀》（印尼版）的竞技人物之一。根据其官方网站上的一份声明，中国与印尼的相关公司包括腾讯所属的 Timi 工作室、印尼的 Garena 公司经过几个月的通力合作才完成对维罗·萨隆的人物创作，将其栩栩如生的形象展示在印尼用户面前。[②] 2018 年亚运会在印尼首都雅加达举行，中国代表队在《王者荣耀》（国际版）表演赛中获得冠军，更是一度使这款电竞游戏在印尼更加流行。

中国企业在开展商业活动的同时，积极投身当地体育事业建设或积极参与和举办体育交流活动。2019 年 7 月，印尼中国商会总会主办、该商会矿业冶金分会和机电设备分会共同承办的"三一杯"第十届羽毛球赛在印尼打响，45 家印尼中资企业和单位的 105 名男女羽毛球爱好者在周末的两天时间内进行男单、女单、男双、混双四个项目的角逐。印尼羽毛球功勋运动

① 《印尼最大传媒集团遇见中国出海内容平台，会碰撞出什么火花？》，雨果跨境网，2020 年 1 月 21 日，https://www.cifnews.com/article/59542。

② "Arena of Valor Enjoys Skyrocketing Popularity Like its Chinese Counterpart Hon-our of Kings", pandaily.com, 2 July 2020, https://pandaily.com/arena-of-valor-enjoys-skyrocketing-popularity-like-its-chinese-counterpart-honour-of-kings.

员、女子双打前世界冠军罗西安娜，两次全英公开赛男子双打和两届汤姆斯杯团体赛冠军张鑫源到场助阵并为比赛开球。① 两国员工"以球会友"，体验了印尼"国球"的魅力。2020 年 8 月，由印尼中国商会总会主办、印尼中国商会轨道交通分会承办、中国路桥工程有限责任公司独家冠名赞助的第四届"中国路桥杯"棋牌赛之线上象棋赛在雅加达成功举办，这次活动是在疫情形势下一次极具创新、别开生面的活动，本次比赛共吸引了来自印尼中国商会 28 家会员单位的 48 名象棋爱好者参赛，选手们通过网络展开象棋对弈。② 丰富了相关企业人员的业余文化生活，促进了中印尼之间的体育文化交流。中国体育器材、产品进入印尼市场，增进了中印尼之间的体育交流，并助力了印尼体育赛事的承办和体育事业的发展。2018 年，第 18 届亚运会在印尼雅加达举办。在此次亚运会的官方合作伙伴中处处都是中国品牌的身影。比如空气能用品、汽车用品、智能家居用品，以及公共广播和智能会议系统等方面的官方合作伙伴均为中国品牌。③ 来自中国的运动品牌 361°长期和印尼开展体育、运动赛事合作。赛前，组委会发布了亚运会官方制服，包括官方工作人员、火炬手、志愿者等类别，这些制服均由雅加达亚运会高级合作伙伴、中国体育品牌 361°设计并生产。制服融合了雅加达当地最具代表性的色彩元素，并根据当地炎热多雨、运动员运动量大等情况对材料、功能等的细节进行了专业和个性化的设计安排。④ 361°品牌代言人兼2018 年雅加达亚运会推广大使魏晨参与了 2018 年雅加达亚运会的火炬传递，他以年轻偶像的力量完美诠释了"我是热爱"的运动精神。⑤

① 《印尼中资企业员工兴"羽毛球热"》，千岛日报网，2019 年 7 月 15 日，http://www.qiandaoribao.com/news/126123。
② 《印尼中国商会第四届"中国路桥杯"棋牌赛之线上象棋赛在雅成功举办》，印度尼西亚中国商会总会网站，2020 年 8 月 30 日，http://yinni.lmyingxiao.cn/detail.aspx？id=1275。
③ 《印尼：雅加达亚运会——中国元素惹人爱》，国际日报网，2018 年 8 月 31 日，http://eguojiribao.com/2799。
④ 《2018 年雅加达亚运会官方制服发布 出自中国体育品牌 361°》，中国新闻网，2018 年 1 月 15 日，https://www.chinanews.com/ty/2018/01-15/8424567.shtml。
⑤ 《魏晨受邀参与 2018 雅加达亚运会火炬传递》，新华网，2018 年 3 月 12 日，http://www.xinhuanet.com/ent/2018-03/12/c_1122521598.htm。

6. 对卫生交流与合作的推动

医药卫生领域是中印尼经济合作和人文交流的重要领域。印尼地处热带，自然气候为热带海洋性气候，国内拥有丰富的中草药资源，印尼希望向中医药技术发达的中国学习，开发其国内丰富的中草药资源，拓宽经济发展的途径。中国有着悠久的中医药文化，中医药产业也已经具有十分成熟的技术和生产规模，在全球化背景下，中国注重推动中医药事业发展的国际化。中印尼双方相互具有的互补性优势，推动了两国中医药产业的合作和医疗卫生领域的交流。目前，印尼国内拥有广泛的中成药品市场，太极藿香正气液、急支糖浆、补肾益寿胶囊、穿龙刺骨片等多个中成药产品已经成为印尼万隆的热销产品，深受当地人的喜爱。自 2020 年 3 月 2 日在印尼首次发现新冠肺炎确诊病例以来，已取得药品注册号、获准在印尼市场销售的连花清瘟胶囊、太极藿香正气液、东阿复方阿胶浆等中成药成为印尼抗"疫"战场上的抢手货，各中成药生产商舍利捐赠大量药品，帮助印尼人民抗击疫情。① 针对中医药的技术交流也在不断进行。2018 年 6 月，49 名印尼药商从雅加达飞往中国重庆开展了为期 10 天的"中医药文化之旅"考察，其间到中成药企业太极集团现场观看了太极藿香正气液百万例外用治疗湿疹、小儿痱子等临床研究案例视频；到太极医药工业园参观了药瓶、糖浆剂、口服液等生产车间，重点对藿香正气液生产流程进行了详细了解；到重庆市中药博物馆了解学习了中医药历史和文化。②

除中医药外，中印尼在其他卫生领域的合作交流也很广泛。2019 年 8 月，中国甘肃省举办"第二届中国中医药产业博览会"，来自印尼的 8 家医药公司参会。2019 年 11 月中国医药保健品进出口商会在印尼雅加达国际展览中心承办了第二届中国医疗健康（印尼）品牌展。共有来自中国上海、广东、江苏等省市的 130 多家企业参展。展品涵盖传统药材、传统保健品、

---

① 《全球战疫：中成药成印尼抗"疫"抢手货 中国药企舍利捐赠》，千岛日报网，2020 年 4 月 17 日，https://www.qiandaoribao.com/2020/04/17。

② 《印尼药商：中医药文化的博大精深令人震撼》，人民网，2018 年 7 月 3 日，http://health.people.com.cn/n1/2018/0703/c14739-30111275.html。

家用康复与护理设备、诊疗设备、实验室仪器及耗材等，采购商在了解丰富展品的同时，在展会现场亲身体验了博大精深的中医药文化精髓，促进了中印尼间医卫产业的技术与文化交流。展会期间还举办了传统植物药的市场潜力及合作机遇研讨会、东盟医疗保健市场及趋势专题研讨会、2019 中国—东盟按摩保健器具（印尼）峰会，以及中医义诊等配套活动。① 2019 年 7 月 11 日，由中国投资的第一个医疗器械生产项目"PT. SMART G"顺利获得了印尼卫生部的投资许可，成为中国投资的第一家印尼医疗器械制造企业。根据双方签署的合作规划，项目将引进更多的医疗产品，包括骨科产品、医疗美容产品、医疗设备、医疗耗材等，从而吸引更多的中国医疗企业进驻印尼，投资医疗制造产业，打造出一个在印尼的优秀的中国高新医疗技术产业平台。②

2019 年 12 月，新型冠状病毒肺炎首先在中国暴发，面对突如其来的疫情，中国国内的防疫物资严重不足。除了政府层面的援助和支持之外，印尼企业也积极参与到中国的疫情防控工作当中。2020 年 1 月 26 日，印尼金光集团 APP（中国）宣布向中国华侨公益基金会捐款 1 亿元人民币和价值 35 万元的清风卫生湿巾。同时，金光集团 APP（中国）下属金红叶集团也紧急加工生产疫区需要的卫生防护品，为疫区紧急调配捐赠了价值 35 万元的清风卫生湿巾。③ 在中国迅速遏制住疫情的蔓延之后，中国企业发扬"投桃报李"的精神，对印尼的疫情防控工作展开援助。印尼当地的中国企业积极筹措防疫物资，支持印尼国内的疫情防控工作。截至 2020 年 4 月 24 日，中国银行、雅万高铁项目中方企业团队、青山集团、印尼德龙镍业、印尼振石集团以及华为公司等共向印尼捐赠 1.7 万只 N95 口罩、188.5 万只一次性

---

① 《第二届中国医疗健康（印尼）品牌展精彩纷呈》，中国医药保健品进出口商会网站，2019 年 2 月 25 日，http://www.cccmhpie.org.cn/Pub/9037/173725.shtml。

② 《中国投资的印尼第一家医疗制造企业正式获得印尼卫生部投资许可》，普瑞斯星（常州）医疗器械有限公司网站，2019 年 12 月 29 日，http://www.precision-stapler.com/wap/content/? 193. html。

③ 《疫情当前，这家印尼企业向中国捐款 1 亿元，"纸业大王"25 年捐出超 12 亿》，中国物流网，2020 年 2 月 7 日，http://www.hhhttckd.com/wlzc/69860.html。

口罩、6.1万件防护服、2.3万副防护镜、49.8万双医用手套、数百支额温枪和数套人工智能诊断系统等。受赠对象包括印尼中央政府、地方政府、医疗机构、慈善机构、印尼合作伙伴以及基层社区和农村居民，这一行为受到印尼社会各界的广泛好评。① 目前，中国已有多个品牌的新冠疫苗研发成功，2021年1月11日，印尼药物与食品监管机构批准使用中国科兴公司生产的疫苗，两天后，印尼总统佐科在雅加达接种了该公司生产的疫苗，成为印尼国内接种新冠疫苗的第一人。除疫苗外，中国科兴公司还将为印尼提供大量的疫苗原材料，并与印尼国有企业生物制药公司合作，进行进口疫苗原材料的加工和包装。② 2021年3月7日，中国外交部部长王毅在十三届全国人大四次会议记者会上回答印尼安塔拉通讯社记者提问时表示，中国将协助印尼打造东南亚疫苗生产中心。这一举措再次反映出了双方在卫生领域的深度合作。

7. 对旅游合作的推动

中印尼两国均具有悠久的历史文化和优美的自然风光，旅游资源极其丰富，随着中国与印尼经济的不断发展和居民生活水平的不断提高，旅游成为双方互相了解的重要方式和经济合作的重要内容。为扩大对中国游客的吸引力，印尼旅游业采取了多种措施。2016年，印尼派遣了500名优秀旅游从业人员赴中国开展旅游业中文专门语言能力培训，并在北京、济南、广州、重庆等十余个城市开展了印度尼西亚旅游推荐活动。除雅加达、巴厘岛外，印尼向中国游客推荐和开辟了更多新的旅游景点，这些新旅游景点有专门的中文导游、中文介绍、中文标识指引，同时，印尼旅游部门还组织了专门的力量收集中国游客建议以便于改善旅游服务环境。印尼旅游行业还针对中国游客推出免签政策，以简化中国游客到印尼旅游的成本和手续，从而吸引更

---

① 《中国企业积极支持印尼抗击新冠肺炎疫情》，中华人民共和国驻印度尼西亚共和国大使馆网站，2020年4月29日，http://id.china-embassy.org/chn/sgsd/t1773793.htm。
② 《中国疫苗在多国投入使用 助力全球抗疫》，国际日报网，2021年3月11日，http://eguojiribao.com/27264。

多的中国游客。① 在一系列优惠政策的推动下，中国在 2017 年跃升为印尼最大的游客来源地。印尼注重结合中国的实际发展情况开展旅游推介。2018年 10 月 15 日印尼旅游部部长阿里夫率领考察团访问中国大数据应用企业晶赞科技，阿里夫希望使用晶赞科技的受众营销系统，通过针对特定游客的定向营销，影响他们对旅游目的地的偏好，从而增加来印尼的中国游客数量。双方就如何利用大数据进行目标受众的定向营销达成合作。因为中国 75%的游客通过在线搜寻旅游目的地，并进行预订和付款。印尼方面希望通过同中国的合作来顺应全球旅游业数字化的未来趋势，进而通过互联网向中国目标加强印尼旅游信息的推送。②

同时，中国相关省市也重视吸引印尼游客到中国旅游，展示中国的发展变化和风土人情。2017 年 6 月海口市携免签优惠政策在印度尼西亚泗水市举办"不一样的海口泗水旅游座谈会"，邀请了印尼旅游企业代表等 30 余人参加。双方达成加强和深化彼此间的旅游合作、共同促进双方旅游市场繁荣发展的合作意向。海南推出团队免签、离境购物退税、离岛免税购物等政策，大力吸引印尼游客入境旅游。2018 年 4 月 28 日，海口又开通至印尼泗水的直飞航线，为海口与印尼的旅游合作再添新保障，更为双方进一步交往与合作交流提供便利。③

旅游企业拓展国际业务的行动为中印尼间旅游交流注入了活力。2019年 6 月 28 日，巴厘岛中国商会、ALP 文旅集团、英雄汇联合在印尼著名的旅游胜地巴厘岛主办首届"中国印尼文旅投资产业峰会"，旨在促进中国印尼文旅企业开展旅游合作，推动中国文旅产业走向广阔的印尼市场，助力巴厘岛甚至印尼文旅行业的发展。④ 2019 年 12 月，中国企业途牛旅游网联合

---

① 《印尼旅游业拟增加中国元素吸引中国游客》，人民网，2015 年 12 月 4 日，http：//world. people. com. cn/n/2015/1204/c157278-27892178. html。

② 《印尼旅游部和中国科技企业合作 利用大数据吸引中国游客》，国际日报网，2018 年 10 月18 日，http：//eguojiribao. com/4681。

③ 《海口携免签新政邀印尼游客玩转椰城》，中国—印尼经贸合作网，2018 年 7 月 4 日，http：//www. cic. mofcom. gov. cn/article/economicandtrade/doubleinvestement/201807/401736. html。

④ 《首届"中国印尼文旅投资产业峰会"于巴厘岛成功举办》，千岛日报网，2019 年 7 月 3日，https：//www. qiandaoribao. com/page/19。

印度尼西亚旅游部在杭州、福州分别举办"2019途牛·印尼旅游嘉年华"商场路演活动。途牛旅游网通过与印尼政府的合作，在中国市场持续开展线下营销活动，向中国消费者推介更多优质的印尼旅游目的地。①

8. 对青年交流的推动

中国企业在印尼的发展，需要更多的印尼青年人才，从而推动中国与印尼青年在教育、创新创业等领域积极开展交流和学习。2015年，在中国国务院副总理刘延东访问印尼出席副总理级人文交流机制首次会议期间，30余家中国高校参加了在雅加达举办的"留学中国教育展"。完美世界教育投资公司作为特邀的教育公司代表参加展会，向印尼学子展示了形式新颖、独具特色的青年交流项目。完美世界教育投资公司是现场唯一受邀参展的中国教育投资机构，向广大印尼学子展示了有别于高校传统留学项目的国际青年交流项目和创业平台。② 2016年4月，中印尼杰青论坛在浙江杭州举行，印尼华裔青年访华团与浙江省青年侨商代表共同探讨了"一带一路"背景下的共同发展机遇。③ 2016年9月，第五届世界江门青年大会在印度尼西亚首都雅加达开幕，来自五湖四海的1800余名企业代表汇聚一堂参与了本次大会，这次大会为中国和印尼的青年朋友们提供了不断加深了解、增进友谊的契机，还加强了双方的交流合作。④ 2021年3月，印尼泉州青年商会代表团赴泉州考察交流。代表团访问泉州市贸促会时表示，他们愿意参与"一带一路"建设，并与泉州市贸促会一道为促进泉州企业及印尼华侨华人企业开展经贸交流、推动合作献策献力。双方还就印尼泉州青年商会组团参加每年一届在泉州举办的"中国（泉州）海上丝

① 《"2019途牛·印尼旅游嘉年华"路演在浙榕两地举办》，海峡网，2019年12月10日，http://www.hxnews.com/news/gn/gnxw/201912/10/1839914.shtml。
② 《完美世界参加印尼"留学中国教育展"》，中国网，2015年6月1日，http://edu.china.com.cn/2015-06/01/content_35709274.htm。
③ 《中国印尼华裔青年浙江共探"一带一路"发展机遇》，中国侨网，2016年4月23日，http://www.chinaqw.com/jjkj/2016/04-23/86376.shtml。
④ 《畅聚雅加达，共享新机遇！世界江门青年大会在印尼开幕》，《江门日报》2016年9月23日。

绸之路国际品牌博览会"达成共识。①

三 中国与印度尼西亚经济合作中人文交流存在的问题

中印尼间的经济合作持续开展，对两国间人文交流的不断深入具有功不可没的促进作用。但是，经济合作的扩大并不总是与深化双方人文交流正相关。由于中印尼两国的经济和社会领域存在一系列复杂因素，双方经济合作与彼此交往中的一些问题并没有得到妥善解决，其负面效应"外溢"，对两国间的"民心相通"形成了阻碍。

1.经济合作被"政治化"

中印尼间的经济合作原本是促进两国经济发展、惠及两国民生的福祉项目，但是在某些反对势力的炒作和推动下，很多原本并未引起公众广泛关注的经济议题被社会化为公共问题，经过与政治问题相联结，演化为具有广泛争议和高度敏感性的政治问题甚至安全问题。近年来印尼国内不时涌现的经济合作被政治化的事件，不仅阻碍了经济合作项目的进展，而且还对两国民众间的相互理解与认识产生了负面影响，使经济合作中的人文交流出现了反向效果。

佐科政府现致力于发展印尼经济和改善国内基础设施建设，特别重视同中国的经济合作。在佐科总统的领导下，印尼加入了中国发起的亚洲基础设施投资银行和"一带一路"倡议，吸引了众多中国基础设施公司前往印尼投资。但是与此同时，为达到反对佐科政府的目的，部分印尼政治力量持续对中国投资项目进行炒作和政治操弄，强化了印尼民众对两国经济合作的担忧甚至是恐惧情绪。以雅万高铁项目为例，该项目最初由两国政府搭建平台，而后由中印尼两国企业按照B2B（企业对企业）的商业模式开展合作，中方由中国铁路总公司牵头，组织铁路设计、建造、装备和运营等企业组成联合体，与印尼维贾亚卡亚公司牵头的印尼国有企业联合体合作，印尼方占

---

① 《泉州市贸促会与印尼商会组织交流工作》，《中国贸易报》2021年3月16日。

股 60%，中方占股 40%。两国在开展项目合作时已尽量避免政府机构的过度参与，同时项目本身仅仅体现商业目的，并不掺杂中国的政治意图。项目开始后，中国承建公司一直按照协议进行施工建设，但由于印尼国内的一些原因，雅万高铁项目进展受阻。到 2020 年 12 月雅万高铁项目进展仅为 64%，远远低于双方最初达成的到 2019 年完成项目的预期。究其根源，经济合作的政治化是阻碍中印尼经济合作的重要原因。部分印尼民众将原为"商业项目"的雅万高铁项目误读为"国家项目"甚至是"援助项目"，印尼社会长期对中国工人进入印尼保持着高度的敏感，并有媒体和民众刻意制造"中国劳工潮"借"一带一路"涌入印尼的谣言和不实热点。[①] 近年来印尼国内一直有反对中印尼经济合作的意见涌现，认为"一带一路"项目让印尼背负了无法承受的债务，是中国推行霸权的工具，最终将破坏印尼的主权。出于地缘政治和战略竞争需要，西方政府、媒体也趁机"添油加醋"，对中国投资项目、中印尼经济合作进行故意抹黑、施加阻力。关于佐科同中国开展经济合作的阴谋论在印尼也广为流行，称"总统佐科是中国人的傀儡，为了主人的经济利益，他正在出卖印尼"。[②] 2016 年，四名中国公民因在印尼种植被细菌污染的辣椒种子而被捕，有媒体夸大其词地报道指责中国对印尼使用"生物武器"。[③] 皮尤研究中心的一份报告表明，对中国持赞成态度的印尼人比例随着时间的推移有所下降。2019 年对中国持赞成态度的印尼民众占比 36%，这一比例较 2014 年佐科政府上台执政前的 66%下降了 30 个百分点。[④]

[①] 潘玥：《中国海外高铁"政治化"问题研究——以印尼雅万高铁为例》，《当代亚太》2017 年第 5 期。

[②] "Rumors There are Already 10 Million Chinese Workers in Indonesia on the Rise, Jokowi Tells Police to Catch Hoax Spreaders", Coconuts Jakarta, 23 December 2016, https：//coconuts.co/ jakarta/news/rumors-there-are-already-10-million-chinese-workers-indonesia-rise-jokowi-tells-police.

[③] "China Alarmed as Chili 'Conspiracy' Heats up Indonesians", Reuters, 16 December 2016, https：//www.reuters.com/article/us-indonesia-china-chili-idUSKBN1451G4.

[④] "People Around the Globe are Divided in Their Opinions of China", Pew Research Center, 5 December 2019, https：//www.pewresearch.org/fact-tank/2019/12/05/people-around-the-globe-are-divided-in-their-opinions-of-china.

2019 年印尼大选期间，中印尼关系再度成为竞选的热点话题。反对党大打"民族主义"牌，对佐科在经济方面的"亲中政策"大肆批评。佐科的最大竞争对手普拉博沃指责佐科对中国过于软弱，允许数百万中国工人参与中资项目。他的竞选团队声称，如果普拉博沃当选总统，他将审查中国在印尼的所有项目。竞选期间，关于中印尼经济合作的谣言也甚嚣尘上，充斥网络。如有报道将印尼的中国游客同劳工混为一谈，声称"有 1000 万中国工人进入印度尼西亚，即将'统治国家'"，[①] "佐科想将爪哇岛和苏门答腊岛'出售'给中国，以换取注销印尼 210 亿美元的国家债务"。[②] 这些报道企图通过煽动民众的恐惧心理和反华情绪来达到反对佐科的目的。这种基于国内政治目的对中印尼经济合作进行负面夸张渲染的报道虽然缺乏相关的事实依据，在印尼国内却并不缺乏对之深信的民众。印尼学者于 2019 年开展了一项针对印尼国内虚假信息传播情况的调查，结果显示在来自城市和农村的受访对象中，相信印尼国内有数百万名中国劳工的人数占比分别高达 79.6%和 69.1%。[③] 新冠肺炎疫情暴发后，印尼多地出现了对中国工人的歧视事件。不少印尼民众在社交媒体上以"中国病毒"指代新冠肺炎，部分人要求立法驱逐在印尼的中国工人和禁止中国公民入境印尼。2020 年初，在印尼西苏门答腊省邦吉市，有数百名居民举行游行，要求 170 名中国游客离开他们所下榻的旅馆。[④]

2. 企业经营中的文化冲突

中国企业在印尼投资，不同程度地受到了跨文化方面的冲击。在对跨国

---

① "What's Driving Indonesian Paranoia over Chinese Workers?", *South China Morning Post*, 2 July 2019, https：//www. scmp. com/week-asia/politics/article/3012676/whats-driving-indonesian-paranoia-over-chinese-workers.

② "Indonesia's 'Hoaxes' Go Deeper than just Disinformation", East Asia Forum, 5 July 2019, https：//www. eastasiaforum. org/2019/07/05/indonesias-hoaxes-go-deeper-than-just-disinformation.

③ "'The Chinese are Coming': in Indonesia, Education Doesn't Stop People Believing Falsehoods", *South China Morning Post*, 8 November 2019, https：//www. scmp. com/week-asia/politics/article/3036726/chinese-are-coming-indonesia-education-doesnt-stop-people.

④ "Indonesia must Tackle Corona-driven Growth in Anti-Chinese Xenophobia", Nikkei Asia, 4 August 2020, https：//asia. nikkei. com/Opinion/Indonesia-must-tackle-corona-driven-growth-in-anti-Chinese-xenophobia.

企业的管理中，来自中国的管理者经常使用已经固化的中式文化思维和规范来看待和要求具有不同文化背景的外国工作人员，而忽视了可能存在的文化差异，从而致使文化冲突事件在企业管理过程中经常发生。这些文化差异可能发生在宗教、工作理念等方面。

中国仅有小部分群体信仰宗教，宗教信仰问题在企业管理中并不十分突出。而印尼国内80%以上的民众信仰伊斯兰教，由宗教信仰带来的特定习俗和禁忌往往渗透到员工的日常生活和工作中，给企业管理增大了难度。中国在印尼的跨国企业的高级管理人员多由中印尼两国共同委派，在企业管理过程中，由于对宗教文化的理解和意识不同，双方经常会发生决策冲突。应印尼国内劳动法规的要求，中国在印尼企业的员工也以印尼本土民众为主，所以在政策施行和跨国员工交往的过程中，难免会因为宗教差异产生矛盾。在印尼每年一次的斋月节期间，穆斯林白天不能饮食，每天只能工作6小时。在平时，虔诚的信徒每天都要进行5次虔诚的祷告，如果遇到阻止或者被打断，则会被认为是对其宗教信仰的不尊重，会造成员工的不满，甚至引发冲突。[1] 中国管理者往往十分重视员工的工作效率，因而要求员工在工作中高度投入。中国员工大多具有高度的工作积极性和较高的工作效率，每天休息时间较短，对于加班等要求也能够接受。印尼工人工作的随意性较强，通常只接受法定工作时长，相较于过分勤勉工作，他们更乐意享受生活。例如，2020年10月印尼颁布《创造就业综合法》，旨在创造就业机会和改善营商环境。法案中延长了劳动时间，将每周工作时间由5天调整为6天，每日最长加班时间从3小时延长到4小时，包括中国在内的跨国企业对该法案的颁布表示欢迎。[2] 但是该法案的颁布招致了印尼工人和工会的普遍反对，认为其损害了劳工权益。

此外，中国企业管理文化强调稳定和团结，倾向于从长远发展的角度开展企业管理，政策通常是自上而下式的层层推进，需要严格执行。而印尼工

---

① 张雷：《跨文化视角下中资企业海外投资问题研究——基于深圳宝鹰的案例》，广东外语外贸大学硕士学位论文，2018，第35页。

② 孙云霄：《印尼〈创造就业综合法〉引发骚乱》，《世界知识》2020年第21期，第36页。

人更加注重当下的待遇，希望工作安排更具灵活性。这种思维方式的差异也给中国投资者的企业管理带来了困难。在新冠肺炎疫情在全球持续蔓延的背景下，为便于疫情防控和维持业务正常开展，自 2020 年 2 月起，阿里巴巴在东南亚控股的电子商务公司 Lazada 参照中国国内的疫情防控做法，要求所有员工每周 7 天对本人健康状况进行报告，虽然该公司称健康报告并非强制性的要求，但员工反映经常会接到人力资源部门的电话，即使是在周末也要确保员工已经及时提交健康报告。印尼的很多员工对此感到不满，认为该行为侵犯了自己的隐私，并对企业收集这些健康信息的意图和用途提出质疑。中国的管理者还试图建议或要求员工减少宗教集会等易造成人员聚集的社会性活动，但这些措施招致了员工的抵制，最终并未得以实施。①

3. 企业自身行为失当

在对印尼进行投资、开展双边贸易活动的过程中，部分企业由于对当地法律规定不熟悉、社会责任意识较薄弱、处理问题方式不灵活等导致开展经济合作时出现失当行为，对中印尼两国经济合作和人文交流造成了不良影响。

一些不法经营者投机取巧，从事违反印尼法律的经济活动，损害了中国企业的国际形象。如 2020 年 1 月，印尼泗水海关截获一只由 PAM 公司从中国寄出的价值 10 亿印尼盾的中国冒牌钢笔集装箱，据悉该品牌 Standart AE7 钢笔原属印尼制造，Standartpen Industries 公司拥有专利权。② 2020 年 10 月，印尼中爪哇省垄川市丹绒玛斯港口海关查获一批经由海运寄递的原产于中国的非法伪造剃须刀，据印尼官方称该批非法货物已在垄川市内传统市场流通。③ 一些企业非法经营，以次充好，导致印尼民众脑海中一度存在中国商品"价廉物不美"的认知。一些中国企业由于对当地法律规定不熟悉，导致偶尔出现工人非法滞

---

① "At Alibaba's Lazada, Coronavirus Measures Become the Latest Culture Conflict", Reuters, 24 March 2020, https://www.reuters.com/article/us-health-coronavirus-alibaba-lazada-foc-idUSKBN21A3V5.

② 《泗水海关截获价值 10 亿盾中国冒牌钢笔集装箱》，千岛日报网，2020 年 1 月 10 日，https://www.qiandaoribao.com/2020/01/10。

③ 《丹绒玛斯港口海关破获数千来自中国非法剃刀》，千岛日报网，2020 年 10 月 28 日，https://www.qiandaoribao.com/2020/10/28。

留、缺许可证经营等不当行为，在印尼的特殊社会背景下被放大为社会事件。

在"一带一路"全面推进的背景下，中国海外企业并未对外宣工作给予足够的重视，或者在外宣工作中缺少灵活的方法，为合作的进一步开展和公众舆论塑造埋下隐患。比如雅万高铁自2016年开工建设后，项目建设并非一帆风顺。中国企业在项目进展顺利时往往乐于接受媒体采访，内容多涉及该项目对中国高铁技术"走出去"的伟大意义，以及加强中国同印尼基础设施联通等方面。而当该项目因特殊原因受挫折时，中国企业往往选择沉默，对出现的问题避而不谈。这种典型的"报喜不报忧"的思维方式，使得中国企业面临更大的舆论风险。① 一方面，由于缺乏对问题真相的了解，当地民众会对中国企业工作的透明度产生怀疑；另一方面，中国企业的"隐忍"会给反华势力提供机会，使得假新闻、恶意报道乘虚而入，进一步扭曲事实，对中国企业的国际形象造成破坏。如2020年Eco-business的一篇报道称雅万高铁项目"施工秩序混乱""对环境规划不力"导致项目建设"步履蹒跚"。②

此外，中国企业在与印尼当地社会的沟通方面也存在不足。在印尼特殊的政治、社会背景下，地方政府拥有很大的自主权，面对中央政府的行政命令，地方政府有可能不予配合和执行。同时，地方行政长官由地方直接选举产生，并非由中央任命，在此背景下，民意和社会力量成为地方政府施政的重要关注因素。一些项目由于缺乏与地方民众沟通或者不善于沟通导致民众对项目不够了解或者形成误解，进而对项目的施行造成巨大困难。还有一些企业没有树立本地化经营的观念，经营、服务工作没有下沉到印尼本土，导致某些产品出现质量问题还需要找中国企业开展售后服务，③ 这严重影响了印尼民众对于同中国开展经济合作的体验感和收获感。

---

① 《好事不愿说出事不敢说 企业"走出去"需警惕舆论风险》，中国新闻网，2018年5月28日，https://www.chinanews.com/business/2018/05-28/8524104.shtml。

② "Bungled Jakarta-Bandung High-speed Rail Line Causes Chaos", Eco-business, 30 July 2020, https://www.eco-business.com/news/bungled-jakarta-bandung-high-speed-rail-line-causes-chaos.

③ 潘玥：《"一带一路"倡议下中国企业投资印度尼西亚的深层问题——以雅万高铁为例的分析》，《中国—东盟研究》2020年第3期，第108页。

四 促进中国与印度尼西亚经济合作中人文交流的对策

上述两国经济合作中人文交流存在的问题，既根源于印尼特殊的国内政治、社会因素，也有中国企业经营理念层面的原因。虽然印尼国内政治问题在短时间内难以改变，上述某些问题不可能完全避免，但是中国企业需要对上述问题予以高度重视并采取积极的措施予以解决或缓解，否则将会增大企业对外投资的风险，降低企业投资收益，甚至会对企业形象、国家形象造成负面影响。

1.突出商业属性，强化利益共享，化解"经济活动政治化"风险

中国企业到印尼投资设立企业、开展商业活动，其动力来源于企业国际化发展和资源在全球范围内的自由流动的需要，其目标在于追求商业利益的最大化，其最根本的属性为商业属性，其过程应遵循国际社会普遍遵循的商业原则。从国家角度看，引导、推动企业"走出去"是国家实行对外开放和融入全球化的要求，而非开展地缘政治、战略竞争的需要。在当今"高级政治"同"低级政治"紧密联系、相互转化，尤其是在"经济活动政治化"趋势有所加剧的背景下，企业的经营活动应当更加"回归本源"，找回自身固有的"经济属性"。首先，企业要更多地着眼于自身的经济利益，在项目开始前进行仔细的可行性、收益性、风险性分析，避免忽视经济利益的恶性竞争；其次，企业在经营、外宣中，不宜过多强调国家利益、外交战略等非经济意义，应避免应用诸如"高铁外交""疫苗外交"等具有误解性、政治导向性的宣传概念，避免造成经济议题同政治议题的勾连；最后，政府应当积极支持企业基于商业目的、市场化原则开展独立性的决策和经营活动，避免过多的政治引导和战略规划。国有企业在中国对外投资的主体中占有很大比重，这种"国家属性"更容易成为政治势力所利用和操作的凭借点，只有赋予国有企业更多独立开展经济决策、活动的权利，才能化解潜在的政治化风险。

另外，中国企业应当积极邀请其他国家的企业和利益相关方共同参与跨国资源开发和项目合作，提升与对象国、利益相关方的利益融合和风险共担

程度。此举既是顺应印尼在大国之间实施"平衡"战略，减小大国竞争对中印尼经济合作影响，缓解印尼在同中国开展经济合作时面临选择困难处境的需要，又是加深同更多利益相关方合作，化解"零和"式竞争思维，实现利益共享、风险共担的重要举措，有利于为大国之间增进信任和合作提供平台，使不同国家的企业在相互合作中加强交流，取长补短，同时也能减小中国同印尼开展经济合作的外部阻力，营造良好的国际环境，以利益共同体的建设推动命运共同体的形成。

2. 加强跨文化学习，改善企业管理方式，克服文化冲突

跨国投资企业的管理人员要增强文化意识，不断加强跨文化学习。开展跨国活动前，要对所在国的宗教信仰、风俗习惯、人文观念等进行全面的了解和学习。在制定决策和开展企业管理的过程中，要充分考虑宗教信仰、习俗的影响，避免触碰到相关禁忌。要对所在国的员工素质、工作理念、思维方式进行深入、充分的调研，因地制宜，制定本土化、差异化的工作机制、薪酬机制。根据印尼人更为重视的宗教信仰、家庭情怀等特别因素制定更加合理的奖励机制，以进一步激发员工的工作积极性。中国企业应当建立同员工交流更加顺畅的对话机制，充分听取员工的利益诉求，改进中国管理者固有的企业管理文化和理念，在决策、施策过程中，除了自上而下的统一领导和管理外，要更加发挥基层工人的作用。针对印尼员工工作散漫、更加注重当下感受等特点，应合理制定企业目标，并不断加强员工的技能、知识培训，提升员工工作能力和工作效率。不断培养、选拔印尼员工担当管理人员，推进更具针对性、更符合所在地特点的企业管理和企业经营活动。

3. 严格遵守法律，积极承担社会责任，树立正面企业形象

由于历史原因，印尼的法律体系较为复杂，荷兰殖民时期的法律、习惯法和独立后制定的全国性法律法规在印尼现代的法律体系中共存。① 在对印尼开展投资和进行经济合作前，要对印尼的法律体系进行熟悉，了解市场准入、进出口、劳工关系等方面的法律规定。在进入所在国之后，要不断适应印尼的

---

① 杨眉：《印度尼西亚共和国经济贸易法律指南》，中国法制出版社，2006，第22页。

法律氛围和执法环境，有条件的可以聘请专业的印尼律师进行指导。依法开展经济合作，一方面可以更好地维护自身的法律权益，避免不必要的经济损失；另一方面也可以避免授人以柄，避免散播对中国企业和中国形象不利的言论。

中国企业应当提升自身在印尼经营活动的规范化和透明度，建立对外宣传的渠道，畅通所在地民众了解本企业的窗口。首先，要建立本企业的对外宣传部门，对本企业履行社会责任、带动就业创业、企业福利分配、员工来源结构等外界民众较为关注的问题进行常态化、透明化的宣传和介绍；同时，还要同当地具有权威性、公正性的媒体和企业开展广泛深入的合作，通过媒体开放日、联合报道等形式扩大企业对外宣传的范围，提升塑造所在地民众认知的效果。企业对外宣传的思维必须走出传统的"报喜不报忧"的陈旧模式，在报道成果时需要更加突出企业为当地经济、社会发展带来的利好使得对外宣传更加"接地气"，更易为所在国民众所接受，而不是过多地阐发对两国合作的战略意义；在项目开展遭遇挫折时，不能以回避、沉默的方式对社会舆论的发展"听之任之"，相关企业应当主动作为，对合作中存在的疑问和难点及时作出澄清和阐释，在增进了解的基础上深化彼此间理解，并最终推动问题得到解决。

中国企业应当积极承担社会责任，展现良好担当。由于经济发展程度不同，中印尼间的总体科技水平还存在一定的差距，双方在经贸合作、对外投资中的利益分配存在一定程度的不对称。印尼国内高度敏感的中国劳工问题也与民众对收入分配、工作机会等社会问题的高度关切密不可分。解决此类问题，要求中国企业更加关注自身的可持续发展，积极承担社会责任，树立本土化经营的理念，向当地企业、民众分享更多的发展红利。企业要树立品牌意识，提升产品质量和项目可靠性，打造良好品牌。同时，投身宗教、教育、救灾、科技转化等社会性事业，开展社会捐助，创造就业机会，在树立企业良好形象的同时塑造社会认同，弱化民众的忧虑和抵触心理。为进一步推动两国民众间的相互理解，两国企业还需要创新人文交流方式，如共同开发当下更受欢迎的短视频、音乐、影视资源，以更加吸引人的方式讲好"中国故事"和"印尼故事"。

中国与印度尼西亚人文交流大事记
（2020）

童　雁*

1月2日　在印尼中国经济社会与文化合作协会、BCS 卓越世纪星、千颂飞扬文化、旷世奇缘文化、海岛演议一站式国外活动策划的支持下，首届"BCS 中印尼国际文化艺术交流暨颁奖盛典"在印尼巴厘岛隆重开幕。

1月4~7日　在中国国务院侨办和新闻办联合主办、中国新闻社承办的"感知中国·'一带一路'沿线国家媒体长三角行"活动中，采访团一行在江苏考察了南京、苏州、无锡等地。印尼《国际日报》的资深媒体人参与了此次活动。

2月8日　正值中国元宵节，也是印尼巴厘省印度教历的月圆节，巴厘省政府和巴厘省旅游理事会共同举行"为中国祈福"活动。

2月12日　印尼雅加达警方向中国杭州市公安局定向捐赠10000只口

---

*　童雁，华中师范大学政治与国际关系学院硕士研究生，中印尼人文交流研究中心助理。

罩，这是疫情发生后，杭州警方收到的首批外国警方的援助物资。

2月21日 数百名印度尼西亚民众聚集在首都雅加达北部举办烛光集会为武汉和中国祈福。此次活动以"武汉加油"为主题，印尼民众通过文艺表演、现场募捐等方式祝福中国。

2月23日 在印尼巴厘省副省长佐科达的带领下，巴厘省50余家政府部门、民间机构代表以及当地民众在百沙基母庙举办隆重的巴厘印度教祈福活动，共同为巴厘岛和中国祈福，祈祷疫情早日平息。

3月6日 主题为"山川异域，风月同天——为中国武汉加油"的画展在印尼巴厘岛开幕。巴厘岛20余名画家的29幅精美画作勾勒出中印尼友好交往的历史及对中国抗"疫"努力的支持。

3月19日 马云公益基金会和阿里巴巴公益基金会宣布，向印尼捐赠口罩、检测试剂盒、防护服和防护面罩等医疗物资。

3月26日 中国政府援助印尼用于抗击新冠肺炎疫情的首批医疗物资运抵雅加达。

4月6日 由中国平安集团及董事长马明哲个人联合捐赠的首批抗疫物资成功送抵印尼。

4月9日 中国银行雅加达分行在雅加达向印尼国家灾害管理局捐款3亿印尼盾，助力印尼抗击新冠肺炎疫情。

4月15日 清华大学东南亚中心通过线上会议的方式，举办了"纪念中国—印尼建交七十周年"座谈交流会。会议就中印尼两国关系发展、目前中印尼两国新冠肺炎发展等情况作了交流。

4月29日 海南省向印尼巴厘省捐赠5万个医用口罩。

4月29日 中国一带一路国际合作发展（深圳）研究院向印尼捐赠防疫物资启运仪式在深圳市稳健医疗工业园举行。

5月12日 来自中国首都医科大学附属北京朝阳医院、北京大学第三医院的护理专家和印尼的170余位同行通过"云端"平台举行新冠肺炎护理策略分享交流会，分享抗疫经验。

5月13日 合肥工业大学外国语学院与印尼哈桑努丁大学文化学院举

行"空中国际会议"，就两校建立友好合作关系交流意见并签署了合作意向书。

5月28日 由中共中央对外联络部、中国驻印尼使馆、福建省外办和印尼民族民主党共同举办的"比邻共话——常态化疫情防控中的复工复产经验交流暨中印尼'一带一路'合作网络视频会"在北京、福州和印尼多点连线举行。此次会议旨在疫情防控常态化背景下，交流分享疫情防控、复工复产经验，共商"一带一路"合作，探讨中印尼尤其是福建与印尼的各领域友好交流和互利合作。

6月3日 印尼巴厘省乌达雅纳大学举行视频会议，商议校旅游孔子学院筹建事宜。乌达雅纳旅游孔子学院由南昌大学、南昌师范学院和巴厘省第一学府乌达雅纳大学共建，于2020年9月举行揭牌仪式。

6月5日 印尼旅游部、巴厘省政府和巴厘旅游理事会联合举办"新常态下巴厘岛旅游业发展规划"网络研讨会。时任中国驻登巴萨总领事苟皓东应邀出席论坛，并为疫情后巴厘岛重新开放旅游业建言献策。

6月5日 由中国国家发展改革委国际合作中心和陈江和基金会共同主办的"一带一路"人才发展项目2020年"数字丝绸之路"高级研修班，采取"云上"方式在浙江大学开班。来自印尼、新加坡、马来西亚、柬埔寨、泰国等16个国家和地区的56名高级别政府官员、专家学者和商界精英参加学习交流，共话"数字丝绸之路"建设。

6月19日 中国驻泗水总领事馆、印中友谊桥慈善基金会和中资企业新亚洲国际有限公司共同向印尼泗水中华医院捐赠抗疫医疗物资。

7月2日 中国驻泗水总领事馆、中资企业新亚洲国际有限公司和印中友谊桥慈善基金会向印尼东爪哇省政府捐赠抗疫医疗物资。

7月4日 印尼泗水孔院公派教师张芳受邀为智星大学作了题为"一小时中国之旅"的直播，直播内容涉及"新冠肺炎疫情下中国的现状"、"湖南农村的现状"和"汉语学习"。来自印尼泗水、万隆和玛琅各地的学校师生和公司员工参与了本次活动。

7月7日 中国驻泗水总领事顾景奇代表广州市政府向泗水市市长莉斯

玛移交广州市政府向泗水市政府捐赠的一批医用外科口罩。

7 月 13 日 福建省南安市向印尼北苏门答腊省民礼市捐赠抗疫物资。

7 月 15 日 由中共中央对外联络部主办、中共云南省委党校承办的"比邻共话：中印尼常态化疫情防控和复工复产经验交流"线上活动开幕。本次活动通过"云交流"方式，落实两国元首重要共识，交流分享抗击疫情、加快经济社会恢复发展的经验做法，进一步深化中国与印尼的抗疫合作。

7 月 28 日 由印尼三一一大学孔子学院和中国西华大学共同举办的"云"夏令营举行结营仪式。在为期一周的夏令营活动期间，西华大学的老师通过直播、录课、视频、讲座等多种形式，以及"学诗歌游成都"和"昆明云旅游"等特色活动，介绍中国的历史概况、传统节日和习俗、经济与科技、影视与流行音乐等。

8 月 2 日 宁夏回族自治区人民政府向西努沙登加拉省政府赠送的3万个一次性医用口罩抵达该省首府马塔兰市，以助力该省抗击新冠肺炎疫情。

8 月 11 日 印尼启动中国制造的2019新型冠状病毒疫苗的人体试验工作，约1600名志愿者将参与这项为期六个月的研究。

8 月 13 日 河南省人民政府联合牧原集团向印尼西努沙登加拉省捐赠的5万只医用外科口罩运抵该省首府马塔兰市，该批物资将通过该省政府分发给当地医疗机构，助力一线医务人员抗击新冠肺炎疫情。

8 月 17 日 中国驻泗水总领事馆与福建省外办成功合作举办"中国福建省与驻泗水总领事馆领区抗疫与防护经验交流会"。福建省立医院、福建省疾控中心和福州市孟超肝胆医院的专家学者，以及驻泗水总领事馆领区三所医院诊所的医生就新冠肺炎疫情防控和治疗等问题进行了深入的在线交流。

8 月 20 日 在印尼外交部部长蕾特诺·马尔苏迪、国企部部长艾瑞克·托希尔访华期间，印尼国有企业生物制药公司（Bio Farma）与中国科兴生物技术公司签署了首批新冠疫苗交付协议。除与中国科兴生物技术公司签订协议外，印尼国有企业生物制药公司还分别与中国国药集团和康希诺等中国制药公司探索新冠疫苗合作。

8 月 30 日 由雅加达华文教育协调机构主办,印尼华裔总会、雅加达客属联谊会、印尼梅州会馆、印尼音乐家与华语歌手联盟，以及亿乐荣电视台协办的 2020 年"文化中国·水立方杯"印尼赛区中文歌曲大赛圆满落幕。

8 月 31 日　应印度尼西亚巴厘岛旅游局邀请，广州市南沙区文化广电旅游体育局、南沙区外办与印度尼西亚巴厘岛旅游局共同召开视频会议，洽谈南沙区与巴厘岛友好交流及旅游合作。会上，双方同意建立文旅交流合作，并推动《中华人民共和国广东省广州市南沙区文化广电旅游体育局与印度尼西亚巴厘岛旅游局文旅交流合作备忘录》的签订。

9 月 4 日　中国驻棉兰总领事馆与中资企业存功能源集团有限责任公司共同向北苏门答腊省加罗县捐赠口罩。

9 月 4 日　福建三明学院经济与管理学院应邀参加合作院校印尼乌达雅纳大学经济与商业学院举办的线上国际论坛及签约仪式。三明学院经济与管理学院院长李应春教授出席并云签署合作意向书。

9 月 4 日　清华大学副校长、教务长杨斌与印尼海事统筹部部长卢胡特视频连线，双方就近期清华与印尼合作，清华大学东南亚中心云论坛筹备工作交换了意见。

9 月 10~11 日　由中国文化和旅游部、中国驻印尼大使馆主办，中国对外文化集团有限公司下属中国对外演出有限公司策划承办的"风雨同舟·守望相助——印尼国际艺术节中国专场"线上演出在北京成功录制。本次演出旨在庆祝中国与印尼建交 70 周年，演出录像于 10 月 1 日在印尼国家电视台面向印尼全境播出，YouTube 印尼政府频道同步播放。

9 月 11 日　中国国家发展改革委国际合作中心与印尼海事统筹部通过视频会议方式，分别在北京和雅加达两地就中国—印尼药用植物保护研究创新基地启动签署谅解备忘录。

9 月 16 日　福建省与印尼中爪哇省等六个东盟友城文旅部门和企业开展"云交流"，共谋文旅合作发展。

9 月 17 日　中国厦门航空公司恢复"福州—雅加达"往返定期航班。这是自 2020 年 2 月 5 日印尼—中国航线停航以来，首家恢复中印尼往返定期航班运营的中国航空公司。

9月23日 "中印尼繁荣70周年：清华大学东南亚中心云论坛"开幕，印尼总统佐科·维多多向论坛发来贺信。本次论坛由中国清华大学、印尼四海一家公益基金会共同主办，旨在共叙两国友谊、共庆两国成就，为来自中印尼、东南亚区域和全球的各界领导者提供跨界交流与合作的平台，为实现可持续发展目标和"天地人和"的幸福未来共同谋划，助力中国与东南亚各国的创新发展与合作。

9月28日 2020年印度尼西亚国际书展在网上开幕，中国科技资料进出口总公司携一批当代中国优秀图书亮相。

9月29日 由印尼巴中校友会和中国首都师范大学联合举办的印尼本土中文教师培训通过腾讯会议成功举办了结业典礼。本次培训为期20天，共有来自印尼23个城市和地区的500余名学员报名参加。

10月2日 武汉天河机场开通至印尼雅加达航线。这是天河机场自新冠肺炎疫情后新开的首条国际定期航线。

10月20日 合肥工业大学外国语学院与印尼哈桑努丁大学文化学院举行线上会议，双方探讨了在学生联合培养等方面开展交流合作的可能性，并相约在疫情结束后，将通过互访加深了解，加强在学科建设和人才培养方面的合作。

10月22日 黎明（印尼）海丝学院启动暨中国黎明职业大学与印尼雅加达华文教育协调机构、巴布亚省政府三方合作培养职业技能人才项目签约仪式于线上举行。根据协议，三方将合作为印尼最为边远的巴布亚省培养100名熟练掌握中文和旅游管理技能的职业人才。

10月25日 "新冠肺炎疫情与中印尼人文交流"线上学术论坛成功举办。此次学术论坛由中国华中师范大学中印尼人文交流中心承办，北京外国语大学中印尼人文交流中心、华侨大学国际关系学院及广西民族大学东盟学院共同举办。

10月26日 印尼高等教育信息学与计算机科学协会和马来西亚国际文化交流中心联合举办"中国—印尼高等教育国际合作"线上交流研讨会。此次研讨会旨在促进中国和印尼教育资源共享、深化产教融合，为"一带一路"建设提供人才支撑，共有 24 所印尼高校校长参加，黎明职业大学和苏州市职业大学受邀作为中国职业院校代表参加。

10 月 28 日 中国合肥工业大学"中印尼文化交流系列活动"开幕。来自合肥工业大学外国语学院、印尼哈桑努丁大学文化学院和印尼日惹国立大学的师生代表以线上和线下的方式参加了开幕式。

11 月 2 日 由中国驻印尼使馆和印尼外交政策协会举办的"新时代的中印尼故事"主题短视频大赛颁奖仪式在线上举行。自 9 月启动以来，大赛共征集到 488 件作品，内容涵盖文化、经济、历史、美食、风光等创意主题，涵盖纪录片、故事片、音乐片、绘画、动画等多种形式，充分展现了中印尼交流合作的悠久历史、广泛领域和深厚根基。

11 月 6 日 印尼三一一大学孔子学院举办"后疫情时期"中文教育视频国际研讨会。与会代表就各自院校在疫情期间开展中文在线教学情况作了介绍和分享，并对"后疫情时期"在线中文教学的发展机遇和面临挑战进行了广泛交流和探讨，对线上中文教学提出了建议。

11 月 8 日 江苏大学面向印尼茂物农业大学开展线上招生宣传。120 多名茂物农业大学和其他印尼高校的境外学生通过 Zoom、YouTube 等平台直播观看线上宣讲。这是江苏大学首次面向海外高校直接进行线上招生宣传。

11 月 13 日 由教育部中外人文交流中心主办、华中师范大学承办的"2020 中印尼人文交流发展论坛"在线上举行。本届论坛首次采用中文—印尼语同传进行，聚焦"疫情后时期中印尼职业教育合作"，探讨加强两国人力资源开发合作、培养技术技能人才的方法与途径。

11 月 13 日 中国华电科工印尼巴厘通用能源公司向印尼巴厘省布莱伦县政府捐赠抗疫物资。

11 月 24 日 "健康丝绸之路"建设暨第三届中国—东盟卫生合作论坛在广西南宁开幕，会上签署了中印尼卫生合作执行计划。

12 月 6 日 中国科兴生物技术公司首批120 万剂新冠疫苗抵达印尼，印尼总统佐科向中国表示感激。12 月 31 日，印尼再次收到 180 万剂来自中国科兴生物技术公司的新冠疫苗。

12月8日 中国驻印尼大使馆与印尼美都电视台合作举办纪念中印尼建交70周年中文歌曲歌唱大赛总决赛暨颁奖仪式。

12月16～17日 中国—东盟中心与印度尼西亚旅游部共同举办东盟（印尼）中文导游与从业能力建设研讨班，来自印尼全国各地的近百名旅游从业者参与在线培训交流。

12月8～18日 中国福州职业技术学院应印尼高校邀请，开展中印尼电子商务专业技术线上培训活动。本次培训通过 Zoom、YouTube 等线上授课平台为700名印尼师生开展了为期两周的中、英、印尼语三语同步的电子商务技术培训。

12月18日 印尼海事统筹部、旅游部及中国驻印尼大使馆共同举办"印尼中国旅游与投资论坛——五大超优先旅游目的地"双边论坛。本届论坛在印尼北苏门答腊省多巴湖以线上线下相结合的方式举行，来自两国的政府官员、业界专家和代表就"促进印尼与中国疫情后的旅游合作"进行了多方讨论。

12月20日 印尼甘美兰与广西少数民族音乐专场音乐会在广西艺术学院音乐厅上演。

12月26日 "一带一路"国家竹博汇印尼馆落成典礼活动在广州举行。该馆是由巴厘岛十位工匠亲手用岛上竹子搭建而成的竹构建筑，将印尼风情完全在广州再现，未来将成为印尼青年在广州创业的重要平台。

12月29日 中国科兴疫苗三期临床试验在印尼完成。

12月29日 由中国教育部中外语言交流合作中心主办、沈阳师范大学承办的2020年"汉语桥"线上团组交流活动印尼班结业仪式在沈阳师范大学举行。来自印度尼西亚干冬圩公益华文补习学校、雅加达播种学校、弘华语言学习中心等的76名学员通过"中文联盟"平台在线上参加了结业仪式。

12月30日 "汉语桥"俱乐部印尼雅加达站揭牌仪式通过线上线下相结合的方式举行。"汉语桥"俱乐部由印尼雅加达华文教育协调机构发起并组织，旨在加强历届"汉语桥"比赛选手间的联系和交流，使其成为热爱中文和中国文化的印尼青年相互交流的重要平台。

图书在版编目（CIP）数据

中国与印度尼西亚人文交流发展报告.2021／韦红
主编.--北京:社会科学文献出版社，2021.10
ISBN 978-7-5201-9008-4

Ⅰ.①中… Ⅱ.①韦… Ⅲ.①文化交流-研究报告-
中国、印度尼西亚-2021 Ⅳ.①G125

中国版本图书馆 CIP 数据核字（2021）第 185549 号

中国与印度尼西亚人文交流发展报告（2021）

主　　编／韦　红
副主编／刘明周　陈　菲

出版人／王利民
责任编辑／仇　扬
文稿编辑／陈旭泽
责任印制／王京美

出　　版／社会科学文献出版社·当代世界出版分社（010）59367004
　　　　　　地址：北京市北三环中路甲29号院华龙大厦　邮编：100029
　　　　　　网址：www.ssap.com.cn
发　　行／市场营销中心（010）59367081　59367083
印　　装／三河市龙林印务有限公司

规　　格／开　本：787mm×1092mm　1/16
　　　　　　印　张：22　字　数：336千字
版　　次／2021年10月第1版　2021年10月第1次印刷
书　　号／ISBN 978-7-5201-9008-4
定　　价／128.00元